中高职衔接立交桥架构下学前教育专业现代学徒制实践研究

夏宇虹 编著

《中高职衔接“立交桥”架构下的学前教育专业现代学徒制实践研究》系全国教育科学规划单位资助教育部规划课题（编号：FJB160626）及2017年度湖北省人文社会科学研究项目（编号：17G166）等基金项目研究成果

WUHAN UNIVERSITY PRESS
武汉大学出版社

图书在版编目(CIP)数据

中高职衔接立交桥架构下学前教育专业现代学徒制实践研究/夏宇虹编著.—武汉：武汉大学出版社，2020.9

ISBN 978-7-307-21581-8

Ⅰ.中…　Ⅱ.夏…　Ⅲ.学前教育—专业—职业教育—学徒—教育制度—研究—中国　Ⅳ.①G61　②G719.2

中国版本图书馆 CIP 数据核字(2020)第 106720 号

责任编辑:郭　静　　责任校对:李孟潇　　版式设计:马　佳

出版发行：**武汉大学出版社**　（430072　武昌　珞珈山）

（电子邮箱：cbs22@ whu.edu.cn　网址：www.wdp. com.cn）

印刷:广东虎彩云印刷有限公司

开本:720×1000　1/16　印张:31.25　字数:434 千字　插页:1

版次:2020 年 9 月第 1 版　2020 年 9 月第 1 次印刷

ISBN 978-7-307-21581-8　定价:60. 00 元

编委会名单

绪　言

习近平总书记曾说，一个人遇到好老师是人生的幸运，一个学校拥有好老师是学校的光荣，一个城市源源不断涌现一批又一批好老师是民族振兴的希望。

《幼儿园教育指导纲要（试行）》第一部分总则第二条指出：幼儿园教育是基础教育的重要组成部分，是我国学校教育和终身教育的奠基阶段。《纲要》总则第四条和第五条分别指出：幼儿园应为幼儿提供健康、丰富的生活和活动环境，满足他们多方面发展的需要，使他们在快乐的童年生活中获得有益于身心发展的经验。幼儿园教育应尊重幼儿的人格和权利，尊重幼儿身心发展的规律和学习特点，以游戏为基本活动，保教并重，关注个别差异，促进每个幼儿富有个性的发展。可见，幼儿园教育对幼儿一生发展有着重要的影响，而影响的关键因素在于教师。

随着我国教育改革的不断深入和教师专业化水平的提高，对幼儿教师也提出了更高的要求，即需要符合现代儿童观、教育观、教师观以及新课程改革理念的好教师。《幼儿园工作规程》第三十九条明确规定："幼儿园教职工应当贯彻国家教育方针，具有良好品德，热爱教育事业，尊重和爱护幼儿，具有专业知识以及相应的文化和专业素养，为人师表，忠于职责，身心健康。"为促进幼儿教师的专业发展，建设高素质的幼儿教师队伍，教育部制定了《幼儿园教师专业标准（试行）》并明确规定：幼儿教师是履行幼儿园教育工作职责的专业人员，需要经过严格的培养与培训，掌握系统的专业知识与技能。幼儿教师不仅要引领孩子们健康成长，帮助孩子养成良好的生活习惯和学习习惯，还要培养他们的创新意识和探索能力。但是在现实中，优秀幼儿教师的培养严重匮乏，不能适应社会发展的需求和家长的期望。

学前教育呼唤着大量热爱学前教育事业、综合素质全面、保教能力突出、厚基础、强能力、重融合、具有创新意识的的卓越幼儿园教师作为“新鲜血液”不断输入，要求他们能迅速适应工作环境，融入幼儿园文化，能尽快为幼儿园发展做出优质服务。学前教育专业人才培养工作正尝试着变革与创新，从而满足学前教育事业迅猛发展的需求。

现代学徒制通过学校与企业的深度合作、老师与师傅的联合教授，对学生进行理论知识与实际操作的培养。现代学徒制包含了职业教育最基本的原则——“做中学”，是国际职业教育发展的趋势及现代的人才培养模式。

2016 年 12 月由武汉城市职业学院学前教育学院夏宇虹教授主持申报的“中高职衔接立交桥架构下现代学徒制实践研究”被立项为全国教育科学规划单位资助教育部规划课题（编号：FJB160626），2017 年 3 月该课题被立项为 2017 年度湖北省人文社会科学研究项目（编号：17G166）。2016 年“学前教育专业现代学徒制试点建设项目”被立项为湖北省“高等职业教育创新发展行动计划（2015—2018）”项目，此项目负责人是夏宇虹和李俊。

该项目立足于学前教育专业现代学徒制的试点，以中高职衔接技能高考为契机，充分发挥湖北省学前教育职教集团的平台作用，从 2016 年 9 月至 2019 年 7 月在 2016 级学生中遴选 19 名“3+3”技能高考学生，与 8 家优质幼教机构进行双向选择，采用先招生、后招工的方式，校、园、生（未满 18 岁由父母参与）三方签订人才培养合同，三年分 6 个学期开展现代学徒制试点。

经过一学期的实践，基于学前教育专业的师范性和幼儿园岗位的特殊性，武汉城市职业学院学前教育专业现代学徒制试点在第一阶段推行的过程中，遇到了许多困难。学徒制在幼儿园实际工作岗位中反映出的问题，集中在诸如国家对学前教育专业的学徒的待遇无政策支持，致使公办幼儿园没有政策口径给学徒工资；另外，学徒身份难定位及双导师不协同等问题也较为突出。

为了保证人才培养质量，学院调整了试点方案，在19名学徒中保留2名有自主意愿、幼儿教师资格证笔试通过并受到幼儿园充分认可的优秀学生；在15级技能高考班中又挑选了1名在各方面表现优秀的学生，重新双向选择，最后与3家优质幼儿园（省、市级示范性幼儿园各一所、大型连锁民办园一所）签订学校、幼儿园、学徒三方人才培养协议，针对不同园所和学徒，学院共同制定个性化的人才培养方案。针对学生的实际情况，按照工作任务驱动和学徒人才培养方案的要求和幼儿园共商并事先列出学习任务清单，由幼儿园导师（师傅）带领学徒在幼儿园岗位中逐一完成，校内指导教师团队每周定时定点下园，针对实际问题对学徒进行现场授课，指导点评。

虽然步履艰难，但是我们一直在坚定前行。通过三年的实践研究，我们尝试围绕高职学前教育专业与幼儿园紧密对接、深度合作、中高职衔接的学前教育专业的现代学徒制展开实践研究。由学校和幼儿园共同推进一项新型的育人模式，即：就读即就业、学做一体、研训交替、岗位双主体培养。

我们认为传统的学前教育专业人才培养缺少与幼儿园一线教学的对接，将现代学徒制的人才培养模式运用到学前教育专业学生的培养中，通过学校与企业（幼儿园）的深度合作、老师与师傅的联合培养，对学生进行理论知识与实际操作的双向培养；从学生的培养过渡到专业教师的培养。“学徒”和“准幼儿教师”并存；充分发挥学校和幼儿园双主体培养的作用，多层次、多维度建立人才培养新系统。根据中高职衔接学前教育专业的学生在现代学徒制的实践中设计卓越幼儿教师培养的路径，为卓越幼儿教师培养助力。

现代学徒制试点无论在国家层面还是省市层面都与技能操作性较强

的专业如机电技术应用、建筑室内设计技术、汽车运用与维修技术、工艺美术、酒店管理、计算机应用技术、国际贸易实务、石油化工生产技术、工程造价、铁道工程、中医职业教育等结合紧密，鲜见与师范教育类，尤其是与学前教育专业结合的尝试，处于空白状态。这种现状既是因专业性质不同而产生的客观事实，又为学前教育专业现代学徒制试点创造了良好的机遇和挑战。通过三年的实践，本研究力求从三方面进行创新：

1. 双导师协同联动——关注人的全面发展

本实践研究将学校、学校教师、幼儿园、幼儿园教师及学生等相关因素进行了紧密的联结，协同互赢、合作联动。学前教师是综合性、专业性、师范性、实践性很强的职业，该项研究以“人本主义”“终身教育”为指导思想，引领学前教育专业现代学徒制人才培养模式探索，遵循高职高专教育理念，强调学生共性与个性培养模式设计，兼顾了职业能力与人文素养，实现了高职学前教育专业人才培养模式再创新。

2. 校、园双课程体系开发——学校专业设置与园方需求无缝对接

高职学前教育专业现代学徒制人才培养模式是一个多层次、多维度的研究领域，涉及理论指导、社会需求以及教育目标等多项引领系统，该研究既具区域特点，满足地方经济、社会、教育发展需求，又和幼儿园紧密对接共同研究人才培养方案以及以岗位为核心的课程体系；其研究成果能为我国学前教育专业人才培养卓越幼儿教师走向一体化、终身化以及合作化教育提供裨益。

3. “双标准”学徒学业评价体系的研发——推进以能力为核心的评价模式改革

校园双方将职业认证考核标准与岗位晋升等级考核标准作为课程考核的重要指标，探索课程考核与岗位资格考核贯通，工作业绩考核、师傅评价与学习成绩的互认和衔接，逐步建立以行业幼儿园为主导，应用为目的的学校、幼儿园、行业或家长三方评价机制，促进中高职衔接学前教育专业教学评价标准与评价主体的有效衔接。有助于合理建构人才

培养质量评价体系建设。

学前教育专业的两轮现代学徒制实践虽然已经完成，从国家政策法律上看，现代学徒制度模式还不够完善，相关政策多产生于校企合作的实践层面且较为宏观，缺乏具有可操作性的实施细则，严重影响了我国师范类教育专业现代学徒制的发展进程。我们坚信现代学徒制的实践研究在政府及教育部门的推动下一定会有灿烂的明天。

本著作由武汉城市职业学院学前教育学院及湖北第二师范学院的专业教师进行编写，在编写过程中借鉴了大量有关的学前教育及职业教育的最新研究成果、文献资料。第一章的第一节和第二节由付艳撰写，第三节由张万红撰写；第二章的第一节和第二节由陈敏撰写，第三节由湖北第二师范学院的陈纳撰写；第三章由李俊撰写；第四章的第一节和第三节由杨芳撰写、第二节由郭轩撰写；第五章由向华撰写；第六章由胡婷婷撰写；第七章第一节、第三节由陶亚哲撰写，第二节由杨娜撰写；第八章由夏宇虹撰写。整本书的框架、提纲、前言、学徒成长点滴案例及审稿由夏宇虹完成；合稿和校稿由付艳和夏宇虹完成。在两轮的学前、现代学徒制实践中特别感谢第一轮实践的武昌区江南庭院幼儿园、武昌区康乐幼儿园、武昌区长江紫都幼儿园、武昌区丁字桥幼儿园、洪山实验幼儿园、洪山区街道口幼儿园、洪山区保利和乐安吉拉幼儿园、东湖高新清江山水幼儿园等八所园以及第二轮现代学徒制实践的三所园即：武昌区丁字桥幼儿园、洪山区保利和乐安吉拉幼儿园、湖北省保育院第三幼儿园。武昌区丁字桥幼儿园、洪山区保利和乐安吉拉幼儿园进行了两轮的学前现代学徒制实践。在三年的学前教育专业的现代学徒制实践中，我们得到了华中师范大学教育学院涂艳国教授、湖北省教育科学研究院姜瑛俐研究员、湖北省教育科学研究院赵友元研究员；武汉城市职业学院的邓院方、段永发、叶学文等学校领导；科研处的熊娟梅、邹琳玲；教务处的向健极、叶文涛、张善军等各职能部门的领导以及学前教育学院的卓萍、金东波、汤晓宁、张雪萍、杨素苹等学院领导、孙凌毅教授、汪福秀处长、学院教学办胡沙、赵红杰、程智、王晶、何孟甜及李正新等老师的指导和帮助；特别感谢课题组的全体老师们辛勤的付出，在此特作说明，并表示由衷的感谢及深深的敬意。

由于编写仓促，书中难免有疏漏和不足之处，敬请同行、专家和广大读者不吝赐教、批评指正。

夏宇虹

2019 年 12 月 28 日

武汉城市职业学院学前教育专业
现代学徒制实践幼儿园及双导师

<table>
<tr><th>阶段</th><th>学徒</th><th>试点幼儿园</th><th>幼儿园
指导教师</th><th>学校指导
教师</th><th>园方
负责人</th></tr>
<tr><td rowspan="14">学前教育专业第一阶段参与学徒制实践幼儿园及指导教师</td><td>丽君 1601</td><td rowspan="2">山水幼儿园</td><td>陈　思</td><td rowspan="2">向　华
卓　萍</td><td rowspan="2">张　琼</td></tr>
<tr><td>伟秋 1602</td><td>冯丽君</td></tr>
<tr><td>惠子 1601</td><td>庭院幼儿园</td><td>程　文</td><td rowspan="2">郭　轩
王　晶</td><td rowspan="2">查玉群
徐　竽</td></tr>
<tr><td>丽丽 1602</td><td>庭院幼儿园</td><td>苏　妍</td></tr>
<tr><td>四妹 1601</td><td>实验幼儿园</td><td>卢华霞</td><td rowspan="5">向　华
陈　敏
杨素苹
汤晓宁</td><td rowspan="5">辛红萍
王　寒
马丽霞</td></tr>
<tr><td>旭旭 1601</td><td>实验幼儿园</td><td>熊蕾蕾</td></tr>
<tr><td>沁怡 1604</td><td>实验幼儿园</td><td>陈　敏</td></tr>
<tr><td>丹妮 1604</td><td>实验幼儿园</td><td>李小霞</td></tr>
<tr><td>安妮 1604</td><td>实验幼儿园</td><td>王　红</td></tr>
<tr><td>传美 1601</td><td>街口幼儿园</td><td>张　琪</td><td rowspan="2">胡婷婷
金东波</td><td rowspan="2">肖　洁</td></tr>
<tr><td>小敏 1602</td><td>街口幼儿园</td><td>辛　琴</td></tr>
<tr><td>小玉 1603</td><td>紫都幼儿园</td><td>杨思思</td><td rowspan="2">李　锴
郭　轩</td><td rowspan="2">秦　丽</td></tr>
<tr><td>小艳 1603</td><td>紫都幼儿园</td><td>程玉娇</td></tr>
<tr><td>若兰 1601</td><td>康乐幼儿园</td><td>李　娜</td><td>郭　轩</td><td>刘　芳</td></tr>
</table>

续表

<table>
<tr><th>阶段</th><th>学徒</th><th>试点幼儿园</th><th>幼儿园
指导教师</th><th>学校指导
教师</th><th>园方
负责人</th></tr>
<tr><td rowspan="4"></td><td>晨明 1604</td><td>安吉拉幼儿园</td><td>范思</td><td rowspan="3">王俊
夏宇虹
赵红杰</td><td rowspan="3">黄蓉</td></tr>
<tr><td>梦丹 1604</td><td>安吉拉幼儿园</td><td>陆炎</td></tr>
<tr><td>小寅 1604</td><td>安吉拉幼儿园</td><td>余燕</td></tr>
<tr><td>小阳 1603</td><td>丁字桥幼儿园</td><td>索文华</td><td>张万红
夏宇虹</td><td>黄智莺
杨敏</td></tr>
<tr><td rowspan="12">学前教育专业第二阶段参与学徒制实践幼儿园及指导教师</td><td rowspan="4">佳琦 1501</td><td rowspan="4">省第三幼儿园</td><td rowspan="4">张翠霞</td><td>李俊</td><td rowspan="4">袁芒</td></tr>
<tr><td>郭轩</td></tr>
<tr><td>胡沙</td></tr>
<tr><td>程智</td></tr>
<tr><td rowspan="4">思宇 1601</td><td rowspan="4">丁字桥幼儿园</td><td rowspan="2">赵萍</td><td>张万红</td><td rowspan="4">黄智莺
杨敏</td></tr>
<tr><td>向华</td></tr>
<tr><td rowspan="2">张雅兰</td><td>王晶</td></tr>
<tr><td>夏宇虹</td></tr>
<tr><td rowspan="4">传美 1601</td><td rowspan="4">安吉拉幼儿园</td><td rowspan="4">陆炎
田晓莉</td><td>胡婷婷</td><td rowspan="4">张诗静</td></tr>
<tr><td>杨素苹</td></tr>
<tr><td>赵红杰</td></tr>
<tr><td>陈敏</td></tr>
</table>

目　　录

第一章　学前教育专业现代学徒制研究的背景

第一节　学前教育呼唤高素质的师资

随着社会经济现代化的发展和整体教育水平的不断提高，学前教育受到前所未有的关注，而幼儿师资的培养是学前教育事业发展的重要一环。《国家中长期教育改革和发展规划纲要（2010—2020年）》《国务院关于当前发展学前教育的若干意见》等文件的颁布以及国家实施"学前教育三年行动计划"以来①，幼儿园教师队伍建设取得诸多成就，培育了大批优秀的幼儿教师。截至2017年年底，幼儿园教职工共419.3万人，其中专任教师243.2万人，比2013年增加了18万人。幼儿园专任教师具有专科以上学历的比例为79.97%，比2013年提高了2.42个百分点。由此可见，我国幼儿教师队伍建设在数量和质量层面实现了卓越进步②。但是目前仍然存在师资力量不足、人才缺口大、门槛较低、师资水平低、薪酬低、人才流失率高等问题。对于学前教育事业来说，师资质量对于其发展态势起着至关重要的决定性作用，因此学

---

① 邓和平，邱仁根．高职院校学前教育专业教师队伍建设问题与策略——基于6位受访者的质性研究［J］．职业技术教育，2019（08）．

② 李洋洋，刘彦华．新中国成立七十年学前教育师资队伍的建设与展望［J］．教育观察，2019（07）．

前教育事业呼唤高素质、高技能的师资队伍①。目前幼儿教师的职业能力培养以高职院校为主，教育目标是为了向社会输送更多高质量人才，这种高质量并不单单需要学生掌握过硬的专业技能，更需要学生在应对工作时能够独当一面，充分展现自己的综合能力。如今时代发展迅速，对于学生的发展更是提出了更高更远的新要求，这就意味着学生在寻找发展契机时将面临社会给予的更多挑战。而现代学徒制就学及就业的培养模式在一定程度上减轻了高职学生的找工作负担，同时在培养学生学习能力的基础上，还能给予一个提前接触到社会工作的机会，培养工作能力，加强创新意识，这正是现代学徒制在高职院校教育中广泛运用的意义②。

一、二胎政策对学前师资的影响

（一）学前儿童数量徒增、学前师资稀缺

基础教育既关乎一个国家整体素质的提高，也关乎每个民族教育权益的保障和实现。2016 年 1 月 1 日正式施行的“全面二孩”政策对人口格局产生了巨大的影响，基础教育学龄人口结构和规模将有大幅度变动③。“全面二孩”政策自 2016 年 1 月 1 日起在全国正式实施，在整个教育系统中，受“全面二孩”政策影响最快，急需要调整教育教学资源配置的就是学前教育④。“全面二孩”政策将会对我国 2019 年以及其后年份的适龄学前儿童数量产生重要影响，2019 年我国适龄学前儿童

---

① 薛莉．关于学前教育师资队伍现状及建设途径研究［J］．才智，2017（04）．

② 魏凤琴，认知现代学徒制对高职院校学生职业能力培养的应用价值分析［J］．中外企业家，2019（12）．

③ 张红娟．河北省“全面二孩”政策对基础教育资源配置的影响研究［J］．河北经贸大学，2018（03）．

④ 王永丽，张霞．“全面二孩”对学前教育资源配置的影响和建议［J］．辽宁高职学报，2017（12）．

数量将由“十二五”期间和“十三五”期初的4800万—4900万人增加至5128万人，在2022年将达到我国近年来的峰值5913万人，此后，由于人口政策边际效应的趋弱，到2026年我国适龄学前儿童的数量将回落至2019年的水平。因此，总体来看，我国未来学前教育的压力年份在2019年至2026年之间，在此期间学前儿童数量陡增，学前教育师资会十分稀缺。在“全面二孩”背景之下，由于出生人口数量的迅速增加以及由此带来的园所规模扩大，幼儿园教师的需求数量也将持续增长，从而给我国幼儿园师资队伍的供给带来很大压力。根据教育部官网2010—2015年教育统计数据的整理分析，我们可以清楚地知道，近年来我国学前教育师资队伍有了很快的增长，2015年教职工数量达到了349.58万人，其中保教人员268.39万人，相比2010年分别增长了89.03%和105.73%；教职工与幼儿比由2010年的1∶16.1上升为2015年的1：12.2，其中保教人员与幼儿比上升为1∶15.89。教师是幼儿园保教活动的领导者和组织者，配备充足的幼儿教师是幼儿园教育活动得以正常开展的前提条件。然而根据上述分析，我们可以看到，在“全面二孩”背景之下，我国幼儿园教师紧缺的矛盾日趋突出。以“全面二孩”入园压力最大的2022年为例，2022年我国需配备786.81万~1100.65万名幼儿园教职工，而2015年我国在园教职工数量仅为346.58万人，缺口为现有幼儿教师的1.25~2.15倍，这意味着在2015—2022年这七年之间，我国幼儿园教职工必须以年均12.27%~17.80%的速度增长，补充436.60万~751.07万人，才能满足需要①。截至2021年，因“全面二孩”政策所产生的新增人口需增加幼儿园专任教师达49.59万名。因此，“二孩”的到来给家庭和幼儿园教育带来新的挑战，也对教师的知识与能力提出了更高要求。“全面二孩”政策的实施首先会影响我国学前儿童的数量。人口统计学专家黄文政认为

① 史文秀．“全面二孩”政策背景下我国学前教育资源供需状况及其政策建议［J］．2017（08）．

“全面二孩”政策的实施为我国每年带来300万~500万的出生人口。另有学者分析，“全面二孩”政策的效果将于2016年开始显现，且政策实施后新增学龄前儿童将在2019—2021年迅速增多，并在2021年达到顶峰。其中，2019年因“全面二孩”政策新增适龄儿童接近600万人，2020年接近1100万人，2021年达到1500万人左右，之后增速开始回落。根据专家学者们的研究与预测，从2019年开始，“全面二孩”政策的实施将对学前教育阶段的幼儿园规模产生影响，到2021年，学前教育新增适龄儿童数量将达到顶峰。按照《幼儿园教职工配备标准（暂行）》中提出的幼儿园大、中、小班班级规模幼儿园教职工配备要求，结合在园的“二孩”人口数量，可以推测出，2019年需要配备11.25万~18.75万名专任教师，2020年需配备20.25万~33.75万名专任教师，2021年需配备29.75万~49.59万名专任教师。结合我国当前师资供给现状，如果按照以往师资供给增长率，2015年的师资缺口需要3~4年的时间才能完成补充，而“二孩”对学前教育师资数量的要求会在2019年显现，这将对学前教育师资带来巨大挑战。因此“实施‘全面二孩’人口战略后人口的刚性增加无疑将进一步加剧学前教育资源的供需矛盾”。这对我国学前教育师资供给提出了巨大挑战。

（二）学前教育市场前景广阔

学前教育是我国教育体系中的重要组成部分，也是终身学习的起始阶段，更是十分重要的社会公益事业和民生工程。发展学前教育不仅能够促进儿童身心全面健康发展、高质量普及义务教育、提高国民素质，还对促进构建社会主义和谐社会具有十分重要的意义。

2015年10月29日，中共十八届五中全会指出，“全面实施一对夫妇可生育两个孩子政策”（简称“全面二孩”政策）。这标志着我国自1980年实施至今的“独生子女”政策落下历史帷幕，“全面两孩”将成为人口的“新常态”。随着“全面二孩”政策的出台与落地实施，我国将迎来新一轮“婴儿潮”。可以说，人口政策的调整不可避免地影响到教育的发展结构、速度、规模和质量。而学前教育作为学校教育的起始阶段，必然会产生深刻而广泛的影响。准确研判和预测“全面二孩”对我国学前教育资源供给的影响，进行科学谋划和布局，是保证我国学前教育“又好又快”发展，避免出现结构性失衡的重要条件。

“全面二孩”政策的出台，必然会影响到我国学前儿童的数量。可以说，尽管人们所采用的人口预测模型和预测方法不同，但从预测的结果来看，学者们似乎已基本达成了共识：“全面二孩”政策将会为我国每年带来300万—500万的新增出生人口，中值为400万人左右。这必然会对我国学前儿童的数量产生显著的影响，但从我国“双独二孩”以及“单独二孩”的实践来看，人口的增加是一个渐进的过程，并不会造成人口短时间的急剧爆发式增长，因而对学前教育的影响也处于可控状态。“全面二孩”政策的出台，必然会影响到我国学前教育资源的供给规模，尤其是我国幼儿园的数量和班级数量。同时，“全面二孩”政策对我国学前教育经费投入也有着深远影响。长期以来，我国学前教育经费占教育总经费的比例一直低于1.5%，而学前教育国家财政经费占国家财政性教育经费的比例更是低于1.4%。2010年之后，我国学前教育迎来了政策发展的黄金期，我国先后实施了两期《学前教育三年行动计划》，以扩大学前教育的资源总量，解决广大人民群众“入园难”“入园贵”的难题。受益于国家宏观政策的大力支持，2010年，我国学前教育经费迅速由2009年的245亿元跃升至728亿元，在2013年更是达到了1758亿元的高位，学前教育经费占教育总经费的比例迅速攀升至5.79%，年均增长率高达48.31%；学前教育国家财政经费占国家财政教育经费的比例也达到了3.52%。纵观我国2008—2013年的幼儿生均学前教育经费执行情况，我们发现近年来我国幼儿生均教育经费呈现出迅猛发展的良好势头①。

---

① 郑益乐．“全面二孩”政策对我国学前教育资源供给的影响和建议［J］．教育科学，2016（06）．

随着现代人口出生数量的不断增长，学前教育中儿童数量在迅速增长。由于经济压力与家庭压力，家长将儿童送往学前教育机构。专家预测近五年期间，我国学前儿童数量会显著增加，同时国家也加大了学前教育经费的投入，幼儿学前教育即将迎来广阔市场。

二、社会对幼儿教师的需求

（一）幼师行业存在的问题

党的十八大以来，我国学前教育事业快速发展，资源迅速扩大、普及水平大幅提高、管理制度不断完善，但当前学前教育师资队伍依然存在以下三个问题：

1. 师资力量不足、人才缺口大

“全面二孩”政策是顺应我国社会发展形势的需要而对我国人口政策作出的重大调整。随着“全面二孩”政策的出台与实施，我国将迎来新一轮“婴儿潮”。这种人口变化趋势势必对我国的教育产生极大的影响，学前教育将首先受到挑战。庞丽娟教授针对学前教育应对“二孩”的冲击指出：幼儿教师是学前教育短板中的短板，目前我国学前教育师资严重不足。

《幼儿园教职工配备标准（暂行）》规定：“全日制幼儿园每班配备 2 名专任教师和 1 名保育员，或配备 3 名专任教师；小班班级规模为 20~25 人，中班班级规模为 25~30 人，大班班级规模为 30~35 人”。按照以上配备比例，小、中、大班生师比最大限额分别为 12.5∶1、15∶1、17.5∶1，平均生师比为 15∶1。2012—2015 年，我国幼儿专任教师总量虽然一直保持持续增长的态势，但生师比均大幅度高于国家标准基线，远未达到国家要求。显然，学前师资总量不足，且缺口较大。其中，2015 年生师比为 79∶1，师资缺口达 79 万人。2012 年以来，我国幼儿专任教师总量的增幅在 2015 年达到最大，为 11.22%。若专任教师按照每年 11.22%的涨幅增长，预计要花 3—4 年的时间才能补足现需专任教师的缺口。

通过分析全国幼儿园园数、班级数、实际和所需专任教师数量后发现，我国城、镇、乡实际幼儿专任教师数量均未达到所需专任教师的数量，城区、镇区和乡村都不同程度地缺乏学前教育师资。对比城区、镇区和乡村幼儿园实际专任教师与所需专任教师的数据发现，实际专任教师数占所需专任教师数的比例有很大不同：城区最高，镇区其次，乡村最低。由此可见，我国城乡学前教育教师数量差异较大，乡村幼儿教师严重匮乏。

2. 幼师门槛较低、师资水平低

幼儿教师质量直接关系学前教育质量，关系幼儿良好的行为习惯和优秀品质的养成。“教师质量的重要指标是教师的学历与专业背景。”《幼儿园管理条例》规定：“幼儿园园长、教师应当具有幼儿师范学校（包括职业学校幼儿教育专业）毕业程度，或者经教育行政部门考核合格。”世界部分发达国家和地区，如澳大利亚、西班牙、葡萄牙、挪威和瑞典等国，都明确规定幼儿教师的学历要达到本科及以上程度。与其他发达国家和地区相比，我国具有本科及以上学历的幼儿教师比重偏低。通过对幼儿教师专业背景与学历的分析得出，当前我国学前教育师资整体学历水平不高，有相当大一部分幼儿教师缺乏相关专业知识和技能。另外，有研究者对学前教育教师的专业素养进行调查，发现幼儿教师在专业知识、专业理念和专业能力等方面都存在不足。具体而言：幼儿教师普遍缺乏“在工作中关注幼儿的个体差异和不同需求”的理念；幼儿教师对幼儿年龄特点的认识不深入，部分教师对幼儿好奇心、想象力不够尊重和重视；幼儿教师对通识性知识的掌握较弱，对教育政策、教育研究的最新动态以及特殊儿童发展规律的相关知识了解较少；幼儿教师的观察能力、家园沟通能力和反思能力有待提高，“教师观察的方法适切性不足，观察记录不够完整”；幼儿教师反思较为形式化，途径单一且与实践脱离。

同时，我国各地区、省（市）、城乡学前教育师资质量参差不齐。

不同地区的幼儿教师学历差别较大，即使是同一地区的幼儿教师学历差别也较大，因此我国学前教育师资学历程度整体偏低，各省市间的师资水平差异较大，农村仍是师资力量最为薄弱的地区①。

另外，学前教育教师准入制度不健全，门槛较低，培养质量明显下降。首先，我国幼儿教师的从教标准偏低，专科层次培养据绝大部分，其修业年限短，一般是三年。学生职前三年时间，最后半年或一年到幼儿园实习，实际上可利用学习的时间仅两年或两年半。学生要在有限的时间里，学习文化知识和专业理论，还要在零基础的条件下训练专业技能技巧，这不仅影响了学前教育的质量，而且加大了职后培训的难度，更有个别心理和性格缺陷的学生在入职后潜藏着一些消极、负面甚至是危险的因素。其次，近几年由于国家在学前教育方面的政策调整，一些师资力量、教学设施等教学条件并不具备开设该专业资质的职业院校，根据市场需求纷纷开设学前教育专业，以至培养出来的学生质量不高。学前教育生源质量得不到保证，呈逐年下滑趋势。随着高等教育规模的不断扩大，幼儿师范学校的生源数量和质量下滑，一些幼儿师范学校甚至难以生存，不得不降低录取标准，致使一些在学习习惯、学习能力及性格等方面都不同程度地存在一定缺陷的学生进入了学前教育专业的学习行列，相当于基础最弱的学生读幼师，影响了学前教育师资的培养质量。

3. 幼师薪酬低、人才流失率高

幼儿教师工作任务重、待遇低，教师队伍流动性强。幼儿教师普遍面临着工作强度大而待遇偏低、付出多而获得的社会关爱少的双重矛盾与尴尬。长期以来，幼儿园教师身份不清晰、社会地位低、编制数量少、待遇不完善、权益缺乏有力保障等问题影响了幼儿教师对自身职业的认同感及幼儿教师队伍的稳定性。再加上收入普遍偏低，尤其是大量

① 惠雪莉，阳德华．全面二孩政策背景下我国学前教育师资供给的现状、挑战及建议［J］. 2018（02）.

民办幼儿园，教师每月只有一两千元，这使得一些幼儿教师仅仅将职业看作一种谋生手段，一些幼儿教师从生计角度出发，站在功利的视角，以被动和消极的眼光看待幼师职业，一旦有更好的选择和机会，就会离开本岗位甚至是本行业，造成幼儿教师队伍的不稳定和流动①。

由于学前教育不属于义务教育，这就使得学前教育的身份比较特殊，虽然属于教师队伍中的一员，但是同中小学教师相比存在一定的差异性，仅有教师称谓，却无法享受教师应有的权利，甚至没有教学事业编制。学前教育老师教师身份定位不明，这就使得教师对自身工作定位不准，工作不认真，教学质量不高，这对学前教育活动的有效开展产生了不利的影响。

由于幼教工资待遇较低，又无保障，所以导致很多专业幼儿师范院校毕业的学生都不愿意回到幼儿园进行教学。其次，据一些长期的数据显示，在某些私立幼儿园中很多幼儿教师都没有编制，不能享受优良待遇，在某种程度上影响了在职教师的积极性，造成教师队伍流动性大，出现更大的空缺。随着教育体制的不断变革，教学内容、教学方式也得到了更新，这也使幼儿教学流动日益频繁。经验丰富、能力水平高的老师被高薪挖走，留下的只有教学经验不足、能力欠佳的一些实习教师。教学质量不高，幼儿家长对教师的认可度、信任感降低，不利于学校的持续发展②。

（二）对幼儿教师素质的新要求

幼儿园教师综合素质是幼儿教师对从事学前教育的基本要求，是幼儿教师在教育教学的过程中依据教育活动的丰富性、组织形式的多样性和幼儿的个性化发展形成的行为规范和行为准则，是幼儿教师自身适应

---

① 段文静．学前教育师资队伍建设存在的问题及对策［J］．文教资料，2019（01）．

② 赵月．学前教育师资力量的解决和提升研究［J］．教育现代化，2018（05）．

学前教育的一种综合能力。2012 年 2 月，国家教育部颁布的《幼儿园教师专业标准》从“专业理念与师德”“专业知识”和“专业能力”三个角度提出了幼儿园教师应该具备基本职业素质。专家李季湄女士曾提出，幼儿园教师应该具备的综合素质可以简单地概括为“思想道德素质、身心素质、科学文化素质、教育能力素质”四个方面。但是，现在大部分幼儿教师在工作过程中只强调文化知识的传授而忽视了幼儿学习兴趣的培养，在教学活动组织过程中对幼儿的观察、评价及沟通显得十分薄弱，另外，幼儿园教师综合素质的自我提升能力及科研能力也不足。面对目前幼儿教师素质的现状和不断发展的社会需求，如何提升幼儿教师的综合素质，对于建设幼儿教师队伍显得尤为重要①。

1. 增强责任和服务意识

社会和经济的快速发展导致人们对社会、工作、家庭的责任意识不断弱化。幼儿教师作为特殊的群体，职业责任感的强弱直接关系到幼儿的健康成长和教育的稳定发展。幼儿教师是幼儿离开家庭进入社会接触频率最多的成人，幼儿教师的一言一行会对幼儿的成长和发展起着引导和表率作用。幼儿教师承担着幼儿保育和教育的责任，具有强烈责任感的教师不仅关注幼儿的身体发展，细心呵护幼儿的成长，还仔细观察幼儿的心理状况，积极主动与家长联系，了解更多幼儿的情况。幼儿天生好模仿、学习能力很强，同时对于教师具有一种天然的信任感和依赖感。教师的职业责任感会对学生产生榜样和示范作用。教师对自己职业的高度责任感会在教育教学活动中潜移默化地传递给学生，帮助幼儿形成强烈的责任感。幼儿时期形成的责任感会影响他们以后的成长和发展，以及对社会的责任意识。因此提升和增强幼儿教师的职业责任感就显得尤为重要。幼儿教师的职业责任感就是面对幼儿群体，幼儿教师要具有正确的保育和教育的责任认知，对自己的工作任务有着积极的态度和情绪，为了促进幼儿全面健康成长而努力做出的一系列行为和表现。

① 景改莉．幼儿教师综合素质解析研究［J］．才智，2019（06）．

因此，幼儿教师职业责任感的本质内容就是在幼儿教育过程中具有的责任意识、责任情感、责任价值以及责任行为。幼儿教师要时刻关注幼儿的一切行为和表现，包括身体和心理两方面。另外，幼儿教师在幼儿园环境中面对着多方主体，包括幼儿、家长、园长、社会，要与各方主体建立良好的沟通协作关系。幼儿教师要意识到自身的责任，面对不同主体有不同的责任要求。幼儿教师只有对职业具有全面的责任意识，才能够认真做好之后的工作。幼儿教师的工作内容复杂、工作量大，幼儿教师对待这份职业要抱有积极的态度和主动的情绪。幼儿教师的责任情感针对不同的主体有不同的体现，总的来说，对待幼儿和蔼亲切，对待家长热情亲密，对待同事和睦友好、对待幼儿园亲切合作①。

除了增强幼儿教师的职业责任感以外，提升幼儿教师的“服务意识”也十分有必要。“教师服务意识”是指在教育情境中，教师以自身职业素养、社会责任和教师的个人魅力，主动地理解尊重、关心爱护学生，真实地了解学生的需要并及时给予帮助，以促进学生更好发展的一种思维模式。教师的服务意识不同于以盈利为目的的行业性服务，这里所说的服务意识是指以体验学生的需要为基础，站在专业教师的角度上为学生提供协助并指引学生学习知识的一种思想。国务院在《关于基础教育改革与发展的决定》中，对教育方针做出了新的表述：“坚持教育为社会主义现代化建设服务，为人民服务，与生产劳动和社会实践相结合，培养德智体美全面发展的社会主义建设者和接班人。”这体现了教育为社会服务的思想，教育的第一执行者是教师，教师的服务意识在一定程度上能直接影响到教育的效果。

教师服务学生要从几个方面来入手：第一，服务学生的学习。学生是学习的主体，教师服务学生的学习就不能简单地照本宣科，而要根据学生的实际经验，从学生的视角出发来看未来发展。教师要立足课本走

① 赵雨倩．武汉市幼儿教师职业责任感的研究［J］．华中师范大学，2012（05）．

向世界，吸纳新的元素和精华紧密联系教学活动，为学生的乐学、好学提供服务。同时，教师要正确看待学生发展的不平衡，抓住关键期、因材施教，为学生提供更优质的服务。第二，服务学生的情感。学生是独立的人，对待事物有自己的观点和看法。学生在集体中生活，有更多的交往和情感的寄托。老师在教学过程中，应该细致观察学生的情感变化，及时为学生送上鼓励和关心，传递积极的情感并帮助学生建立良好的友谊，及时为学生的情感提供更好的服务。第三，服务家长，建立家校合作。父母是孩子的第一监护人，他们有权知道学生在学校的一言一行。那么教师就应该尽力关注每一个学生的发展，及时有效地给家长提供信息反馈。同时，老师要加强与家长的沟通交流，全面了解学生的发展变化，创建家校合作意识，更好地构建教师服务意识。树立“以学生为本”“以人为本”的为学生服务的理念，把学生放在教育教学的主体地位，面向全体学生，关注每一位学生的发展。关注学生的自主意识和独立人格，把学生当成独特的个体，重视学生发展，尊重学生的人格，鼓励学生创新，激励学生质疑，倡导学生自主发表自己的想法和观点。与学生平等对话，打破“师尊生卑”的局面，走进学生心灵，感受学生思想，用发展的眼光感受学生的变化①。

2. 增强伦理和专业精神

幼儿教师作为专业人员，其专业形象既有外在的规定性，更有个人在专业场域的自我约定。然而网络曝光的虐童事件，引发了公众对幼儿园教师专业伦理的质疑，也再一次将研究视角转向了幼儿教师专业伦理的发展维度。事实上，幼儿教师专业化发展不仅需要给予外在的规则引导与管控，也需要从其内部的专业伦理、承诺及使命等多维角度给予支持②。幼儿教师专业发展是当前高素质幼儿教师队伍建设和追求高质量

① 谭美娥，黄非飞．创新人才培养下需提高教师服务意识［J］．中国校外教育，2019（02）．

② 刘飞，刘云艳．”信念”与”责任”：幼儿教师的专业伦理的双重构建［J］．教师教育研究，2019（05）．

教育不可回避的一个时代主题，幼儿教师专业伦理则是保证幼儿教师专业化水平持续提高的原动力之一，同时也是衡量幼儿教师专业化发展程度的重要指标。但是理论界对幼儿教师的专业发展集中在幼儿教师的专业知识和专业技能上，对教师的专业伦理缺乏应有的关注。另外，在幼儿教师的教育教学活动中经常出现专业伦理失范的现象，比如幼儿教师虐待学生的事件时有发生，所以无论从理论上还是实践中都需要在教师专业发展背景下对幼儿教师专业伦理进行重新构建。从 20 世纪六七十年代开始，幼儿教师专业化已经成为世界各国教师教育发展的趋势。根据教师专业化的要求，幼儿教师专业伦理是体现幼儿教师专业特质的核心，也是教师专业化发展的重要精神价值维度。所谓专业伦理，英文用“professional ethics”一词表示，是指“职业群体为更好地履行职业责任，满足社会需要，维护职业声誉而制定的自我约束的行为规范”。通常，一般专业伦理的基本内涵包括：尊重服务对象的权益，严守服务对象的秘密，公平服务大众，重视同事的工作，恪守公私分明，维护社会正义，信守机构政策，充实工作知识和能力，促进专业发展。专业伦理是作为评判专业是否成熟的重要指标，对于职业的专业化发展具有重要意义。正如古德森所指出的：“教学首先是一种道德和伦理的专业，新的专业精神需要重申以此作为指导原则。”① 所以我们可以这样说，专业伦理概念的建立和教师专业化运动具有相同的历史必然性。

幼儿教师专业伦理可以说是幼儿教师在从事教育教学活动中应该遵循的基本伦理规范和行为准则，是幼儿教师专业发展的一个重要组成部分。美国儿童心理学家艾森伯格认为：“当一个工作团体对其服务对象的权威或影响力愈大时，伦理就愈重要。”② 一般而言，受教育者越弱小，教育者对受教育者所具有的权力越大，就越需要内化的约束力，教

① 张霞．论幼儿教师专业伦理的失范和重构［J］．天津市教科院学报，2013(08)．

② 张霞．论幼儿教师专业伦理的失范和重构［J］．天津市教科院学报，2013(08)．

育者的专业伦理就越重要，以免形成权力滥用。对于幼儿园 3~6 岁的幼儿来说，幼儿教师对其影响非常大，无论是生理、心理还是价值观。相对于人生的其他阶段而言，幼儿处于身心发展的最初阶段，不仅身体需要保护养育，而且在心理上也十分依赖教师，教师是他们模仿学习的对象，在此过程中他们几乎意识不到教师的不当言行，更不用说改变或修正教师的不当行为，除非教师觉察并修正自己的行为。受教育者的特殊性、幼儿教师职业地位和角色的特殊性决定了幼儿教师比其他学段的教师更需要专业伦理的指导。幼儿教师专业伦理能够对内规范幼儿教师的专业表现，对外保护受教育者的权益，进而提高社会对幼儿教师职业的认同度①。2012 年教育部印发的《幼儿园教师专业标准（试行）》提出："作为履行幼儿教育工作职责的专业人员，幼儿教师必须要经过严格的培养培训，具备良好的职业道德、掌握系统的专业知识和专业技能。"明确指出了"以人为本、以德治教"是幼儿教师教学的基本原则，同时也提出加强师德建设是当今中国教育的重要课题②。

叶澜教授指出："教育是直面人的生命，通过人的生命，为了人的生命质量的提高而进行的社会活动，是以人为本的社会中最体现生命关怀的一种事业。"③ 教育以促进人生命成长、追寻生命意义为宗旨。《幼儿园教育指导纲要（试行）》中也指出："幼儿园必须把保护幼儿的生命和促进幼儿的健康放在工作的首位。"但在幼儿教育实践中依然存在着教师伦理失范、漠视幼儿生命的现象，如幼儿教师变相体罚幼儿、虐待幼儿、威胁幼儿等现象时有发生。因此，关注幼儿生命质量，从生命关怀视野审视幼儿教师专业伦理现状，提升幼儿教师专业伦理素

---

① 张霞．论幼儿教师专业伦理的失范和重构［J］．天津市教科院学报，2013（08）．

② 孔令秀．《幼儿园教师专业标注》背景下幼师的师德教育［J］．文化学刊，2018（11）．

③ 王淑宁．生命关怀视野下幼儿教师专业伦理的失范和重构［J］．内蒙古师范大学学报，2018（05）．

养具有重要意义。幼儿教师专业化发展的推进，对幼儿教师整体素质（包括专业伦理素养）提出更全、更高的要求。生命关怀视野下幼儿教师专业伦理素养包括高尚的师德师风、质朴公道的品质、无私的爱、独特的人格魅力等内容①。

3. 增强法制观念和规则意识

公民法律意识的觉醒已成为当今社会的趋势，人们在各种渠道获取法律知识，培养职业法律素养，开始越来越多地关注与自身相关的权利与义务。幼儿教师其职业的特殊性，需要幼儿教师本身具备极强的能力和高素质，其中，职业法律素养对幼儿教师来说是十分重要和必要的。幼儿教师需要重视培养自己的职业法律素养，并能自觉自发去丰富法律知识，提高法律意识，能运用法律来解决工作中的问题，避免违法违规行为，依法履行应尽义务，并能利用法律武器维护好自身权益。幼儿教师面对的教育对象是无行为能力的群体，而透过教育对象，面对的却是整个社会。幼儿的成长和发展牵扯着成千上万的家庭，关系着每个家庭成员的切身利益，这成千上万个家庭都是社会的细胞。每个小家庭的和谐，都会促进社会大和谐的进步。尤其是如今网络媒体的快速发展，言论的自由，使网络和媒体成为曝光社会阴暗面、披露违法违规行为的重要途径。人们利用网络媒体的力量将事件放大，供全社会品评，人们可以利用这种资源维护自身权益，惩治犯罪。幼儿教师需要提高职业法律素养，使幼儿教师知法、守法、用法、宣法，这就在很大程度上避免了幼儿教师自身违法违规行为的出现。此外，通过幼儿教师的宣传与教育，也会促进他人学习法律，人们的职业法律素养提高，违法违规现象减少，社会自然会和谐发展。贯彻“依法治教”、建设社会主义法治国家的一个重要、基本的前提是绝大多数社会成员要具有较强的职业法律素养，并要在此基础上培养一种现代法治精神。而幼儿教师是“依法

① 王淑宁．生命关怀视野下幼儿教师专业伦理的失范和重构［J］．内蒙古师范大学学报，2018（05）．

治教”的执行者，在社会主义法治建设中处于特殊位置。

我国自20世纪80年代以来，所颁布的直接或者间接有关学前教育的法律法规本文，如《幼儿园管理条例》《幼儿园教育指导纲领》《关于幼儿教育改革与发展的指导意见》《中小学幼儿园安全管理办法》《95年教师资格条例》等，包括2010年国家颁布的《幼儿教师专业标准》，通过对这些法律规范性文件的梳理，不难发现，我国现行的关于幼儿教师资质的最主要条件分别是从其思想道德条件、学历条件、教育教学能力条件、从业禁止方面进行的规定。所有的法律法规都鲜少明确具体地提出，幼儿教师应具备什么样程度的法律素养和能力。涉及幼儿教师法律要求的一般是在幼儿教师思想品德的要求里，以一个小节的形式出现。这就从根本上导致了整个幼儿教师队伍在最初就没有对“法律”引起高度的重视。但我们应该明确的是，幼儿教师的职业法律素养在内容上与幼儿教师职业素养包括专业理念与师德、专业知识和专业能力等方面都是截然不同的。幼儿教师的法律素养指向的是一切具有法律意义的知识、观念和能力。它应该渗透在幼儿教师职业生活的方方面面，是一个更高层次的要求，是最根本的标准。我们认为，幼儿教师职业法律知识应该包含基础法律知识和专业法律知识两部分。基础法律知识是指，幼儿教师应该了解法律最基本的知识。幼儿教师应具备的基础法律知识没有具体的纵向或横向划分，而是法律的基本入门知识，例如法律的渊源、概念、种类、价值、法律主客体关系及地位、权利义务关系，法律产生的过程、实施、救济和监督等。专业法律知识在这里指具体的法律法规文件。按照法的渊源，其效力纵向来划分，幼儿教师的职业法律知识应涵盖宪法、法律、单行法、行政法规、地方性法规、规章中所有有关学前教育和幼儿教师工作的知识。除了教育法法律体系中涉及的法律文件，例如教育基本法《中华人民共和国教育法》，教育单行法《中华人民共和国教师法》《民办教育促进法》《中华人民共和国未成年人保护法》《中华人民共和国民办教育促进法》，教育行政法规中的《幼儿园管理条例》《教师资格条例》，地方性教育法规《安徽省学前教育条例》，以及教育规章《教育督导暂行规定》《幼儿园教育指导纲领》等，幼儿教师还应涉猎与其职业有交叉的相关法律知识。因为教育法的归属问题仍有争议，有的学者认为教育法属于行政法的范畴，有的学者认为是民法范畴，而在实际工作生活中，发生在幼儿园内的教育纠纷案，有的是按照行政诉讼方式处理，有的是按照民事诉讼途径处理。因此，幼儿教师的职业专业法律知识，也应该涉及一些民法、行政法等相关内容，比如《最高人民法院关于审理人身损害赔偿案件适用法律若干问题的解释》①。

因此教师职业行为规范是教师应该遵守的职业道德和行为准则，是师德师风要求的具体体现。2018 年 11 月，教育部印发《新时代高校教师职业行为十项准则》《新时代中小学教师职业行为十项准则》和《新时代幼儿园教师职业行为十项准则》及配套处理办法，这是新时代加强教师师德师风建设、提升教师队伍素质、建设教育强国的重要举措。在世界各国的师德师风建设中，教师职业行为规范建设一直居于核心地位②。

4. 提升专业知识，增强专业实践能力

《幼儿园教师专业标准（试行）》是“幼儿园教师培养、准入、培训、考核等工作的主要依据”。其基本理念之一是“能力为重”，明确要求幼儿教师要“把学前教育理论与保教实践相结合，突出保教实践能力，坚持实践、反思、再实践、再反思，不断提高专业能力”，而《教师教育课程标准（试行）》更是将“实践取向”作为三大理念之一提出来，强调教师教育课程要“强化实践环节”“将学科理论与教育实践紧密结合，利用多样化的教学方式，着力提高师范生的实践能力”。因此，作为“准幼儿教师”的幼师生，其教育实践能力的培养势

① 张洁汝．幼儿教师职业法律素养研究——以济南市为例［J］．沈阳师范大学，2016（04）．

② 庞维国，罗良，杨洁，尹后庆．教师职业行为规范的国际比较及其启示［J］．北京师范大学学报，2019（01）．

在必行。

实践能力的培养需要真实的、多样化的实践活动环境，如真实环境、模拟环境、课堂教学环境、课外活动环境。但由于部分培养幼师生的高师学校是新近从中专升格为专科学校的，各项条件不够完善，因而对学生实践能力的培养多在模拟实操与课堂教学中进行。只是这些远离幼儿生活、对幼儿身心发展只有理论了解而无感性认识的幼师生，从高校的象牙塔直接走上讲台，理论知识高深、实践经验欠缺，老师指导的模拟实践活动也只能是想象中的、虚拟的，与学前儿童身心的实际发展水平相去甚远，不符合幼儿的实际需要。这种虚拟的、与实际脱节的实践能力培养模式是导致幼师生实践能力不强的主要原因。

我国大多数高师院校依然坚守着“师范生能够将所学理论用来指导实践或直接应用于实践，课程设计的整体思路沿袭从理论到实践、先理论后实践、重理论轻实践”的执教理念，更多关注的是职前教师理论知识的学习，而对其实践性知识的习得却重视不够。虽然高师学校领导与老师也在大胆尝试教育教学改革，加大学生教学实践能力培养的力度，但因缺少仿真的实训室、规范的实习基地，来自一线的具有丰富实践经验的老师等，幼师生实践能力培养的主要方式依然是课堂上大学生间的模拟。因此，我们培养的幼师生就业时常常因所学不能为其所用而遭到用人单位的抱怨就可想而知了。

导致幼师生教育实践能力不强的另一个重要原因是教育实践时间偏少、缺少专业人士的指导。而在国外，大部分学生实习时间很长，要深入幼儿园学习体验全部工作。如美国的幼儿教师教育实践约占整个教育过程的30%，着眼于建立大学与幼儿教育机构的合作伙伴关系。日本也非常重视教育实践，实习时间达18周，并且有指导教师进行职业技能方面的辅导。另外，多数师范生还是希望延长实习时间。“52%的师范生认为9周以上的实习时间才能够最有效地缩短以后做教师的适应期。”与国外充裕的教育实践时间相比，我国部分幼儿高师学校的实习时间偏少、且安排也不合理。幼师生除了6~8周的教育见习、实习外，平时很少与幼儿园联系。6~8 周的实习时间也因为各种各样的原因而无法得到保证，导致幼师生因缺少与幼儿面对面接触的机会而难以顺利开展保教工作，致使用人单位对刚毕业的幼师生缺乏信心①。

因此在现代学徒制模式下，技术型人才的培养突破了单一的学校教育或单一的企业培训结构，不仅在形式上实现了学校和企业双方联合培养，还密切了学生和指导教师之间的关系。作为“做中学”的最早形式和最古老的专业技能培训方式之一，学徒制在师范教育史上起过重要的作用，是早期师资培训机构中最主要的培训方式，至今在教师职后培训方面仍发挥着难以替代的作用。

在幼儿师范教育领域积极开展现代学徒制研究与探索，是幼儿师范学校主动适应当前学前教育急速发展、打通和拓宽幼师毕业生培养通道，推进现代幼教师资培养体系建设的战略选择，有利于提高幼儿师范学校人才培养质量和针对性②。

第二节　国内职业院校现代学徒制实施现状及建议

一、我国职业院校现代学徒制发展现状

我国高职教育于 20 世纪 50 年代开始，为我国经济建设培养了大批人才。从 20 世纪 80 年代以来，随着国民经济体制的改革，高职教育模式、结构及培养方法都不能满足现实发展的需要。另外，我国的高职教育是在尚没有自己工业基础的情况下兴办的。在计划经济下形成的职业学校没有与企业、社会形成自然联系，最终导致学生缺乏实践能力，教师也缺乏实践经验。总之，教学中工程含量和实践内容日益贫乏，高职

① 易云珍，胡铁群．幼师生教育实践能力培养有效策略探讨——以湖南幼儿师范高等专科学校为例［J］．陕西学前师范学院学报，2018，34（08）．

② 朱广兵．基于现代学徒制的幼师教育实习模式构建——以 M 幼儿师范学校幼教联盟为例［J］．现代教育论丛，2015（08）．

教育有较严重的“非职业化”倾向。这种现象已引起关注，高职教育向重视实践“回归”的呼声日见高涨，从而给我国高职教育培养提出了更高的要求。1949 年我国出现“生产现场学徒制”，到了 20 世纪八九十年代学徒制开始向高职教育过渡，90 年代以来正式学徒制消失，但非正式学徒制仍然存在。《中共中央关于制定国民经济和社会发展第十三个五年规划的建议》提出：推行工学结合、校企合作的技术工人培养模式，推行企业新型学徒制。2015 年，教育部公布了首批现代学徒制试点单位，国家层面的现代学徒制试点正式推开，高职教育改革的大船正式启动。然而在实践中，除探索建立校企合作机制及统一培养标准外，现代学徒制的推进也面临着重重困难。首先，目前我国试点现代学徒制并没有制度层面的机制和法律法规，相关政策的发文机关没有涉及与高等职业教育相关的所有重要领域和部门。其次，开展现代学徒制依靠校企间私人关系。学校热，企业冷。没有合作机制、没有约束力、没有监督考核，企业整体上合作积极性不高。再次，职业院校不具有经验和合作能力，专业设置和师资能力无法适应企业。同时，“学生顶岗实习中遇到问题无法得到及时解决，权益和学习效果也无法保证”①。

（一）我国现代学徒制顶层设计的利益失衡

继中央提出实施创新驱动发展战略后，市场对大量技术精湛并具备创新精神的技术技能人才的需求快速增长，这一现实情境迫切需要教育链与产业链进行有机衔接，推进人力资源供给侧结构性改革。对此，国家教育改革的顶层设计给予了高度重视，不断回应社会关切，出台有关政策文件加强教育界与产业界的联系。无论是《国务院关于加快发展现代职业教育的决定》中提出的“深化产教融合，鼓励行业和企业举办或参与举办职业教育，发挥企业重要办学主体作用”，还是十九大报

① 周灵娜．学习国外典范探索我国高等职业教育现代学徒制实施对策［J］．教育教学论坛，2018（09）．

告中指出的“完善职业教育和培训体系，深化产教融合、校企合作”，或是《国务院办公厅关于深化产教融合的若干意见》里明确的“坚持职业教育校企合作、工学结合的办学制度，推进产教协同育人”，均将产教融合、校企合作作为当前职业教育领域改革发展的重大议题。产教深度融合意味着宏观层面的学校专业布局与产业规模结构相适应，微观层面的人才培养模式与生产组织活动相对接。这一强调校企互动、产教一体的改革趋势与开展现代学徒制试点工作的重要意义高度匹配。现代学徒制作为将传统学徒培训与现代学校职业教育相结合的人才培养模式，是职业教育产教融合创新发展的具体体现。其核心要义正是在遵循职业教育发展规律的基础上耦合产业结构调整需要，提高人才培养的供需匹配度，使之更加适应经济社会发展走向①。

现代学徒制人才培养是一个包含了政府、职业院校、企业（雇主）、学徒（雇员）四方利益主体的复杂生态系统，利益分享程度最终决定四方主体在现代学徒制人才培养上的参与意愿。企业作为利益主体，一方面在参与现代学徒制时希望能由政府来购买企业学徒人才培养服务，获得政府的学徒制人才培养专项拨款；另一方面希望在学徒制人才培养结束后能够从政策上确保获得企业所需的劳动力资源。虽然从理论上讲，企业能够通过实施学徒制项目获得政府拨款，但拨款不足以覆盖企业的人才培养成本，而且人才培养不是企业的主营业务。在人才获取方面，现代学徒制项目培养的人才到企业工作一定时间后，离职现象普遍严重，企业的投资与回报不成正比。政府在现代学徒制人才培养过程中获利丰厚，提高了职业院校人才培养对产业劳动力需求的契合度，提高了整个国家的劳动力技能水平和生产效率。职业院校和学生在学徒制人才培养过程中积极性较高，因为这样做提高了院校的人才培养质量，学生在学徒“手把手”技能传授中掌握了更高水平的技术及技能。

① 刘晶晶．我国高职院校实施现代学徒制的现状及完善路径研究［D］．湖北工业大学，2019.

所以，相比于政府、职业院校、学生的利益回报，企业无疑处于利少一方。

现代学徒制在西方发达国家经过多年的不断发展，已具备较完善的法律法规，形成较完整的现代学徒制人才培养体系。反观我国，由于起点低起步晚，目前为止，虽然陆续有些涉及现代学徒制的法律和国家政策出台，但大多是泛泛而谈的宏观设想，缺少具体可行、可以支持现代学徒制真正落实的完整法律和政策，国家顶层设计有待进一步完善。

我国的现代学徒制应加强顶层设计，理顺政府、学校与企业的关系，鼓励其他机构积极参与现代学徒制管理，形成多元主体共同参与的现代学徒制管理体制。同时，政府应尽快健全相关的法律法规，明确各主体的权责与分工，更大限度地保障学徒的权益。我国应加大对现代学徒制的经费投入，并采取结果导向型的经费分配机制，对于符合要求达到预期成果的现代学徒制项目给予经费支持，引导现代学徒制提高培训质量。

发展现代学徒制是国家职业教育的重大改革，也是职业院校人才培养模式的巨大突破，其实施需要一定的土壤，包括经济、文化、制度等外部环境，也包括政府经费投入、政策支持以及行业企业参与等支撑要素。近年来，教育部高度重视现代学徒制试点工作，取得了一定成效，但从国家宏观层面来看，仍缺乏科学的顶层设计，有关现代学徒制的提法主要以工学结合、校企合作的政策文件出台，有关配套的法律法规不清晰，比如现代学徒制中“学生”的身份地位问题。有些关键问题，缺乏具体的推进策略和解决措施，尤其是对行业企业参与的激励、保障、约束机制十分欠缺①。因此，完善现代学徒制人才培养的国家顶层设计，首先，需要进一步完善法律和政策环境。出台从国家到地方的可操作性的法规政策，从制度上保障现代学徒制的实施。其次，建立经费

① 廖礼平．现代学徒制人才培养模式现状、问题及对策［J］．职教论坛，2019（06）．

保障制度，包括企业的税收减免政策、学校现代学徒制专项资金使用政策等。再次，建立公正客观的监察评价制度，政府以制度形式规范项目发展秩序，但监察主体由第三方担任①。

（二）我国职业院校现代学徒制的实施困境分析

1. 我国现代学徒制各试点单位的试点建设方案难以落实

从各个院校申报的现代学徒制建设实施方案以及任务书来看，职业院校仍然是学徒制人才培养的主体，行业企业参与的深度与广度不够。这主要表现在：一是部分试点单位的任务书和方案中对引导企业发挥育人主体作用的办法不多，对企业参与人才培养方案的要求不够，在互聘共用师资队伍方面缺乏配套的人事和劳动关系政策；二是部分试点单位校企协同育人责任及分工不够细化，人才培养成本分担机制没有形成；三是部分试点单位在学徒双重身份以及学徒的知情权、保险、工作津贴等权益方面的保障措施没有落实。

2. 我国现代学徒制部分合作企业的参与主动性有待提高。

现代学徒制是校企合作的进一步延伸，现代学徒制实施中校企合作的深度取决于校企合作的方式和基础。一方面，受师资水平、设备及历史因素影响，职业院校服务企业、服务社会的能力有限，大多数无法给合作企业带来满意的合作利益，很大程度上影响着校企合作的质量及企业的积极性，最终影响着现代学徒制的实施。另一方面，合作企业的规模、实力也影响着现代学徒制的实施成效。追求利润最大化，是企业的第一大目标；企业只有在确保自身利益的情况下，才会考虑其社会价值最大化。现代学徒制的实施，势必增加企业的投入，导致企业运营成本的增加，而这部分成本投入需较长时间才能收获成效，其人才培养成效对企业又具有不确定性，如存在培养的人才快速流失问题，这两方面因素

① 罗琴. 我国职业教育现代学徒制研究综述［J］. 当代教育实践与教学研究，2019（01）.

共同导致企业利润无法保证，影响企业参与现代学徒制人才培养的积极性。

在现代学徒制中，政府需要产业发展，行业需要技术规范，学校需要学生就业。因此在发展现代学徒制的过程中都有一定的利益诉求，但是企业作为现代学徒制实施中的人才接受者却存在诸多顾虑，例如，学生在人才培养完成后却不能和企业达成就业的双向意愿，造成企业预备人才的流失；与学校合作培养与直接招收毕业生相比，增加了企业的人力资源培养成本；学生在学徒培养期间，在企业的技能培养、实际操作过程中会造成比普通员工更高的产品不及格率，造成生产成本增加。因此，很多企业对参与学徒制培养比较消极，从企业角度如何维护企业利益，也成为发展现代学徒制过程中，学校要考虑的实际问题①。

根据对现代学徒制试点单位的调查，试点院校在校企协同育人方面表现比较被动，与企业交流缺乏平台也缺乏保障机制，企业多是参与院校学徒制人才培养会议，具体培养事务仍然由学校承担，教学进程、教学实施都由职业院校完成。试点建设经费虽然部分用于企业人员的专家费等，但具体工作却是学校在做，人才成本分担的长效机制建设比较薄弱，造成现代学徒制试点专业的可持续发展不足，完成试点验收后长期进行现代学徒制试点人才。

培养的成功路径尚待探索。我国在现代学徒制试点过程中出现的问题，是市场经济国家进行学徒制人才培养的共性问题，建议借鉴英国等国的由政府采取购买服务的方法进行现代学徒制人才培养或者强化学徒制人才培养专业的从业准入机制。

二、我国职业院校现代学徒制的实施建议

（一）我国职业院校现代学徒制人才培养的实施步骤

从政府统筹定位来看，“学徒制”应以推进产教融合、适应需求、

① 胡思远．高职院校试行现代学徒制的困境及策略［J］．宁波职业技术学院学报，2018（06）．

提高质量为目标；从职责划分来看，“学徒制”应以创新招生制度、管理制度和人才培养模式为突破口；从不同专业、院校的人才培养差异来看，“学徒制”应以形成校企分工合作、协同育人、共同发展的长效机制为着力点；从实施的关键难点来看，“学徒制”应以整体谋划、增强政策协调、鼓励基层首创为手段。通过试点、总结、完善、推广，形成具有中国特色的现代学徒制实施步骤①。

1. 推进我国职业院校实施现代学徒制人才培养的关键节点

目前，解决许多职业院校在“现代学徒制”普遍遭遇的“学校热，企业冷”两难困境，根本出路在于解决企业和职业院校之间的利益失衡和参与失衡问题，要解决这个问题，关键在于解决以下四个关键节点。

（1）招生与招工一体化。

积极开展“招生即招工、入校即入场、校企联合培养”的现代学徒制推广。推动院校根据合作企业需求，与合作企业共同研制招生与招工方案，扩大招生范围，改革考核方式、内容和录取办法，并将院校的相关招生计划纳入学校年度招生计划统一管理。考虑企业的岗位需求和技术技能要求，校企联合组成招生招工团队，组建招生招工领导小组，结合学校招生政策，校企共同《联合招生招工方案》，可以实行先招生后招工，学校通过单招、高考等宣传发动学生，通过正常招生途径进行录取，面向经高考录取的学生，通过宣传学生自愿报名，校企联合组织现代学徒班面试和技能测试，录取学生签订三方协议，明确学生和学徒“双身份”，有效保障了企业用人需求和学徒质量。

（2）工学结合人才培养模式改革。

引导职业院校与合作企业根据技术技能人才成长规律和工作岗位的实际需要，共同研制人才培养方案、开发课程和教材，设计实施教学、

① 曹洋．基于国际比较的我国职业院校现代学徒制实施现状、困境及对策研究［J］．北京劳动保障职业学院学报，2018（12）．

组织考核评价、开展教学研究等。现代学徒制需要校企联合育人，按照校企合作育人原则，根据“工匠型”人才培养目标，制定适合现代学徒制的人才培养模式；针对企业师傅制定企业师傅教学标准、企业师傅选聘标准、企业师傅考核标准及相应实施方案；以企业单行工作任务为载体，按照载体的制造、应用、营销价值链条，共同开发融入职业资格标准和典型工作任务的课程体系；完善信息化教学资源库，引入第三方认证，学生毕业时均获相关认证，实现多证融通的人才培养，提升就业竞争力。

（3）互聘共用的双导师师资队伍。

现代学徒制的教学任务必须由学校教师和企业师傅共同承担，形成双导师制。现代学徒制实施院校要促进校企双方密切合作，打破现有教师编制和用工制度的束缚。合作企业要选拔优秀高技能人才担任师傅，明确师傅的责任和待遇，师傅承担的教学任务应纳入考核，并享受带徒津贴。完善学校教师和企业师傅“双导师”制，建立健全双导师的选拔、培养、考核、激励制度，形成校企互聘共用的长效机制。从企业选拔能工巧匠，建立“工匠型”师傅库，共同构建一支以“工匠型”企业师傅为主、学校双师型教师为辅的“黄金”比例结构的教学团队。进一步修订《企业师傅选拔标准》，完善企业师傅选拔标准、考核评价制度等文件，利用标准选拔优秀师傅任教，定期对企业师傅的教学水平和教学业绩进行考核评价，评选优秀企业师傅，并给予相应的激励。明确指导教师的企业实践和技术服务纳入教师考核并作为晋升技术职务的重要依据，并为兼职教师认定校内教师系列职称，享受校内教师的评优及奖励待遇。

（4）科学合理的教学管理与运行机制。

校企共同建立教学运行与质量监控体系，共同加强过程管理。根据教学需要，合理安排学徒岗位，分配工作任务。院校要根据学徒培养工学交替的特点，实行弹性学制或学分制，创新和完善教学管理与运行机制，探索全日制学历教育的多种实现形式①。在现代学徒制试点过程中，不断优化相关的教学管理制度，完善现代学徒制项目学分制管理办法，学徒通过企业和学校开展的课程获得相应学分，在完成学分的要求并取得相应的职业资格证书的条件下可办理毕业手续，实行弹性学制管理。以企业真实项目为载体，按照企业考核评价开展多方参与的考核评价。制定教学质量监控办法，完善教学质量监控机制，健全质量监控小组职责，积极开展教学诊断与改进。完善学徒管理办法，制定学徒安全管理办法和违纪处理办法、学徒企业实习工资方案等文件，合理安排学徒岗位，落实学徒报酬、责任保险、工伤保险，确保学徒人身安全②。

2. 构建我国职业院校实施现代学徒制人才培养的四方有机联动机制

结合世界各国现代学徒制发展情况以及我国企业参与学徒制人才培养的积极性分析，通过财政资助、政府购买人才培养服务等奖励措施引导企业和职业院校积极开展现代学徒制建设工作。只有这样做，才能利用经济利益驱动行业企业参与我国职业院校现代学徒制人才培养的实施，保障企业作为学徒制人才培养的主体地位，建立“学徒制”人才培养院校、企业和学生三个主体共赢的体制机制，实现教室与岗位、教师与师傅、考试与考核、学历与证书的多元有机融合人才培养，构建一个以质量为核心，突出校企双元特征，落实院校、企业和学生三方责任，形成“市场核心、院校主导、政府统筹、企业参与”的四方有机联动机制。各个职业院校在选择现代学徒制试点专业时，要选择市场上紧缺的高端技术技能型人才，增强市场在学徒制人才培养中的内推力。发挥院校的主导作用，解放学院自身的人才培养观念、管理体制和运行机制。提高政府在学徒制人才培养中的统筹协调作用，政府应该利用掌

① 曹洋．基于国际比较的我国职业院校现代学徒制实施现状、困境及对策研究［J］．北京劳动保障职业学院学报，2018（12）．

② 郇新，蒋庆磊．现代学徒制发展历程与关键［J］．产业与科技论坛，2018（10）．

握的本地区本行业前沿技术、设备状况及人力资源需求情况来指导现代学徒制人才培养。提升企业参与办学的积极性，让企业认识到现代学徒制人才培养的直接受益者就是企业自身，对学徒人才培养的投资是企业的生产性投资①。

三、学前教育专业现代学徒制的实施现状

（一）学前教育专业现代学徒制自主试点介绍

1. 现代学徒制的实施背景

以 2001 年《幼儿园教育指导纲要（试行）》的颁布与实施为标志，我国的幼儿教育进入了一个崭新的阶段。教育部在 2012 年公布的《幼儿园教师专业标准（试行）》征求意见稿中，明确提出了“幼儿为本”“师德为先”“能力为重”“终身学习”的幼儿教师专业发展的基本理念。社会发展和学前教育的改革提高了对幼师素质和学校培养的要求。这表现在一名优秀的幼儿教师除了要掌握扎实的专业理论知识外，还应该拥有优秀的人际交往能力、良好的职业道德、安全保育的能力、出色的组织和管理能力以及积极进取的精神等品质，这也是幼儿园对幼儿教师能力的基本要求。总而言之，准确把握市场对学前教育学生的知识、素质和能力结构的需要，培养高水平幼师是急需解决的问题。

2. 现代学徒制自主试点

自教育部于 2014 年发布了关于开展现代学徒制试点工作的文件以来，全国大规模实践了现代学徒制自主试点。2016 年 12 月，教育部首批现代学徒制试点工作经验交流活动在广州举行。首批现代学徒制试点工作的实施，标志着全国普及性学前教育现代学徒制自主试点实践工作正式开展。

---

① 曹洋．基于国际比较的我国职业院校现代学徒制实施现状、困境及对策研究［J］．北京劳动保障职业学院学报，2018（12）．

（二）学前教育现代学徒制自主试点的特征及优势

1. 特征

现代学徒制是一种新型的校企合作模式，其具有共享性、支持性、互惠性等方面的特征。

共享性指的是资源在高职院校和幼儿园之间共享。传统的教学更多地注重理论知识的教学，传统的幼儿教师培训则更倾向于实际操作，可能在专业知识上会有些欠缺。因此高校和幼儿园各有其优势和劣势。实行现代学徒制自主试点可以使园校双方互相取长补短。例如：学校实践教学比较薄弱，因此学校可以向园方申请带学生参观幼儿园日常教学来进行实践教学；园方在培养学生方面比较薄弱，因此学校的教师可以为园方提供学生教育指导方案。支持性是指在实践自主试点的过程中园校双方相互给予对方支持。实行现代学徒制自主试点的园校双方分别扮演着不同的角色。幼儿园扮演学生职业技能实践基地的角色，为学生提供真实的教学情境，使学生的职业能力更加符合幼儿园的需求；高职院校扮演着先进学前教育理念传授基地的角色，给学生在幼儿园内的教学提供了理论支撑。互惠性是指实施学前教育学徒制自主试点的结果使得园校双方均受益。对于幼儿园来说，一方面，其好处在于学前教育学生通过现代学徒制自主试点的培养，其整体的职业能力水平得到了提高，提高了整个行业教师的质量；另一方面，在学生见习期间为幼儿园提供了临时师资。对于高职院校来说，其好处在于可以提升自身的实践教学水平，提高学生的就业率，使学校更加得到社会人士的认可，提高自身的口碑。

2. 优势

从职业教育模式的角度来看，现代学徒制人才培养模式脱胎于口授手传的传统学徒制，是将传统的人才培养模式与现代职业教育形式相结合。它在借鉴传统学徒制人才培养模式的优点的同时，加入传统学徒制所欠缺的系统理论教育。进行现代学徒制自主试点实践有利于解决职业教育中理论与实践教学分离、学习与就业脱节的现实问题，促进毕业生综合职业能力的提升。现在学徒制人才培养模式作为现代职业教育人才培养的一种重要模式，也包含一个系统的人才培养方案，这样可以有效避免传统学徒制人才培养的随机性。从校园的角度来看，现代学徒制的人才培养模式突破了单一的学校教育和培训，不仅在形式上实现了学校和幼儿园双方联合培养，还密切了学生和指导教师之间的关系。实行现代学徒制自主试点能够解决幼儿园内顶岗实习质量不高的问题，帮助幼儿园获得理想的人才，降低幼儿园用工成本；同时它也可以帮助学校优化人才培养模式，提升了人才培养质量，解决培养的人才与幼儿园对接困难、学生积极性不高等问题，优化人才输出，提升了学校的整体实力。从学生的角度来看，通过现代学徒制自主试点的培养，不仅能帮助学生适应当前学前教育的改革与发展，而且有效地提升学前教育专业学生的职业能力，从而可以增强学生的职业发展竞争力、提升个人的就业质量、提高个人永久性就业的可能性以及降低就业压力。同时，经过自主试点培养的学生会具有更高的职业认同感，在未来就业道路上会减少其内心的排斥感，增加其幸福感和其对幼教行业的满意度。从社会发展的角度来看，现代学徒制自主试点具有资源共享性，因此现代学徒制自主试点的运行优化了社会资源。同时，还有利于解决人才供求错位，增加了优质专业人员的供给，减少了待业人员冗余和幼儿园非人才过剩。

（三）实行学前教育现代学徒制自主试点的现存问题

1. 园校合作不够深入

在现代学徒制自主试点运行过程中，大多数幼儿园和学校双方认为，实行自主试点只是为了响应国家号召，并未真正意识到校园合作的重要性。因此在这些合作中存在合作内容单一浅显，以及在合作方式上并未实现双向互动的问题。首先，学校和幼儿园合作的课程内容比较浅显。学生在幼儿园中学习的内容一般是幼教凭借自身经验传授的，在学生跟着幼教一起组织班级活动的过程中学习一些可亲身体验的知识，而关于活动组织与设计却很少涉及。其次，园校双方的合作内容局限于课程教学，对于学生的激励和心理辅导很少涉及。对学生的激励形式包括奖励金、实习生福利津贴、承诺录取等，但对于这一方面现在还只局限于学校根据学生的成绩发放奖金阶段，幼儿园并未参与激励工作。最后，双方的合作方式仅限于园方为学生提供实习的场所，并未就学生的具体培养进行有效的双向沟通。例如，没有对目前园校双方存在的教学问题进行讨论，没有对园方的前沿教育进行沟通．这就导致学前教育现代学徒制自主试点的实施只是浮于形式，缺乏更为内在的实质性合作。

2. 园校合作的运行体制不完善

尽管各个高职院校均在一定程度上开展了学前教育现代学徒制试点工作，但是由于现代学徒制是近年来才在我国兴起的一种校园合作的人才培养模式，所以总体来讲，园校双方的合作是缺乏经验的。具体可从以下几方面来证实。首先，双方无法对学生进行协调管理。学生不仅要在学校内学习，而且要进入幼儿园见习。因此学生面临的是双向导师，这就造成了双重管理局面。又因为高职院校的老师和幼儿园的导师处于不同的环境，无法相互理解且缺乏沟通，这会给学生在学习、工作以及心理上造成很大的压力，不利于学生的健康发展。同时，学生见习的地点和时间都很分散，使得学校的管理工作更加复杂。其次，没有制定专门的相关文件，自主试点工作缺乏制度保障。一些高职院校和幼儿园缺乏对实行现代学徒制自主试点的制度保障，甚至大部分的高职院校和幼儿园并没有制定相关的规章或制度。这会导致园校双方的职责分配不明确，会使幼儿园和学校之间产生矛盾，对自主试点的实施存在不利的影响。同时，在园校双方发生矛盾后也没有文件法规帮助双方解决问题。最后，存在经费不足的问题。在现代学徒制自主试点运行过程中，不论是校方还是园方都需要大量的资金输出，对于学校来说运行自主试点需要更多的行政教师，因此人员薪资会有一定的增加；对于幼儿园来说，接受一批学徒需要支付一定的福利费用（如：餐补、车补等），但政府的财政投入并不足以支付园校双方培训学徒的成本。

（四）学前教育现代学徒制自主试点实施的优化策略

通过以上分析我们清楚地看到，有关学前教育专业现代学徒制的自主试点实施还存在着很多问题，因此我们根据以上的问题提出了相关的优化策略，为深化学校和幼儿园合作提供理论借鉴。

1. 协作优化课程体系建设

幼儿园和学校双方应依据人力资源需求以及《幼儿园教师专业标准》的相关规定，基于现有的学前教育专业人才培养要求，共同优化人才培养的课程体系建设。

2. 共同优化人才培养方案

学前教育专业学生的职业能力包括三个方面：职业情感与态度、专业知识以及专业能力。因此对未来幼儿园教师人才的培养既要强调理论的传授又要强调实践。首先，专业理论的教学要与实践教学相结合。例如：闽西职业技术学院学前教育专业与英湟幼儿园经过协商，学生每周五都要入园进行学习及见习，这样不仅可以通过实践深化本周所学的知识，而且可以对在课堂上所学的知识做一个拓展。其次，要注重学生职业资格证书的获取。职业能力证书是企业评价一个求职者是否可以入围的重要因素，是学生职业能力的证明。因此对学生获取职业证书进行监督不仅可以满足幼儿园的用人需求，而且可以提升学前教育专业学生的就业率，进一步提升高职院校的知名度和权威性。

3. 协商优化考核激励机制

由于学生是由学校和幼儿园共同培养的，所以学生的成绩考核理应当由园校双方共同进行。园校双方都有义务对学生进行激励，对于学生在校成绩（包括在园实习成绩），学校应根据国家规定对成绩优异的学生进行奖励，主要采取奖励金的形式；对于学生在园中的表现，幼儿园可增加福利对学生进行激励；此外，园方和校方可联合起来对职业能力评估优秀的学生进行奖励（形式可以多样，如：增加见习工资，增加福利补贴，组织假期旅游等）。

我国学前教育专业现代学徒制自主试点实践近几年才兴起，针对自主试点实践的研究还少之又少。通过实践证明现代学徒制的人才培养方式是有成效的，针对自主试点现存的问题园校双方应该积极配合，努力完善现代学徒制人才培养模式，使其更加规范化，努力构建出具有中国特色的现代学徒制①。

第三节　武汉城市职业学院学前教育专业现代学徒制研究的背景

现代学徒制是以校企合作为基础，以学徒培养为核心，以课程为纽带，以学校、企业的深度参与和教师、师傅的深入指导为支撑的人才培养模式。它要求打破学科系统化的教学内容的编排方式，融入幼儿园工作岗位的技能和理论需求，将知识与能力相结合，理论与实践相统一②。开展现代学徒制试点是职业教育深化产教融合、创新人才培养模式的重要举措。现代学徒制体现出双主体育人、双身份定位、双导师培养的鲜明特点。为响应国家政策，武汉城市职业学院大胆尝试学前教育专业现代学徒制试点。本节内容将围绕学前教育专业开展现代学徒制的基础条件、学前教育专业现代学徒制试点的情况介绍以及实践过程进行展开。

一、学前教育专业开展现代学徒制的基础条件

（一）政策导向：国家政策和文件精神引领

2014年8月25日，教育部颁布了《教育部关于开展现代学徒制试

① 张丽芳．学前教育现代学徒制自主试点运行现状及对策探究［J］．通化师范学院学报，2019（08）．

② 宋文华，潘志忠．构建现代学徒制课程体系的体会［J］．现代职业教育，2016（12）．

点工作的意见》（教职成［2014］9号），明确指出把握试点工作内涵："积极推进招生与招工一体化、深化工学结合人才培养模式改革、加强专兼结合师资队伍建设、形成与现代学徒制相适应的教学管理与运行机制。"① 这充分体现出现代学徒制双主体育人、双身份定位、双导师培养的鲜明特点。

现代学徒制有利于促进行业、企业参与职业教育人才培养全过程，实现专业设置与产业需求的五大对接，即课程内容与职业标准对接，教学过程与生产过程对接，毕业证书与职业资格证书对接，职业教育与终身学习对接，提高人才培养质量和针对性②。

建立现代学徒制是职业教育主动服务当前经济社会发展要求，推动职业教育体系和劳动就业体系互动发展，打通和拓宽技术技能人才培养和成长通道，推进现代职业教育体系建设的战略选择；是深化产教融合、校企合作，推进工学结合、知行合一的有效途径；是全面实施素质教育，把提高职业技能和培养职业精神高度融合，培养学生社会责任感、创新精神、实践能力的重要举措③。

但是对于师范教育类，尤其是学前教育专业的尝试，几乎处于空白状态。这种现状既是因专业性质不同而产生的客观事实，又为学前教育专业现代学徒制试点创造了良好的机遇和挑战。武汉城市职业学院以推进产教融合、适应需求、提高质量为总目标，以创新招生制度、管理制度为主要突破口，找准现代学徒制与学前教育人才培养的有机结合点，大胆"走出去"，尝试学前教育专业人才培养模式改革。

① 教育部关于开展现代学徒制试点工作的意见（教职成［2014］9号）［EB/OL］. 教育部网站，2014-08-25.

② 教育部关于开展现代学徒制试点工作的意见（教职成［2014］9号）［EB/OL］. 教育部网站，2014-08-25.

③ 教育部关于开展现代学徒制试点工作的意见（教职成［2014］9号）［EB/OL］. 教育部网站，2014-08-25.

（二）立足职教集团平台：提供高质量的幼儿园和优秀的师傅

武汉学前教育职教集团内共有近百家已签约的各级各类单位，包括1所高职、4所中职及90多家湖北省、武汉市知名幼教机构，成员单位办学实力层次高、水平强，具有优质的办学能力，为集团开展现代学徒制试点奠定了良好基础。

集团不仅拥有其理事单位武汉城市职业学院的一批优秀教师和教学骨干，同时，集团内部四所中职学校和90多家幼教机构的师资队伍，形成了高校专家、科研人员、中职教师、行业专家四方联动的学前教育专业建设团队和师资库。

（三）基于技能高考契机：保证适合现代学徒制的生源

武汉城市职业学院学前教育学院现有多种学制形式，如中专、五年一贯制、高中起点大专、高职起点大专、“3+2”中高一体化衔接、“3+3”技能高考等。其中，“3+3”技能高考学生在中职阶段已经学习过相关专业课程，具备一定的专业素质和技能，本身就具有入职的基本资格，通过严格通识和专业考核进入高校，在各项技能方面比其他类型的学生更具基础和潜力。

（四）品牌专业奠基：保证试点条件及人才培养方案的制定与实施

武汉城市职业学院学前教育学院作为湖北省品牌专业为试点提供软硬件条件，体现在一流的师资队伍和实训基地建设上：学院通过大师、教授、青蓝、双师型、专业化发展5大工程，打造专兼结合“教书+育人、理论+实践、科研+服务”的“3+”型专业教学团队；力争建设一流的校内实训条件，2016年构建远程多功能实训室，通过网络技术，把实践基地幼儿园的现场教学情景直接传输到课堂，使教学观摩和教育评析更加真实和有效，实现“院园互动”“高职课堂与幼儿园活动对接”，改变了传统的课堂教学模式。为学前教育专业现代学徒制试点的开展提供技术支持①。

二、学前教育专业现代学徒制试点的情况介绍

（一）学前教育专业开展现代学徒制的独特性

高职学前教育专业开展现代学徒制，从专业角度而言，要面临的是师范性和职业性的深度融合；从操作层面来说，要考虑学生性质和岗位设置的现实问题。

1. 人才培养需体现师范性和职业性

跟通常意义上现代学徒制“工匠”相比，他们面对的是机器或工艺的操作；学前教育专业的学徒面向的是活生生的人，称为“师匠”。“其身正，不令而行；其身不正，虽令不从。不能正其身，如正人何?”这不仅体现了以身作则、言传身教的“师范性”，而且反映出教师育人是“润物细无声”的潜移默化。因此，教师的实践活动不仅要有技巧，还需要艺术和情感，这就需要足够的实践体验作支撑，这种体验既包括一线教师的经验传承，也包括自身参与教学的感悟积累。从这个角度看与“工匠”的培养具有相通之处，体现出“职业性”。但是对于师匠的要求会更高，在进入幼儿园体验师匠前需要掌握一定学前教育专业的基本知识和技能以及保教方面的常识。因此“招工招生”的对象需要慎重考虑。

2. 中高职衔接为联合招生提供可能

现代学徒制要解决的关键问题是校企联合招生问题，而目前我国高职学前教育专业的中高职衔接模式为“师匠”培养提供可能。

目前我国中高职衔接模式中的分段式衔接模式分段式衔接模式（将一所或几所中职学校与专业对口的高职院校联合办学或通过高考，

① 郑洪利，张驷宇，孙会扬．“三方协同、四维一体”的学前教育专业人才培养模式的探索与实践［J］. 中国职业技术教育，2017（26）.

采取“3+3”方式，前3年在中职学习，后3年在高职学习，按阶段完成各自的教学任务，但中高职校要共同制定培养目标，整合、重组中高职的课程和教学计划）为高职学前教育专业开展现代学徒在联合招生方面提供可能。① 这类学生在中职阶段已经系统地学习了学前教育专业的基础知识和相关技能，初步符合幼儿教师的一些岗位要求，在理论上具备“师匠”的条件，当然在实际岗位中还需要打磨培养。

3. 岗位设置受限于幼儿园的办学实际

现代学徒制是在“校热企冷”的背景下推行，故寻求“企业”合作是现代学徒制要解决的难题之一②，因为这事关学徒岗位设置的攸关问题。高职学前教育专业开展现代学徒制从严格意义上说合作的对象不是企业，而是另外一个教育场所——幼儿园或者幼教机构，其中以幼儿园为主。这里需要对我国幼儿园的办学性质和层次进行梳理，目前我国幼儿园在办学体制上分为公办园和民办园，其中公办园有教育局办园和政府机关办学，这类幼儿园条件佳、待遇优，工作岗位饱和度高，接受学徒制的可能性小。所以公办民资类的幼儿园和民办幼儿园成为高职学前教育专业开展现代学徒制的合作对象。但是在学徒岗位设置上仍然会存在诸如此类的问题：学徒是否有合适的岗位、学徒是否能够胜任工作、学徒毕业后是否会留下等问题。这些问题在现代学徒制开展过程中会对职业院校、幼儿园和学徒提出较大挑战。

（二）学前教育专业现代学徒制试点概况

武汉城市职业学院学前教育专业从2016年9月就开始了首届学前教育专业现代学徒制工作的试点，分为三个阶段：第一阶段（2016年9月—2017年7月）——合格幼儿教师培养的探索阶段，第二、三阶段（2017年9月—2019年7月）卓越幼儿教师培养阶段。

---

① 张雅文．中高职教育贯通人才培养模式研究［D］．上海师范大学，2017.

② 张启富．高职院校试行现代学徒制：困境与实践策略［J］．教育发展研究，2015（03）.

1. 第一阶段的现代学徒制试点

基于武汉城市职业学院学前教育专业开展现代学徒制的基础条件和学前教育专业开展现代学徒制的独特性，武汉城市职业学院学前教育专业积极开展第一阶段的现代学徒制试点（2016 年 9 月—2017 年 7 月），这一阶段是合格幼儿教师培养的探索阶段。在 2016 级学生中遴选 19 名“3+3”技能高考类型学生，与 8 家优质幼教机构进行双向选择，采用先招生、后招工的方式，校、企、生（未满 18 岁由父母参与）三方签订人才培养合同，三年分 6 个学期开展现代学徒制试点。每一年培养重点拟根据岗位标准和要求来设定，即第一学年——保育员，第二学年——配班教师，第三学年——主班教师。每个学期，学徒有近 1 个月时间在校学习必备知识和技能。教师基于岗位标准针对学生的实际情况进行模块化教学和项目教学，对重点理论进行专题辅导，加强提升各项岗位技能，列出任务清单，敦促学生自学和实践完善；其余时间均在幼儿园实践锻炼，企业师傅根据岗位标准和幼儿园工作实际带徒实践，跟踪学徒学习质量，同时根据学校教师的相关任务清单，落实检查评价学徒的学业完成状况。“双导师”加强联系沟通，建立随教、随练、随训、随评等机制，合作育人，使学徒真正将理论和实践结合起来，真正学以致用①。

在第一阶段，学前教育专业现代学徒制自主试点工作取得了一定的成绩，但也面临着很多实际问题，如经费支持不到位、学徒身份难定位、双导师不协同等典型问题。

2. 第二、三阶段的现代学徒制调整

经过半年实践，在充分考量试点效率的基础上，为保证人才培养质量，学院调整了试点方案。武汉城市职业学院学前教育专业推进第二、三阶段的现代学徒制探索（2017 年 9 月—2019 年 7 月），这两个阶段是

① 刘海宏．高职院校现代双导师学徒制人才培养模式构建研究［J］．中外企业家，2019（17）．

卓越幼儿教师培养阶段。19 名学徒中保留 2 名有自主意愿并受到幼儿园充分认可的优秀学生，15 级大专班中选取 1 名在各方面表现优异的学生，重新双向选择，最后与 3 家优质幼儿园签订学校、幼儿园、学徒三方人才培养协议。针对不同园所和学徒院园共同制定个性化的人才培养方案。招录完毕后学生即下园，删减在校学习时间，基于不同阶段岗位能力，针对学生的实际情况，按照工作任务驱动，指导教师团队和幼儿园事先列出学习任务清单，主要由幼儿园师傅在带领学徒实践中逐一完成，指导教师团队每周定时定点下园，针对实际问题对学徒进行现场授课，指导点评。

三、学前教育专业现代学徒制的实践过程

准备阶段为试点的前期筹备，包括成立现代学徒制试点工作组(人才培养方案修订组、招就组、学徒管理组、学徒评价组、师资培养组等)、选定试点对象、签订人才培养协议、商讨人才培养方案、制定相关管理制度等；实施阶段为试点开展的三个阶段，针对第一阶段试点的典型问题在第二、三阶段试点积极调整；总结阶段安排在试点结束后，对整个学徒制试点工作进行全面总结。

（一）现代学徒制试点项目的准备阶段

1. 现代学徒制项目的调研

首先，武汉城市职业学院学前教育学院召开现代学徒制研讨会，进行启动仪式。武汉学前教育职教集团内理事单位和各幼教机构的相关人员参加并进行了研讨。

随后进行学生宣讲动员并组织学生面试。在学前教育学院 2016 级技能高考班 174 名同学问卷调查中，共有 129 人愿意参加“现代学徒制”卓越班级。

2. 现代学徒制项目组与幼儿园共同制定人才培养方案、初步构建课程体系

图 1-1　学前教育学院召开现代学徒制政校企合作研讨会

图 1-2　学前教育学院召开现代学徒制学生面试现场

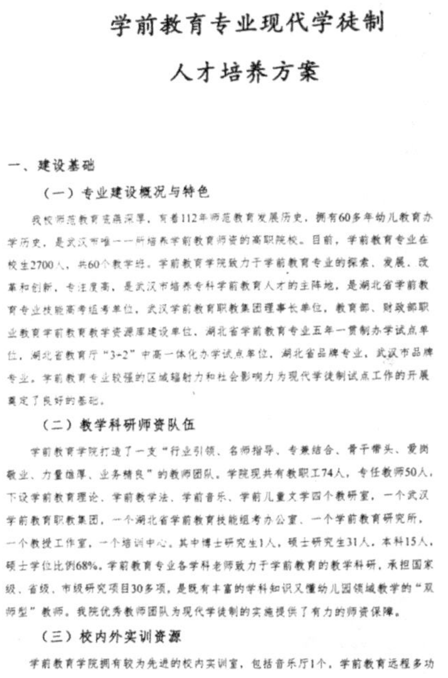

学前教育专业现代学徒制

人才培养方案

一、建设基础

（一）专业建设概况与特色

我校师范教育底蕴深厚，有着112年师范教育发展历史，拥有60多年幼儿教育办学历史，是武汉市唯一一所培养学前教育师资的高职院校。目前，学前教育专业在校生2700人，共60个教学班。学前教育学院致力于学前教育专业的探索、发展、改革和创新，专注度高，是武汉市培养专科学前教育人才的主阵地，是湖北省学前教育专业技能高考组考单位，武汉学前教育职教集团理事长单位，教育部、财政部职业教育学前教育教学资源库建设单位，湖北省学前教育专业五年一贯制办学试点单位，湖北省教育厅“3+2”中高一体化办学试点单位，湖北省品牌专业，武汉市品牌专业。学前教育专业较强的区域辐射力和社会影响力为现代学徒制试点工作的开展奠定了良好的基础。

（二）教学科研师资队伍

学前教育学院打造了一支“行业引领、名师指导、专兼结合、骨干带头、爱岗敬业、力量雄厚、业务精良”的教师团队。学院现共有教职工74人，专任教师50人，下设学前教育理论、学前教学法、学前音乐、学前儿童文学四个教研室，一个武汉学前教育职教集团，一个湖北省学前教育技能组考办公室、一个学前教育研究所，一个教授工作室，一个培训中心。其中博士研究生1人，硕士研究生31人，本科15人，硕士学位比例68%。学前教育专业各学科老师致力于学前教育的教学科研，承担国家级、省级、市级研究项目30多项，是既有丰富的学科知识又懂幼儿园领域教学的“双师型”教师。我院优秀教师团队为现代学徒制的实施提供了有力的师资保障。

（三）校内外实训资源

学前教育学院拥有较为先进的校内实训室，包括音乐厅1个，学前教育远程多功

课程模块	主要内容	在校学习清单	在园学习清单	传授方式
	的教育技能、家庭教育的指导等内容的学习，全面了解幼儿园教育教学的各个环节，参与幼儿园的教学指导和评价。	主要因素 5. 学前课程：几种主要的课程形态 6. 学前教育目标	戏：不同游戏类型的组织和指导 5. 幼儿园的环境创设 6. 家园合作及幼小衔接	
幼儿园游戏	1. 学前儿童游戏的本质、特征及游戏教育的模式。 2. 创造性游戏（角色游戏、表演游戏、结构游戏）的特点、作用及指导。 规则性游戏（体育游戏、智力游戏、音乐游戏）的特点、作用及指导。	1. 学前儿童游戏的本质。 2. 学前儿童游戏的特征。 3. 学前游戏教育模式探索。 各类游戏的概念、特点、作用及指导策略。	1. 根据各年龄班幼儿的特点设计和规划游戏环境。 2. 在游戏中正确观察，分析与评价幼儿的行为表现。 对幼儿的各类游戏进行指导。	理论教学与实践教学相结合
幼儿园班级管理	1. 幼儿园班级管理 2. 幼儿园班级管理环节 3. 幼儿园班级管理体系 4. 幼儿园小班的管理 5. 幼儿园中班的管理 6. 幼儿园大班的管理 7. 混合班的班级管理 8. 学前班的班级管理 9. 残障儿童回归主流的班级管理	1. 幼儿园班级管理 2. 幼儿园班级管理环节 3. 幼儿园班级管理体系	1. 根据各年龄班幼儿的特点提出幼儿园不同班级管理的具体环节和方法。 2. 在一日生活常规中正确分析与评价班级管理的生活管理和教育管理以及其它管理要求。	理论教学与实践教学相结合
美术基础与手工	1. 第一学期 透视、结构素描、纸工	透视、结构素描、纸工	墙饰制作	实践教学
	2. 第二学期色彩、泥工	色彩、图案、泥工	区角环境创设	实践教学
幼儿园教育环境创设与玩教具制作	1. 第三学期　教玩具制作、简笔画	教玩具制作、简笔画	自制玩教具的设计	实践教学
	2. 第四学期　环境创设、图案	环境创设、布艺	自制玩教具的设计，班级环境创设	实践教学
	3. 第五学期 布艺、综合材料制作	布艺、综合材料制作	各领域教玩具制作与设计	实践教学
	4. 第六学期 综合材料制作	综合材料制作	幼儿园教育环境创设	实践教学
幼儿园活动设计	1. 第三学期 幼儿园教育活动设计中的目标和内容（结合纲要和指南）、幼儿园教育活动的组织与指导、幼儿园教育活动评价、幼儿园一日活动的设计与组织、幼儿园主题活动的	幼儿园教育活动设计中的目标和内容（结合纲要和指南）、幼儿园教育活动的组织与指导、幼儿园教育活动评价、幼儿园一日活动的设计与组织、幼儿园主题活动的设计与组织、幼儿	幼儿园各类教育活动观摩与实践	实践教学

图 1-3　学前教育专业现代学徒制人才培养方案与课程体系建设文本

现代学徒制试点工作小组根据学徒实际状况，在与合作企业共同协商的基础上，共同制定学前教育专业现代学徒制人才培养方案。

工作组召开多次各层会议，研讨课程方案，构建课程体系，课程体系根据岗位标准模块化设置。3 个岗位标准，6 个学期教学实践，14 个课程模块，14 项课程标准，14 套学习清单，14 项评价标准初步构成了整个现代学徒制试点的课程体系并待丰富完善。

3. 现代学徒制项目签约

根据自主、自愿的原则，在 2016 级遴选 19 名左右“3+3”技能高考类型学生，与约 8 家优质合作企业进行了双向选择，并正式签约。

4. 制定系列管理制度

为保障现代学徒制试点取得成效，集团跟踪其实施过程，并制定了

武汉城市职业学院学前教育学院
现代学徒制试点

协

议

书

武汉城市职业学院学前教育学院
2016 年 9 月

学前教育专业现代学徒制试点协议

图 1-4　学前教育专业现代学徒制试点签约仪式及协议书文本

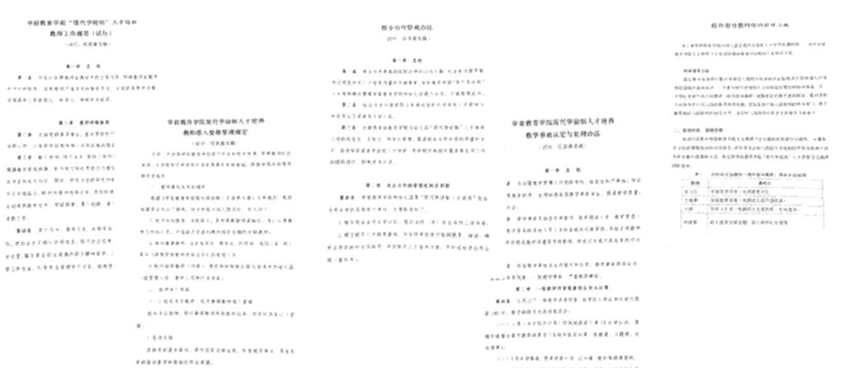

图 1-5　学前教育专业现代学徒制试点制定系列管理制度文本

一系列的管理制度，如《现代学徒制人才培养校企合作管理办法》《现代学徒制人才培养校外指导教师培训指导方案》《现代学徒制人才培养教师准入资格管理规定》《现代学徒制人才培养教师工作规范》《现代学徒制人才培养事故认定与处理办法》等。

（二）学前教育专业现代学徒制项目的实施阶段

实施阶段为试点开展的三个阶段，在这个过程中我们进行了第一次尝试探索，有困难亦有收获。这一过程的实践通过第一阶段典型问题呈现，在第二、三阶段进行积极求解来体现。

1. 第一阶段典型问题：实践对接落地难

基于学前教育专业的师范性和幼儿园岗位的特殊性，武汉城市职业学院学前教育专业现代学徒制试点在第一阶段推行的过程中，遇到一些困难。结合学徒在幼儿园实际工作岗位中反映出的状况，集中凸显出诸如经费支持不到位、学徒身份难定位、双导师不协同等典型问题。

（1）双主体：经费支持不到位。

开展现代学徒制试点是响应政策，但是在实际的工作中遇到现实阻力，其中最大困难就是经费支持的保障难落实①。按照之前学徒三方协议的设想，学院每月给每位学徒 1000 元的生活补贴，但是受到经费管理制度的制约，这份补贴没法真正落实。另外，8 所合作幼儿园因为办园性质的不同，部分公立幼儿园在经费管理方面也存在诸多制约。虽然部分私立幼儿园在经费管理方面相对灵活，会如期按约给该园所在学徒进行补贴，但是这样会造成其他幼儿园学徒的心理落差，对于现代学徒制试点健康和谐的推行产生不良的影响。

（2）双身份：学徒岗位难定位。

根据现代学徒制“招生即招工”的特征②，学徒既是学校的学生，又是企业的员工，具有双重身份。但是因学前教育专业的师范性和幼儿

① 徐国庆．我国职业教育现代学徒制构建中的关键问题［J］．华东师范大学学报（教育科学版），2017，35（01）．

② 教育部关于开展现代学徒制试点工作的意见（教职成［2014］9 号）［EB/OL］．教育部网站，2014-08-25．

园岗位的特殊性，学徒的双重身份难定位。首先，学前教育专业对于幼儿教师的培养具有周期性和复杂性，这些学徒的专业能力和职业操守显然不够。其次，在幼儿园岗位上有保育员、配班教室、班主任教师，每个岗位对教师的职责和能力要求不同，所以对学徒的岗位能力培养也不同。再次，幼儿园教师是一项资格准入的职业，需要具备幼儿园教师资格证，持证才能上岗。由此可见，学徒不是教师，学徒身份难界定，造成学徒岗位不定的局面。

（3）双导师：学徒培养未协同。

在第一阶段试点制定学前教育专业现代学徒制人才培养方案的过程中，设计学徒培养模式：现代学徒制的教学任务必须由学校教师和企业师傅共同承担，形成双导师制。校企合作，建立完善“双师”（专业教师+机构师傅）队伍，以保证“现代学徒制”人才培养模式能够顺利开展①。共同做好“双师”（教师+师傅）教学与管理，共同做好学生实训与就业工作。但是在第一阶段试点的工作中，“双导师”的协同机制未真正落实。主要表现在两个方面：一方面是学校指导教师主要教授在校理论课程；另一方面是幼儿园指导师傅主要传授岗位职责和能力，指导教师和指导师傅合作机会较少，两者未形成合力。主要原因有二：一是学校的指导教师主要集中一个月的时间教授在校课程，教学任务繁重，很少下园；二是因学徒岗位不明确，故幼儿园指导师傅也不定。这样势必造成“两张皮”“两半截”的困顿，未形成双导师协同合作的良好局面。

2. 第二、三阶段积极求解：方案—岗位双践行

作为师范类的“现代学徒制”是首次尝试，但由于政策和现实原因依然有一些问题得不到解决。通过多次座谈研讨论证、沉淀反思积极求解，经过校企双方多次研讨和沟通，结合第一阶段试点的经验与问题

---

① 教育部关于开展现代学徒制试点工作的意见（教职成［2014］9号）［EB/OL］. 教育部网站，2014-08-25.

图 1-6　学前教育学院召开现代学徒制第一阶段试点校企合作协调工作会

图 1-7　学前教育学院召开现代学徒制第一阶段试点工作总结会

做出改进。同第一阶段试点相比，第二、三阶段试点在落实经费保障、明确学徒身份、强化双导师合作等方面做出了积极调整。

（1）灵活调整实际，落实学徒补贴。

既然校企合作育人是双主体，那么落实学徒补贴需要从学校和幼儿园两方面着手。学院方面，学徒规模缩小，在不违背学院经费管理制度的基础上，逐渐落实学徒的经费支持。幼儿园方面，通过多方沟通协调，学院在选取幼儿园合作试点时，优先考虑能够落实学徒补贴的园所。本着合作共赢、责任共担的原则，这三所幼儿园分别是一所湖北省省级公立园、一所武汉市市级公立园、一所洪山区私立幼儿园。这三所幼儿园办学性质不同，特征鲜明。其中有两所幼儿园是第一阶段试点园所，积累了很多有益经验。这三所幼儿园在跟学校、学徒（包括学徒家长）签订学徒三方协议里，明确规定每所园所每月给学徒额定的工资。这一调整为第二、三阶段现代学徒制试点的健康和谐推行提供了现实条件。

图 1-8　现代学徒制第二阶段试点武昌丁字桥幼儿园签约现场

（2）强化院园合作，明确学徒定位。

针对现代学徒制的“招生即招工”这一内涵要义①，学院积极加强与合作幼儿园的研讨。由于学前教育专业的师范性和幼儿园工作岗位的特殊性，还不能完全做到“招生即招工”，所以要着重解决的是明确

① 教育部关于开展现代学徒制试点工作的意见（教职成［2014］9 号）［EB/OL］. 教育部网站，2014-08-25.

学徒的身份。首先，她们是学校的学生，学校对其负有培养的责任；其次，她们是幼儿园的学徒，而非严格意义上的教师，更不是变相的实习生，幼儿园同样对其负有培养的责任。作为这样一种双重身份，对学生而言，她们既要完成学校的基本学分要求，又要在幼儿园工作中要肩负起岗位职责的任务。在明确了学徒的身份后，校企双主体在具体细节工作的落实上加强了合作：学院跟三所合作幼儿园协商制定学徒三方协议、共同研发学前教育专业现代学徒制人才培养方案、结合学徒特点和本园所文化特征“量身定制”学徒个人培养计划。通过三方协议和学徒培养方案从理论层面指出了学徒培养的方向和目标，三所合作的幼儿园个人学徒培养计划从实践层面落实了学徒的工作岗位、培养过程以及考核要求，这样理论和实践的结合使得方案和岗位真正实现对接①。

图 1-9　在湖北省第三机关幼儿园召开现代学徒制第二阶段试点交流会

（3）搭建研讨平台，加强双导师沟通。

现代学徒制试点人才培养模式得以顺利开展，最关键的是建立师资

① 王子南，冯水莲．现代学徒制与我国职业教育整合的探索研究［J］．职业教育（下旬刊），2013（07）．

图 1-10 校内指导老师在湖北省第三机关幼儿园观摩学徒现场教学

队伍，形成“双导师”机制①。针对第一阶段试点建设双导师队伍出现的问题，第二、三阶段试点以专门的文件明确规定了学校指导教师的职责和幼儿园指导师傅的职责。其中做出最大调整的是双导师合作机制的建立。在明确学徒身份和岗位确定的基础上，在每一阶段每位学徒的在园指导师傅可以固定。这样一方面有利于对学徒进行针对性的指导；另一方面便于双导师的沟通。对此，我们学院成立现代学徒制双导师研讨小组，这一平台的搭建可以对于学徒的指导评价考核进行深入沟通和探讨。另外，学院试点工作小组安排固定指导教师每周下到幼儿园掌握学徒的基本工作和学习情况，要跟幼儿园指导师傅进行面对面交流沟通以深化学徒的内涵培养，并不断丰富完善现代学徒制的学徒培养方案，跟第一阶段试点相比，第二、三阶段试点加入了幼儿园的指导内容，这不仅体现出双主体的合作加深，而且凸显出双导师的协同统一。

---

① 教育部关于开展现代学徒制试点工作的意见（教职成［2014］9 号）［EB/OL］. 教育部网站，2014-08-25.

图 1-11　学前教育学院召开现代学徒制教师下园动员会

图 1-12　校内指导老师在武汉安吉拉幼儿园同学徒师傅进行交流

（三）学前教育专业现代学徒制总结阶段

在总结阶段，我们不仅召开了校企项目终结总结会，对在岗学徒进行回访，而且针对新生力量开展宣讲会。

1. 召开现代学徒制试点项目终结总结会

2019 年 6 月 19 日，在武汉市丁字桥幼儿园成功举办了学前教育专业首届现代学徒制试点项目终结总结会。本次总结会到场人员有：湖北第二师范学院学前教育专业负责人、副教授陈纳博士，武汉城市职业学院继续教育学院院长汪福秀副教授，武汉城市职业学院教务处叶文涛副处长，武汉城市职业学院学前教育学院副院长张雪萍教授，武汉城市职业学院学前教育学院副院长杨素苹副教授，武汉城市职业学院学前教育学院、湖北省职业教育学前教育专业技能名师工作室主持人夏宇虹教授。武昌丁字桥幼儿园和洪山保利和乐安吉拉幼儿园的领导、老师、学徒及武汉城市职业学院学前教育学院的指导老师参加终结总结会议。

（1）学徒的教学活动汇报。

第一项是学徒的教学活动汇报。丁字桥幼儿园的思宇同学进行了大班科学活动“陀螺转转转”。安吉拉幼儿园的传美同学进行了“老鼠娶新娘”的大班语言活动。两位学徒老师的教学活动均为换班上课，思宇同学和传美同学成熟的教学设计以及熟练的教学活动组织能力获得了专家和老师们的一致好评；特别在教学活动中师幼互动的一些细节以及善于观察儿童的能力等方面体现了一名成熟老师的水平。在教学活动汇报之后，两位学徒老师进行了三年学徒学习的分享，通过学校和幼儿园学习场景的变换，学校“知识导师”和幼儿园“技能导师”共同施教①，一人一人才培养方案的研发，使她们得以不断成长。

（2）学徒制园方师傅与园长分享。

第二项为学徒制园方师傅和园长分享，武昌丁字桥幼儿园思宇的指导教师张雅兰老师与洪山保利和乐安吉拉幼儿园田晓莉园长从师傅的角度，阐述了学徒指导的点点滴滴，充分体现了这两位幼儿园的技能师傅指导徒弟的创新与努力。丁字桥幼儿园黄园长从幼儿园的对学徒的管理制度、人才培养的机制体制及考核评价等方面进行了汇报，充分体现了

① 教育部关于开展现代学徒制试点工作的意见（教职成［2014］9 号）［EB/OL］. 教育部网站，2014-08-25.

图 1-13　安吉拉幼儿园学徒传美进行现场教学活动

幼儿园对准幼儿教师培养的社会责任感和使命感。

（3）学徒制校方指导教师代表与项目负责人分享。

第三项为学徒制校方班主任向华指导老师分享。试点学校配备试点班班主任和辅导员。班主任由认真负责、学术水平高的学前教育学院博士向华老师担任，辅导员由充满朝气、年轻有为的李锴老师担任。作为试点班班主任，向华老师首先对试点阶段工作进行回顾，代表学校指导教师对两名学徒在教育教学及学校管理等方面所做的工作进行了总结。然后，项目负责人夏宇虹教授从首届学前教育专业现代学徒制试点的项目申报、项目实施、项目中的一些困难，项目的收获等方面对项目进行了总结。

（4）现代学徒制试点项目幼儿园授牌致谢。

本次活动最为感人的环节是授牌仪式和两位学徒向两所园的领导及师傅们送上的感谢信。在学前教育专业现代学徒制三年的试点工作中，通过武汉城市职业学院学前教育学院、丁字桥幼儿园、安吉拉幼儿园的学校指导老师、幼儿园师傅、学徒及学校的多方联动密切配合，成就了两名学徒制学生今天的成绩。

图 1-14　项目负责人夏宇虹教授进行学前教育专业现代学徒制试点终结总结汇报

图 1-15　学前教育专业现代学徒制试点授牌致谢

2. 对在岗学徒进行回访

2019 年 9 月 17 日，武汉城市职业学院学前教育学院杨芳、付艳、胡婷婷和杨娜四位老师以及湖北第二师范学院学前教育专业副教授陈纳博士的两位学生共同前往武汉城市职业学院学前教育专业现代学徒制试点园——安吉拉幼儿园对学徒传美入职以来的情况进行回访。在幼儿园领导及老师们的热情接待下，武汉城市职业学院的老师们和湖北第二师范学院的学生们一同对传美所在班级进行半日观摩活动。

图 1-16　项目组老师们观摩学徒传美教学活动

活动后，传美与武汉城市职业学院老师们交流表示：在学校和安吉拉幼儿园的联合培养下，自己成长得很快，非常喜欢安吉拉幼儿园所有成员散发出的正能量和常青藤的教育理念以及在这种理念下和孩子们相处的美好时光。

随后，安吉拉幼儿园负责人提供了传美入职以来的成长档案、反思笔记及教师积分表等材料，并详细介绍了安吉拉幼儿园教师晋级考核标准，让武汉城市职业学院的老师们及湖北第二师范学院的学生们更及时、更详细、更充分地了解安吉拉幼儿园的教师管理制度以及传美现阶段的工作状况，同时，负责人还表示传美的表现优异，工作积极认真，后期准备将其作为骨干教师培养。

3. 现代学徒制新生宣讲会

2019 年 9 月 18 日，武汉城市职业学院学前教育学院在学术报告厅组织召开了学前教育专业现代学徒制宣讲会。此次大会由湖北省技能名师工作室夏宇虹教授主讲，学前教育学院学工办主任杨芳老师，付艳老师以及 2019 级部分班级学生代表参加了此次会议。

夏宇虹教授就现代学徒制、学前教育专业现代学徒制的特点、学前教育学院学徒的学习和实践以及管理与保障四个方面展开分享。首先，夏教授指出学前教育专业的现代学徒制尝试在高职学前教育专业与幼儿园紧密对接、深度合作，由幼儿园和学校共同推进的一项育人模式。接着，夏教授详细说明了学前教育专业现代学徒制对人才培养的要求，介绍了现代学徒制的建设思路、人才培养战略计划与培养定位、线上线下人才培养模式、职业发展，学徒的薪资体系，学徒的管理及学习模式等情况，并分享了 16 级毕业生学徒制优秀学员思宇、传美、佳琦三名同学的成长经历。宣讲会的最后，夏教授在总结讲话中分析了学前教育现

图 1-17　学前教育专业现代学徒制试点新生宣讲会现场

代学徒制的发展对未来就业的影响。希望同学们能够把握机遇，树立好正确的目标，发掘自身潜能，做好自己的职业发展规划。

通过宣讲会使武汉城市职业学院学前教育学院的学生了解到学前教育专业教育教学改革的新动态、新趋势，开阔了视野，为她们今后的学习奠定了良好的基础。

“路漫漫其修远兮，吾将上下而求索”，武汉城市职业学院学前教育专业推行的现代学徒制试点，一直在路上、在探索、在求解。在试点的实践过程中，第一阶段我们对人才培养方案的制定、课程体系的构建做了有益探索；第二阶段我们对学生在园师傅指导、指导教师任务驱动以及训育管理、考核评价等方面进行了深入研讨；第三阶段我们结合现代学徒制的内涵进行实践路径的优化，以期为培养卓越教师的后续试点工作提供经验与借鉴。

第二章　高职学前教育专业与现代学徒制

2014年2月26日，李克强总理主持召开国务院常务会议，部署加快发展现代职业教育，提出“开展校企联合招生、联合培养的现代学徒制试点”，这是迄今为止我国官方第一次明确提出开展现代学徒制试点。从广泛意义上讲，“二战”后出现的以德国“双元制”、英国“现代学徒制”、澳大利亚“新学徒制”等为典型的、适应现代经济与社会需求、以校企合作为基础、纳入国家人力资源开发战略的学徒制形态都是现代学徒制①。现代学徒制包含了职业教育最本真、最朴素的原则——“做中学”。在学徒制中，学徒边做边学，甚至先做后学，是“做中学”的典型。同时，现代学徒制是一种“行业订立标准、校企共同培养、政府充分保障”的人才培养模式。由于现代学徒制度较好地满足了现代经济和产业发展对技术技能人才的大规模需求，因而在很多发达国家得以迅速发展和大范围推广。当前，我国高职学前教育专业的发展瓶颈较为突出地体现为行业企业参与力度不足、工学结合缺乏紧密性和有机性、职业教育体系服务于社会经济发展（尤其是经济发展方式转型）的能力不足，现代学徒制很可能会成为解决高职学前教育专业突出问题的路径。

---

① 关晶，石伟平．现代学徒制的特征及启示［J］．职业技术教育，2011（03）．

第一节 高职教育与现代学徒制

一、现代学徒制的发展历程及内涵特征

实施现代学徒制不仅是高等职业教育主动服务当前经济社会发展的必然要求，也是推动职业教育体系与产业经济体系互动、扩展技术技能人才成长的有效途径，还是推进现代职业教育体系建设的重要战略抉择。现代学徒制是“舶来品”，其在西方已被实践证明是一种符合职业教育规律的人才培养模式。那么，现代学徒制是如何产生和发展的？它的内涵与特征又是什么？

（一）现代学徒制的产生与发展

“学徒制”是一种在实际工作过程中以师傅的言传身教为主要形式的职业技能传授形式，通俗说即“手把手”教。这是传统意义上的学徒制的界定。一般认为制度化的学徒制出现在中世纪，“学徒制”一词始用于13世纪前后①。在此之前，无论是在中国，还是在西方都出现了学徒制这一技能传授模式。其主要以师傅带徒弟的形式出现，以私人性质为主。

十三、十四世纪的欧洲，学徒制已经被纳入行业范围内管理，以父子关系为基础的学徒制开始转向以契约形式为基础的师徒分工合作生产模式。这一时期学徒制的主要特点是：学徒制度已经具有公共性质，有了相应规范，特别是在师傅的资格、传授内容、学徒年限以及评价标准等方面，师徒关系发生了微妙的变化，即从父子般的关系向雇佣关系过渡。从16世纪到工业革命前，由于政治经济的发展，学徒制从行业管

① ［日］细谷俊夫．技术教育概论［M］．肇永和等，译．北京：清华大学出版社，1984.

理向国家管理发展。如 1562 年英国颁布的《工匠学徒法》，1733 年德国普鲁士地区颁布的保证行会特权的法令等，都对学徒制各个方面进行了详细的规范。

工业革命对学徒制形成了致命的冲击，机器部分代替了人的劳动，原有学徒制所培养的人才满足不了机器大工业生产对人才的需求，职业学校的兴起取代了原有的学徒制。“二战”后，随着企业对劳动者的劳动技能和素质要求越来越高，同时各国也在汲取德国“双元制”在人才培养方面取得的成功经验，纷纷实施“学徒制”，并对学徒制进行改革和创新。学徒制除了具有降低青年失业率的功能外，它还能够培养掌握了精湛技术并具备技术创新能力的技术技能人才。从传统手工业到现代产业，学徒制在技术技能人才培养中走过了一个“U”形的发展过程（图 2-1）。在没落了一个时期后，它在高技能人才培养中的巨大优势重新被人们发现。目前，各国普遍将学徒制作为职业教育领域的人才培养模式之一。如在英国，现代学徒制把培养目标划分为三个层次，分别是学徒制、高级学徒制和高等学徒制；在课程体系建设方面，建立多样的课程体系和 NVQ（企业行政管理）课程。

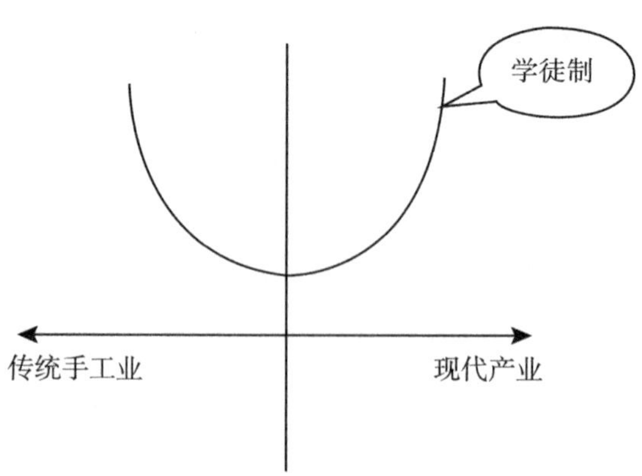

图 2-1　产业形态与学徒制发展之间的关系

（二）现代学徒制的内涵与特征

学徒制从萌芽到现代学徒制，其内涵和意义已经发生了重大的变化。传统学徒制作为一种特有的职业教育形式，具有培养周期长、全程教育、现场亲自动手操作、师徒关系亲密、以职业实践为中心组织教学内容和注重其就业价值但不重视学历等特点。现代学徒制是职业学校教育与传统学徒制良好结合的产物。所谓现代学徒制，是西方有关国家实施的将传统学徒培训方式与现代学校教育相结合的一种“学校与企业合作式的职业教育制度”，是对传统学徒制的发展①。这一概念指明了现代学徒制所涉及的两个重要主体：学校和企业。现代学徒制的特征是结合了学校和企业双方的优势；现代学徒制的形式是建构一种职业教育制度，这一制度具有国家战略层面的制度管理、多元参与的利益相关者机制、以企业为主（工学结合）的人才培养模式、以学徒为主的双重身份、统一规范的教育培训标准和国家职业资格体系的融通六个典型特征②。

1. 企业本位的现代学徒制

现代学徒制是企业和学校双重参与的职业教育形式，那么，企业和学校在其中的地位是否等同？借鉴国际经验，无论是德国的双元制，还是英国的现代学徒制，虽然各国实践均有不同，但是不变的是其核心要素，即“基于工作的学习”。基于工作的学习是现代学徒制的本质特征，那么基于工作的学习则意味着必须要在工作场景中进行学习，由此称之为学徒制。现代学徒制是企业本位的职业教育制度。也就是说，在现代学徒制的发展中，如果离开企业的积极主动参与，那么也就不成其为现代学徒制度了。

---

① 赵志群．职业教育的工学结合与现代学徒制［［J］．职教论坛，2009（12）．

② 张启富．高职院校试行现代学徒制：困境与实践策略［J］．教育发展研究，2015（03）．

2. 作为制度的现代学徒制

作为制度的现代学徒制必然具备制度的普适规律。制度是“规范人的行为、调节人的关系的正式规则”①“在本质上是关于权力和利益关系安排和协调的一套规则体系”②，或者说，制度本质上是对于利益的安排和维护。就现代学徒制度来讲，它主要是对学徒的学习秩序进行安排，以维护各参与者（企业、学校、学徒）的利益。从制度设计层面来讲，现代学徒制度的构建需要处理以下几个问题：首先是促进企业和学校参与的制度设计；其次是企业和学校的责任制度设计；最后是企业、学校和学徒的利益保障制度设计。三个环节环环相扣，其中，第一个问题又是基础，如果基础没有打好，则无法谈到其他的环节。

二、我国高职院校试行现代学徒制的探索

现代学徒制是传统学徒制融入了学校教育因素的一种职业教育，是职业教育校企合作不断深化的一种新的形式。而作为高等教育一种类型的高等职业教育，其本质和特征是“跨界的教育”③，这是基于对高职教育功能定位的深刻认识和对人才培养目标内涵的深刻理解。本书认为，现代学徒制是实现高职教育功能定位和高技能人才培养目标的有效途径。

（一）我国高职院校对现代学徒制的探索

“现代学徒制”是当前我国职业教育改革中的一个热门词语。政策层面，教育部2012年至2014年连续三年将现代学徒制试点列入年度工作要点，《国务院关于加快发展现代职业教育的决定》亦将现代学徒制试点列为推进人才培养模式创新的重要举措。实践层面，越来越多的学

① 鲁鹏．实践与理论［M］．山东人民出版社，2008.

② V·奥斯特罗姆等．制度分析与发展的反思［M］．商务印书馆，1992.

③ 王振洪．高职院校教师文化的独特性与建构路径［N］．中国教育报，2010-09-23.

校和地区也正开展着各种形式的现代学徒制试点。为了充分认识现代学徒制与我国职业教育人才培养的关系，本书从历史视野出发进行了文献梳理。

1. 企业内学徒制的兴起

从中华人民共和国的建立到改革开放初期的近30年间，企业内学徒制是我国培养技术技能人才的主要途径。在1963年左右，“全行业和各地方的新学徒制体系逐渐建立起来，成为后来培养后备技术工人规模最大、人数最多的培训方式”。而且，20世纪50年代兴起的半工半读模式，其实就已经非常类似于德国的双元制了。当然，由于缺乏学校教育的成分（即使是半工半读模式，介入办学的也仍然是企业内技工学校，与今天独立于企业的职业院校有重要区别），这种学徒制的人才培养存在很多问题。但就学徒制这一点而言，这个体系仍然可以说是成功的，这种成功与当时实施完全的计划经济或市场机制彻底退出经济领域密切相关。

2. 职业教育的弊端与现代学徒制

改革开放以后，我国企业内学徒制全面衰退。衰退的原因既与实施市场经济体制有关，也与人们关于技术技能人才培养的理念有关。不断提升的企业技术水平要求技术技能人才不仅要学会操作技能，同时也要具备更加深厚的文化知识与更为系统的专业技术理论知识，而这种知识是企业内学徒制所无法提供的。因此，企业内学徒制在当时被人们作为一种落后的技术技能人才培养模式而抛弃。人们更为向往的，是能提供丰富的理论课程，同时培养方法也更加科学、更为严谨的学校职业教育。经过30多年的发展，学校职业教育尽管也经历了许多坎坷，遭遇过许多批评，但它支撑了我国经济腾飞时期对技术技能人才的庞大需求。在这段办学实践中，人们既看到了学校职业教育在技术技能人才培养中的明显优势，也看到了其弊端，即培养的人才容易脱离企业的实际需求。因此，学校职业教育一直在努力通过深化校企合作、加强企业实习来弥补这一不足。尽管校企合作的推进还不是非常完美，但这个体系在当时的技术技能人才培养中并没有产生根本性的问题。然而，随着我国企业技术的全面升级，以及未来产业发展对技术创新的迫切需求，学校职业教育这种技术技能人才培养模式的根本性缺陷也就暴露出来了。

学校职业教育的根本问题在于，无论其课程如何改革、师资如何培养，它只能教给学生通用性知识与技能，而无法让学生获得岗位所需要的特殊性知识与技能。在现代企业技术的发展中，后者占的比重越来越大。一个企业的技术水平往往不是取决于前者，而是取决于后者。因为前者容易通过学校教育及各种传播手段来获得，而后者的获取则必须依赖于掌握了精湛技术的专家。我国产业升级对新型技术技能人才的需求，迫使我们要对现有学校职业教育的人才培养模式进行全面反思。只有在继续保持学校职业教育人才培养优势的同时，在企业内部重建师徒关系，全面恢复学徒制，并使二者有机地结合起来，才有可能满足未来我国产业发展对技术技能人才的需求①。

（二）武汉城市职业学院学前教育专业现代学徒制的试点的路径

1. 自主试点阶段总体思路

学前教育专业现代学徒制人才培养方案的架构以普通学制的人才培养方案为基础，体现师范性和职业性，以“学校放权、提出最低标准，幼儿园提升培养自主性”为指导思想，突出实践性，强调企业需求，符合市场需要。

以《幼儿园教师专业标准》为蓝本，从专业理念与师德、专业知识、专业能力三个维度出发，在职业理念与认识、对幼儿的态度与行为、幼儿保育和教育的态度与行为等 14 个领域提出最基本的要求，作为学徒制培养的“底线”，强调整个培养过程必须以此为基础，提出“本专业培养德、智、体、美全面发展，具有学前教育专业领域必备的

① 徐国庆．我国职业教育现代学徒制构建中的关键问题［J］．华东师范大学学报（教育科学版），2017（01）．

基本理论知识和专业知识，具备从事学前教育领域实际工作的职业素质和职业技能，具有良好的职业道德和敬业精神，能胜任幼儿园、学前早教机构及社会培训机构相关岗位工作，具有高素质的综合应用型专门人才”。

强调学徒技能证书的获取，区分必备证书和拓展技能证书。必备证书是学徒学习、工作期间在校参加相应的考试所必须获取的，如学前教育专业毕业证书、幼儿教师资格证书、普通话水平测试等级证书（二级甲等及以上）、全国通用的育婴师职业资格证书和保育员职业资格证书（中级及以上）等。拓展技能证书可根据学习安排、兴趣、能力等实际情况，由学徒自行选择在校、在园或通过社会考试获取，如普通英语等级测试三级考试证书、全国计算机等级考试（非计算机专业势一级考试证书、奥尔夫师资证书和蒙台梭利师资证书、中国民族民间舞幼儿教师舞蹈考核证书、钢琴及声乐考级证书等，凸显学徒学习的自主性，保障其职业发展的宽度与可持续性。

强调学徒“录取即下园”，在做中学、做中教、做中求进步的全实践理念。学徒顶岗试用 1 个月，学校导师团队每周定时定人到幼儿园进行观察和指导，园方师傅依据培养计划倾力帮扶，试用期结束后，经考核合格，签订正式聘用合同。随后，根据岗位要求，导师团队和园方师傅持续合作，共同推动学徒在实践中积累知识和经验，提高能力和素质。力求使现代学徒制下培养的学前教育专业人才具有更强的实践工作能力，能充分地将理论知识与幼儿园实践相结合，有效解决、处理相关问题，体现较高的综合素质①。

2. 自主试点阶段具体措施

学校、幼儿园、学徒多次磋商，针对人才培养的共性和学徒培养的差异性，共同搭建了人才培养方案的框架，并建立研改机制，即随着实

① 李俊，许紫薇．学前教育专业现代学徒制人才培养方案架构探析——以武汉城市职业学院为例［J］．南通职业大学学报，2018（02）.

践过程不断修订。

（1）修正岗位基本能力

综合各项指导性文件和幼儿园提出的意见重新修正了岗位基本能力。如配班教师岗位能力培养重点设定为专业核心能力和班级协助能力。这些能力的培养可以从教育和保健工作两方面展开。教育工作包括：自觉执行幼儿教师职业道德规范，遵守各项规章制度；在班主任的指导下，根据班级计划及每周安排配合老师组织教育活动，如课前准备工作、教具的制作等；能独立组织班级的午休活动等。保健工作包括：严格执行幼儿园安全、卫生保健制度；负责本班房室、设备、环境及包干区域的清洁卫生工作，保证幼儿活动环境舒适、整洁等。通过以上各项配班教师岗位的专项训练，可大大提高学生的专业核心能力，为后期的综合训练奠定坚实的基础①。

（2）重新构建课程体系

在充分考量试点第一阶段经验与不足的基础上，以“学校放权、提出最低标准，幼儿园提升培养自主性”为指导思想重构课程内容，构建课程体系。学校从幼儿园工作岗位能力培养出发，确定幼儿教师需要具备的专业知识和技能，形成实习支撑课程，该部分课程经由学校教育完成。学校提出在园岗位指导建议供园方参考，幼儿园根据自身实际工作岗位的特点形成实际指导模块，学校还需对园方设计是否符合人才培养计划进行评估。如湖北省省直机关第三幼儿园充分考量学徒在第5至第6学期学习发展计划及岗位能力培养重点，根据该园园本特色、文化、理念及培养计划，设计了幼儿园网络备课与反思、幼儿园家长工作及大型活动的策划与组织等5个实际指导的重点模块，凸显人才培养的自主性。

（3）增设园方培养计划

---

① 赵南．对学前教育专业专科人才培养性质的理论思考［J］．学前教育研究，2008（12）．

园方培养计划是试点第二阶段人才培养方案的尝试与创新。为充分发挥幼儿园特色文化育人的作用，满足幼儿园教学和发展的需要，实践培养计划由幼儿园制定，学校配合执行，充分体现了全实践人才培养的特点。幼儿园可结合工作实际，把每一年的学徒培养计划细化到每个月和每个季度，合理分配岗位角色，突出月计划和季度计划的培养重点，使学徒明确学习重点和发展方向，有据可依，有的放矢。

（4）细化考核评价要求

根据学前教育专业现代学徒制人才培养模式的特点，结合每学年重点岗位能力培养的要求，贯通课程考核与岗位能力考核，建立了“以校为本，以园为主”的“双标准”学徒学业考核与评价体系。即学校考核项目由学校导师负责，主要评测学徒相关理论知识学习及运用情况，侧重于在校学习课程的成绩评定，如核心课程模块主要考核学前卫生保育、学前心理学，综合应用模块主要考核幼儿园应用文写作、幼儿教师礼仪，环境创设模块主要考核美术基础与手工，艺体模块主要考核即兴伴奏与弹唱、舞蹈与创编、乐理与唱歌等。幼儿园考核项目由园方结合自身实际设定，主要对学徒进行相关能力的考核。

第二节　高职立交桥与中高职衔接

中高职衔接是指按照建设现代职业教育体系的要求，推动中、高等职业教育协调发展，系统培养适应经济社会发展需要的技能型尤其是高端技能型人才。构建现代职业教育体系，增强职业教育支撑产业发展的能力，实现职业教育科学的发展，中高职衔接是关键①。国外发达国家中高职衔接的历史较长，目前已形成了完整的体系。我国中高职衔接始于20世纪80年代，到目前也有30多年的历史，虽然已取得了一定的

---

① 刘志国，刘志峰．中高职衔接人才培养质量保障体系构建研究［J］．中国高教研究，2014（07）．

成效，但还需完善。因此，总结国内外研究现状，对促进我国中高职的衔接具有重要意义。

一、国内外中高职衔接人才培养模式的实践与探索

（一）国外中高职衔接人才培养模式

通过对比分析，我们发现德国职业教育的“双元制”模式的预备教育衔接，美国的“CBE”（Competence Based Education，以能力为基础的教育）模式，以及澳大利亚的“TAFE“（Technical and Further Education，技术与继续教育）模式堪称典范（表 2-1）。发达国家的职业教育衔接模式各不相同，但教育最终为实现学生终身教育的理念是一致的。

表 2-1　　国外典型中高职衔接模式对比

模式	德国“双元制”模式	美国“CBE”模式	澳大利亚“TAEE”模式
模式简介	受教育者具有双重身份：即在校学生和企业学徒。在职业学校中接受专业理论知识教育和文化教育即学生身份；在企业中接受技能培训，即学徒身份	以全面分析职业角色为出发点，培养学员具备从事某一职业所必需的实践能力，并强调学员在学习过程中的主导地位，其核心是能力本位教育	将技术教育和继续教育相结合，进行综合施教，TAFE 既是教育机构又是政府经济政策的载体，为各行业培训技术及服务人员
培养目标	培养方案遵循两套教学文件，且培养目标指向一致	以职业能力的培养为目标，把特定职业所必需的综合能力作为教学目标	基于能力本位设计培养方案，以证书目标体系确定培养目标

续表

模式	德国“双元制”模式	美国“CBE”模式	澳大利亚“TAEE”模式
专业设置	专业的设置是通过职业分析进行衔接的	基于市场分析的成果再现	以行业咨询组织预测就业需求作为专业设置依据
课程体系	两类课程、两类教材相辅相成	将职业能力标准转换为课程，形成以应用为导向的综合课程衔接	依托行业培训咨询组织制定的“培训包”开发模块式课程
教学实施	行为导向与按需施教	以学生为中心，重“学”而非重“教”	项目教学法和个体辅导相依存
实习实训	把实习实训作为双元的“主元”，给学生创造充足的实践机会	强调理论知识与实践技能并重的培养理念	实行学以致用和现学现用的实习实训模式
考核评价	培训和考核相分离，考证执行协会负责制	强调学生自我学习和自我评价	多元的考核方式，理论考核较松而实践考核严格
就业升学	“立交桥”式的升学就业，螺旋式上升的学制衔接	中等与中等后教育的“2+2”双向升学模式	多元互通：学生在教育与劳动力市场间灵活流动

德国职业教育的“双元制”模式培养方案的特殊性表现为，企业和学校共同负责技能人才的培养，采用两套不同的教学文件，企业是人才培养的参与主体，必须严格执行联邦政府颁布的培训章程，按照教学大纲要求对企业学徒进行实践技能培训；职业学校的专业设置则要考虑不同层次职业教育的实际需求，充分体现学生学习的阶段性及进阶性的内在要求。

美国“CBE”模式以培养受教育者职业能力作为目标，其最终目的是使受教育者具备从事某一特定职业的能力。通过对各专业职业目标进行系统分析来确定可行的培养目标，科学指导不同阶段的学生有效完成职业发展的衔接。

澳大利亚“TAFE”模式是以证书目标体系确定的培养目标，制定以能力为本的培养方案。1995年澳大利亚创立的“澳大利亚资格证书框架”体现了终身教育的理念，规定了人才培养的证书目标体系。同时，以国家资格证书所认可的标准为依据，进一步确立了培养目标的能力体系①。

（二）国内中高职衔接人才培养模式

已有研究者对于衔接模式都有较为详细的阐释，且对于模式内容的论述大致相同，划分方式略有不同。例如刘育锋采用“二分法”的方式将衔接模式分为学制衔接模式与非学制衔接模式，他指出学制衔接模式主要有两类，即一贯制与分段式。一贯制即五年一贯制；分段式则是“3+2/3+3”或“4+2”②。有研究者按照衔接模式即学制衔接的方式来划分，例如沈美媛、唐斌提到我国的中高职衔接主要有三种形式：一是中职毕业生参加成人高考，进入成人高校继续学习。二是面向中专、中职应届毕业生对口招生，通过选拔，进入各类高职院校学习。三是招收初中毕业生，实行五年制高职教育③。朱雪梅指出我国中高职衔接的渠道主要有对口招生模式、五年一贯制模式、“3+2/3+3”或“4+2”模式④。

此外，谢爱民（2019）以现代职教体系“3+3”中高职衔接为例，通过对高职院校现代职教体系现状的分析，进而提出相应的完善措施⑤。龙洋（2014）分析了高职“3+2”办学模式的优势，并提出了

① 周丽娟．国外中高职衔接模式对我国职业教育衔接发展的启示［J］．北京农业职业学院学报，2016（04）．

② 刘育锋．论我国中高职衔接的模式［J］．职业技术教育，2002（10）．

③ 沈美媛，唐斌．关于中高职教育衔接与沟通的几个问题［J］．苏州大学学报，2000（04）．

④ 朱雪梅．中国中职与高职衔接研究述评［J］．高等职业教育（天津职业大学学报），2010（06）．

⑤ 谢爱明．江苏省“3+3”中高职衔接试点项目的实践与思考——以锡山中专与江苏信息职院电子信息技术专业“3+3”衔接项目为例［J］．职业技术教育，2019，40（17）．

"3+2"模式的具体内容，包括培养目标的衔接、教学的衔接、招生与就业的衔接①。叶美芬、张建霞（2013）论述了浙江省部分高职院校最近几年正在尝试实践的一种创新模式——自考衔接模式，该模式与单考单招模式和高职院自主入学考试模式不同，它是通过"宽进严出"的高等教育自学考试实现中高职的衔接②。金漫漫、武艳娟（2012）认为"3+3"模式是中高职衔接的最优模式，并进一步提出该模式在外延和内涵方面进行建设的构想③。

（三）学前教育专业中高职衔接人才培养模式的实践与探索

吴隽（2019）提出打通中高职衔接的"立交桥"，构建科学完善的学前教育专业人才培养体系，既可满足用人单位的多样化需求，也是中高职学校科学发展的需要。当前，中高职教育在专业建设、课程与教材体系，教学与考试评价等方面存在脱节、断层或重复问题。结合国家职业教育改革形势和对用人单位的调研，对学前教育专业中高职衔接人才培养工作提出了对策建议④。卢玲（2017）着重分析了目前学前教育专业中高职衔接中所存在的问题，提出了相应的解决办法和有效的应对措施⑤。赵琪、冯慧（2016）认为，培养优质的幼教师资，让学龄前儿童接受良好的教育是提高整体国民素质的基础。中高职衔接主要体现在四个方面的衔接：人才培养目标和规格的衔接；专业设置的衔接；专业课

① 龙洋．"3+2"中高职衔接课程体系设计的实践探索［J］．中国职业技术教育，2014（05）．

② 叶美芬，张建霞．中高职衔接的模式创新探究［J］．潮州职业技术学院学报，2013（03）．

③ 金漫漫，武艳娟．中高职衔接的最优模式及外延与内涵建设［J］．辽宁高职学报，2012（09）．

④ 吴隽．以就业为导向的学前教育专业中高职衔接人才培养刍议［J］．长江丛刊，2019（25）．

⑤ 卢玲．学前教育专业中高职衔接存在的问题与对策［J］．现代职业教育，2017（04）．

程和教学内容的衔接；教育管理体系的衔接①。谢春姣、李洋（2015）认为学前教育专业人才需求及培养存在幼儿教师缺口大，且专业化教师不足；人才培养质量与幼儿园工作岗位需求脱节；中职毕业生就业形势不乐观等问题。基于此，学前教育专业中高职衔接人才培养可以从以下方面入手：中高职衔接培养试点学校双方要明晰各自人才培养目标，深入人才培养模式改革；幼儿园、试点双方学校共同构建与幼儿园工作岗位能力需求相适应的课程教学体系；试点双方学校要有针对性地开展教师培训与学生辅导工作②。

二、关于“中高职课程衔接模式”的研究现状

（一）对口招生模式

宁灵芝（2019）在通过剖析“科学素养”核心概念，了解对口招生模式下专科学前教育专业学生科学素养的现状，发现存在的问题，并提出相应的解决策略，这对提高学前教育专业学生科学素养水平、发展幼儿科学教育有着重大意义③。江梅玲（2018）从对口学生的生源现状出发，依据学前教育人才培养目标，总结出在加强基本功练习、增强自身信心、激发学习兴趣、完善考试策略等方面提高学前教育专业钢琴教学效率的可行性建议，旨在为学前教育专业的教学研究工作人员提供参考④。唐林兰（2017）主要对高职院校的学前教育专业现状进行了分

---

① 赵琪，冯慧．学前教育专业中高职衔接的问题及策略分析——以河北女子职业技术学院学前教育专业为例［J］．河北青年管理干部学院学报，2016，28（05）。

② 谢春姣，李洋．学前教育专业中高职衔接人才培养探讨——以湖南省为例［J］．岳阳职业技术学院学报，2015，30（05）．

③ 宁灵芝．对口招生模式下专科学前教育专业学生科学素养的实践研究［J］．现代商贸工业，2019（29）．

④ 江梅玲．对口招生模式下学前教育专业钢琴课程的教学研究［J］．滁州学院学报，2018，20（01）．

析，在教学形式改革的方面，探讨了翻转课堂、交互课堂等问题，对学校的教师队伍进行改革。在实践中，结合学生的学前教育专业招收对口生提高了幼教人才的培养水平，同时对于老师而言在教学上也迎来了新的挑战①。

（二）分段式衔接模式

翟一（2019）以会计专业的专业基础和专业核心课程为例，拟采用模块化课程设计方法，对“3+3”中高职衔接的课程体系如何设计展开探讨②。杨小来（2019）等分析了“3+3”中高职衔接人才培养工作实施的意义和现状，总结了“3+3”中高职衔接人才培养中存在的主要问题，并针对如何有效地进行中高职衔接人才培养，构建和开发中高职衔接人才培养教学课程进程表，提升教学效果，提出了建设性的建议③。巴佳慧（2018）基于现代学徒制的“3+3“中高职衔接一体化人才培养模式是现代学徒制在中高职衔接教育体系中的拓展应用，其核心环节之一是课程体系构建。在分析课程体系构建一体化、阶段性、职业性与发展性四项原则的基础上，从组建课程体系开发团队、规划课程体系模块、编写中高职衔接双导师校本教材和创新中高职衔接工学结合类课程等方面提出基于现代学徒制的“3+3”中高职衔接课程体系构建的思路④。杨绪光（2016）分析了“3+3”旅游管理专业中高职衔接分段培养的现实意义以及“3+3”旅游管理专业中高职衔接分段培养模式的关键点，提出了“3+3”旅游管理专业中高职衔接分段培养的一些具体

---

① 唐林兰．对口招生模式中的高职学前教育专业教学形式改革［J］．课程教育研究，2017（41）．

② 翟一．“3+3”中高职衔接课程的模块化设计——以会计专业的专业基础和核心课为例［J］．现代职业教育，2019（30）．

③ 杨小来，钮鑫．“3+3”中高职衔接人才培养模式实践与研究［J］．现代职业教育，2019（07）．

④ 巴佳慧．基于现代学徒制的“3+3”中高职衔接课程体系构建［J］．南通职业大学学报，2018，32（04）．

举措①。

（三）五年一贯制中高职衔接模式

一种较为普遍的观点认为，我国现代“五年一贯制”职业教育学制始于20世纪80年代，如1982年江苏省教育局批准常州工业技术学院进行五年一贯制外语专业大专教育试点，1985年批准了江南大学进行五年一贯制外贸专业大专教育试点。这一阶段的试点体现了“五年一贯制”的优势和劣势，优势在于长学制对于培养人才的完整性、针对性；劣势主要在于课程设计方面的问题。随后上海也有一二所学校开展了五年一贯制的试点。1998年全国五年制高等职业教育例会在上海召开，会间考察了上海市邮电学校、上海电机技术高等专科学校等试点学校，对拓宽发展高职教育的思路，用现代化教育思想、观念、方法和手段完善高职教育的体系，规范高职教育，产生了积极影响。

从全国范围来看，江苏省算是最早探索、最有声势、最有特色和最有成效的试点地区，因此要把握五年一贯制的发展脉络，我们可以定位在研究江苏省的发展模式上。这些年来，对“江苏模式”研究最透彻的是顾坤华，他以三所高职院校为例总结了五年一贯制的三种模式。一是引进先进理念和方法，寻求办学形态和办学体制突破的“江苏联合技术学院”模式；二是通过合并教育学院实现师范教育办学层次提升的“江苏教育学院”模式；三是追求多样化发展，将电大纳入五年一贯制教育的“江苏城市职业学院”模式。2008年，江苏还启动了“五年一贯制”高职“专升本”试点工作，由此产生了职业教育除了“就业导向”之外，还多出了“升学导向”这一定位，并直接导致了全新的现代职业教育体系的理论创生。可以说，“专升本”策略的实施，一

① 杨绪光，任艳．对“3+3”旅游管理专业中高职衔接分段培养的思考[J]．教育与职业，2016（24）．

定程度上提高了职业教育的社会地位，也提高了五年一贯制的可行性和可推广性①。徐俊帅（2018）阐述了“3+2”五年制学前教育专业中高职课程衔接的概念与背景，分析了浙江省学前教育专业“3+2”中高职课程衔接的办学现状与特征，进而指出了“3+2”中高职课程衔接在课程设置、课程实施、课程评价、质量监控四方面存在的问题，并提出了具体对策：制定兼顾科学性与可行性的专业教学标准，为课程设置的衔接提供参考②。

第三节　高职学前教育专业现代学徒制的实践案例

现代学徒制模式运用于高职院校人才培养过程中，旨在促进学生的知行合一，培养其社会责任感、创新精神和实践能力③④。学前教育专业师范生的实践能力，可通过其在学徒期间获得的“教师实践性知识”（以下简称“实践性知识”）作为主要的考查指标。本节以全程参与现代学徒制模式的两位学徒生为例，并以一位参加了一年学徒制学生作为参照。首先简要介绍研究内容与研究方法，然后对学徒生在学徒期间“实践性知识”获得的现状、影响因素、支持性策略等进行描述，用实证数据反映现代学徒制运用于高职学前教育专业培养的成效；后附学徒生关于参加现代学徒制模式的自述，便于有意向采用现代学徒制模式进行人才培养的同行借鉴。

---

① 顾坤华．江苏模式：五年制高职教育的改革创新［J］．教育与职业，2010（02）．

② 余俊帅．浙江省“3+2”五年制学前教育专业中高职课程衔接探究［J］．教育与职业，2018（24）．

③ 教育部关于开展现代学徒制试点工作的意见．教职成［2014］9号．http：//www. gov. cn/gongbao/content/2015/content_2806020. htm.

④ 教育部 财政部关于实施中国特色高水平高职学校和专业建设计划的意见［O/B］．http：//www. moe. gov. cn/srcsite/A07/moe_737/s3876_qt/201904/t20190402_376471. html.

一、研究内容、方法与框架

（一）研究内容

学徒生在“出师”前后“实践性知识”的“量”与“质”

（1）教师的实践性知识。

自1980年以色列人艾尔贝兹（Elbaz）提出“教师实践性知识”（Teacher Practical Knowledge）概念以来①，随着各国教师教育者研究的深入，大家不断地更新着自己对此概念的理解。有学者对国内比较有代表性的“实践性知识”定义进行了梳理，指出彼时较有代表性的几种定义，分别是从内容和来源（林崇德等）、作用（陈向明）、主体建构（曹正善）、生成渠道（李德华）、结构化性质（万文涛）等角度做出的；并指出当时国内研究者对“实践性知识”达成了三点共识：一是为教师所拥有，二是属于知识范畴，三是直接影响实践②。

西方在教师“实践性知识”领域影响最大的是舒尔曼，他提出PCK（Pedagogical Content Knowledge）的概念，即“学科教学法知识”；并认为它是教师“最有用的知识”，也是教师专业特有的、与学科专家相区别的标志；还有学者甚至认为PCK是教师专业知识的核心，是教师对自己专业理解的特定形式③。

近十年来，北京大学教育学院由陈向明率领的教师教育研究团队对“教师实践性知识”概念所代表的研究领域进行持续研究并取得系

① 魏戈，陈向明．教师实践性知识研究的创生和发展［J］．华东师范大学学报（教育科学版），2018（06）．

② 吴义昌．国内教师实践性知识研究综述［J］．上海教育科研，2007（11）．

③ 冯晓霞．幼儿园教师的专业知识［J］．学前教育研究，2012（10）．

列高质量研究成果。因此，本研究关于“实践性知识”的概念界定，是基于对陈向明研究团队在近十年里所发表相关文献的研读与综合。

我们认为，“教师实践性知识并不是对理论知识的简单运用，而是在学习理论和亲身实践中逐步形成自己的‘使用理论’”。面对新情境、新问题时，教师会调用自己的“使用理论”，与情境中的人互动，大家共同对面临的问题进行“重新框定”进而找出解决的办法。这种“使用理论”即实践性知识，它是动态的、不断生成的，其质量（如严谨性、可靠性等）需要通过公开对话（如与同事交流、听评课等）进行检验①。

这种对“实践性知识”的理解，一方面纳入了对北美地区师范教育具有深远影响的“实践理论”（施瓦布，1966）和“反思性实践理论”（舍恩，1987）；另一方面，将舒尔曼的 PCK 知识和其后续者的“PCK-ing（学科教学识知）”统摄起来，既能让研究者意识到可以从静态角度去分析“实践性知识”，使得创建本土“教师实践性知识理论”成为可能；又能在推动和引导教师专业发展时，提醒教师教育者和一线教师必须从动态角度才能全面、准确地把握这种特殊形态的教师专业知识。

（2）幼儿园教师的实践性知识。

《专业标准》解读中提到，“作为教师的专业知识（而不是作为客观的幼儿教育学科的专业知识）是有其自身的特点的，教师的专业知识是一个不断发展的过程。具有个体性、实践性、缄默性、整合性四个特点”。② 与陈向明对“实践性知识”与教师专业发展关系的观点非常

① 邹斌，陈向明．教师知识概念的溯源［J］．课程 教材 教法，2005（06）．

② 教育部教师工作司组编．《幼儿园教师专业标准（试行）》解读［M］．北京：北京师范大学出版社，2013．

相近①，有研究者指出："幼儿园教师的专业知识是其专业素质的重要组成部分，体现着幼儿园教师作为一种专门化职业的独特性和不可替代性。它既是每一位幼儿园教师必须具备的知识，又是其'专业理念与师德'和'专业能力'的认知基础。"② 尽管有研究者认为，"保育教育知识"中的"幼儿教育的内容、途径和方法"方面的内容最接近"舒尔曼等人提出的中小学教师的 PCK 或 PCKg"③，但是，根据我们前述对"实践性知识"在特点、价值、地位等方面的梳理，《专业标准》对"专业知识"的描述与其并无二致。因此，我们将《专业标准》里的"专业知识"视为理想状态的幼儿园教师的"实践性知识"主体部分。

（3）实践性知识的"量"——构成类型。

那舒尔曼是如何定义和区分 PCK 中各类型的知识的呢？他说，PCK 是一种与"学科内容知识"和"课程群知识"等共同构成"内容知识"的知识；它超越了学科内容知识本身，着重在为了教学的维度；它包括教师个人教学经验、教师学科内容知识、教师对不同年级学生适宜学习各学科哪些内容的丰富了解，以及教育学知识等知识类型；它是一种基于研究的知识④。下面，我们将舒尔曼和陈向明研究团队对 PCK 暨"实践性知识"的构成，以及国内学前教育研究者对"幼儿园教师"相当于中小学教师的 PCK 知识的内容并置于表 2，以对此概念有更为清晰的认识。

---

① 关于陈向明就教师的"实践性知识"与教师专业发展关系的观点，可参阅陈向明．实践性知识：教师专业发展的知识基础［J］．北京大学教育评论，2003（01）．

② 冯晓霞．幼儿园教师的专业知识［J］．学前教育研究，2012（10）．

③ 教育部教师工作司组编．幼儿园教师专业标准（试行）解读［M］．北京：北京师范大学出版社，2013．

④ Lee S. Shulman. Those Who Understand: Knowledge Growth in Teaching［J］. Educational Researcher，1986（02）．

由表2-2不难发现，我国教师教育研究者对舒尔曼的PCK知识进行了发展：PCK不仅是实践性、个体性、默会性的，而且具有一定的普适性和道德上的规范作用——因为它是可意会的，也即可提取、可交流、可传承，可以通过学习或感悟而获得；同时，因为教育本身是价值有涉的社会活动，因此，实践性知识也必然包含有“理想”“信念”“态度”等规范意义①。基于对实践性知识的如上理解，陈向明团队近年在回应国内研究者“几乎完全把教师实践性知识等同于正面知识”也即实践性知识价值判断方面的疑问时，撰文指出，“教师实践性知识是具有正面价值的知识，但对其性质的判断取决于其情境性和前导性；如果在特定情境下解决了教师面临的问题，并对未来类似问题的解决具有指导作用，便被认定为‘实践性知识’”②。在这个关于教师的实践性知识定义中，我们品味到杜威提出的善于“经验的连续性”性质的说明。在这个程度上，我们可以将“实践性知识”理解为这是一种具有“完整经验”③ 性质的知识。

表2-2　**PCK/实践性知识的构成一览表**

舒尔曼	陈向明研究团队④	学前教育领域研究者⑤
教师个人教学经验	教师的教育信念 教师的自我意识	

① 陈向明．实践性知识：教师专业发展的知识基础［J］．北京大学教育评论，2003（01）．

② 陈向明．教师实践性知识再审视——对若干疑问的回应［J］．北京大学教育评论，2018（10）．

③ 关于“完整经验”的概念，可参阅：陈纳．完整经验的概念解析及其对幼儿园教学的启示［J］．学前教育研究，2013（05）．

④ 陈向明．实践性知识：教师专业发展的知识基础［J］．北京大学教育评论，2003（01）．

⑤ 教育部教师工作司组编．幼儿园教师专业标准（试行）解读［M］．北京：北京师范大学出版社，2013．

续表

<table>
<tr><th>舒尔曼</th><th>陈向明研究团队</th><th>学前教育领域研究者</th></tr>
<tr><td>学科内容知识</td><td rowspan="3">教师的策略性知识</td><td>幼儿学习所涉及的各领域内容知识</td></tr>
<tr><td>对不同年级学生适宜学习各学科哪些内容的丰富了解</td><td>幼儿领域的学习特点与发展规律的知识</td></tr>
<tr><td>教育学知识</td><td>该领域幼儿教育教学方法和策略的知识</td></tr>
<tr><td></td><td rowspan="2">教师的情境知识</td><td>如何有机地将不同领域的学习整合于一个幼儿感兴趣的“主题”或生活事件的知识</td></tr>
<tr><td></td><td>如何将学习自然地融入游戏材料、游戏情境之中的知识</td></tr>
<tr><td></td><td>教师的人际知识
教师的批判反思知识</td><td></td></tr>
</table>

尽管国内学前教育领域研者，将幼儿园教师应具备的三类知识统称为“专业知识”①；但事实上，若仔细对比陈向明团队对“实践性知识”构成类型的分析，不难发现，《专业标准》的三个模块所涉及的从事“幼儿园教师”职业者应该具备的理念、知识和能力等，均可归入陈向明团队的“实践性知识”类型之中（表 2-3）。从这一点，可折射出“幼儿园教师”是一个实践性极强的职业；而其专业性，也即“实践性知识”，绝不能仅仅理解为关于“做”（处理教学实际情境中的问题）的知识，它还涵盖了专业理念与师德等方面。

① 冯晓霞．幼儿园教师的专业知识［J］．学前教育研究，2012（10）．

表 2-3 **教师的"实践性知识"与《幼儿园教师专业标准》三类知识对照表**

教师的实践性知识	幼儿园教师专业标准	
教师的教育信念是积淀于教师个人心智中的价值观念，通常作为一种无意识的经验假设支配着教师的行为	专业理念与师德	（一）职业理解与认识
教师的自我知识，包括自我概念、自我评估、自我教学效能感、对自我调节的认识等。此类知识主要体现在教师是否知道运用"自我"进行教学，是否了解自己的特点和教学风格，扬长避短，适度发展；能否从错误中学习并及时调整自己的态度和行为		（三）幼儿保育和教育的态度与行为 （四）个人修养与行为
教师的人际知识，包括处理与学生的关系和课堂管理行为。处理与学生的关系，指对学生的感知和了解；热情与激情等		（二）对幼儿的态度和行为 （十三）沟通与合作
教师的情境知识，主要透过教师的教学机智反映出来。教学机智是教师作瞬间判断和迅速决定时自然展现的一种行为倾向，它依赖教师对情境的敏感、思维的敏捷、认知灵活性、判断的准确、对学生的感知、行为的变通等	专业能力	（五）幼儿发展的知识 （六）幼儿保育和教育知识 （八）环境的创设与利用 （九）一日生活的组织与保育 （十）游戏活动的支持与引导 （十一）教育活动的计划与实施
教师的策略性知识主要指教师在教学中表现出来的对理论性知识的理解和把握，主要基于教师个人的经验和思考。此类知识包括：教师对学科内容、学科教学法、教育学理论的理解，对整合了上述领域的教学学科知识的把握，将原理知识运用到教学中的具体策略，对所教科目目标的了解和理解，对课程内容和教学方式的选择，对特殊案例的处理，选择学生评估的标准和手段等	专业知识与专业能力	（五）幼儿发展的知识 （六）幼儿保育和教育知识 （七）通识性知识 （八）环境的创设与利用 （九）一日生活的组织与保育 （十）游戏活动的支持与引导 （十一）教育活动的计划与实施 （十二）激励与评价
教师的批判反思知识，主要表现在教师日常"有心"的行动中。所谓"反思"就是深思熟虑的思考。教师的反思是一种实践取向的反思，"对实践反思，在实践中反思，为实践而反思"	专业能力	（十四）反思与发展

由于中小学教师和幼儿园教师面对的教育对象在身心各方面发展存在着较大差异，实施教育的途径和手段相应地有着较大不同；因此，有些“实践性知识”构成类型上并不对等。比如，中小学教师的“人际知识”主要指“师生关系”，但幼儿园教师的“人际知识”除了“师幼关系”外，还包括“与家长的关系”“同事之间的关系”等——因为，如果没有家长的合作，幼儿园教育的成效将大打折扣，处理好与幼儿家长的关系是幼儿园教师的必修课；另外，因为保教结合的原则，幼儿园教师往往需要“团队作战”才能顺利完成日常工作，如果一个班级里的几位老师缺乏合作，班级管理随时会出问题，更无法保证每位幼儿在园的生活是高质量的。再如教师的“情境知识”，中小学教师主要体现在“课堂教学”情境中的“教学机智”，而幼儿园教师的“教学机智”则体现在“一日活动之中”，在时间的跨度和长度等方面比中小学教师的挑战性更大。总之，幼儿园教师的“实践性知识”，不仅仅是在高结构、正规性的集体教学活动（这种组织方式与中小学的“课堂”比较接近）中得到积累、丰富和体现；而且，它还“泛在于”教师与幼儿、教师与家长、教师与同事等相处的时时刻刻、方方面面。

表 2-3 中隐藏着另一个有趣的现象是，中小学教师的“情境知识”和“策略知识”似乎比较容易被分离后进行研究；但幼儿园教师关于幼儿发展的知识、幼儿保育和教育知识、环境的创设与利用、一日生活的组织与保育、游戏活动的支持与引导、教育活动的计划与实施等知识与能力，既是情境性知识也是策略性知识。这完全是由学前儿童的学习特点与方式决定的——从做中学。幼儿如果不是通过“亲身体验、动作操作、实际探究”①，他们不可能获得直接经验，其学习与发展也就无从谈起。

基于上述分析，本研究对学徒生的“实践性知识”在“量”方面

① 教育部关于印发《3—6 岁儿童学习与发展指南》的通知．教基二［2012］4 号 http：//www. moe. gov. cn/srcsite/A06/s3327/2012/10/t20121009 _ 143254. html. 2020-07-31.

的考察，是对其“幼儿发展的知识、幼儿保育和教育知识、环境的创设与利用能力、一日生活的组织与保育能力、游戏活动的支持与引导能力、教育活动的计划与实施能力”六个构成类型展开数据收集与分析。

（4）实践性知识的“质”——专业反思水平。

由表2-3可知，陈向明研究团队认为，“实践性知识”具有可反思性，并将“批判反思知识”纳入实践性知识构成要素之中。不期然地，我国学前领域的研究者亦将“反思”作为幼儿园教师提升专业能力的重要途径，并且反思本身亦是专业能力之一。我们非常认同国内研究者对反思与实践性知识之间关系的判断；然而，关于实践性知识的“质”的评价，国内研究者尚未提出操作化的方案。

事实上，关于教师反思性实践的诸多研究者中，对各国教师教育最具影响力的当属美国教育学者舍恩。他于1982年出版的《反映的实践者》① 被认为是研究实践性反思的经典著作。舍恩在其代表作中专章论述的“行动中反映的结构”，为我们考察学徒生的实践性知识的“质”提供了极具参考价值的标准。在这一章节中，舍恩指出，资深教师的“行动中反思”是一种实践艺术；而新手教师（包括实习生）尚不具备“行动中反思”的能力，但是，通过“反思性实习”，即教练带徒弟的方式——学生从做中学、接受“教练”、与教练的反思性对话，“尽管学生往往在还未了解某项实践为何物时即被要求根据指令执行该项实践任务，以及模仿自己并不能理解的实践活动，学生在这些初始行动中可能表现得并不好或者只是机械式地行动，却可以通过动手做来感觉实践任务及其自身变化，亦即通过行动来学习行动的意义”。② 在反思性实践中，学生适宜的行为是如下三个步骤：第一步，进入“操作性”倾

① 原文为：The Reflective Practitioner：how professionals think in action. 我们采用台湾学者夏林清的译名《反映的实践者：专业工作者如何在行动中思考》，教育科学出版社，2007.

② 转引自朱琼敏．唐纳德·舍恩的反思性实践思想及其对我国成人高等教育的启示［D］．福建师范大学，2007.

听状态，即乐意马上将教练的言语指令转化为行动；第二步，学会“反思性模仿”，即有选择地建构起教练演示的主要特征，并进行现场的模仿试验，以验证自己所建构的教练行为意义的准确性；第三步，要学会对自己的行动认知以及教练所表达的意思进行反思①。这三个步骤，其实是对资深实践者“行动中反思”部分环节的模仿与再现。

舍恩认为，行动中反思的结构包括如下环节：②

- 问题设定的评估实验（Evaluating experiments in problem setting）
- 将过去的经验应用于独特情境（Bringing past experience to bear on a unique situation）
- 现场实验的严谨性（Rigor in on-the-spot experiment）
- 虚拟世界（Virtual worlds）
- 探究的立场（Stance toward inquiry）

学生在反思性实习中应表现的适宜行为的第一步，即“将过去的经验应用于独特的情境”（这里的“过去经验”不是学生本人的而是教练的）；第二步即“现场实验”和“虚拟世界”，此处的“实验”包括三种类型：探索性实验、移动-探测实验和假设检验，而学生行动的“世界”也并非真实的世界，而是与教练共同营造的一个虚拟世界，如此，即使实验失败了也不会对实践对象造成伤害；第三步即“探究的立场”，学生需要对自己的行动做“客观化”处理，即与“新情境对话”，以便检讨自己的行为和产生的知识是否能解决情境中的问题，并适时调整自己的行动方案。

本研究参照舍恩关于反思性实习中学生的“对行动的反思”提出

---

① 根据［美］唐纳德·A·舍恩．反映的实践者：专业工作者如何在行动中思考［M］．夏林清，译．北京：教育科学出版社，2007；朱琼敏．唐纳德·舍恩的反思性实践思想及其对我国成人高等教育的启示［D］．福建师范大学，2007等著作的内容改编。

②［美］唐纳德．A·舍恩．反映的实践者：专业工作者如何在行动中思考［M］．夏林清，译．北京：教育科学出版社，2007.

的三步骤适宜性行为发生的频率和完整性，作为考察学徒生实践性知识“质”的重要指标；同时，借鉴成熟的“反思量表”测评工具，对学徒生在参加学徒制前后的反思水平、学徒生与同级同学反思水平的比较，来考量学徒制对学前教育专业学徒生所获得的实践性知识的“质”的水平。

（二）研究方法

1. 文献法

本研究初始期的核心概念（实践性知识、幼儿园教师的实践性知识等）、研究框架以及相关理论，均通过文献查阅和反复阅读获得。查找的中文数据库以中国知网、百度学术和万方数据为主，另外，还查阅了台湾地区的硕博士论文数据；外文数据库是 Eric（教育类文献）。

2. 案例研究

（1）案例边界。

● 起止时间：2017 年 3 月至 2019 年 6 月。

● 涉及的人员和事件：以两位长达两年学徒制培养出来的学徒生为主，其他包括：园方导师、试点园联络员、教学园长、校方导师、课题负责人等。选取的事件，以两位学徒生提及的“关键事件”为主。

（2）观察法。

● 参与式观察：试教。2019 年 6 月，两位学徒期满两年的学徒生小宇和美美，准备以组织一次集体教学活动的方式，综合汇报自己两年来的学习情况。在汇报之前，两所试点园为其安排了试教，我们全程参与了这次试教和后续的指导。在此过程中，我们收集并记录了学徒生设计的活动方案、试教过程（与幼儿互动）、试教反思、专家与学徒生的指导性互动等。

● 非参与式观察：“推门”观察和专项活动观察。2019 年 6 月，我们先后两次随机进入两位学徒生的教学现场，“推门”观摩其当时的带班活动 20~30 分钟；2019 年 6 月，我们观摩了两位学徒生的专题汇报集体教学活动；9月，提前预约后，我们分别进入两位学徒生工作岗位所在班级，进行了完整的半日活动观察。非参与式观察旨在了解学徒生在半日活动过程中表现出来的实践性知识（详见表2-3），与访谈所获资料相互补充并进行印证。

（3）深度访谈。

围绕学徒生在项目实行期间获得“实践性知识的质与量”情况，我们在近4个月中，先后对两位学徒生、与学徒生同届的同学，以及其园方导师、教学园长、课题负责人等，进行了多次访谈（访谈日程详见表2-4）。

表2-4　　**与思宇有关的访谈一览表①**

序号	受访者	访谈日期	时长（分钟）	地点	指向	主访	资料整理
1	小宇	2019. 6. 19	93	丁园	学徒生参与“现代学徒制”培养模式的感受	陈纳	王清华 韦娅
2		2019. 6. 20	30	网络	学前科学领域的实践性知识现状	陈纳	陈纳
3		2019. 9. 11	50	钟园	学前语言领域的实践性知识现状	王清华	肖玉霞 熊诗琳
4		2019. 9. 20	40		学前语言领域“前阅读教学内容知识”	王清华	韦娅
5	章老师（思宇园方导师）	2019. 6. 19	39	丁园	了解导师的指导过程（方式方法），对学徒生理论知识方面的要求	王清华 韦娅	韦娅 王清华
6		2019. 9. 11	20	丁园	学徒生备课本的批阅与修改；班级工作要求	夏宇虹	王清华

① 表2-4、表2-5由王清华整理。

续表

序号	受访者	访谈日期	时长（分钟）	地点	指向	主访	资料整理
7	王园长（教学园长）	2019. 6. 19	20	丁园	园所对学徒生的专业要求	韦娅	韦娅
8		2019. 9. 11	56	丁园	园方提供的指导方式方法	陈纳	肖玉霞 熊诗琳
9	杨老师（联络人）	2019. 9. 11	18	丁园	“现代学徒制”试行的感受、建议与评价	陈纳	王清华 熊诗琳
10	刘主任（教学）	2019. 9. 11	30	钟园	幼儿园园本课程；年轻教师专业培训	陈纳	孟王琳 熊诗琳
11	谢园长（行政园长）	2019. 9. 11	40	钟园	办园历史、园所文化；园本课程取向	陈纳	王清华 熊诗琳
12	小汤（思宇同级同学）	2019. 9. 11	30	钟园	学前音乐、语言领域实践性知识；“前阅读教学内容知识”	陈纳	肖玉霞 熊诗琳
13	小岚（思宇同级同学）	2019. 9. 24	40	二师	退出学徒制模式的原因；科学领域关键经验掌握情况	陈纳	陈若兰

表 2-5　　**传美访谈一览表**

序号	受访者	访谈日期	时长（分钟）	地点	指向	主访	资料整理
1	美美	2019. 6. 17	10	安园	学徒生及其所在班级基本情况	陈纳	王清华
2		2019. 6. 20	21		学徒生参与“现代学徒制”培养模式的感受	王清华	韦娅
3		2019. 9. 17	16		学徒生在“现代学徒制”培养模式下的专业成长方向	王清华	肖玉霞 熊诗琳
4	陆老师	2019. 6. 17	10		导师及班级基本情况	夏宇虹	韦娅
5	（美美园方导师）	2019. 6. 20	14+35		导师的指导过程（方式方法），和对学徒生理论知识的要求	王清华 韦娅	韦娅 王清华
6		2019. 9. 17	41		导师对学徒生理论知识的具体要求以及解决措施	王清华	王清华 肖玉霞
7	王园长（试点园园长）	2019. 6. 17	20		园所实施的课程，学徒生培养方案实施情况，学徒生岗位胜任力表现	夏宇虹	陈纳
8		2019. 6. 20	15		园所对学徒生的专业要求	王清华	韦娅
9	英语专业学徒生	2019. 6. 20	30		不同专业运用“现代学徒制”模式的效果	韦娅	韦娅
10	兰兰（美美同级同学）	2019. 10. 12	30	二师	通识性知识中的“自然科学知识、现代信息技术”等掌握情况；科学教育活动设计与实施能力	王清华	韦娅

2019 年 6 月 20 日，完成了第一次（轮）访谈。将访谈录音转化为文字后，运用扎根理论取向的研究方法处理数据；之后撰写接触摘要单，以确定后续研究的具体问题和访谈对象。首先，对文字进行了编码处理（表 2-6），以发现学徒生当前拥有的实践性知识中各项知识/能力的类别及其运用方式（处于三步骤中的哪一步骤）；然后，对照其园方导师、教学园长的访谈资料，运用微分析（表 2-7）和编码等方法扩展资料里未被提到的方面，采用理论抽样法，确定下一次的研究内容。

表 2-6　**访谈资料编码示例①**

序号	访谈资料	标签	编码
1	【问：在区角里面，投放材料也好，（教师）干预也好，有没有什么在知识经验方面的指向呢?】 宇：知识经验方面，首先它一定要符合小班幼儿年龄特点	区角要符合年龄特点	22 幼儿年龄特点——幼儿发展知识
2	再一个我觉得我们比较注重大班低结构的材料，小班也注重低结构的材料。	注重低结构材料	39 提供适合的学习材料——环境创设与利用
3	【问：为什么要注重低结构的材料?】 宇：因为它可变性很强啊。但是，它会更容易满足幼儿的需求	材料要有可变性以满足幼儿需求	
4	比方说，有时候一支笔对孩子来说就是一支笔，但是如果是一根树枝呢，它就可以变成任何东西，你可以把它当笔用，也可以把它当你想象的东西来用，就是孩子他们自己有时候想的东西是你想不出来的	幼儿想象力比成人丰富	22 幼儿年龄特点——幼儿发展知识

① 表 2-6 中被编码的这段资料，是我们向思宇提出了“区角创设和组织实施时会思考渗透哪些教学内容知识或者说活动目标里知识经验维度的内容”[①]问题的回应。由王清华整理。

续表

序号	访谈资料	标签	编码
5	我记得之前有一次上课，内容是果汁；然后他们在建构区就说老师你看这是我的果汁，拿了一些杯子，杯子里面放那个雪花片、磁力片，老师你看这是我的果汁，什么什么口味的果汁，我请你喝	学习“做”果汁——建构区里制作“果汁”	46 支持幼儿主动地、创造性地开展游戏——游戏活动的支持与引导 46 鼓励幼儿自主选择游戏内容、伙伴和材料——游戏活动的支持和引导
6	其实这是建构游戏，他们有时候不在建构区玩建构游戏，而是在建构区玩角色游戏，在科学区玩建构游戏。因为我们科学区有那个磁力片嘛，他们特别喜欢用磁力片搭各种东西，以前我们科学区是有小汽车的，他们给小汽车搭停车场；现在我们科学区换到里面，就没有那个小汽车了，但是他们没有减低对磁力片的喜爱，有很多小动物的卡片，他们就用磁力片给小动物做家	区角功能在游戏中发生改变	
7	【问：那怎么看待孩子们的这种跨区使用材料，跟你期待的建构区玩角色游戏不太一样的行为，如在娃娃家玩表演游戏?】 宇：我觉得这很正常啊。没有谁规定建构区里面一定要建构游戏吧？是不是？【回应：嗯。】	区角功能不是固定的	
8	怎么说呢，主要还是要尊重孩子自己的意愿，自己的需求	尊重孩子的意愿和需求	8 尊重个体差异，满足不同需求——对幼儿的态度和行为

表 2-7　**访谈资料的微分析示例①**

访谈资料	微　分　析	指导行为
在教师有欠缺时	“欠缺”具体指的是什么样的状态？	
为了更好地帮助她们掌握	“更好”？更好的维度和频度是什么？什么是不好/好的？	
我会认真批改老师们的备课本，将备课本上的内容对照《指南》来进行匹配	“认真批改”是指时间维度的吗？会在什么时间内去批改他们的备课本？还是细致程度的？如果教师文字表述方面水平低而导致的不清晰，也会出现“满篇红”吗？	
基本上老师们交来的备课本都被批注红了	“基本上……都被”指的什么意思？每次是全体教学岗的教师都交么？还是抽查？“都被批红”，是否出现了什么共性问题？有没有采取其他补充性方法进行指导？	批阅备课本
我也会要求老师们用另外颜色的笔进行二次更正	是更正还是修改？上过的内容，也需要“更正”吗？有“正确”答案吗？老师能不能拿着批注的备课本来和园长进行交流？如果是园长理解或判断有误呢（这种情况发生过吗）？	
当老师们需要我去听修改后的课的时候	“修改的‘课’”是指的什么（集体教学？区角？……）？一定要修改吗？如果不修改会有什么措施？是不是所有老师修改后都会来邀请？修改后的活动是不是真的比没有修改前要好？老师们都可以接受吗？	受邀听课

① 表 2-7 微分析的访谈资料，是思宇所在试点园的教学园长对“对新手教师掌握各领域的教学内容知识有何要求”等问题的回应。此问题旨在与从思宇访谈资料中呈现的“策略性知识”进行对比。访谈资料由韦娅记录、刘玺整理。

续表

访谈资料	微　分　析	指导行为
不管我在做什么，都会停下手里面正在做的事情去听课	这里是指字面上的“不管我在做什么”，还是指的重视程度上的“不管我在做什么”？对教师邀请听课的回应，是制度性规定吗？	受邀听课
另外在巡班的时候，如果发现环境有不符合《指南》的地方，就会问老师：这体现的是《指南》的哪个内容？	【需要追问】具体指哪些“环境”？精神环境方面（如师幼互动）呢？哪个内容？《指南》中我们强调是目标，园长在使用指南的时候的标准是什么？怎么问老师？	巡班看环境
如果她回答不出来的话，我会让老师们下去学习《指南》，下一次再去问	【需要追问】“当老师答不上来的时候，会提供一些思考的线索或直观的方法吗？在什么样的情况下，会要求下去学习《指南》，然后下一次去再问？”	

- 编码

整理编码后，发现思宇的“策略性知识”中，“幼儿发展知识、环境创设与利用、游戏活动的支持与引导”三类知识出现频率较高，同时，还出现了“对幼儿的态度和行为”这一“人际知识”；但是，在我们提问里出现的与“教学内容知识”最为相关的“幼儿保育和教育知识、通识性知识”等知识却未被提及。由此，我们反思：是因为我们没把问题说清楚，还是思宇没听清楚？也许她听清楚了，但不知道什么叫“教学内容知识”？有无可能是她并不认为“教学内容知识”很重要，或她在回避谈“教学内容知识”？如果一位幼儿园教师拥有较为全面的“教学内容知识”，那她的“一日生活的组织与保育”“激励与评价”以及“反思与发展”等方面，是否能共同作用于其教学实践，使其实践性知识的质量更高？基于这些思考，我们重新拟定第二次访谈提纲；并决定向思宇的园方导师和园长问询幼儿园对新手教师掌握理论性知识的要求或指导的方法。另外，我们想通过对其园方导师的访谈，验证我们关于“教学内容知识”与其他多类实践性知识的构成知识类型之间关系的假设。

- 微分析

经过对访谈资料的微分析和内容中提到的指导行为归类后，我们发现，园方的确要求新手教师熟练掌握各领域的教学内容知识，而且在方法上至少有三种：批阅备课本、受邀听课和巡班看环境。这三种方法的方式、途径均不同，第一种是异时性的书面指导，第二种是共时性的面对面（一对一）交流，第三种是异时与共时性均有的一（管理者）对多（整个班级的教师群体）的情境分析。但是由于时间有限，受访者提到的许多概念还需澄清，比如，备课本批阅与修改的书面互动到底是如何实现的，下次到园需要查阅学徒生在园学徒期间的备课本，并就备课本的修改对思宇再做访谈，这样，就能比较清楚地了解当她拿到教学园长批注的备课本后，是否意识到了自己在备课过程中忽略了什么（比如在第一次访谈时她没有提到的“教学内容知识”或“活动目标中知识技能维度目标”）。另外，除了这三种方法，是否还有其他督促或帮助新手教师获得实践性知识的途径和方法？是否以制度化的形式对此进行规约？等等。基于如上思考，我们调整补充并拟定第二次的调查内容和访谈提纲。

✓ 访谈提纲（学徒生版·第一次）

✓ 对自己目前的顶岗工作，若用“1—10”打分，给自己打几分？

✓ 哪些方面得分？哪些方面失分？

✓ 在学徒期间，是否用到了在学校里学过的理论知识？哪些知识用得比较多？哪些觉得用不上？

✓ 可以和我们分享你印象最深刻的一次园方导师指导的小故事吗？

✓ 目前独立承担班级哪些方面的工作？班级区角环境创设主要负责哪些区域？

✓ 在“双导师”指导下，觉得自己提高最明显的方面是什么？哪些方面提高得不是特别明显？

（4）作品分析法：备课本或教育笔记。

备课本或教育笔记是考察学徒生“实践性知识质量”的重要数据来源。

我们收集学徒生们在学徒期间的备课本、教育笔记等进行通读，从两方面进行分析研究：纵向上，就每位学徒生各自撰写的格式、内容是否符合试点园要求（被批注的数量与内容）；横向上（相近时间点），对比不同试点园学徒生撰写的“课程故事”或“观察笔记”的专业水平。我们借鉴新西兰“学习故事”的结构，即：注意、识别、回应、回顾，评估学徒生对幼儿行为的记录、分析与提供支持策略的适切性。

（5）问卷法：反思水平问卷调查。

经过多方收集资料，我们选定了多位台湾地区研究者根据 Kember 等（2000）发展的反思量表测定护理或医学专业大学生反思水平的工具，根据学前教育专业师范生的专业课程设置与实施的情况修订题目。修订后的“学前教育专业师范生反思量表”主体部分（即反思水平）与借鉴的工具在结构上相同，由习惯性行为、理解力、反思力和批判性反思力四个反思层次共计 16 道题组成。每道题由 Likert Scale 6 分法方式填写，依程度差异依序及得分为“非常不同意”（1 分）、“比较不同意”（2 分）、“基本不同意”（3 分）、“基本同意”（4 分）、“比较同意”（5 分）、“非常同意”（6 分），均为正向序列计分。量表预调查样本为本校 2018 级大二中高职衔接班 66 人，回收率 100%。经 SPSS22.0 分析，四个次量表的内部一致性 Cronbach α分别为：0.672、0.822、0.844、0.714，整卷 Cronbach α为 0.714。9 月底向 2019 级的三类生源：“3+2”、五年一贯制、技能高考等 7 个班共计 358 名学生发放本问卷的电子版链接，一周后回收 337 份，回收率 94%。经 spss22.0 分析，测得四个维度的 Cronbach α分别为：0.816、0.815、0.848、0.724，整卷 Cronbach α为 0.85，均比预调查时高。由是，我们将此次测得的四个维度的平均值（习惯性行为：12.5549 ±4.9、理解力：18.9585 ±3.5、反思力：19.0267 ±3.5、批判性反思力：18.3531 ±3.3），作为我校学前教育专业中职学历生源入校时反思水平基准线（见表 2-8），对学徒生和其同级同学毕业时的反量水平将基于本次调查数据。

表 2-8 **大一年级中职背景学生进校时反思各维度平均值**

		个案数	平均值	标准偏差	标准错误	平均值的 95% 置信区间		最小值
						下限	上限	
理解力	1	41	17.4146	3.18572	0.49753	16.4091	18.4202	12.00
	2	122	19.2377	3.69510	0.33454	18.5754	19.9000	9.00
	3	174	19.1264	3.39092	0.25707	18.6190	19.6338	4.00
	总计	337	18.9585	3.51841	0.19166	18.5815	19.3355	4.00
习惯性行为	1	41	14.0732	3.22017	0.50291	13.0568	15.0896	4.00
	2	122	12.4180	5.68286	0.51450	11.3994	13.4366	4.00
	3	174	12.2931	4.59080	0.34803	11.6062	12.9800	4.00
	总计	337	12.5549	4.90300	0.26708	12.0295	13.0803	4.00
反思力	1	41	17.1707	3.82036	0.59664	15.9649	18.3766	6.00
	2	122	19.6967	3.35229	0.30350	19.0959	20.2976	8.00
	3	174	18.9943	3.44988	0.26154	18.4780	19.5105	4.00
	总计	337	19.0267	3.53501	0.19256	18.6479	19.4055	4.00
批判性反思力	1	41	17.3902	2.97387	0.46444	16.4516	18.3289	11.00
	2	122	18.5328	3.27824	0.29680	17.9452	19.1204	8.00
	3	174	18.4540	3.32718	0.25223	17.9562	18.9519	4.00
	总计	337	18.3531	3.27916	0.17863	18.0017	18.7045	4.00

我们将“生源性质”与四个反思层次的值进行对比，发现了非常有趣的现象：生源性质对第一和第四层次的反思水平无显著性影响，而

对第二（理解力）和第三（反思力）层次的反思水平的影响分别为0.01和0.00，具有显著性（P < 0.05）（见表2-9）。经详细对比，发现该现象存在于“五年一贯制”的生源与后面两类生源（即“3+2”和“技能高考”）之间；而“3+2”和“技能高考”这两类生源之间无差异。这不排除样本量偏少（只有一个班级45名学生）带来的误差。因此，如果想要验证生源性质对学生反思水平确实存在影响，需要增加“五年一贯制”生源样本。

表2-9　　　　生源与反思各维度的相关性分析

		平方和	自由度	均方	F	显著性
习惯性行为	组间	108.722	2	54.361	2.279	0.104
	组内	7968.513	334	23.858		
	总计	8077.234	336			
理解力	组间	112.142	2	56.071	4.627	0.010
	组内	4047.276	334	12.118		
	总计	4159.418	336			
反思	组间	196.182	2	98.091	8.185	0.000
	组内	4002.578	334	11.984		
	总计	4198.760	336			
批判性反思	组间	43.722	2	21.861	2.046	0.131
	组内	3569.257	334	10.686		
	总计	3612.979	336			

（注：$p<0.05$ 为显著）

为进一步验证“生源性质”对反思水平的影响，我们用同一测量工具对本地某省属高校学前教育专业2019级新生进行调查，结果与前面的调查一样，即：第一和第四层次的反思水平无显著差异，而第二（理解力）和第三（反思力）层次的反思水平差异显著（见表2-10）。

表 2-10　　**大专与大本 2019 级新生各反思层次差异性**

		平方和	df	均方	F	显著性
习惯性行为	组间	120.523	3	40.174	1.675	0.172
	组内	7892.600	329	23.990		
	总数	8013.123	332			
理解力	组间	148.901	3	49.634	4.099	0.007
	组内	3984.126	329	12.110		
	总数	4133.027	332			
反思力	组间	223.317	3	74.439	6.255	0.000
	组内	3915.536	329	11.901		
	总数	4138.853	332			
批判性反思力	组间	58.178	3	19.393	1.819	0.143
	组内	3506.794	329	10.659		
	总数	3564.973	332			

（注：$p < 0.05$ 为显著）

（二）研究框架（见图 2-2）

二、案例背景

2017 年 3 月至 2019 年 7 月期间，我校 2016 级技能高考生中，有三位学生在试点园接受了为期一至两年的学徒制模式培养，其中，两位全程参与（两年）、一位半程参与（一年）。下面选取两位全程参与的学徒生在培养期间及毕业后去向等个人情况，以及试点园的情况做简要介绍。出于研究伦理的规范，在征求学徒生本人和试点园的意见后，本书对三位受访者、试点园以及目前三位受访者的工作单位均

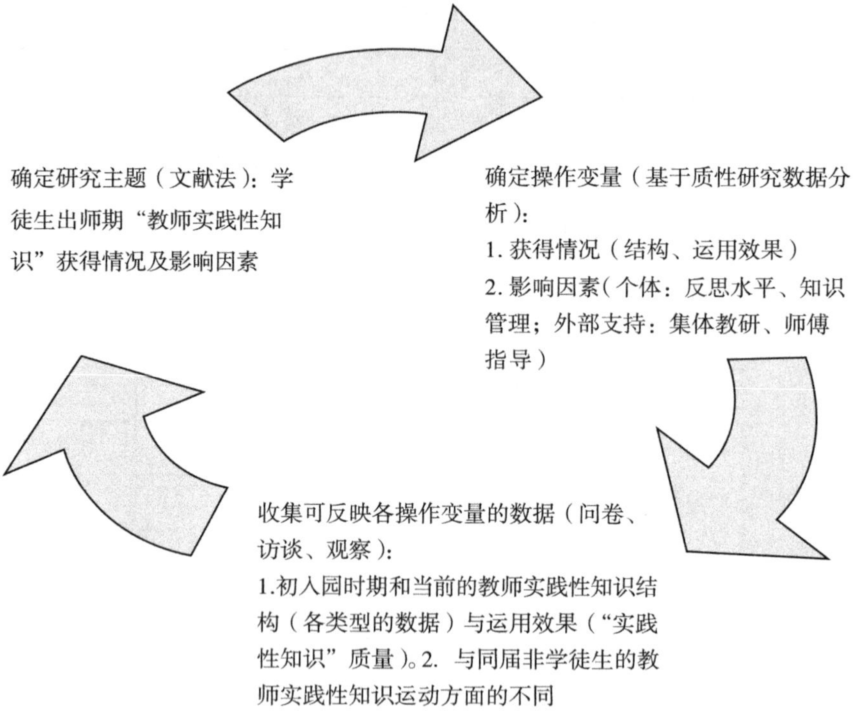

图 2-2　以概念为核心的方法与数据收集研究循环框架示意图

采用化名。

（一）个人情况

1. 思宇

（1）入校时就读班级：1601 技能高考班，目前在钟园工作，分配在小班作配班教师。

（2）2017—2019 年，参与学徒制；先后在丁园的 5～6 岁、3～4 岁等班级顶岗。

（3）班级的基本情况：

2017—2018 年期间，在 5～6 岁班级，该班有幼儿 37 人、两教一保。学徒生在班级里承担的主要工作是配班老师，与班主任分担幼儿在园一日活动，并配合保育员的各项保育工作。

（4）师傅的基本情况：

- 2017—2018 年，赵萍老师，50 年代生人，工龄 30 年。
- 2018—2019 年，张雅兰老师，60 年代生人，工龄近 30 年。

（5）学徒生期间，承担 2018 年春季学期全园幼小衔接家长讲座主持；参加全园科学考核课评比、游戏故事等比赛获得第三名/三等奖。

2. 传美

（1）学前教育学院 1601 技能班学生，目前是安园小班配班教师。

（2）2017—2019 年，参与学徒制，先后在安园的（中一、大一）班级顶岗。

（3）班级的基本情况：

教师配备数 4 人、幼儿人数 18 人（男 6 女 12）、年龄跨度均 3 周岁

学徒生在班级里承担的主要工作主要是配合主班老师开展常规工作。

（4）师傅的基本情况：

2004 年中等院校非幼教专业毕业，2016 年 8 月底华师学前教育本科毕业。现从事幼教行业十几年，在安园工作 7 年。

取得的最高荣誉或学术成就无。

（5）学徒生期间，在园内承担或参与过全园级别的“六一”“圣诞节”等节日庆典活动、家长学校活动、对外接待公开观摩等大型活动。

（6）学徒生期间，受到了园级别的奖励或荣誉。

（二）试点园情况

1. D 园

（1）武汉市某区 D 园。创办于 1992 年，是一所全日制公办（区教

育局直属）幼儿园。2015 年评定为武汉市市级示范性幼儿园。目前有 9 个教学班、300 余名在园幼儿，47 名教职工。

（2）学校建筑与硬件设备。

幼儿园占地面积 5200 平方米，建筑面积 3500 平方米，班级活动室、寝室合一，设有 6 个多功能室和 1 个符合湖北省 A 级标准的食堂。班级均配有钢琴、电视一体机、空调、空气消毒器、电脑等设备，办公设备、保健设备、安防设备、广播系统、户外大型玩具配备到位。

（3）课程模式。

幼儿园在“自然习得，启问求真”的办园理念下，以“融于生活的科学教育”为办园特色，通过问卷调查、SWOT 等方式收集并分析课程资源与背景。园所规模适宜，场地空间较为宽敞，硬件设施比较完善。同时，师资比例合理，有经验的教师与年轻教师的比例约为 6∶4，家长资源很丰富，他们很配合参与幼儿园的各种活动。园所风气积极向上，教师扎实肯干心灵手巧。因此，幼儿园再次完善课程建设，形成了“启问课程”园本课程。

课程名称：启问课程

课程理念：追随疑问，引发好问，解读探问。

启，是指启发开导，问，是问题、疑问。启问的过程也是一个循环的过程，在孩子找到答案的同时，引导孩子产生新的疑问，循环往复，不断探索。

启问是一种意识，促进儿童主体性、主动性的发挥，使幼儿处处是创造之地，时时是创造之时，人人是创造之人。启问是一项行动，在环境创设中积极打造激发幼儿好奇善问的环境，在教学中使教学过程成为幼儿勇于创新的过程，在游戏中让幼儿成为游戏的主人。

2. A 园

（1）发展沿革。

隶属保氏集团，创建于 2012 年 9 月。多年来，秉承“和乐”教育理念，始终以“蒙养·乐养·慢养”的教育态度，以“和乐成长，方圆自在”的儿童观、“陪着孩子慢慢成长”的家长观、“做孩子成长的阳光、空气和水”的教师观三位一体的教学模式，为周边社区家长服务，促进幼儿健康和谐发展。

A 园现有 14 个幼儿班，在园幼儿 371 人。教职工 69 人，园长、教学园长、后勤园长、保健医生、教师、保育员、厨师等各类人员，100%具有上岗资格。

（2）学校建筑与硬件设备。

园所占地面积 1 万平方米，建筑面积 4672 平方米，幼儿户外活动场地 9720 平方米，绿化面积达到户外活动场地的 42%。

（3）园所简介①。

家庭式的教育环境给孩子以家的感觉，公园式的户外活动场地让孩子走进自然，个性化的儿童空间给孩子一份快乐的童年，人性化的教育模式使孩子自由成长，完整的课程体系让孩子得到全面发展，中西交融的语言环境让孩子走进国际小公民的意识，平衡丰富的营养膳食保证孩子茁壮成长。

经过 5 年的沉淀和磨练，A 园品牌逐渐走进公众视野，受到社会相关人士的关注，先后荣获“全国民办优秀园”“洪山区保教立功单位”“洪山区安全工作优秀单位”“洪山区精神文明先进单位”“洪山区卫生保健先进单位”“武汉市文明城市创建优秀单位”“最优秀爱心公益单位”等荣誉称号。

2017 年先后接待了亿童机构幼儿园园长参观、洪山区姐妹园入园参观、北京基教教育同仁来园参观、澳大利亚儿童音乐基金会来园交流，2014 年美国年度教师肖恩·麦库姆来园交流、乌干达外国友人参观、美国常青藤幼儿园 Alise 来园指导参观等。

① 内容来自网络。

三、研究结果与分析

（一）学徒生“实践性知识”的类型分析

1. 幼儿发展的知识

《专业标准》对幼儿园教师的“幼儿发展知识”，包括指向：合法性知识（法律法规）和心理学知识（年龄特点、个体差异、易出现问题、特殊需要等）两大方面。学徒生及其同级同学，对“不同年龄幼儿身心发展特点、规律和促进幼儿全面发展的策略与方法”知识的掌握，不论是数量还是质量显然比其他三个心理学知识点和合法性知识点要全面和深入。这可以从学徒生在谈到与幼儿、游戏活动等话题时，总是会自觉不自觉地说：“幼儿的思维是具体形象的”，“要和他们做游戏，干讲肯定不行”，“有时候一支笔对孩子来说就是一支笔，但是如果是一根树枝呢，它就可以变成任何东西：你可以把它当笔用，也可以把它当你想象的东西来用，就是孩子他们自己有时候想的东西是你想不出来的”，“没有谁规定建构区里面一定要建构游戏吧？是不是”？

可见，这部分在《学前心理学》《纲要》《指南》里关于幼儿年龄心理特点的一般性知识，学生们是极为熟悉并能用到实践中指导自己的教学行为。然而，我们较少听到学徒生提到个体差异、幼儿发展中容易出现的问题及其对策，以及班级中特殊需要儿童等方面的例子；同时，运用法律法规对自己身边存在着无视幼儿生存、发展和保护的行为进行抗争的事例没有出现过。也许是他们在学徒期间没有遇到过上述情形，因而，也就没有机会展示他们在这方面的知识。但是，也有可能是因为学徒生目前的“儿童观”尚处于“抽象儿童”的阶段，他们对儿童的观察是粗线条的、“看”到的是表现比较突出的部分儿童，以部分“优秀”儿童的行为替代“每一个”儿童的真实状态。

2. 幼儿保育和教育知识

《专业标准》对教师必备的幼儿保教知识涉及五个方面的内容，具体细分为六项。事实上，这些知识在性质上是程序性知识，属于幼儿园教师专业知识的理论性知识。尽管在学校集中学习时有接触，但学徒生只有进入幼儿园去顶岗，才逐渐通过“做”，体会到这些知识对自己胜任“幼儿园教师”这份职业的重要性。如当我们问思宇什么是“理论知识”时，思宇多次提到了《指南》；于是我们追问：“在上班之后《指南》对你有影响吗？”她说：“当然有啊，在学校它对我只是一本书，让我背我就背；但是工作之后，你就会不自觉地去翻这 本书。上学的话我可能放到抽屉里面不用它，毕业之后这本书还是新的一样。工作后每次写教案、研讨的时候，这本书中的话都浮现在心里。对我们这些理论知识比较欠缺的人来说，《指南》很重要。”

可以说，由中职升入高职的学生，其理论性知识的学习动力并不强烈，把“记住”它们视为一个枯燥的、不得不完成的学习任务。这种状况，学徒生们在学校中学习时并未觉察，但进入真实的教学现场后意识到了；几位园方导师在项目开始阶段亦已察觉（“要她写观察笔记，懵了，不知道该怎么写”）并向校方反馈。此后，在校方辅导老师、园方导师与管理者以及学徒生们自身努力下，理论性知识的缺口慢慢地得到弥补；然而，学徒生本人直到毕业后仍然感到自己的理论性知识比较欠缺，如有的学徒生在我们请其分析语言领域教育的学科特点与基本知识时，表现得不够自信。

3. 环境创设与利用的能力

《专业标准》对教师必备的环境创设与利用的能力分为两个方面四项内容，具体而言，就是良好的精神环境和适宜的物质环境。精神环境的内容包括建立良好的师幼关系和幼幼关系，必要的班级秩序与规则；物质环境的内容包括创设适宜的空间环境和利用材料资源。对环境的创设与利用是一种综合性能力，需要将专业理念与态度、专业知识等多方面的知识，在具体的情境中有机结合。

几所试点园对各教学班的环境创设均有较高要求，而且根据办园理念、园本课程等，出台了相关的精神环境创设制度和物质环境创设评比标准。也许，正是在严格的日常教学管理制度下，学徒生的环境创设意识、对环境意义的理解以及环境创设的能力，均得到较大提高。如思宇在我们第一次访谈时，坦率地承认“自己的环创能力比较弱”，但它是“幼儿园教师必备的能力”，而且“环境创设是一件永无止境的事情”，当我们问如何看待孩子们的跨区使用材料的行为时，她强调“应该尊重幼儿的兴趣，没有谁规定一定在建构区玩建构游戏”；与两位学徒生同级的一位同学佳琦，参与了为期一年的学徒模式，“出师”时参加黄石市环境创设比赛并获得一等奖，这不是偶然的、凭运气的结果，而是其前期获得的指导、锻炼以及自身实力的综合体现。

4. 一日活动组织与保育的能力

《专业标准》对教师必备的一日活动组织与保育能力，提出了四项基本要求。学徒生们从入园第一天起，便在导师指导下组织幼儿在园的一日活动和保育工作，逐渐熟悉幼儿园一日作息各个环节的活动，并接受这种安排。比如确保幼儿安全，是思宇视为幼儿园教师非常重要的一种能力。她说：“因为幼儿园是保教结合的，你除了会教还要会保。比如我们班有 28 个孩子，虽然你没有 28 双眼睛，但是你一定要走一圈眼睛一扫就知道，会有哪些安全隐患。刚开始的时候我没有这种意识，后来就有这种意识了。在班上的时候，当我看到一个尖尖的角，就会想找一个软软的东西把它给盖住。”当然，在一日活动中若能做到随机渗透教育非一日之功；另外，作为学徒生，其专业地位相对较低，日常的保教工作由园方管理者指派、导师直接安排，这种专业地位也许是令学徒生在面对自己感觉不太合适（理）的一日活动安排和其他管理要求时，选择保持沉默的主要原因。如我们问思宇是否向管理者反映过自己对“固定死了的作息时间”的想法时，她说：“没有，我觉得意义不大吧。我提出来了也不会改变。”而在 A 园实施“协商式”课程班级带过一个学期的传美，似乎对于把握教育契机、鼓励幼儿在自主游戏过程中发展自己的理论，对于将教育灵活渗透于一日生活中，感受到了更大的挑战(参见后附传美的一则观察笔记)。

我们无意评价哪所试点园的一日作息安排或实施的园本课程是“好的”或“不好的”，但思宇的无奈和传美的思考却令我们意识到，幼儿园教师的“一日活动组织与保育的能力”，极大地受到园所的专业生态（文化、课程等）影响。在不同情形下，“不出错”或“反思创新”等行为的定义并非固定的或绝对的。

20180507邵传美今日感悟

今天在建构区我看到有孩子搭建了一个格子，把几个小动物分开放在里面，于是我就问

师:这是小动物做什么的地方，为什么用这样的格子把他们分开呢?

灿灿:因为这些小动物会打人，所以要把他们关起来。

师:如果这些小动物想出去玩儿，没有门怎么办?

灿灿:他们不能出去

过了一会儿，灿灿改造了一下这个格子房

加了两个可以开的门，说:它们觉得在里面太无聊了，并且保证出去不打人，它们就可以出去玩儿了。

在这个对话中，孩子的想法是:为了保护人，要把动物关起来，如果保证不打人，就可以出去。在孩子的这个想法中，我认为存在的价值有:①安全问题；②动物怎么打人？③动物与人之间的关系（朋友或者敌人）这里我也在想:孩子是如何理解动物与人之间的关系。而对此如何抛出一个好问题去促进孩子的思考，构建他自己的理论，这会是我需要不断去练习的地方。（这个问题可能是:动物为什么会打人呢？）

图 2-3　传美 2018 年的观察笔记

5. 游戏活动的支持与引导的能力

《专业标准》解读中，对幼儿园教师必备的“游戏活动的支持与引导能力”进行分析时，强调应从“观念上”、“知识上”、“行动上”三个方面做好准备，以便时刻为幼儿创造一个适宜的、富有挑战性的游戏环境。

传美到试点园的第一年便被安排进入“协商式”课程班。传美说，该课程“营造的是平等、尊重、协商的氛围，是以儿童为中心、老师和孩子一起学习，促进孩子思维的发展，培养反思型教师”①。传美在“协商式课程”班级当学徒期间，每天要撰写一篇区角游戏的观察笔记。前面提到的传美的观察笔记中，关于建构区里“动物会打人”的笔记，反映出传美：(1) 有初步的“幼儿视角”意识；(2) 基本掌握描述和分析幼儿游戏行为的方法（维度），运用访谈法澄清自己不理解的地方；(3) 提出事件蕴涵的教育价值；(4) 尝试寻找一个“好”问题，将当下的情境与幼儿未来发展相结合。这对于一个相当于大二年级的学生来讲，其“游戏活动的支持能力”是令人欣喜的，不过“游戏活动的引导能力”尚待提高。比如她向幼儿提的第一组问题：“这是小动物做什么的地方？为什么用这样的格子把它们分开？”这一组问题的两问其实是重叠的——在很大程度上，只要弄清楚了“做什么的地方”，就能知道“为什么用格子把它们分开”。看来，传美当时是在等待一个由灿灿自主构建的、“唯一”的“建构游戏脚本”。事实上，一名“游戏的引导者”，可以通过与幼儿“共同创造游戏脚本”的策略，来帮助幼儿开启其创造之门。与其问“这是小动物做什么的地方”这样一个聚合式的问题，不如先描述自己看到的场景，如“我看到你把积木围成了几个格子一样的东西。咦，这些小动物——看起来像是（某种动物）……它们是怎么进去的呢？”等灿灿做出回答后，传美甚至可以另外建构一个脚本，比如：“我以为这些……有厉害的吸盘/带

① 摘自传美个人成长档案首页。

着隐形的翅膀，它们是从墙上翻爬/飞进去的呢。”以拓展或挑战灿灿的想法。在其故事结束前，传美尝试寻找一个“好”问题——“动物为什么会打人”，但这个问题窄化了“孩子如何理解动物与人的关系”的主题；而且，因为传美未将“动物”具体化、“打人”情境化，因此，与灿灿的对话也就停留在“动物会打人”这样一个相对抽象的层次上而较难以深入。

经过近一年的“协商式”课程实践，传美在面对幼儿的游戏时，表现得更为从容和“放手”。2019年春季学期开始，传美将自己定位为幼儿游戏的“观察者”和“麻烦的制造者”；她相信在幼儿游戏时教师若能“后退一步”会有“更多惊喜”；即便老师没有给予“提供材料”的支持性策略，幼儿自己也同样能想办法解决游戏中的问题；就算教师当场向幼儿提出了一个“好问题”，幼儿未见得会立即被“引导”向着教师希望的方向发展其游戏情节，此时，教师的“支持能力”可能更多地体现为“给幼儿自己思考的时间和空间”吧（详见传美2019年观察故事：“小鸡的滑滑梯”）。从传美的成长轨迹不难发现，“游戏的支持和引导能力”获得与提升不是一蹴而就的，而是在观念、知识和行为等几个方面循环往复螺旋式提升的过程。

6. 教育活动的计划与实施能力

《专业标准》解读本里对“教育活动”概念来源的解释，可以帮我们更好地把握什么是“教育活动”——指以“集体活动”为主要组织形式的教学性活动。①“教育活动的计划与实施能力”不仅指能设计、组织与实施单次教育活动，还指能够对一个较长时间单位，如一个学期计划出适宜的计划和具体的活动方案；这些方案的有效性考评指标里，还包括对特定人群（某个班级的幼儿）的学习特点、能力、水平做分析，并采取适宜的教学方法等。

---

① 教育部教师工作司组编．幼儿园教师专业标准（试行）解读［M］．北京师范大学出版社，2013.

图 2-4　2019 年传美的观察故事

很显然，这项能力与前面三项能力相比，对幼儿园教师“临场应变”能力要求更高。它不仅需要以坚实的观念、知识为基础，且需要较为丰富的一线实践经验做支撑。我们和思宇第一次见面问她的第一个问题是：“你认为幼儿园教师最重要的能力（不管你自己是否具备）是什么”？她略略思考后说：“教学水平。首先你是一个老师，首要的任务就是上课，抛开你班上环境，抛开其他一切，如果你连最基本的教学水平都没有的话，你根本当不了一个老师。哪怕你把这群孩子照顾得再好，你跟他们玩得再好，如果你没有基本的教学水平的话，根本就没有办法说你是一个老师。”可见，思宇从学徒经历中，已经将“教育活动实施能力”视为一名合格幼儿园教师的底线了。但是，在刚刚担任主班教师的时候，思宇并未有这样的认识，因为实践经验的缺乏，她在设计教育活动方案时，往往直接将《纲要》或《指南》的目标抄写到备课本上（见图 2-5）。

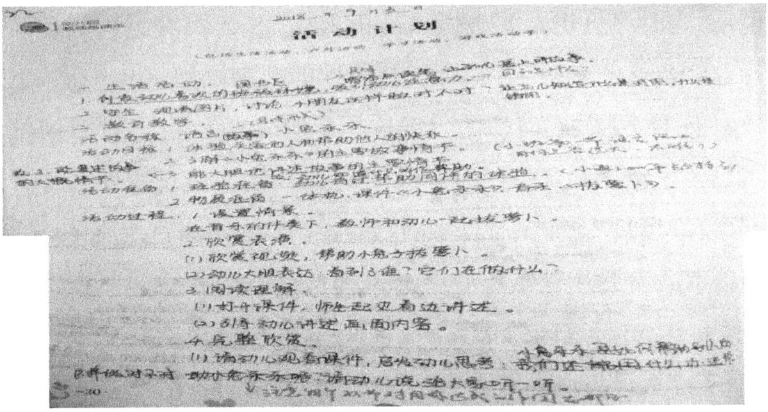
活动计划

图 2-5　思宇 2018 年 9 月的一则备课笔记

综上，相较于同级同学，学徒生的“实践性知识”的“量”（构成类型）在“生活的组织与保育能力、游戏活动的支持与引导能力、教育活动的计划与实施能力”等几项方面的优势较为明显，这主要是因为在一线顶岗的时间较长而积累了相当的实践经验；非学徒生们刚入职时缺乏与幼儿互动的经验，因此带班时会表现出更多“高控”行为。然而，在需要相当理论性知识作为支撑的“幼儿发展的知识、幼儿保育和教育知识、环境的创设与利用能力”等方面，学徒生并不具有更强的优势。

（二）学徒生“实践性知识”的“质量”分析

1. 总体情况

用我们选择的对“实践性知识”质量考察的三步骤，发现：学徒生在真实教育场域中的行动力比较强，也即进行第一步（进入“操作性”倾听状态）和第二步（学会反思性模仿）较快；但进行第三步（对自己的行动认知以及教练所表达的意思进行反思）时，不具明显优势。思宇在试教完“汇报课”“陀螺转起来”之后，学校指导老师给思宇播放了一小段她在试教时与一名幼儿的互动，看完视频，她想了一会儿，说：“当时我只想着要她做‘我的实验’，而没有意识到她其实是在进行着‘自己的实验’，我应该利用她的规则跟她‘比一比’，就可以引导她把注意力放在陀螺的力度这个影响因素上了。”试教当时（行动中）思宇未意识到自己行为中的“高控”倾向，在指导老师的提醒下，方才意识到。同样，与思宇同级的小汤，在对自己组织的一次画长颈鹿的美术活动后，经提醒后能意识到自己本以为给幼儿提供了支架（画纸上从1~50标注阿拉伯数字，引导幼儿沿数序连线成长颈鹿的轮廓），其实已远远超出小班幼儿现有的经验和能力，这种“支架”并不在幼儿当前的点数“最近发展区”里。

可见，学徒生相比非学徒生在“实践性知识”的质量上不具优势，是因为其“反思”水平均相当弱。这一方面是由于学生自己并未意识到“反思”对成为一名优秀幼儿园教师的重要性①；另一方面，与反思形成的机制有关。通常，反思习惯可以通过后天训练形成；但是，反思的深度和广度则需要相当的理论知识做支撑。随着与学徒生们和导师

① 对我校（此处标注学校全称）2019级学前专业新生问卷调查发现：学生对自己中职业期间所学课程掌握程度自评时，仅2.34%的人认为自己的“反思与发展”还不错；“实习时需要的专业能力”选项中，选择“反思与发展”的仅2.6%；及至参加学徒制希望得到哪方面能力提高时，也仅4.94%的学生选择了“反思与发展”。

们接触增加，“学徒生的理论知识较为缺乏”，几乎成为所有参与和比较了解“学徒制”的人高度共识的问题。那么，是否通过给学徒生增加“理论课程”就能解决这个问题呢？我们发现，事情并不那么简单。

2. 理论知识缺乏

第一次到A园进行非参与式观察，我们尚欣喜于学徒生在与幼儿互动时表现出来的成熟，导师就提到“学徒生的理论知识比较缺乏”的问题。仅一个学期在校集中学习，学徒生获得的理论知识的数量和质量应对幼儿园实践是远远不够的。多位园方导师提到学徒生“刚来的时候，让她写教案/观察笔记，她就懵了，不会写。说不知道写什么。”学徒生自陈：“在学校里面待的时间很少，所以也没有学到什么很那个的东西，所以基本上到了幼儿园以后开始从头学起。”是因为在学校没开设相应的课程吗？学徒生说：“我们有五大领域的课，然后老师也在教你写教案，但是实际上学校里教的教案跟我在幼儿园里面实际写的教案不一样（我不知道是不是每个幼儿园对教案的要求不一样）……目标这一块……哪怕我现在已经写了两年多的教案，我到现在为止对目标的掌握都还没有那么全面，都还需要去深思熟虑一下。”

那么，难道是学校的专业课程设置与实施中存在着什么问题吗？不尽然。在学校里学习的时候，理论知识没有用武之地，体现不出其价值；学得“好不好”也只是在“模拟”的或“去情境化”的考试里进行评估。而一到幼儿园现场观察、分析幼儿行为时，理论知识的重要性及其内化程度就显现出来。正所谓“书到用时方恨少”。

学前专业的理论课程是以“实践能力”培养为导向的，从教材编写到课程实施，均考虑到将理论与实践结合在一起，在教材里和课堂上选用的案例，大多是来自试点园骨干教师“亲测有效”的案例。但是，这些素材的运用，仍然使学徒生觉得“怎么说呢，就像‘纸上谈兵’一样的感觉，我们是在写在学，但是等你到了幼儿园里面就会发现，你学的这些东西就是用不上，或者没办法马上用。我刚来幼儿园的时候，看别的老师写备课本，我就想‘备课本是这样写的啊，跟我在校里学的好像不一样’”。众所周知，理论是对现实世界的抽象，没有哪一条理论（假说）能够和某个现象匹配或一一对应。学校在教授教育活动方案设计时，提供的文本格式是抽取了组成实践教育活动的最基本的要素，在呈现时只能以线性的方式展开在纸面上；但是，每所幼儿园因为对“幼儿教育”理解的不同、采用的园本课程不同，对一线教师撰写活动方案时的侧重点要求亦会不同，这就会出现“每所幼儿园不一样”的现状。再具体到每一位优秀的幼儿园教师，都不会严格按照自己备课本上的方案实施真正的教学活动，当学徒生参考“别的老师的备课本”时，他们之间尚且会出现“不一样”，更何况与“学校里学的不一样”。这里面，其实是一种“异质同构”的关系；但是，中职学历的学生，文化知识结构不够完善①，抽象思维水平比较弱，难以理解和把握这种关系，使得其面对种种“不同”时，生发出“没有用”的感受。

因此，“理论知识缺乏”还有可能是因为学生本人抽象思维力水平和理解力的差异，以及专业理论课程的学习方式与时间等。

我们用同样的反思量表对某省属二本院校学前教育专业大二和大三年级学生在刚开学的第一周进行测查，发现：“生源性质”（专升本和普招两类生源）对同级学生的四个反思层次水平影响不具有显著性；但“年级”这个因素对四个反思水平层次中的习惯性行为、理解力和批判性反思力的影响呈现了显著性，p 值分别为：0.009、0.013、0.023（见表 2-11）。根据对本科院校一、二年级开设课程的内容和学时数的了解，一年级主要开设公共课（如大学语文、英语、军事知识等）和艺术实践课（如乐理、琴法、舞蹈等），二年级主要开设专业理

① 通过对我校 2019 级学前专业新生问卷调查发现：学生读中职期间，53.51%的时间在琴房或舞蹈房练习弹琴和舞蹈，仅 1.56%的时间在图书馆看书。学生对自己中职期间所学课程掌握程度自评时，仅 2.34%的学生对“通识性知识”课程有自信。根据《专业标准》，通识性知识是构成幼儿园教师三类专业知识中相当于“教学内容知识”的那一类知识；然而，仅 2.86%的学生认为，它是教育实习所必需的知识。

论课（如游戏论、课程论、教育名著选读、教育科研方法等）；学时数方面基本相等。我们访谈了两位多年执教学前教育专业本科二年级专业理论课的老师，在谈到对不同类型课程教学的要求时，老师们表示："现在学校鼓励老师们进行课堂教学改革。我们的专业理论课均已采用'翻转课堂'模式下的混合式教学，即将理论知识部分录成微课上传到 MOOC 平台。要求学生每次课前看视频、完成作业；课堂上的时间大多用于讨论他们课前或课后自学时不懂的、感到困惑的问题。有时候，一次课就只解决对一个基本概念的理解。"据了解，一门在网络平台上较为成熟的课程，至少需要三年才能完成第一轮资源建设；相比传统方式教学，同样一门课程若采用"混合式教学"则需要花费 3~4 倍的时间备课。在谈到为何花费大量时间在网络平台上建课时，朱老师说："就是为了帮助学生学会学习、养成自主学习的习惯，同时培养他们的批判性反思能力。"可见，学习理论课程需要经常运用理解力和批判性反思力。我们推断是专业理论课的学习方式和时间等因素，促进了学前教育专业大三年级本科生的习惯性行为减少，而理解力和批判性反思力提高。

表 2-11　**大本二年级与三年级学生四个反思层次差异对比**

反思层次		平方和	df	均方	F	显著性
习惯性行为	组间	121.738	3	40.579	3.967	0.009
	组内	1452.433	142	10.228		
	总数	1574.171	145			
理解力	组间	97.492	3	32.497	3.690	0.013
	组内	1250.425	142	8.806		
	总数	1347.918	145			
反思力	组间	39.299	3	13.100	1.497	0.218
	组内	1242.784	142	8.752		
	总数	1282.082	145			

续表

反思层次		平方和	df	均方	F	显著性
批判性反思力	组间	67. 611	3	22. 537	3. 271	0. 023
	组内	978. 471	142	6. 891		
	总数	1046. 082	145			

综上，学习“理论知识”是十分必要的；但同时，应将理论知识作为思维训练的载体。学徒生在校集中学习理论课程的时间较短（仅一个学期），其抽象、概括、反思能力未得到充分训练，这就导致其进入实践岗位后难以从杂多的现象中快速找到脉络或结构，也就发现不了真正的“问题”。无疑，这将会是其专业成长上的软肋。

根据我们先后两次对本校学前教育专业学生进行的“现代学徒制问卷调查”发现，学生预期自己学徒期间的理论学习在学习方式上有61. 56%的人倾于校方导师提供“线上线下混合式指导”；在指导频率上，有44. 94%的人要求“随时指导”，34. 29%的人要求“每周一次”。可见，大多数学生对自己“理论知识不足”是有自知之明的；而且，对学校在学徒期间提供相应的理论知识学习指导的要求或期望也是比较高的。

3. 影响“实践性知识”质量的一般性能力——管理能力

在与两位学徒生及其导师预约访谈时间和交流日常工作安排时，我们发现，“幼儿园工作很忙、很忙”是大家的工作常态。如在和思宇第一次访谈时，她多次提到“没时间”：没时间完成校方给学徒生布置的作业，没时间和传美交流，经常赶在最后一天完成园里要求撰写的各种叙事或笔记，加班做环境到晚上八九点钟才离园，等等；思宇的园方导师也说：“太忙了，没时间跟她（思宇）一点点地讲怎么写观察笔记，只能把我写的先给她看；发现她（备课本）写得不对的地方，没时间多讲，直接指出来（如打叉）要求重写。”在谈到思宇准备汇报观摩那几天的活动时，张老师说：“小宇快忙疯了。要完成每天的带班，准备试教、环境创设……（试教）那天晚上回去修改活动方案就忙到转钟（指深夜12点以后）。”听到这么多的“没时间”，我们不禁有些担忧。因为如果教师（尤其是学徒生或新手教师）的日常工作中各项事务过于繁杂，一方面会影响其对幼儿的关注和分析，如此，师幼互动时易出现“高控”行为；另一方面，若因为“忙”而挤占阅读和思考的时间，对其专业发展相当不利。

学徒生和新手教师们应对当前幼儿园教师“越忙事越多”的工作生态环境时，要么选择继续承受，要么选择“逃离”——到不那么忙的单位就业。然而，这样的选择并不能真正解决这种不正常的“忙”。在阅读学徒生撰写的案头文档时，发现如果有“整合的”意识和能力，掌握高效的时间与知识管理方法，其实，是可以让自己不那么忙的。比如，试点园要求每周提交的观察笔记，学徒生们的观察对象每周都不同。这种观察笔记不仅对其全面了解幼儿当下发展情况无助（片断的、快照式观察反映不了什么内容），而且因为每次观察换一个人，其花费的时间和思考会比连续地观察一位幼儿要多得多，但效果却差得多。之所以“观察笔记”被作为园所等级评定的检测内容，是因为通过几则连续追踪的观察笔记而勾勒出某位幼儿的行为模式以及针对性的个别辅导方案，足以反映观察者（教师）的专业水平——儿童观、教育观、评估和反思以及课程领导力等。遗憾的是，学徒生没有认识到自己的工作和要提交的文档之间内在的逻辑关系，仅将写“观察笔记”当作不得不完成的“任务”，有时候要通过到百度上查找“别人是怎么写的”找灵感。因此，看似与“专业”并不直接相关的一般性能力，如时间管理、统筹计划、知识管理等，对其实践性知识的质量却有着直接的影响，因此，它们同样是学徒生在顶岗期间需要习得的能力。

（三）学徒生成长过程中的支持性策略

学徒生令人欣喜的“实践性知识”在“量”方面的优势，与其学徒过程中得到的支持性策略密切相关。

1. 园方支持

试点园在学徒生到岗前，就和学校共同制定了专属的“培养方案”（详见第一章）；学徒生到岗后，将之视为本园正式在编的新手教师，为其提供了多种指导方法。以 D 园为例。王园长介绍，除了备课本批阅、活动实施指导、巡班指导等方式外，每周一次的教研活动，在内容和形式上丰富多样，比如：交叉听课，即在同年龄班级和不同年龄班级之间自己结对去听课；再比如“微教研”，在 30 分钟里互评一次集体教学活动。为帮助新手教师理解和内化《纲要》《指南》精神，每学期进行环境创设评比、赛课；另外，用“傻瓜式学习法”——在每个区角的墙上贴相应的“年龄段目标”，使教师能够随时温习幼儿园国家课程。

除了园内指导和培训，还为学徒生提供多次外出培训的机会，如参加区新进教师培训等。A 园作为集团办园，每学期仅园本课程主题的培训就多达 7~8 次，其“协商式课程”因为是从美国引进，培训者中不乏课程开发方的外籍教师。在传美的培训笔记中多次提到参加美国老师培训的感受。

学徒生们均表示非常感谢试点园给予的多种学习机会，尽管园方要求高、学习累，但是觉得非常充实。此外，还提到试点园营造的“家”一样的温馨氛围，让自己有“在家里”一样的归属感。

2. 园方导师

园方导师是学徒生专业成长极为关键的重要他人。两位学徒生的多位导师有的虽然并不相识，但提供的支持性策略却很相似，即：榜样示范和从“做”中学。

学徒生刚开始顶岗时，由于缺乏实践经验，导师一般榜样示范为先，然后手把手地指导学徒生进行环境创设、一日活动设计与组织等，使学徒生从“做”中体会实践性知识的“精要”。思宇的第一位园方导师，在其“出师”前已经退休，但在她提到这位导师时仍充满着崇拜之情，对赵老师的“气场”、环境感受力和对自己的影响记忆犹新：

“赵老师是个很有气场的人，也是一个非常有能力的人。那时候我第一次跟着班上的老师做环境。有一次孩子们吃饼干，装饼干有个盒子，然后按照我的习惯是吃完就扔了。赵老师看了一眼，就跟我们保育老师说把这些盒子都留下来。第二天早上孩子们上课的时候做树叶画，她就用那些饼干盒的纸剪成一个个圆片，再粘在一起，特别好看。我当时就想，为什么我没有想到呢？但是赵老师就想到了。还有一次，园长跟我们说，我们那个主题墙要全部往下移，上面那块不能空着。然后我就想上面不能空着挂什么呢，或者画什么呢？赵老师在班上扫了一眼，就拿着几根毛根棒对我说：‘你用这个试试。’我不知道该怎么办，只好跟我们班另外一个年轻老师商量。我们那个时候正好上完一堂剪纸的课，我就把那些剪纸拿过来，用毛根棒做了一个菱形，把剪纸放进去。那个主题好像就叫‘最炫民族风’吧。赵老师看到后说，恩，可以，这个蛮好看。但是，我当时只是摆出了一个雏形。后来赵老师上去三下两下地弄完以后，我觉得：‘我的天！还可以这么好看呀。’她就是非常有经验的那种老师，而且她很善于发现这些东西。有时候她在班上随便扫一眼，就会知道哪些东西可以利用，怎么样可以把它们最好地利用起来。我觉得这是我从她身上学到最好的东西。我特别喜欢赵老师的气场，但是学不来。”

3. 学校支持

学校为学徒生提供的支持，主要包括：对“现代学徒制”所做的前期宣传工作、集中学习的课程设置与实施，以及学徒过程中学校导师的指导方式与频度的安排等。

前期宣传虽然是在学徒生进入幼儿园顶岗之前，但是，它将影响学徒生对这种培养模式的接纳意向和认可度。对我校学生进行的两次“现代学徒制参与意向问卷调查”显现，学生对“全院演讲+答疑”的宣传形式比较认可；但是，了解的范围和深度尚待通过丰富宣传途径和方式来改进。

在集中学习的课程设置与实施方面，虽然做了一些调整，但在针对性方面有待加强。与学徒生同级的学生，对完整的两年半在校学习的各门课程印象深刻，掌握得更全面，如小汤在提到“儿童文学”课程时，清楚地记得老师讲过各种文学题材、修辞手法等，小岚则通过了专升本的考试成为一名本科生。学徒生在谈到自己试着做某区幼儿园考编笔试题时说：“天啊，这哪里是考幼儿园的老师，分明是考小学和中学老师的。”这说明，集中半年在校学习是不够的。

学校导师的指导方式与频率的安排是对学徒生在学徒期间比较重要的支持。学生对这种安排，在方式上比较倾向于“线上线下混合式”（61.56%）和“到园面对面指导”（35.58%）；在频率上比较倾向于“不定期，随时请教随时指导”（44.94%）和“每周一次”（34.29%）。由此，以后如果实施“现代学徒制”，一方面可以充分利用武汉城市职业学院学前教育专业已经录制的线上精品课程，向在册学生开放，作为学徒生入园后自学的资源；另一方面，应加强导师队伍建设与辅导机制，同时，进行制度化规约，明确学校导师的责、权、利，为学徒生持续地提供专业课程和理论知识学习的便利。

【附文：三位学徒生的自述】

（一）思宇的自述

我是武汉城市职业学院学前教育学院原学前教育专业技能高考1601班的学生。当学徒生是在D园，现在在离家比较近的Z园工作，这两所幼儿园都是市级示范园。

我是通过学校的宣传知道了“现代学徒制”这样一个培养模式。经老师介绍，让已经在中职学习了三年学前教育理论的我有了想下园实践的冲动。和父母商量，他们也觉得这种模式很不错，我便向学校报名加入了学徒制。

在学前现代学徒制的实践中，我发现和我在中职实习的经历是完全不一样的。可能中职的时候年纪比较小，幼儿园的老师都把我们当孩子，只是看着老师是怎么做的，但大多时候是和孩子一起游戏，并没有很注重要怎么去进行教学活动和记录观察，并且中职实习的时间也比较短，两个星期的时间，只能勉强认识班上的部分孩子。

但是现代学徒制是完完全全投入幼儿园的工作中。幼儿园的老师不会把你当孩子看，她们是把你当成一位老师在看待，我的导师会一步步手把手地教我如何去上课，如何去和孩子、家长沟通交流，如何完成幼儿园的各项大型活动，让我真真正正融入了幼儿园的集体之中，这是我在中职的实习生活中学不到的东西。

两年半的现代学前学徒制生涯，让我发现了作为一位幼儿教师，热爱幼儿、关心幼儿是那么重要，身处在教师的职业岗位上，必须了解幼儿、尊重幼儿，时刻把幼儿放在心上，关注他们在学习、生活等方面健康发展。

每当看到我的孩子们有了点滴进步，听到孩子们对我说“刘老师，我喜欢你”的时候，我就觉得这个职业是有意义的。现在的我已经能完全胜任幼儿教师这份工作，我也十分热爱这份工作。

在不断地实践和学习中，我对幼儿园课程以及儿童观、教育观也有了新的理解，比如《3—6岁儿童学习与发展指南》和《幼儿园教师专业标准》这些书，以前的我觉得背这些书很无聊，没什么用，但是当我工作起来才发现，这些书里的东西能帮助我们了解各年龄阶段的幼儿应该达到什么样的目标，在进行教学活动的时候也能更好地和幼儿进行互动。在幼儿园里一日生活皆课程，从幼儿踏进幼儿园的那一刻开始，我们老师就要从方方面面对幼儿进行教育，不单单是带着他们上课、做游戏，还要让他们养成良好的生活习惯，哪怕是对幼儿说的一句话，都有可能影响幼儿的人生。所以幼儿教师这份职业真的是需要我们不断地去学习、实践，创新教学方法，呵护每一位幼儿，让他们健康快乐成长。

（二）传美的自述

我是武汉城市职业学院学前教育学院原学前教育专业1601技能高

考班的学生，我是在 A 园进行的现代学徒制学习，现在依旧在安园工作。

当初学校宣传了学徒制这个学习模式后，我觉得自己挺喜欢的，所以就跟家人商量后报名参加了。

进入到 A 园后，我发觉这里和中职时期的实习是不一样的。中职实习时只能观摩，而在 A 园我的身份既是学生又是老师，所以领导们会把我当员工对待，给予更多实践的机会，锻炼独立带班的能力，导师们会在专业知识上加以指导，所以成长得很快。

当学徒生的两年多时间里，我对幼儿教师这个身份有了新的认识，即教师的存在，并不是教会孩子什么，而是支持孩子找到自己的学习方式，形成自己的学习品质。而 A 园“协商式”课程的核心是支持儿童在属于自己的生活中探究并建构自己的认知，形成属于自己的思维，他们不是被教育，而是按照自我的大纲不断发展、成长。所以对教师的个人素养的要求相对较高，因此我一直都在学习的路上，我相信未来会更好。

（三）佳琦的自述

我是 15 级学前教育专业技能高考班的一名学生，现在就职于某公立幼儿园，是一名在编教师，2017 年当学徒生时在某省直园。大一上学期的时候，就听说过 16 级将开展现代学徒制的人才培养模式，真正了解现代学徒制还是经过夏宇虹老师介绍。夏老师特意找我聊了很多次，让我明白了学徒制的实施过程，并且还致电我的家长，与他们直面沟通，征求他们的意见。我和我的父母都很信赖学校的这个政策，也很相信夏老师的推荐，所以在很短的时间内，我就决定要参与到这种新型的人才培养模式的实践中。

在中职的实习就是普通的见习，看得多做得少。现代学徒制的实践让我真正成为了“一个萝卜一个坑”的一线教师，感受与体验都非常不一样。责任感更强，考虑的问题更多，与孩子们的接触更亲密，还会参与班级管理，与家长沟通，全方位从一名幼儿教师角度出发，在幼儿园岗位上进行培养。

在学徒制的学习中，我更加体会到保育的重要性，对于保育的系列工作都非常熟悉了。同时我的教学水平和手工能力也得到了提高。在进行学徒制的一年中，我接触到了很多可爱的孩子、亲切的老师、友爱的家长，还有新鲜的事物，待人接物不再木讷，更深入观察孩子，默契配合班上老师，增强与家长沟通的技巧，这些都是我成长的点滴。幼儿园一日生活皆课程，应细化到园内、班级环境的每一处，落实到幼儿保育与教育结合的每一点。幼儿园课程需贴近孩子的生活，应鼓励孩子贴近自然，融入社会，学会交往，这些应该是幼儿园阶段最重要的三个目标。

第三章 学前教育专业现代学徒制人才培养方案探究

专业人才培养方案是指在一定的现代教育理论、教育思想指导下，按照特定的专业培养目标、培养规格及毕业要求，以相对稳定的课程体系、教学内容、培养环节、质量标准、管理制度、考评方式等为支撑，实施人才培养全过程的总体方案，是对专业人才培养目标与规格、教学内容与方法、过程控制与保障等教学活动与环节的总体设计及任务标准的整体描述。专业人才培养方案是专业人才培养工作要遵循的“根本大法”，在专业人才培养工作中具有无可比拟的重要地位，对专业人才培养质量的提高起着决定性的作用。

培养方案包括培养目标、实现过程、考核评价等具体内容。一是要科学制定培养目标。按照人才培养知识能力素质的要求，科学设置培养规格与质量标准，合理界定学生毕业要求。培养目标要科学准确表述本专业人才培养要达到的具体目标。例如，学生要了解、学习、熟悉、掌握、具备、能够从事什么等方面，系统描述培养目标规格和标准。二是科学制定实现培养目标的实施过程。包括整体设计、课程体系、教学计划、方法手段、管理制度等。例如，学期安排、课程编排、教学活动等。三是科学制定考核评价体系。包括质量标准、过程监控、考核方式、评价反馈等。例如，学业标准、业绩构成、评价方式、质量控制等制度体系。制定人才培养方案的重点是确定培养目标及毕业要求，难点是课程设置及教学计划，关键是课程体系、培养模式、过程控制对培养目标的支撑度及毕业要求的达成度。

人才培养方案，是高校专业人才培养过程中的顶层设计，是一个专业人才培养的总纲和蓝图，是开展人才培养的具体化、实践化方案①。

学前教育专业现代学徒制人才培养方案的制定、修订、执行等工作伴随着该项目的启动、实施和验收过程，是支持该项目持续推进的核心要素之一。现将学前教育专业现代学徒制人才培养方案制定和实施的依据、过程、特点、具体内容说明及执行中的收获与困惑等问题进行阐述与分析，以期为后续工作提供借鉴和参考。

第一节　学前教育专业现代学徒制人才培养方案制定的依据

一、学前教育市场人才需求及人才培养趋势

（一）学前教育市场人才需求

前文已经对学前教育市场人才需求进行了详尽的分析。简而言之，市场对学前教育人才的需求一个是质，一个是量。

《国家中长期教育改革和发展规划纲要（2010—2020 年）》将学前教育列为今后 10 年八大发展任务之一，提出了“基本普及学前教育、明确政府职责、重点发展农村幼儿教育”三项基本方针。随后《国务院关于当前发展学前教育的若干意见》（国发〔2010〕41 号）提出了“基本普及学前教育”的目标。教育部等四部门联合出台实施第三期学前教育行动计划的意见，提出到 2020 年，基本建成广覆盖、保基本、有质量的学前教育公共服务体系；幼儿园教师配备和工资待遇保

① 赵一鹏．人才培养方案制定修订中有关问题的思考［J］．信阳农林学院学报，2019（06）．

障机制初步建立，师资力量进一步加强。同时，2016 年 1 月 1 日起，我国“二孩”政策的开放带来了 21 世纪以来人口最高增幅，2016 年二孩占出生人口比重超过 45%。学龄前儿童的增多必然导致社会对幼儿教师的需求量剧增，可以通过扩大招生、转岗培训、各级各类培训等形式来逐渐满足市场需求，在“量”的方面配合各级政府学前教育三年行动计划的实施。

为提高幼儿教师队伍的整体质量，2012 年教育部、国家发展改革委和财政部颁布了《关于深化教师教育改革的意见》（教师〔2012〕13 号）、《幼儿园教师专业标准（试行）》和《关于加强幼儿园教师队伍建设的意见》（教师〔2012〕11 号）等一系列文件，这在政策上给改革高校教师教育和完善学前教育人才培养方案和人才培养模式提供了指导。同时，随着对从事学前教育事业的专业人才要求越来越高，高校需要调整和制定更加科学合理的人才培养方案和人才培养模式。

我们最先应该完成的任务是根据湖北省、武汉市区域经济发展的形势，准确定位人才培养目标，深化学前教育专业课程与教学改革，提升人才培养的“质”，培养最为切合当前幼教机构用人需要的人才。对于此问题，在充分调研的情况下，结合相关文件指导精神，我们对切合市场需要的人才培养目标进行了研讨、分析与定位，提出了我们所预设的理想——培养德、智、体、美全面发展，具有必备基本理论知识和专业知识、职业能力和职业技能、职业道德和敬业精神，比通过常规方式培养出来的毕业生具有更强的实践工作能力，能够“迅速”适应行业、企业需要，满足幼儿园、学前早教机构及社会培训机构等相关岗位需求，能充分地将理论知识与幼儿园实践相结合，有效解决、处理相关问题的高素质综合应用型专门人才。

（二）学前教育专业人才培养趋势

专业是指“一群人在从事一种必须经过专门教育或训练，具有较高深和独特的专门知识和技术，按照一定的专业标准进行的活动，通过这种活动将解决人生和社会问题，促进社会进步并获得相应的报酬和社会地位”。职业则更强调“伴随着收入，完成一项社会分工的连续性活动”。专业有三个特征，即成员采用的方法与程序有着系统的理论知识作为支持，以服务对象的利益为压倒一切的任务，不受专业外势力的控制和限定，有权做出“自主的”职业判断。简而言之，职业是一种社会分工，部分职业需要高度专业化，如医生、律师、教师等；部分职业需要半专业化，如护士、图书管理员等；部分职业完全可以非专业化，如售货员、流水线上的工人等。

有研究者认为，学前教育专业人才培养首先都应被定位为一种专业教育，而不是机械的职业教育，不仅仅限于掌握职业所需要的各种知识和技能。幼教机构教师的工作对象是 0 岁至 6、7 岁的儿童，学前儿童发展的速度与个别差异远远超过今后任何一个教育阶段的学生，具有更强的可塑性与易变性，幼儿教师产生的任何影响都更有可能因为没有前摄抑制而对儿童今后发展有着深刻的作用。赵南从专业教育和高等教育的视角入手，阐明学前教育专业专科人才培养从其性质而言应当既是一种专业教育，又属于高等教育的范畴，应当同时体现专业教育与高等教育的要求，进行以专业道德为核心的专业素质与能力培养，并努力完成高等教育培养富有公民精神、能力与责任的高素质大学生的使命。要从人类个体存在的时间性与空间性的本质出发，突破一般文化基础课程的狭窄视野，合理建构适宜的通识教育体系，提升学生的心灵生活与价值追求，从精神面貌与思想深度上根本改变幼儿教师高级保姆的形象。要真正实现学前教育专业专科人才培养在专业上的诉求，必须有通识教育为其提供底气与内在的知识基础和价值观支持。

虞永平教授在所编《学前教育学》和“2016 年高等职业院校学前教育专业理论与实践课程开放研讨会”中反复提到，幼儿园教师这个职业的专业化至少包含 4 个方面的内涵，即（1）专业伦理：幼儿园教师从事学前教育专业工作时应遵循的规范，体现本领域从业者的共同智慧和群体道德承诺；（2）专业知识和技能：广博的文化基础知识、扎实的教育科学基本知识、精深的学前教育专业知识、和谐的师幼互动能力、实施心理教育的能力、现代教育信息技术整合应用能力、学前教育研究能力等；（3）专业参与：积极参加专业组织所举行的各项专业活动；（4）专业创新：对专业发展不断反思实践，充满质疑和批判、探究和改变的专业精神，促进专业成长。

高职学前教育专业根据其服务对象的性质——学前儿童（作为人终身发展之首要环节），首先，专业教育的性质应该是第一位的，要通过专业伦理的深入内化、专业知识和技能的持续习得、专业参与的积极践行、专业创新的不断坚持、通识教育的终身保持等来保证自身专业化的质量，从而为工作对象——作为人的学前儿童发展提供专业化的支持和服务。其次，幼儿园教师也是一种必须不断高度专业化的终身发展的职业。这种职业以工作对象的不同区别于其他的职业，但同样需要职业化程度的持续深入——新手教师、熟练型新手教师、胜任型教师、业务精干型教师、专家型教师。教师入职从新手阶段起步，随着教育理论知识和教育实践经验的积累，大约经过两到三年，新手教师逐渐发展为熟练型新手教师，大部分经过教学实践和职业培训，经过三到四年成为胜任型教师。此后，大学需要五年左右知识和经验的积累，部分教师将成长为业务精干型教师，之后部分在职业发展过程中成为专家型教师。可以说，教师职业地位的提升与保持和专业化的程度息息相关，幼儿园教师的职业化过程尝试更为有效的专业培养路径作为支撑。

《教育部等四部门关于实施第三期学前教育行动计划的意见》（教基〔2017〕3 号）在“构建幼儿园教师队伍建设支持体系”项目中明确指出要“深化学前教育专业课程与教学改革，提高培养质量，强化实践能力”。《湖北省第三期学前教育行动计划（2018—2020 年）》提出要“进一步扩大各学历层次学前教育专业招生规模，加大本专科层次幼儿园教师培养力度。深化学前教育专业课程与教学改革，增加在读学生到幼儿园的实习频次和时间周期，强化实践能力，努力提高培养质量”。《教育部 财政部关于实施中国特色高水平高职学校和专业建设计划的意见》明确指出："落实立德树人根本任务，将社会主义核心价值观教育贯穿技术技能人才培养全过程。坚持工学结合、知行合一，加强学生认知能力、合作能力、创新能力和职业能力培养。加强劳动教育，以劳树德、以劳增智、以劳强体、以劳育美。培育和传承工匠精神，引导学生养成严谨专注、敬业专业、精益求精和追求卓越的品质。深化复合型技术技能人才培养培训模式改革，率先开展'学历证书+若干职业技能等级证书'制度试点。在全面提高质量的基础上，着力培养一批产业急需、技艺高超的高素质技术技能人才。"

传统学前教育专业人才培养的基本模式可以描述为长时在校学习基本理论、基本技能，穿插短期在园实习、实训，一般安排在校最后一学期进行顶岗实习，综合考核后学生毕业、就业。这种模式在我国各级各类学前教育专业人才培养院校中颇为流行和强势，是符合当时国情、校情以及专业发展态势的一种合理存在。随着我国政治、文化、经济特别是学前教育事业本身的高速发展，学前教育专业人才的数量和质量需求已经被提升到了一个新的高度，众多幼教机构呼唤大量的招之则能用的高素质、高质量人才，传统模式亟待改革。

成军、樊丰富提出，学前教育专业学生的实践教学大致可分为见习和实习两种形式。这种实践教学模式虽然对学生的实践能力提升有一定作用，但是还存在着实践教学模式的跨度太大、实践教学项目间缺乏系统设计和有效衔接、学用脱节，难以实现学以致用等问题。金华职业技术院学前教育专业从 2006 年开始探索"走园教学"的实践教学模式，"走园教学"是针对当前幼教师资培养学用脱节、院园隔离等问题而特别设计的实践教学模式，通过学训互动的课程实训，教学形式从"纸上谈兵"到"全程实战"，教学方法从专业教师的"单向填充"转变为幼儿园教师、专业教师和学生共同参与的研究性学习，教学内容紧跟幼儿园教改的步伐，同时将更多新的幼儿教育理念带到幼儿园，人才培养质量获得了社会的认可，同时实现了学生、幼儿园发展的双赢。"走园教学"强调要从建设实践教学基地、开发课程教学模块、建设教学指导团队、加强过程管理等方面对“走园”实践教学模式进行支撑与配合（见图3-1）。

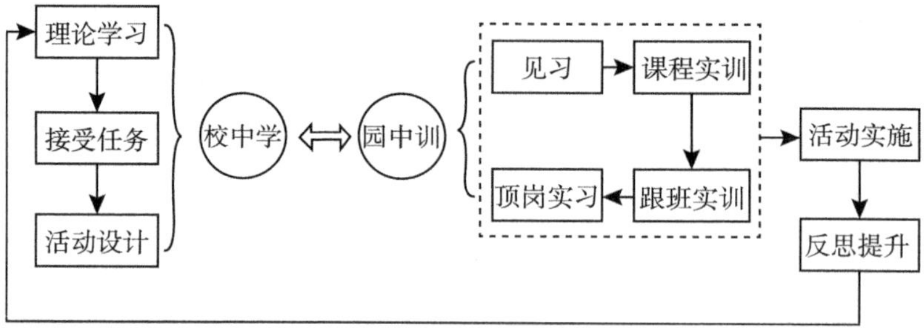

图3-1　“走园”实践教学模式

胡秋云提出，根据《国务院关于大力发展职业教育的决定》和《关于全面提高高等职业教育教学质量的若干意见》的文件精神，要以工学结合为切入点，以培养职业能力为主线，根据“强化技能、注重特色、突出重点、全面推进”高职学前教育专业人才培养模式的改革与实践研究的原则，以教学内容和课程体系改革为突破口，逐步完善“以幼儿教育技能培养为依托，以幼儿教育能力培养为核心目标”的全学程实践教学体系。除传统的专业实习、毕业设计（论文）、毕业（顶岗）实习外，学前专业还应构建课程实训模块、阶段性专项实训模块及课外实践模块。“全学程”实践教学体系的构建使实践教学与理论教学相互补充、相互衔接、紧密配合，进而促进学生实践能力的提升、综合素质的提高。

王汉民认为“‘全实践’即将实践贯穿于人才培养全过程，是当前学前教育专业人才培养改革的重要导向。在‘全实践’理念的统领下，学前教育专业人才培养改革要更加注重幼儿行为察觉与园本课程开发能力、幼儿教学组织与班级管理能力、幼儿科学评价与社会沟通能力的培养。科学定位人才培养目标、扎实构建实践性课程体系、大力完善实践教学系统、稳步加强师资队伍建设，有利于学前教育专业人才培养改革进一步深入，使学生更好地获取实践知识、形成实践能力、提升实践智慧”。

宋静提出“‘实践导向’是以‘实践’为线索连接人才培养各要素，以培养学生实践能力为目标的人才培养模式。实践导向人才培养模式的构建涉及培养目标、课程结构、教学方法、教学评价等的调整，以形成全程化的教育实践”。

樊晶对山西省五所高等师范院校本科学前教育专业实践课程体系进行了研究，提出“教育实践课程是强化师范生职前教育教学实践能力最直接的路径。高等师范院校学前教育专业实践课程旨在培养和强化‘准幼儿教师’在真实情景中的教育教学能力和专业实践能力。《教师教育课程标准（试行）》中指出，教师作为反思性实践者，要增强实践认识、发展实践能力和解决实际问题。《幼儿园教师专业标准（试行）》中注重‘能力为重’的理念，在实践和反思中不断提高专业能力。可见，国家对教育实践能力的关注和重视”。

于桂霞认为“‘实践导向’的高师学前教育人才培养是以‘实践’为线索连接人才培养各要素，以培养学生实践能力为目标的人才培养模式。构建实践导向人才培养模式是源于当前幼儿教师实践能力缺乏、学前教师专业发展的现实需求。实践导向人才培养必须准确定位培养目标；调整课程结构，突出实践课程设置；改进教学方法，增加课堂教学的实践性；构建全程化的教育实践”。

米立超对重庆市的学前教育专业育人情况进行了研究，提出“总体上，重庆市学前教育本科专业的人才培养中重视与市场需求接轨，认同‘全实践’的人才培养理念，注重应用型、复合型人才的培养方向。调查发现存在以下问题：政府和教育部门宏观调控和监督的力度不够；缺乏对学生系统的职业规划和就业指导；高校的教学管理制度有待完善；缺乏双师型和复合型的高校教师人才；学生缺乏课程选修的自主性，多元化课程结构有待完善；在课程内容中忽视教师综合素质、专业情感以及通识能力的培养；专业教育实践活动不足，课程理论与用人单位实践缺乏融合等”。

更有研究者指出，全实践教育理念是当前学前教育人才培养过程应该坚持的一种意识和观念，它应该贯穿于学前教育专业中通识课、专业基础课、专业主干课、选修课的技能操作，各学期安排的见习实习、短期的社会实践、寒暑假社会实践、毕业前综合实习及毕业论文等所有培养幼儿教师操作技能和智慧技能的课程教学环节的全过程。它强调的是实践要素诸方面在时间上要全程延通，在空间上要全方位拓展，在内容上要全面整合，在理念上要全息浸透，在课程体系上要全面统整。这种全实践教育理念重视实践统整境遇下的实践洞察与顿悟；重视实践中的反思和反思中的知识重组重构；凸显实践是学习主体内化、重构知识的前提、中介和归宿。

学前教育专业人才培养模式改革的实践取向可谓大势所趋，是各级各类人才培养院校应该重视和实践的核心领域。如何在理念、时间、空间、内容、课程体系、方法上全面落实、贯穿学前教育专业人才培养模式的实践性？这个问题呼唤着新制度的突破与创新①。

综合相关文件指导精神、理论和调查研究，不难发现，学前教育专业在各层次已经越来越重视实践的价值，“走园”“实践导向”“全实践理念”“做中学”“实践促进理论提升”等理念渗透在学前教育专业人才培养中是一种趋势和取向。

二、现代学徒制试点工作对人才培养方案制定的启示

2014 年 2 月 26 日，李克强总理主持召开国务院常务会议，确定了加快发展现代职业教育的任务措施，提出“开展校企联合招生、联合培养的现代学徒制试点”。《国务院关于加快发展现代职业教育的决定》，对“开展校企联合招生、联合培养的现代学徒制试点，完善支持

① 李俊．高职学前教育专业现代学徒制试点初探——以武汉城市职业学院学前教育专业为例［J］．武汉工程职业技术学院学报，2016（03）．

政策，推进校企一体化育人”做出具体要求，标志现代学徒制已经成为国家人力资源开发的重要战略。

从总体上来说，现代学徒制有以下特征：一是学生双身份，既是学徒又是学生；二是教学双主体，除了学校，企业也是教学主体；三是双师资培育；四是教学过程双控制；五是学校和企业在学徒制教育中，相互服务共同获利。

现代学徒制虽然是一种教育制度，但更深层次意义上应该是一种人才培养的价值追求，这种育人的过程高度重视学徒的地位和身份，以人为本，凸显“学徒 ”双重性质，实现双主体育人，提升人才培养质量，在人才培养方案的制定过程中既要考虑现代学徒制的特征和功能，又要兼顾师范教育人才培养的特点，实现有效融合。

三、所遴选学徒在学习基础上同质的特点

2010 年 5 月，《国家中长期教育改革和发展规划纲要（2010—2020 年）》要求到 2020 年形成一个现代职业教育体系，该体系体现终身教育理念，适应产业结构要求并实现了中高等职业教育的协调发展，明确提出“要建立健全职业教育课程衔接体系”。2011 年 8 月，教育部《关于推进中等职业教育和高等职业教育协调发展的指导意见》指出要适合区域产业要求，培养目标要明确，要延续与衔接好中高职体系有关的目标、专业内涵、教学条件等方面。2012 年 6 月，教育部《国家教育事业发展第十二个五年规划》指出要加大力量促进中高等职教体系的衔接，衔接的方面涉及专业结构布局、人才培养目标、课程体系建设、教学过程、教学评价改革、校企合作等。2014 年，《国务院关于加快发展现代职业教育的决定》和教育部等六部门联合出台的《现代职业教育体系建设规划（2014—2020 年）》围绕现代职业教育体系建设目标，确定和规划了一系列具体的工作任务。《中国教育现代化 2035》指出，今后要进一步完善职业教育方面有关人才培养的质量标准，制定多样化的人才培养方面的相关质量标准；加快职业教育的发展，优化职

业教育的布局结构；推动职业教育与产业发展相互衔接、进一步融合，构建一批水平高的职业院校。实现在中高职教育上的一体化培养，在中高职教育上的有效衔接，建构科学的职教体系，是职教事业获得可持续发展的基础，是使教育现代化变为现实的迫切要求①。

2015 年，湖北省普通高等学校招收中等职业学校毕业生技能高考学前教育专业技能考试首次举行，开拓了学前教育专业中高职衔接一体化人才培养新的模式。本次参与试点所遴选的 19 名 2016 级学前教育专业的学徒就是通过技能高考而择优录取的优质学生。依据原定培养计划，该类型的学生应该在中职学习相关课程 3 年，通过技能高考考核后，在更高层次的高职院校继续深入学习 3 年，以下简称“3+3”技能高考学生。进入我院的“3+3”技能高考学生来自省、市不同的中职院校，要归纳她们同质的特点，可以自上而下分析《湖北省普通高等学校招收中等职业学校毕业生技能高考学前教育专业技能考试大纲》的指引性与约束力并实证调研她们 3 年中职学习是否有相似或相近的课程体系。

以《2016 年湖北省普通高等学校招收中等职业学校毕业生技能高考学前教育专业技能考试大纲》为例，大纲有显著的引导性规定，中职院校的教育教学和学生的应考必须依照相关项目去实施和准备。

（一）考试依据

《国家职业技能标准》《中等职业学校专业教学标准（试行）》《中等职业学校学前教育专业课程教学大纲》《幼儿园教育指导纲要（试行）》《3—6 岁儿童学习与发展指南》《幼儿园工作规程》《中等职业学校幼儿卫生保健课程教学大纲》《中等职业学校幼儿心理学课程教学大纲》《中等职业学校幼儿教育学课程教学大纲》《中等职业学校幼

① 张蕾蕾．基于标准建设的中高职教育衔接路径探析［J］．中国成人教育，2019（13）．

儿园教育活动设计课程教学大纲》《幼儿园教师专业标准（试行）》《中小学和幼儿园教师资格考试大纲（试行）》（面试部分）等。

（二）考试办法

<table>
<tr><th>类别</th><th>考试方式</th><th colspan="2">项 目 内 容</th><th>时间</th><th>分值</th></tr>
<tr><td>专业知识</td><td>上机考试</td><td colspan="2">1. 幼儿卫生保健（50%）
2. 幼儿心理（15%）
3. 幼儿教育（20%）
4. 幼儿园教育活动设计与实践（15%）</td><td>40 分钟</td><td>150 分</td></tr>
<tr><td rowspan="4">技能操作</td><td rowspan="4">现场展示</td><td rowspan="4">必考项目</td><td>幼儿园教育案例分析</td><td>10 分钟</td><td>160 分</td></tr>
<tr><td>儿歌弹唱</td><td>10 分钟</td><td>60 分</td></tr>
<tr><td>舞蹈表演</td><td>10 分钟</td><td>60 分</td></tr>
<tr><td>命题简笔画</td><td>20 分钟</td><td>60 分</td></tr>
</table>

（三）考试内容（部分）

1. 专业知识考试内容

<table>
<tr><th>考试内容</th><th>考试范围</th><th>知识点及考试要求</th></tr>
<tr><td rowspan="2">幼儿卫生保健（50%）</td><td>（1）幼儿生理解剖特点及保育要点</td><td>①了解人体的基本形态、基本结构及人体基本的生理特征；
②掌握幼儿各大系统及感觉器官的生理解剖特点和相应的卫生保健措施；
③掌握幼儿园常见活动对幼儿各大系统和感觉器官进行保育的要求。</td></tr>
<tr><td>（2）幼儿的生长发育及健康评价</td><td>①了解幼儿生长发育的特点和一般规律；
②掌握幼儿生长发育的评价方法。</td></tr>
</table>

续表

考试内容	考试范围	知识点及考试要求
幼儿卫生保健（50%）	（3）幼儿营养与膳食卫生	①了解营养学的基础知识； ②掌握幼儿膳食特点、配制原则及托幼机构饮食卫生要求。
	（4）幼儿常见疾病及其预防	①了解幼儿常见疾病和传染病的基本预防和护理技能； ②了解幼儿常见传统病流行环节及常见疾病症状。
	（5）幼儿意外事故的预防和急救	①掌握幼儿园安全要求及安全教育内容； ②掌握幼儿意外事故预防措施和急救处理技能。
	（6）幼儿的心理健康	①了解心理健康概念和六大标志； ②了解维护幼儿心理健康的措施； ③掌握幼儿常见心理问题和身心疾病表现。
	（7）幼儿园的卫生保健制度	①掌握幼儿园各项保健制度； ②掌握各项保健制度的卫生要求。
	（8）幼儿园的环境卫生	①了解幼儿园环境所包含的内容及环境卫生的意义； ②掌握幼儿园宿舍、场地和设备的卫生要求及保护环境的措施。

2. 技能操作考试内容

（1）必考项目“幼儿园教育案例分析”考试内容及要求

考试形式	①本项考试为口试，试题为活题形式； ②随机抽题，准备时间 5 分钟，答题时间 5 分钟，共计 10 分钟； ③以考生单词说话为主。
命题范围	①职业理念与职业规范； ②保育知识与能力； ③教育知识与运用。

续表

考试要求	①能正确理解问题、分析问题，观点明确，重点突出； ②内容表达能体现正确的教育观、儿童观、职业观； ③语言表达比较准确、流畅，有条理，有一定的交流、沟通、应变能力； ④仪表仪态得体，口齿清楚，普通标准，语速适宜。

（2）必考项目“儿歌弹唱、舞蹈表演、命题简笔画”考试内容及要求

考试形式		①考试方式为现场展示； ②儿歌弹唱、舞蹈表演：准备时间 5 分钟，展示时间 5 分钟，共计 10 分钟； ③命题简笔画：考生集中考核，单人单座，20 分钟内完成。
命题范围		①儿歌弹唱：曲目从考试曲库中随机抽取，组考院校考场提供钢琴； ②舞蹈表演：自选舞蹈组合或成品舞表演，报名时网上提交表演时所需音乐，另自备 U 盘拷贝备用； ③命题简笔画：“我喜欢的……”【至少完成一个完整的形象，如一个动物或一个人物，绘画工具及材料由考场提供，包括：铅笔（2B）、橡皮（4B）、彩色水笔（12 色）及 8K 素描纸】。
考试要求	儿歌弹唱	①儿歌弹唱中弹、唱配合和谐，作品完整、流畅，无断、错，表情自然大方； ②弹奏中节奏、音高、和声正确，弹奏方法正确，动作协调，歌曲伴奏音型合适； ③演唱中节奏正确，音高准确，演唱方法正确，咬字、吐词清晰，声音优美； ④具有很好的音乐表现力，正确地诠释作品的风格。

续表

<table>
<tr><td rowspan="2">考试要求</td><td>舞蹈表演</td><td>①能完整演绎舞蹈，舞姿协调、优美；
②能准确掌握音乐节奏，动作与音乐节奏协调一致；
③能把握动作特点，准确体现舞蹈风格；
④能恰当表现舞蹈情绪，具有表现力。</td></tr>
<tr><td>命题简笔画</td><td>①题意表达准确；
②构图饱满、主次分明、大小适中；
③造型生动、特征明显；
④色彩运用恰当；
⑤线条流畅、简笔画技巧运用熟练；
⑥画面富有童趣。</td></tr>
</table>

（四）题型示例及操作考试标准（部分）

1. 技能操作考试标准

（1）必考项目一：幼儿园教育案例分析考试标准（160 分）（样题见附件 2）

<table>
<tr><th>项目</th><th>考 试 标 准</th><th>得分</th></tr>
<tr><td rowspan="4">幼儿园教育案例分析</td><td>①能正确理解问题、分析问题，观点明确，重点突出。</td><td>48</td></tr>
<tr><td>②内容表达能体现正确的教育观、儿童观、职业观。</td><td>40</td></tr>
<tr><td>③语言表达比较准确、流畅，有条理，有一定的交流、沟通、应变能力。</td><td>40</td></tr>
<tr><td>④仪表仪态得体，口齿清楚，普通话标准，语速适宜。</td><td>32</td></tr>
<tr><td></td><td>总　　分</td><td>160</td></tr>
</table>

（2）必考项目二：儿歌弹唱考试标准（60 分）（题库见附件 3）

项目	考试标准	得分
儿歌弹唱	①儿歌弹唱中弹、唱配合和谐，作品完整、流畅，无断、错，表情自然大方。	18
	②弹奏中节奏、音高、和声正确，弹奏方法正确，动作协调，歌曲伴奏音型合适。	15
	③演唱中节奏正确，音高准确，演唱方法正确，咬字、吐词清晰，声音优美。	15
	④具有很好的音乐表现力，正确地诠释作品的风格。	12
	总　　分	60

依据技能高考考试大纲的指引性与约束力，中职学校应该在人才培养目标、课程设置、教学计划、实习实训安排、保障体系等方面科学设计、合理安排，保证人才培养质量，做好人才培养“升格”和“衔接”的准备。由于“3+3”技能高考学生来自省、市不同的中职院校，各校的办学情况不尽相同，所制定的人才培养方案势必有所差异。但是，依据技能高考考试大纲的指引与约束，他们构建了类似的人才培养体系。

经调研，某中职学校的教学计划可描述为：

第一学期课程安排表（表3-1）：

表3-1

课　程	幼一（1）
语文	2节
数学	2节
英语	2节
书法	1节
体育	2节
卫生保健	2节
职业道德	2节
键盘	4节

续表

课　程	幼一（1）
普通话	4 节
舞蹈	2 节
视唱	2 节
乐理	1 节
美术基础	2 节
美工	2 节
周课时	30 节
班主任	

第二学期课程安排表（表 3-2）：

表 3-2

课　程	幼一（1）
语文	2 节
数学	2 节
英语	2 节
书法	1 节
体育	2 节
心理学	2 节
职业道德	2 节
键盘	4 节
普通话	4 节
舞蹈	2 节
视唱	2 节
乐理	1 节
简笔画	2 节
美工	2 节
周课时	30 节
班主任	

第三学期课程安排表（表 3-3）：

表 3-3

课　程	幼二（1）
语文	2 节
英语	2 节
教育学	2 节
儿童文学	2 节
体育	2 节
活动课程	2 节
职业道德	2 节
键盘	2 节
普通话	2 节
舞蹈	2 节
声乐	2 节
视唱	1 节
儿童画	2 节
美工	2 节
自然科学	2 节
书法	1 节
周课时	30 节
班主任	

第四学期课程安排表（表 3-4）：

表 3-4

课　程	幼二（1）
语文	2 节
英语	2 节
社会科学	2 节

续表

课　程	幼二（1）
儿童文学	2 节
体育	2 节
活动课程	2 节
职业道德	2 节
键盘	2 节
普通话	2 节
舞蹈	2 节
视唱	1 节
声乐	2 节
儿童画	2 节
美工	2 节
计算机基础	2 节
书法	1 节
周课时	30 节
班主任	

第五学期课程安排表（表 3-5）：

表 3-5

课　程	幼三（1）
语文	2 节
幼儿英语	2 节
体育	2 节
活动课程	2 节
儿歌弹唱	4 节
口语交际	2 节

续表

课　程	幼三（1）
幼儿园班级管理	2节
儿童舞创编	4节
儿童画创编	2节
美工	4节
计算机基础	2节
书法	2节
周课时	30节
班主任	

第六学期课程安排表（表3-6）：

表3-6

课　程	幼三（1）
语文	2节
幼儿英语	2节
体育	2节
活动课程	2节
儿歌弹唱	4节
口语交际	2节
幼儿园课程概论	2节
儿童舞创编	4节
儿童画创编	2节
美工	4节
计算机基础	2节
书法	2节
周课时	30节
班主任	

某中职学校的课程设置如下（表 3-7）：

表 3-7

类别：学前教育　　招生对象：初中毕业生　　学制：三年　　培养目标：保育员

专业类别	序号	课程	各学期周课时安排						授课时数			备注
			学期						理论	实践	总计	
			一	二	三	四	五	六				
			17 周	17 周	17 周	17 周	17 周	17 周				
必修课	1	中职生职业生涯指导	1					专业实习或顶岗实习	17		17	
必修课	2	普通话			2	1			6	45	51	
必修课	3	企业班级管理				1			17		17	
必修课	4	语文	3	3	3	3	3		255		255	
必修课	5	数学	2	2	2	2	2		170		170	
必修课	6	英语	2	2	2	2	2		170		170	
必修课	7	计算机应用基础	3	3					51	51	102	
必修课	8	体育与健康	2	2	2	2	2		170		170	
必修课	9	中职生创业指导			1				17		17	
必修课	10	职业道德与法律		1					17		17	
必修课	11	安全教育	1						17		17	
必修课	12	哲学与人生				1			17		17	
必修课	13	心理健康教育		1					17		17	
必修课	14	公共艺术课程	1	1					34		34	
必修课	15	经济政治与社会			1				17		17	
必修课	16	乐理视唱练耳	2	2	2	2	2		30	140	170	
必修课	17	钢琴/舞蹈	4	4	6	6	6		10	432	442	
必修课	18	声乐	2	2	2	2	3		10	177	187	
必修课	19	儿童文学				1	3		34	34	68	
必修课	20	课件制作			1	1	1		10	41	51	

续表

专业类别	序号	课程	各学期周课时安排						授课时数			备注
			学期						理论	实践	总计	
			一	二	三	四	五	六				
			17 周	17 周	17 周	17 周	17 周	17 周				
必修课	21	美术与手工（素描）	2					专业实习或顶岗实习	21	200	221	
		美术与手工（简笔画）		2								
		美术与手工（手工）			3							
		美术与手工（幼儿园环境设计）				3						
		美术与手工（儿童画创编）					3					
必修课	22	幼儿卫生保健	2	2					40	28	68	
必修课	23	幼儿活动设计			2	2	2		82	20	102	
必修课	24	幼儿教育学心理学	2	2					40	28	68	
机动			2	2	2	2	2					

某中职学校的教学计划是如下安排的（表 3-8）：

表 3-8

内容	序号		课程名称	教学时数			考核办法		按学年及学期分配教学周						占总课时（%）
				课程学时	理论教学	课内实践	考试	考查	一学年		二学年		三学年		
									20 周	20 周	20 周	20 周	20 周	20 周	
									每周学时数						
文化基础课	必修	1	心理健康教育	198	14			✓	1/2	1/2	1/3	1/3			
		2	职业生涯规划		34		✓		1/17						
		3	职业道德与法律		36		✓			1/18					

续表

内容	序号		课程名称	教学时数			考核办法		按学年及学期分配教学周						占总课时（%）
				课程学时	理论教学	课内实践	考试	考查	一学年		二学年		三学年		
									20 周	20 周	20 周	20 周	20 周	20 周	
									每周学时数						
文化基础课	必修	4	经济政治与社会		36		✓				1/18	1/18			
		5	哲学与人生	198	18			✓					1/18		
		6	时事报告		60			✓	2/5	2/5	2/5	2/5	2/5	2/5	
		7	数学	318	318		✓		3/17	3/18	3/18	3/18	3/18	3/17	
		8	体育与健康	106	106		✓		1/17	1/18	1/18	1/18	1/18	1/17	
		9	语文	318	318		✓		3/17	3/18	3/18	3/18	3/18	3/17	
		10	英语	212	212		✓		2/17	2/18	2/18	2/18	2/18	2/17	
		11	计算机应用基础	212	212		✓		4/17	4/18			4/18		
			小计												
专业课	专业基础课	12	幼儿保健卫生	72	52	20	✓				2/18	2/18			
		13	儿童文学	36	20	16	✓						2/18		
		14	幼儿心理学	72	36	36	✓				2/18	2/18			
		15	幼儿园活动教程	72	32	40	✓						2/18	2/18	
		16	幼儿教育学	72	36	36	✓				2/18	2/18			
		17	幼儿园实习指导	72	36	36		✓					2/18	2/18	
			小计												

续表

内容		序号	课程名称	教学时数			考核办法		按学年及学期分配教学周						占总课时（%）
				课程学时	理论教学	课内实践	考试	考查	一学年		二学年		三学年		
									20 周	20 周	20 周	20 周	20 周	20 周	
									每周学时数						
专业课	专业方向课	18	乐理	70	50	20		✓	2/17	2/18					
		19	视唱	35	15	20	✓		1/17	1/18					
		20	声乐	214	74	140	✓		2/17	2/18	2/18	2/18	2/18	2/18	
		21	钢琴	214	74	140	✓		2/17	2/18	2/18	2/18	2/18	2/18	
		22	舞蹈	214	74	140	✓		2/17	2/18	2/18	2/18	2/18	2/18	
		23	欣赏	35	15	20		✓	1/17	1/18					
		24	普通话	71	35	36		✓	1/17	1/18	1/18	1/18			
		25													
		26	美工：手工	214	64	150	✓		2/17	2/18	2/18	2/18	2/18	2/18	
		27	美工：美术鉴赏												
		28	美工：绘画												
		29													
		30													
			小计												
实践教学		31	幼儿园见习实习	300		300		✓							
			小计	300		300		✓							
合计			周学时												
			总学时												

根据调研情况与形势研判，所遴选的学徒在学习基础上至少有以下几个同质的特点：有较为扎实的通识知识基础；有一定的学前教育理论知识基础；有一定的学前教育技能基础；有一定的见习、实习经验。这

些学徒又是从 16 级技能高考班优中选优的“人才”，具有很强的实践愿望，她们的成长与发展实际上是一种专业理念与师德、专业知识、能力及素质上的提升与改造，与一般学制的学前教育专业“白丁”学生有着本质的区别。所以，人才培养方案的制定必须依托和参考她们的学习基础与学习特点。

四、2016 级学前教育专业人才培养方案蓝本

2016 级学前教育专业人才培养方案是学院在学前教育专业指导委员会的指导下，根据国家、省市相关指导文件精神，研判学前教育市场需求，以武汉学前教育职教集团为平台，根据专业办学实际，与企业、中职培养院校共同研讨制定的较为完备的人才培养方案文本。它的整体架构是：专业名称及代码、招生对象与学制、职业范围与职业能力分析、培养目标、人才规格、人才培养模式、毕业要求、课程体系结构与实践教学体系、专业核心课程开发与描述、教学进程安排表、分期时间安排表、学期周数分配表、教学课程学时（学分）比例统计表、职业素质教育活动安排、师资队伍、校内外实训条件、质量保障体系、专业指导委员会、专业建设指导委员会审定意见等，可以说从目标、规格、要求、措施体系、保障体系、论证体系等方面进行了详尽的设计与规划，确保了人才培养的质量。据统计，学院 2016 级学前教育专业学生总体就业率达到 97.53%，考上武汉市事业单位编制 4 人，参加西部计划 3 人，通过专升本考试录取到本科院校 59 人，其他全部在各省市各优质幼教机构就业。

学前教育专业现代学徒制人才培养方案的制定应该根据学前教育市场人才需求、学前教育专业人才培养趋势、现代学徒制本身的特点及要求和所遴选学徒在学习基础上同质的特点，以 2016 级学前教育专业人才培养方案架构为蓝本，精心设计，合理安排，科学实施，确保人才培养质量，实践学前教育专业现代学徒制人才培养模式构想。

第二节　学前教育专业现代学徒制人才培养方案的制定与实施

一、学前教育专业现代学徒制人才培养方案的制定过程

学前教育专业现代学徒制人才培养方案的制定与实施是试点工作中的核心，它的制定、完善、执行、调整和修订伴随着学徒制试点的全过程。回顾学徒制试点的全过程有助于明晰人才培养方案的制定与实施路径，为它的科学性、严谨性、规范性、切合性提供证明。很明显，人才培养方案的制定和实施作为一条主线贯穿其中，凸显出以下几个特点：

（一）切合市场需求和教育改革需要

方案的制定与实施依据了国家的政策、市场的需求、教育改革的需要，既有自上而下严格的指引，又有结合自身办学实际灵活的构建，确保正确的实施方向。

（二）依托坚实的办学基础和条件

方案不是一张“空置”文本，它背后体现的是院校的办学实力。依托办学实力，找准与现代学徒制的结合点，强强联合，制定适宜的方案势必能促进人才培养质量的提升。

（三）充分进行了调研工作

方案的制定、实施、调整、修订等过程必须以调查、研讨、协商为基础。充分的调研为方案中各项内容的制定提供了基础信息，也描绘了一个蓝本，使方案有依可循。由于是试点工作，实施过程中，情况千变万化，必须得在调研的基础上及时调整、修订，使试点重新走上“正轨”，确保顺利完成。

（四）遴选优质合作企业和学徒

遴选工作体现了方案的针对性。企业方面，优质的幼教机构一定要具有人才培养的主体性，有特色鲜明的培养路径。学徒方面，优中选优，一定要具有自我发展的主体性，具备应对学徒制试点中艰难困苦的基本素质。学校、企业、学徒三方主体性的融合对于实现人才培养目标具有十分重要的作用。

（五）校企生共同制定人才培养方案

学前教育专业现代学徒制试点的校企合作是深度的、切合学院、企业和学徒三方利益的。在人才培养方案的制定中，一定要体现三方的要求和共同的目标。所以，尊重学徒意愿，满足企业需求，学院主导来设定人才培养方案，体现了这样的一种深度融合，在随后的实施过程中更加体现了这种合作性。学徒提出了想法，企业表达了对实践过程中的意见和建议，学校根据国家相关政策、文件精神和实际情况重新考量试点全过程，突出企业实践主体性，由企业制定符合企业特色文化的培养计划（单列），共建人才培养体系，实现三赢。

（六）配套制定各项方案和制度

人才培养体系的构建不能仅仅只依靠一个孤立的人才培养方案文本，应该依托于各项配套制度的制定与落实。《“现代学徒制”教学管理制度汇编》《校外指导教师培训指导方案》《学前教育学院现代学徒制人才培养教师准入资格管理规定》《教师工作规范》《教学事故处理通知书》《学前教育学院现代学徒制人才培养教学事故认定与处理办法》《学前教育学院“现代学徒制”人才培养校企合作管理办法》等制度及制度的扎实落实形成了人才培养的保障体系，全力配合人才培养方案的实施。

二、学前教育专业现代学徒制人才培养方案的精准实施

（一）精准实施和反馈评价

人才培养方案制定之后，学院、企业严格执行，精准实施，落实到每一个培养细节，双导师密切配合，院园高效沟通，班主任、辅导员及时跟进学徒的生活、工作及学习过程，学院教学办和学工办在项目负责人的带领下做好统筹协调工作，收集整理各方意见和建议，建立人才培养方案的反馈评价机制，随学徒制试点进程不断审视人才培养方案的科学性、适宜性，切合性，为之后的研改做好准备。

（二）准确研判形势及时调整方案

学徒制试点的过程并非一帆风顺，遇到了各种各样的问题，如课程对接、津补贴、教学管理等，造成了一定的困扰。

审时度势，在充分考量试点效率的基础上，为保证人才培养质量，学院调整了试点方案。19 名学徒中保留 2 名有自主意愿并受到幼儿园充分认可的优秀学生，15 级大专班中选取 1 名在各方面表现优异的学生，重新双向选择，最后与 3 家优质幼儿园签订学校、幼儿园、学徒三方人才培养协议。经过后期研讨，这种调整是符合当时的各项政策、园所需求及学徒发展愿望的，是较为成功的一次改革与修订。

（三）建立研改机制，随实践过程不断修订生成

学前教育专业现代学徒制自主试点第二阶段正式启动，人才培养方案的架构已然成为当务之急。全实践试点之前，学院、幼儿园、学徒多次磋商，针对人才培养的共性和学徒培养的差异性，共同搭建了第二阶段人才培养方案的框架，并建立研改机制，即随着实践过程不断生成修订。第二阶段试点前期、中期、后期多次召开相应的研讨、布置、督促、总结会议，人才培养方案几经修改完善，随实践效果不断调试，最

终落地成文，既是指导蓝本，又是实践成果。

第三节　学前教育专业现代学徒制人才培养方案具体说明

一、学前教育专业现代学徒制人才培养方案的体例框架

（一）第一阶段

第一阶段期间，因为遴选的园所和学徒数量较多，19 位学徒被 8 所武汉学前教育职教集团优质单位面试“选中”，三方签订人才培养协议，与企业共同商定后，拟使用一套具有总体指导意义上的人才培养方案对试点的“尝试期”进行规划和指引。第一阶段人才培养方案的体例框架如下：

1. 建设基础

（1）专业建设概况与特色。

（2）教学科研师资队伍。

（3）校内外实训资源。

（4）校企合作的人才培养模式。

2. 建设目标

（1）总体目标。

（2）具体目标。

①建立现代学徒制人才培养模式。

②现代学徒制培养模式下的课程体系建设。

③校企实习实训基地建设与合作。

④师资队伍建设。

3. 建设内容

（1）创新“学徒制”人才培养模式。

①人才培养目标。

②学徒培养模式。

③岗位能力培养。

（2）课程体系建设。

（3）创新校企合作形式。

①合作机构。

②组织机构。

③合作项目。

（4）师资队伍建设。

①师资团队建设。

②培养专业“双带头人”和课程负责人。

③培养“双师型”骨干教师。

④培养兼职教师。

（5）实践教学基地建设。

①夯实校内实训室建设。

②力争生产性实训基地——附属实验幼儿园建设。

③优化远程多功能实训室。

4. 建设进度及预期效果

（1）现代学徒制人才培养机制成效。

（2）打造现代学徒制培养模式下的课程建设。

（3）建成一支专兼结合、“双师”素质优良的专业教学团队。

（4）建成实习实训基地。

（5）提升专业社会服务能力。

（二）第二、三阶段

现代学徒制自主试点第二、三阶段，19 名学徒中保留 2 名有自主意愿并受到幼儿园充分认可的优秀学生，15 级大专班中选取 1 名在各方面表现优异的学生，重新双向选择，最后与 3 家优质幼儿园签订学校、幼儿园、学徒三方人才培养协议。所以第二、三阶段的人才培养方案具有极强的个人针对性，一人一套，特色培养，体例框架以 16 级学前教育专业人才培养方案为蓝本重新修改调整，整体结构如下：

1. 【专业名称及代码】

2. 【招生对象与学制】

3. 【职业范围与职业能力分析】

（1）职业范围。

（2）学前教育专业的职业素养和能力构成（《幼儿园教师专业标准》）。

①专业理念与师德。

②专业知识。

③专业能力。

4. 【培养目标】

5. 【人才规格】

（1）知识。

（2）能力。

（3）素质。

6. 【人才培养模式】

7. 【毕业要求】

8. 【岗位能力及课程体系】

（1）岗位能力培养。

（2）课程体系建设。

9. 【考核、评价方式】

10. 【幼儿园培养计划（特色）】

11. 【质量保障体系】

（1）学校与幼儿园共同制定人才培养方案。

（2）充分发挥职教集团作用，走内涵式发展道路。

（3）课程建设。

（4）师资队伍建设。

（5）科研与实践。

（6）实训室及实习基地建设。

（7）提高和加强管理水平。

①实施“全院育人、全员育人”的“全面质量管理”。

②制度建设。

③以项目制推动教学改革。

④打造训练有素的教师队伍。

⑤规范的教学质量管理和德育工作质量管理。

12.【专业指导委员会】

13.【专业建设指导委员会审定意见】

二、学前教育专业现代学徒制人才培养方案重点项目具体说明

（一）第一阶段

第一阶段的重点项目是“建设内容”，其中有几个核心项目：

1. 创新“学徒制”人才培养模式

此项目有一个总体上的概述——以学前教育专业“职教集团”为平台，建立“双导师制”（教师+师傅）联合传授知识和技能，通过任务驱动、项目教学、案例教学、翻转课堂等方式，从而达到以工学交替、实岗育人为基础，加强幼教师范技能型人才培养模式改革创新，推进学前教育专业现代学徒制产教结合、校企融合、双师建设、课程体系构建、教学管理和质量监控评价等改革，提升我院学前教育专业专业人才培养质量，对人才培养模式创新的方式、目标进行规划。

（1）切合市场需要，根据办学实际，准确定位人才培养目标——根据学前教育市场调研，培养面向幼儿园各班级的保育员、配班教师、班主任等岗位，具备学前教育专业岗位必备的专业理论和专业技能，能够熟练从事幼儿园一日生活教育常规工作，德才兼备的高端技能型专门

人才。

（2）提出人才培养创新性构想——现代学徒制试点工作小组根据学徒实际状况，在与合作企业共同协商的基础上，对人才培养模式进行大胆创设：

签订协议之后，三年分6个学期开展现代学徒制试点工作，每一年培养重点拟根据岗位标准和要求来设定，即第一学年——保育员，第二学年——配班教师，第三学年——主班教师。每个学期，学徒有近1个月的时间在校学习必备知识和技能。教师基于岗位标准针对学生的实际情况进行模块化教学和项目教学，对重点理论进行专题辅导，加强提升各项岗位技能，列出任务清单，敦促学生自学和实践完善；其余时间均在幼教机构中实践锻炼，企业师傅根据岗位标准和幼儿园工作实际带徒实践，跟踪学徒学习质量，同时根据学校教师的相关任务清单，落实检查评价学徒的学业完成状况。“双导师”加强联系沟通，建立随教、随练、随训、随评等机制，合作育人，使学徒真正将理论和实践结合起来，真正学以致用。

（3）设定岗位能力培养体系——紧紧围绕专业人才培养目标，将学生职业能力的形成过程与幼儿园工作过程有机结合，通过校企合作的办学模式，形成具有鲜明高职特色的“学徒制”人才培养模式。基于“学徒制”人才培养模式，与幼儿园合作，打破传统的教学模式，实施三段式的岗位能力培养。

第一阶段（第1、2学期）：保育员岗位能力培养。着重培养学生的职业素养和专业基本能力。一要负责本班室内清洁卫生消毒工作，保持本班环境清洁整齐、空气新鲜；二要根据本班教育教学要求做好配班工作；三要努力钻研业务，总结经验，不断提高工作质量；四要保管好本班设备、用品，爱护公物，厉行节约。结合保育员岗位职责的要求可以采用“师傅在做中教，学生在做中学”的方式，实现“工学结合”，以提高学生动手操作能力。

第二阶段（第3、4学期）：配班教师岗位能力培养。重点培养学生的专业核心能力和班级协助能力。这种能力的培养可以从教育和保健工作两方面展开。教育工作包括：（1）自觉执行幼儿教师职业道德规范，遵守各项规章制度。（2）在班主任的指导下，根据班级计划及每周安排配合老师组织教育活动，如课前准备工作、教具的制作等。（3）能独立组织班级的下午活动。（4）在幼儿活动中做好观察记录。（5）与班主任一起为幼儿创设良好的班级环境。（6）定期接受领导的检查与指导。保健工作主要有：（1）严格执行幼儿园安全、卫生保健制度。（2）负责本班房室、设备、环境及包干区域的清洁卫生工作，保证幼儿活动环境舒适、整洁。（3）保管整理好班级财产和幼儿的物品（被、衣服、鞋子、玩具）、教具。（4）检查班内各种设施的安全情况，并采取有效措施。（5）定期向家长反馈幼儿在园情况。通过以上各项配班教师岗位的专项训练，可大大提高学生的专业核心能力，为下一阶段的综合训练奠定坚实的基础。

第三阶段（第5、6学期）：班主任教师岗位能力培养。着重培养学生的综合职业能力。幼儿园班主任教师的岗位职责：一要拥护党的基本路线，热爱幼儿教育事业，爱护幼儿，努力学习专业知识和技能，提高文化和专业水平，品德良好、为人师表，忠于职责，身体健康。二要观察了解幼儿，依据国家规定的幼儿园课程标准，结合本班幼儿的具体情况，制订和执行教育工作计划，完成教育任务。三要严格执行幼儿园安全、卫生保健制度，指导并配合保育员管理本班幼儿生活和做好卫生保健工作。四要与家长保持经常联系，了解幼儿家庭的教育环境，商讨符合幼儿特点的教育措施，共同配合完成教育任务。五要参加业务学习和幼儿教育研究活动。六要定期向园长汇报，接受其检查和指导。在幼儿园进行综合应用能力实训及职业拓展能力的培养和实训。按照班主任教师岗位要求，结合实际教育场景项目，以典型工作任务为载体亲自参与幼儿园一日常规生活的教育活动，从而提升综合职业能力和加强职业素质培养。

2. 研讨构建课程体系

课程体系根据岗位标准模块化设置。

第一学年岗位重点为保育员，保育员岗位标准设置如下：

着重培养学生的职业素养和专业基本能力。一要负责本班室内清洁卫生消毒工作，保持本班环境清洁整齐、空气新鲜；二要根据本班教育教学要求做好配班工作；三要努力钻研业务，总结经验，不断提高工作质量；四要保管好本班设备、用品，爱护公物，厉行节约。结合保育员岗位职责的要求可以采用“师傅在做中教，学生在做中学”的方式，实现“工学结合”，以提高学生的动手操作能力。

同时结合幼儿园工作实际，注重与后续岗位相衔接，第1、2学期课程可设置为如表3-9所示：

表3-9　**第1、2学期课程设置**

<table>
<tr><th>阶段</th><th>学期</th><th>课程模块</th><th>周课时</th><th>教学形式</th><th>评价方式</th></tr>
<tr><td rowspan="13">第一阶段第1~2学期（保育员岗位能力）</td><td rowspan="7">第一学期</td><td>1. 学前卫生保育</td><td>4</td><td rowspan="13">任务清单
现场教学
案例教学

项目教学
专题辅导
课堂讲授

推荐选修
自学书目</td><td>过程性考核（任务清单完成情况）</td></tr>
<tr><td>2. 幼儿教师礼仪</td><td>2</td><td>任务清单考核</td></tr>
<tr><td>3. 美术基础与手工</td><td>4</td><td>任务清单考核</td></tr>
<tr><td>4. 幼儿园应用文写作</td><td>2</td><td>任务清单考核</td></tr>
<tr><td>5. 即兴伴奏与弹唱</td><td>2</td><td>逐一面试</td></tr>
<tr><td>6. 舞蹈与创编</td><td>2</td><td>逐一面试</td></tr>
<tr><td>7. 乐理与唱歌</td><td>2</td><td>逐一面试</td></tr>
<tr><td rowspan="6">第二学期</td><td>1. 学前心理学</td><td>4</td><td>过程性考核（任务清单完成情况）</td></tr>
<tr><td>2. 幼儿园应用文写作</td><td>2</td><td>任务清单考核</td></tr>
<tr><td>3. 美术基础与手工</td><td>4</td><td>任务清单考核</td></tr>
<tr><td>4. 即兴伴奏与弹唱</td><td>2</td><td>逐一面试</td></tr>
<tr><td>5. 舞蹈与创编</td><td>2</td><td>逐一面试</td></tr>
<tr><td>6. 乐理与唱歌</td><td>2</td><td>逐一面试</td></tr>
</table>

相关重点课程列出任务清单，如表3-10所示：

表3-10 重点课程任务清单

课程模块	主要内容	在校学习清单	在园学习清单
学前卫生保育	1. 人体概述 2. 学前儿童生理解剖特点及保育要点 3. 学前儿童的生长发育 4. 学前儿童生活保健制度 5. 学前儿童营养卫生 6. 托幼机构安全教育及常见意外的处理 7. 传染病及常见疾病的预防和处理 8. 学前儿童常见心理问题	1. 人体概述；学前儿童生理解剖特点及保育要点（6课时） 2. 学前儿童营养基础知识（6课时） 3. 实践任务的布置或实践作业的讲解、讨论（4课时）	1. 记录所在班一日生活作息安排，了解幼儿生活一日常规 2. 幼儿园健康检查的内容有哪些，重点是入园晨检和一日观察的内容 3. 调查幼儿常见的疾病和传染病患病情况，分析其发病规律，提出预防和应对建议。写出报告 4. 掌握幼儿常用的护理技术及常见的意外伤害的处理 5. 选择本班一名多动倾向或自闭倾向幼儿作为个案进行细致观察并记录 6. 幼儿园在预防传染病上采取了哪些措施 7. 了解本园幼儿的心理健康状况，了解现在存在的典型案例，了解其处理方案，并撰写相关报告 ……

续表

课程模块	主要内容	在校学习清单	在园学习清单
幼儿教师礼仪	1. 基本礼仪要求 2. 幼儿教师礼仪要求	1. 身姿、手势、面部表情的常规要求；基本社交礼仪要求；服饰的礼仪要求 2. 与幼儿沟通的要求和技巧、与家长沟通的要求和技巧 3. 与同事和上级沟通的要求和技巧、公务接待与拜访的礼仪要求	幼儿园观摩与实操 ……

3 个岗位标准，6 个学期教学实践，14 个课程模块，14 项课程标准，14 套学习清单，14 项评价标准构成了整个现代学徒制试点的课程体系并待丰富完善。

3. 确立改革教学模式

培养模式及课程体系的创新势必引起教学模式的变革。学校教师综合考虑岗位要求、学生实际、知识结构、实践任务等因素，改变传统教育教学方式重理论、轻实践，重知识、轻能力，重单项、轻综合等弊端，在有限的在校时间内重新设计教学内容，改变教授方式，突出重点，翻转课堂，任务驱动，鼓励自学，敦促落实，并加强与企业师傅的联系，合作共育，把课堂真正延伸到学徒工作、生活、学习的每一个角落，更为有效地培养学生。企业师傅更加侧重实践，在做中教、在做中练、在做中力求学徒专业化程度的不断深入。

（二）第二阶段

现代学徒制自主试点第二阶段，19 名学徒中保留 2 名有自主意愿并受到幼儿园充分认可的优秀学生，从 15 级大专班中选取 1 名在各方面表现优异的学生，重新双向选择，最后与 3 家优质幼儿园签订学校、幼儿园、学徒三方人才培养协议。招录完毕后学生即下园，删减在校学习时间，突出全实践培养，基于不同阶段岗位能力，针对学生的实际情况，按照工作任务驱动，指导教师团队和幼儿园事先列出学习任务清单，主要由幼儿园师傅在带领学徒实践中逐一完成，指导教师团队每周定时定点下园，针对实际问题对学徒进行现场授课，指导点评。学前教育专业现代学徒制自主试点人才培养方案的架构以 16 级学前教育专业人才培养方案为蓝本，体现师范性和职业性，凸显实践性，强调企业需求，符合市场需要。第二阶段开始之前，学院、幼儿园、学徒多次磋商，针对人才培养的共性和学徒培养的差异性，共同搭建了第二阶段人才培养方案的框架。

1. 增设职业范围中的就业岗位与职业资格证书相关内容

与前期人才培养相比，本次提出了就业岗位——幼儿园教师招生企业可优先录用，切实保障了合作企业的利益，并强调了必备证书是学徒学习、工作期间在校参加相应的考试所必须获取的。拓展技能证书可根据学习安排、兴趣、能力等实际情况，由学徒自行选择在校、在园或通过社会考试获取，凸显学徒学习的自主性，保障她们发展的外延宽度与持续性。

2. 增设学前教育专业的职业素养和能力构成相关内容

以《幼儿园教师专业标准》为蓝本，从专业理念与师德、专业知识、专业能力三大维度出发，在 14 个领域提出最基本的要求，作为本次学徒制培养的“底线”，强调一切培养过程必须以这个为基础，进而凸显特色。

3. 调整培养目标相关内容

基于一般人才的培养，我们提出“本专业培养德、智、体、美全面发展，具有学前教育专业领域必备的基本理论知识和专业知识，具备从事学前教育领域实际工作的职业能力和职业技能，具有良好的职业道德和敬业精神，能胜任幼儿园、学前早教机构及社会培训机构等岗位工作，具有高素质综合应用型专门人才”。

此类人才比通过常规方式所培养出来的学前教育专业毕业生具有更强的实践工作能力，能充分地将理论知识与幼儿园实践相结合，有效解决、处理相关问题，体现较高的综合素质。

4. 修订人才培养模式相关内容

此处重点强调了学徒“录取即下园”，在做中学、做中教、做中求进步的全实践理念。学徒顶岗试用 1 个月，学校导师团队每周定时定人到企业进行观察和指导，园方师傅依据培养计划倾力帮扶，试用期结束后，考核合格，签订正式聘用合同。随后，根据岗位要求，导师团队和企业师傅持续合作，共同推动学徒在实践中知识经验和能力素质的培养工作。

5. 修正岗位能力相关内容

此处综合各项指导性文件和幼儿园提出的意见重新修正了岗位基本能力，如：“第二阶段（第 3、4 学期）：配班教师岗位能力培养重点培养学生的专业核心能力和班级协助能力。这种能力的培养可以从教育和保健工作两方面展开：教育工作包括：（1）自觉执行幼儿教师职业道德规范，遵守各项规章制度。（2）在班主任的指导下，根据班级计划及每周安排配合老师组织教育活动，如课前准备工作，教具的制作等。（3）能独立组织班级的下午活动。（4）在幼儿活动中做好观察记录。（5）与班主任一起为幼儿创设良好的班级环境。（6）定期接受领导的检查与指导。保健工作主要有：（1）严格执行幼儿园安全、卫生保健制度。（2）负责本班房室、设备、环境及包干区域的清洁卫生工作，保证幼儿活动环境舒适、整洁。（3）保管整理好班级财产和幼儿的物品（被、衣服、鞋子、玩具）、教具。（4）检查班内各种设施的安全情况，并采取有效措施。（5）定期向家长反馈幼儿在园情况。通过以上各项配班教师岗位的专项训练，可大大提高学生的专业核心能力，为下一阶段的综合训练奠定坚实的基础。”

6. 重新构建课程体系

此项作为人才培养方案调整的重点，充分考量了前期试点的经验与不足，突出了三个取向，即学校放权、学校提出最低标准、幼儿园提升培养自主性，从幼儿园岗位能力培养出发，确定幼儿教师需要具备的专业知识和技能，结合幼儿园工作岗位的特点重构课程内容，构建课程体系（表3-11、表3-12）。

表3-11 **省第三幼儿园第三阶段课程设置**

阶段	指导核心	在校课程支撑（重点）	建议在园岗位指导（重点）	幼儿园实际指导模块（省三幼填写）
第三阶段 第5~6学期 班主任教师岗位能力	一日生活的组织与实施	1. 学前综合应用模块：学前教育科研方法、幼儿园活动设计、幼儿园信息化技术、幼儿园应用文写作、幼儿园教育环境创设与玩教具制作 2. 艺体模块：即兴伴奏与弹唱、舞蹈与创编、乐理与唱歌	1. 环境的创设与利用 2. 一日生活的组织与实施 3. 游戏活动的支持与指导 4. 教育活动的计划与实施 5. 激励与评价 6. 沟通与合作 7. 反思与发展	1. 幼儿园一日活动的有效组织与实施 2. 幼儿园网络备课与反思 3. 幼儿园班级关键创设 4. 幼儿园班级管理 5. 幼儿园家长工作与大型活动的策划与组织

表 3-12　　　　**丁字桥幼儿园第二阶段课程设置**

阶段	指导核心	在校课程支撑（重点）	建议在园岗位指导（重点）	幼儿园实际指导模块（丁字桥幼儿园填写）
第二阶段 第 3~4 学期 配班教师岗位能力	一日活动的协助组织	1. 学前核心课程模块：学前教育学 2. 学前综合应用模块：幼儿园游戏、幼儿园班级管理、幼儿园应用文写作、幼儿园教育环境创设与玩教具制作、幼儿园活动设计 3. 艺体模块：即兴伴奏与弹唱、舞蹈与创编、乐理与唱歌	1. 幼儿发展知识 2. 幼儿保育和教育知识 3. 环境的创设与利用 4. 一日生活的组织与实施 5. 游戏活动的支持与指导 6. 教育活动的计划与实施	备课本书写 班级环境创设 教育教学组织与实施 混龄户外游戏的观察与分析

7. 增设考核评价方式相关内容

依据学前教育专业“学徒制”人才培养模式，结合三段式岗位能力特点，贯通课程考核与岗位能力考核，建立“以校为本，以园为主”的“双标准”学徒学业考核与评价体系，即每学年设定重点考核岗位，学校考核项目由学校导师负责，主要评测学徒相关理论知识学习及运用情况，幼儿园考核项目由园方根据表格中的基础项目，结合自身实际（可增添），对学徒进行相关能力的考核（表 3-13）。

基于此，学校提出操作要领：

（1）学校导师应注重形成性评价、过程性评价、总结性评价，通过各种方式测评、考核学生在各模块知识、能力是否达到相应标准。如可到相关园所观察学生实际操作是否达到相应水平（保育知识、礼仪、弹唱等），学生平日完成相关工作任务是否符合相关标准。

表 3-13　　省第三幼儿园第三阶段考核项目

常规考核	专项考核
1. 职业理解与师德行为 2. 一日活动有效组织 3. 备课与反思 4. 环境创设 5. 家园共育与大型活动 6. 班级管理	1. 领域教学活动组织考核 2. 区域活动组织考核 3. 教育教学专业技能考核

（2）幼儿园要根据相关重点考核项目，以幼儿园本身的评价体制机制为抓手，把学徒当成准员工一样要求和培养，对其各方面进行测评与考核。同时，结合自身实际和企业文化，特别是企业自主的培养方案，可增设符合企业实际需要的考核项目对学生进行能力提升与引导。

（3）学校评价和幼儿园评价构成了评价体系的基础，适时引入第三方评价。

（4）所有评价过程必须有记录、有台账，作为学徒培养质量评判的重要参考依据。

8. 增设幼儿园培养计划

此项目是本次人才培养方案构建的尝试与创新，充分考虑到幼儿园文化和发展特色，由幼儿园制定，学校配合执行，充分体现了本次全实践人才培养的特点，即在学院放权下，基于人才的基准质量，幼儿园自主培养符合幼儿园文化、特色、实际需求的专业人才（表 3-14、表 3-15）。

表 3-14　　省第三幼儿园人才培养计划

维度	培养主题	考核形式
专业态度	幼儿园规章制度	常规行为考察
	幼儿园相关理论与法规	常规行为考察
	师德行为与规范	常规行为考察

续表

维度	培养主题		考核形式
专业能力	教育教学能力	幼儿园一日活动的组织	常规考核
		幼儿园生活活动的组织	常规考核
		幼儿园学习活动的组织	教学活动考核
		幼儿园游戏活动的组织	游戏活动考核
		幼儿园户外活动的组织	常规考核
		网络备课与反思	常规考核
		观察笔记的撰写	常规考核
		班级环境创设	常规考核
	班级管理能力	开展家长工作的能力	常规考核
		大型活动组织的能力	常规考核
专业技能	弹唱画跳说基本技能（跟随幼儿园专项培训）		专项考核

表 3-15 **省第三幼儿园岗位与实习重点**

时长	担任岗位	主要实习重点
1 个月	生活班	熟悉并掌握保育工作
		幼儿园一日活动的组织流程与要求
		幼儿园规章制度
3 个月	上午班	幼儿园生活活动的组织
		幼儿园学习活动的组织
		网络备课与反思
		元旦庆祝活动的组织
		开展家长工作的能力
		幼儿园游戏活动的组织

续表

时长	担任岗位	主要实习重点
3个月	下午班	幼儿园户外活动的组织
		幼儿园游戏活动的组织
		幼儿园户外活动的组织
		观察笔记的撰写
		班级环境创设
1个月	生活班	最后三个月要求学徒制实习生能够在三个岗位独当一面，大胆开展各项工作
1个月	上午班	
1个月	下午班	

第二阶段人才培养方案的架构重点在基于实践、忠于实践、指向实践、服务实践，遵循学前教育人才培养模式改革自身规律，充分体现现代学徒制核心要义，把握学前教育专业的教育属性和学前教育专业人才培养模式改革的实践取向，在实践中不断修正完善，深入推进试点工作，为后续学徒制的开展奠定基础①。

（三）第三阶段

第二阶段的人才培养方案建立研改了机制，随着实践过程不断生成修订，即第三阶段的人才培养方案主要侧重于细节内容的修订和完善。前文已经阐述过，二、三阶段的人才培养方案是以学院为主导、企业为主体来制定的。学院已经为培养方案构建了基本框架，以国家颁布的《幼儿园教师专业标准》为人才培养质量的“基线”，在修订过程中必

① 李俊，许紫薇．学前教育专业现代学徒制人才培养方案架构探析——以武汉城市职业学院为例［J］．南通职业大学学报，2018（06）．

须凸显幼儿园的能动性，争取培养出高质量、有特色的能快速适应企业用人需要的应用型人才。

在对第二阶段人才培养方案进行研讨、评估后，向幼儿园提出了设计和执行思路：

从以上两所幼儿园所提交的人才培养方案的文本来看，两所园对学徒培养工作认真细致、特色凸显，安排合理得当，真正把学徒的学生、职工两种角色在实际学习和工作中融会贯通，切实促进了学徒的专业成长和职业发展。

最后阶段，即学徒以学生身份“在校”最后一学期，以职工身份“在园”实践的关键阶段，是一个冲刺的过程，是一个出成果的阶段。这个阶段，学徒应该是专业能力和职业素养突飞猛进的阶段，是能够与一般毕业生拉开差距的关键阶段，是能够适应幼儿园办学特色和融入幼儿园文化的质变阶段，是能够承担幼儿园相应需要的“扛责”阶段。所以，关于人才培养方案的设计与执行，我们应遵循以下的思路和原则：

1. 重评价。检测学徒是否达到了《幼儿园教师专业标准》中相关要求，这是人才培养的“底线”，也是最应该重视的环节。建议幼儿园自检，可采用平时考核新进教职员工的方式进行，真正做到培养的人才是“可用”的，这是学徒制的最基本要求。

2. 重文本。要根据学徒的实际情况再次审视课程、评价以及特色培养计划，有针对性地帮助学徒全面发展，特色发展。简而言之，就是查漏补缺，因材施教。这个学徒适合做什么，他发展的上限是什么，他的潜力是什么，他的问题是什么，都可以在课程、评价和计划中精确体现。

3. 方案确立之后，需要的是有力和坚定地执行。在执行过程中需要重视以下几方面：

（1）怀大公之心

高职学前教育专业所培养的学徒不仅能适应幼儿园的企业文化，能胜任本园的工作，满足幼儿园本身的用人需求，还应该放眼未来，学徒倘若走出园门，他是园所培养出来的，他代表的是园所的培养水平，他能够超越很多同龄同批次的孩子，能够适应社会大部分幼教机构的用人需求。这是一种培养能力的体现，也是学徒培养的教育理想。当然，这与满足幼儿园自身需要并不冲突，我们要结合幼儿园自身需要和学徒职业发展要求综合考虑，宽心执行。简而言之，好园留好人，尊重双向选择。

（2）重视“拔高”

根据园所特色，针对学徒自身的特点，对学徒任务“加码”。根据苏联著名心理学家维果茨基的“最近发展区”理论，我们要布置一些让学徒主动跳起来能摸得着的任务和工作，用园所的高水平来鞭策学徒的冲刺。那么，这个冲刺的设计就需要园所领导和师傅精心设计和呵护，一步一步执行。丁字桥幼儿园采用的是小班班主任岗位锻炼式的方式，安吉拉幼儿园采用的是陶行知所提出的师徒结对共发展的“艺友制”方式，都非常科学合理。那么，幼儿园的师傅就要在培养工作中找准学徒的最近发展区。小班班主任在满足基本岗位要求的情况下，应考量学徒能否在保教工作上做得更细致，更凸显水平？师徒结对共建，在平日朝夕相处的过程中，是否能更多关注学徒的专业成长，身心状态？学徒的潜力和优势能否进一步被发掘和主动发挥？这都是可以和需要对之“拔高”的地方。

在多次交流、研讨之后，幼儿园重点对课程体系、评价体系、特色方案等项目进行了重新审视，完善修订，最终形成了园本特色浓厚的切实符合企业需求的方案文本。

【以安吉拉幼儿园为例】（表3-16）：

表 3-16　**安吉拉幼儿园所提供的具有园本特色的课程指导模块文本**

阶段	指导核心	在校课程支撑（重点）	建议在园岗位指导（重点）	幼儿园实际指导模块
第一阶段 第 1~2 学期 保育员岗位能力	一日生活的保育活动	1. 学前核心课程模块：学前卫生保育、学前心理学 2. 学前综合应用模块：幼儿园应用文写作、幼儿教师礼仪 3. 环境创设模块：美术基础与手工 4. 艺体模块：即兴伴奏与弹唱、舞蹈与创编、乐理与唱歌	1. 职业理解与认识 2. 对幼儿的态度与行为 3. 对幼儿保育和教育的态度和行为 4. 个人修养与行为 5. 幼儿发展知识 6. 幼儿保育和教育知识 7. 通识知识 8. 环境的创设与利用 9. 一日生活的组织与实施	1. 加大平安教育工作力度，把安全放在首位，通过一系列的活动来增强幼儿的自我保护的意识和能力 2. 认真做好每日的卫生工作，做到班级内无死角 3. 重视体育锻炼，保证幼儿有足够的户外活动时间
第二阶段 第 3~4 学期 配班教师岗位能力	一日活动的协助组织	1. 学前核心课程模块：学前教育学 2. 学前综合应用模块：幼儿园游戏、幼儿园班级管理、幼儿园应用文写作、幼儿园教育环境创设与玩教具制作、幼儿园活动设计 3. 艺体模块：即兴伴奏与弹唱、舞蹈与创编、乐理与唱歌	1. 幼儿发展知识 2. 幼儿保育和教育知识 3. 环境的创设与利用 4. 一日生活的组织与实施 5. 游戏活动的支持与指导 6. 教育活动的计划与实施	1. 师傅熟知徒弟的优势与不足，调整带教计划 2. 开展示范活动，带领徒弟提升理念，把握幼儿园教育教学的能力和水平，实现教学相长 3. 师傅观摩徒弟教育活动，需课后对徒弟的教学情况做好反馈 4. 指导帮助徒弟及时总结，撰写教学反思、案例和教育教学论文。同时，师傅还将对徒弟的班级管理工作、家长工作等做相应的指导

续表

阶段	指导核心	在校课程支撑（重点）	建议在园岗位指导（重点）	幼儿园实际指导模块
第三阶段 第5～6学期 班主任教师岗位能力	一日生活的组织与实施	1. 学前综合应用模块：学前教育科研方法、幼儿园活动设计、幼儿园信息化技术、幼儿园应用文写作、幼儿园教育环境创设与玩教具制作 2. 艺体模块：即兴伴奏与弹唱、舞蹈与创编、乐理与唱歌	1. 环境的创设与利用 2. 一日生活的组织与实施 3. 游戏活动的支持与指导 4. 教育活动的计划与实施 5. 激励与评价 6. 沟通与合作 7. 反思与发展	1. 环境创设与利用 2. 游戏活动的支持与指导 3. 教育活动的计划与实施 4. 激励与评价

【安吉拉幼儿园考核、评价方式】（表3-17）：

表3-17　安吉拉幼儿园所提供的具有园本特色的考核、评价体系文本

阶段	重点岗位	学校考核项目	建议幼儿园考核项目	幼儿园实际考核项目
第一阶段 第1～2学期	保育员	1. 学前核心课程模块：学前卫生保育、学前心理学 2. 学前综合应用模块：幼儿园应用文写作、幼儿教师礼仪 3. 环境创设模块：美术基础与手工 4. 艺体模块：即兴伴奏与弹唱、舞蹈与创编、乐理与唱歌	1. 职业理解与认识 2. 对幼儿的态度与行为 3. 对幼儿保育和教育的态度和行为 4. 个人修养与行为 5. 幼儿发展知识 6. 幼儿保育和教育知识 7. 通识知识 8. 环境的创设与利用 9. 一日生活的组织与实施	1. 对幼儿的态度与行为 2. 幼儿发展知识 3. 对幼儿保育和教育的态度和行为 4. 幼儿保育和教育知识 5. 通知知识 6. 一日生活的组织与实施

续表

阶段	重点岗位	学校考核项目	建议幼儿园考核项目	幼儿园实际考核项目
第二阶段 第3～4学期	配班教师岗位能力	1. 学前核心课程模块：学前教育学 2. 学前综合应用模块：幼儿园游戏、幼儿园班级管理、幼儿园应用文写作、幼儿园教育环境创设与玩教具制作、幼儿园活动设计 3. 艺体模块：即兴伴奏与弹唱、舞蹈与创编、乐理与唱歌	1. 幼儿发展知识 2. 幼儿保育和教育知识 3. 环境的创设与利用 4. 一日生活的组织与实施 5. 游戏活动的支持与指导 6. 教育活动的计划与实施	1. 参加周教研活动，参与制作计划及记录工作 2. 上示范课、听课、共同研讨。与徒弟商讨每日活动主题方向 3. 指导制订观察计划和棱镜记录 4. 撰写幼儿档案、教学及个人工作总结、幼儿园师徒结对小结
第三阶段 第5～6学期	班主任教师岗位能力	1. 学前综合应用模块：学前教育科研方法、幼儿园活动设计、幼儿园信息化技术、幼儿园应用文写作、幼儿园教育环境创设与玩教具制作 2. 艺体模块：即兴伴奏与弹唱、舞蹈与创编、乐理与唱歌	1. 环境的创设与利用 2. 一日生活的组织与实施 3. 游戏活动的支持与指导 4. 教育活动的计划与实施 5. 激励与评价 6. 沟通与合作 7. 反思与发展	1. 能较顺利地开展幼儿园一日活动，熟悉活动流程，能独立带班 2. 能独立制订活动计划，初步设计适合中班幼儿年龄特点的集体活动，能按照计划实施活动 3. 了解并实施保教结合的幼儿教育，对幼儿的保教工作有一定的敏感度 4. 了解与家长交流沟通的几种方式，掌握与家长的基本沟通技巧

续表

阶段	重点岗位	学校考核项目	建议幼儿园考核项目	幼儿园实际考核项目
操作要领： 1. 学校导师应注重形成性评价、过程性评价、总结性评价，通过各种方式测评、考核学生在各模块知识、能力是否达到相应标准。如可到相关园所观察学生实际操作是否达到相应水平（保育知识、礼仪、弹唱等），学生平日完成相关工作任务是否符合相关标准（应用文写作等） 2. 幼儿园要根据相关重点考核项目，以幼儿园本身的评价体制机制为抓手，把学徒当成准员工一样要求和培养，对其各方面进行测评与考核。同时，结合自身实际和企业文化，特别是企业自主的培养方案，可增设符合企业实际需要的考核项目对学生进行能力提升与引导 3. 学校评价和幼儿园评价构成了评价体系的基础，适时引入第三方评价 4. 第二阶段、第三阶段参照第一阶段的模式 5. 所有评价过程必须有记录、有台账，作为学徒培养质量评判的重要参考依据				

【安吉拉幼儿园培养计划】（特色）

传美同学师徒带教计划和方案

（2017—2019）

“现代学徒制”是依据当下学前教育发展的实际需求而进行的一项具有开创性和针对性的人才培养项目研究，我园非常有幸能够参与其中。本着对研究项目和学徒本人的负责，经校方与园方的反复研究和谨慎考虑，决定由中一班陆炎老师担任指导教师，由常青藤项目组组长田晓丽老师从旁协助，分阶段有计划地对学徒进行培养和帮带。

师徒带教项目启动于 2017 年 10 月，结束于 2019 年 6 月，整个项目过程分为四个学期和三个阶段，为了保证带教的效果，园方和校方经商讨建立了“以校为本，以园为主”的“双标准”学徒学业考核与评价体系，园方从实践操作层面分阶段地建立特色培养方案和计划。

2017 年 10 月—2018 年 1 月　第一阶段特色培养计划

第一阶段的重点岗位是保育员，园方重点需要指导学徒在通识教育的基础上深化对职业的理解和认识，加强个人修养与行为，建立幼儿发展知识的基本理论框架，对幼儿保教的态度和行为适宜，有环境创设与利用的基本技能。在这一大背景的引领下，我园着重在安全教育、卫生保健、体育锻炼等方面来强化对学徒的指导。具体方案如下：

（一）学徒情况分析

传美同学是武汉城市职业学院学前教育专业的一名在校学生，今年9月进入安吉拉幼儿园参加“现代学徒制”工作。本学期与班级教师一起共同担任中一班的保教工作。

（二）现状分析

传美是一位新教师，对幼儿园各方面情况不熟悉。通过接触和观察，我发现作为90后的小青年，她工作比较刻苦，有热情，喜欢孩子，理论上也有自己的见解。但实践经验、动手实操方面以及各项专业技能上相对比较欠缺。

（三）发展目标

依据学前教育专业“学徒制”人才培养模式，建立“以校为本，以园为主”的“双标准”学徒学业评价体系，通过双方的共同努力，在互动中使新教师认识到幼儿园保教工作的特点，提高新教师的保教能力，尤其在安全和卫生保健方面，对保育工作流程方面需要加强指导和练习。

（四）措施及带教达成度

1. 跟岗保育老师，熟悉一日保育工作内容和流程。

2. 了解孩子一日生活常规，学习如何培养孩子的生活自理能力。

3. 动手实操，比如依据对孩子们的日常观察练习分餐，独立承担消毒工作、睡房整理、盥洗情况的统计。

4. 每周与教师谈心，了解其思想状况，共同探讨工作心得。

具体计划见表3-18：

表 3-18　　　　　　　　　**第一阶段特色培养计划表**

岗位	时间	主要重点	园所考核
中一班保育员	2017 年 10 月	1. 新教师熟悉本班孩子、家长和环境	1. 保健医进班查看相关资料整理情况，如幼儿出勤表、卫生消毒表、交接班表 2. 参加学期末保育员技能考核 3. 提交学期工作心得体会 4. 提交一篇幼儿观察记录
		2. 熟悉幼儿一日生活作息和流程	
		3. 跟岗保育老师	
	2017 年 11 月	1. 参加园所保育员周工作会议	
		2. 自学学前卫生学	
		3. 参加园所关于幼儿一日生活养成教育教研活动	
	2017 年 12 月	1. 参加园所校方演练活动	
		2. 参加园所冬季运动会活动	
		3. 练习依据幼儿实际情况分餐	
	2018 年 1 月	1. 独立承担卫生保健相关工作	
		2. 学习如何培养幼儿自我服务能力	
		3. 收集学期工作资料	

2018 年 3 月—2018 年 7 月　第二阶段特色培养计划

经过一个学期的保育工作学习及练习，传美同学对于保育工作的各项内容和要求已经了然于胸，能够规范自己的保育行为，她的细心和耐心使她深受孩子们和家长们的喜欢，她已经很好地融入了这个大集体。

新学期，我们的师徒带教工作也进入了新阶段，本学期我们将着重在配班的岗位上对其进行帮带和指导。师傅要开展教学示范活动，并观摩徒弟如何组织各环节和流程，依据徒弟的优势和不足，进行有针对性的调整。

具体措施和带教达成度：

1. 了解和学习学期工作计划。

2. 了解和熟悉幼儿一日生活流程和内容，比如学习活动、游戏活动、户外活动、生活活动。

3. 尝试组织过渡环节。

4. 关注徒弟心理活动，了解其思想状况。

具体计划见表 3-19：

表 3-19　**第二阶段特色培养计划表**

<table>
<tr><th>岗位</th><th>时间</th><th>主要重点</th><th>园所考核</th></tr>
<tr><td rowspan="19">中一班配班</td><td rowspan="4">2018 年 3 月</td><td>1. 学习园所各项规章制度</td><td rowspan="19">1. 教学园长日常进班考察
2. 班级教师对其日常工作进行及时性的沟通和调整
3. 参加园所学期教师技能考核
4. 提交一篇儿童形象思考</td></tr>
<tr><td>2. 了解班级学期工作计划</td></tr>
<tr><td>3. 依据月计划、制订周计划</td></tr>
<tr><td>4. 参与班级环境布置和材料投放</td></tr>
<tr><td rowspan="4">2018 年 4 月</td><td>1. 参加园所各项教学培训</td></tr>
<tr><td>2. 参加常青藤理论的学习</td></tr>
<tr><td>3. 书写备课本</td></tr>
<tr><td>4. 参加班级家长会</td></tr>
<tr><td rowspan="4">2018 年 5 月</td><td>1. 组织一节集体教学活动</td></tr>
<tr><td>2. 参加园所消防演练活动</td></tr>
<tr><td>3. 坚持写每日工作反思</td></tr>
<tr><td>4. 参加常青藤项目组教研活动</td></tr>
<tr><td rowspan="4">2018 年 6 月</td><td>1. 尝试组织户外活动</td></tr>
<tr><td>2. 参与园所六一活动</td></tr>
<tr><td>3. 参加常青藤培训学习</td></tr>
<tr><td>4. 日常常规工作，如备课本</td></tr>
<tr><td rowspan="3">2018 年 7 月</td><td>1. 收集整理学期工作资料</td></tr>
<tr><td>2. 提交一份学期工作总结</td></tr>
<tr><td>3. 参与制订下学期的工作计划</td></tr>
</table>

2018年9月—2019年7月 第三阶段特色培养计划

进入新学期，我们的师徒带教工作也进入了一个非常关键的阶段，即第三阶段班主任岗位能力的培养，这个阶段决定了传美同学能否在毕业时胜任园所的各项工作，也决定了师徒带教项目最后的成果如何，所以我们各方都对此非常重视。在征询其本人意愿的基础上，我们决定用一整年的时间来强化第三阶段的学习和指导。

具体措施和带教达成度：

1. 尝试独立带班，并能够灵活地调整一日流程和活动内容。
2. 有一定的理论基础，对幼儿的心理和行为有较强的敏感度。
3. 了解跟家长沟通的技巧，尝试独立开展家长工作。
4. 关注教师心理状况，了解其毕业后的职业意愿。

具体计划见表3-20：

表3-20 **第三阶段特色培养计划表**

岗位	时间	主要重点	园所考核
大一班班主任	2018年9月	1. 对过去一年的结对情况进行总结	1. 由常青藤项目组长亲自带教 2. 每周常规工作有检查和监督 3. 参与常青藤理念下的教育观察记录 4. 优秀案例提交和评选 5.《3—6岁儿童学习与发展的指南》考核
		2. 尝试撰写学期教育工作计划	
		3. 参加常青藤学习和培训	
		4. 参与召开本班家长会	
	2018年10月	1. 尝试独立带班	
		2. 独立撰写月计划和周计划	
		3. 参加园所大型活动	
		4. 注重与家长的日常沟通	
	2018年11月	1. 优化常规工作	
		2. 主持班会的召开	
		3. 学习班级管理有关理论知识	

续表

岗位	时间	主要重点	园所考核
大一班班主任	2018年12月	1. 参加园所技能考核	1. 由常青藤项目组长亲自带教 2. 每周常规工作有检查和监督 3. 参与常青藤理念下的教育观察记录 4. 优秀案例提交和评选 5.《3—6岁儿童学习与发展的指南》考核
		2. 组织一节公开课	
		3. 参加常青藤教研活动	
		4. 环境调整与材料的补充	
	2019年1月	1. 撰写学期工作总结	
		2. 撰写个人工作总结	
		3. 收集整理相关资料	
		4. 制订下学期工作计划	
	2019年3月	1. 参加园所各种培训，如绘本阅读	
		2. 制订班级教育教学计划、班务工作计划	
		3. 组织三八妇女节和植树节主题活动	
		4. 参加前阅读和前书写的培训	
	2019年4月	1. 准备家长会的召开	
		2. 参加园所消防演练活动	
		3. 参加常青藤小组教研活动	
		4. 日常工作细节的优化	
	2019年5月	1. 准备六一活动	
		2. 尝试主持园内教研活动	
		3. 学习前阅读和前书写的相关理论	
		4. 师徒带教资料的收集与整理	
	2019年6月	1. 参加园所教师技能比赛	
		2. 准备大班毕业典礼	
		3. 梳理和提炼一日活动组织管理经验	
		4. 参加并主持项目组园内教研活动	
		5. 面向家长做学期工作汇报	
	2019年7月	1. 师徒带教工作全面总结	
		2. 学期工作梳理和总结	
		3. 个人工作总结	

【以丁字桥幼儿园为例】

课程体系如表 3-21：

表 3-21　　**课 程 体 系**

阶段	指导核心	在校课程支撑（重点）	建议在园岗位指导（重点）	幼儿园实际指导模块
第一阶段 第 1~2 学期 保育员岗位能力	一日生活的保育活动	1. 学前核心课程模块：学前卫生保育、学前心理学 2. 学前综合应用模块：幼儿园应用文写作、幼儿教师礼仪 3. 环境创设模块：美术基础与手工 4. 艺体模块：即兴伴奏与弹唱、舞蹈与创编、乐理与唱歌	1. 职业理解与认识 2. 对幼儿的态度与行为 3. 对幼儿保育和教育的态度和行为 4. 个人修养与行为 5. 幼儿发展知识 6. 幼儿保育和教育知识 7. 通识知识 8. 环境的创设与利用 9. 一日生活的组织与实施	1. 幼儿保育知识 2. 保育员岗位职责 3. 科学照料和管理幼儿生活，配合教师组织教育活动 4. 幼儿园安全、卫生保健制度
第二阶段 第 3~4 学期 配班教师岗位能力	一日活动的协助组织	1. 学前核心课程模块：学前教育学 2. 学前综合应用模块：幼儿园游戏、幼儿园班级管理、幼儿园应用文写作、幼儿园教育环境创设与玩教具制作、幼儿园活动设计 3. 艺体模块：即兴伴奏与弹唱、舞蹈与创编、乐理与唱歌	1. 幼儿发展知识 2. 幼儿保育和教育知识 3. 环境的创设与利用 4. 一日生活的组织与实施 5. 游戏活动的支持与指导 6. 教育活动的计划与实施	1. 备课本书写 2. 班级环境创设 3. 教育教学组织与实施 4. 混龄户外游戏的观察与分析

续表

阶段	指导核心	在校课程支撑（重点）	建议在园岗位指导（重点）	幼儿园实际指导模块
第三阶段 第5~6学期 班主任教师岗位能力	一日生活的组织与实施	1. 学前综合应用模块：学前教育科研方法、幼儿园活动设计、幼儿园信息化技术、幼儿园应用文写作、幼儿园教育环境创设与玩教具制作 2. 艺体模块：即兴伴奏与弹唱、舞蹈与创编、乐理与唱歌	1. 环境的创设与利用 2. 一日生活的组织与实施 3. 游戏活动的支持与指导 4. 教育活动的计划与实施 5. 激励与评价 6. 沟通与合作 7. 反思与发展	1. 参加外出培训学习 2. 理解并协助制订班级学期教育计划及班务计划 3. 协助班级家长工作 4. 协助开展班级各类大型活动

【考核、评价方式】（表3-22）：

表3-22 **考核、评价方式**

阶段	重点岗位	学校考核项目	建议幼儿园考核项目	幼儿园实际考核项目
第一阶段 第1~2学期	小一班保育员	1. 学前核心课程模块：学前卫生保育、学前心理学 2. 学前综合应用模块：幼儿园应用文写作、幼儿教师礼仪 3. 环境创设模块：美术基础与手工 4. 艺体模块：即兴伴奏与弹唱、舞蹈与创编、乐理与唱歌	1. 职业理解与认识 2. 对幼儿的态度与行为 3. 对幼儿保育和教育的态度和行为 4. 个人修养与行为 5. 幼儿发展知识 6. 幼儿保育和教育知识 7. 通识知识 8. 环境的创设与利用 9. 一日生活的组织与实施	1. 幼儿保育知识 2. 学习照料和管理幼儿生活 3. 配合教师组织教育活动 4. 学习书写备课本 5. 学习撰写观察记录 6. 每天听一节师傅教师的课 7. 学习撰写教育笔记 8. 学习准备课前教具 9. 制作课件PPT 考核办法： 1. 日常巡班检查 2. 每周备课本的检查 3. 每月观察、教育笔记的撰写 4. 教师出勤 5. 幼儿园规章制度

续表

阶段	重点岗位	学校考核项目	建议幼儿园考核项目	幼儿园实际考核项目
第二阶段 第3~4学期	大三班配班教师	1. 学前核心课程模块：学前教育学 2. 学前综合应用模块：幼儿园游戏、幼儿园班级管理、幼儿园应用文写作、幼儿园教育环境创设与玩教具制作、幼儿园活动设计 3. 艺体模块：即兴伴奏与弹唱、舞蹈与创编、乐理与唱歌	1. 幼儿发展知识 2. 幼儿保育和教育知识 3. 环境的创设与利用 4. 一日生活的组织与实施 5. 游戏活动的支持与指导 6. 教育活动的计划与实施	1. 学习书写备课本 2. 熟悉大班的一日生活流程 3. 学习大班的操节 4. 幼儿户外活动的开展 5. 班级环境创设 6. 学习上好一节完整的教学活动 7. 学习撰写观察笔记 8. 听师傅上课，写听课记录 9. 教师外出学习 10. 独立组织班级的日常活动 11. 元旦游园活动 12. 配合幼儿园组织幼儿园各类大型活动 13. 家园互动手册的填写 14. 班级幼儿测评、各项活动方案的整理工作 考核办法： 1. 日常巡班检查 2. 每周推门听课 3. 每周备课本的检查 4. 每月观察、教育笔记的撰写 5. 班级环境创设的评比 6. 规范字的书写评比 7. 班级主题墙、家长园地的检查评比 8. 班级新操评比 9. 教师出勤 10. 科学考核课

续表

阶段	重点岗位	学校考核项目	建议幼儿园考核项目	幼儿园实际考核项目
第三阶段 第5~6学期	小三班班主任	1. 学前综合应用模块：学前教育科研方法、幼儿园活动设计、幼儿园信息化技术、幼儿园应用文写作、幼儿园教育环境创设与玩教具制作 2. 艺体模块：即兴伴奏与弹唱、舞蹈与创编、乐理与唱歌	1. 环境的创设与利用 2. 一日生活的组织与实施 3. 游戏活动的支持与指导 4. 教育活动的计划与实施 5. 激励与评价 6. 沟通与合作 7. 反思与发展	1. 新生开学前的家长会 2. 幼儿园一日活动的组织流程与要求 3. 班级环境创设及讲解 4. 幼儿生活自理能力的培养 5. 班级教育教学计划、班务计划的制订 6. 每月一次入户家访、两次电话家访 7. 幼儿园新操的创编 8. 幼儿前期常规培养 9. 组织节庆、亲子活动，制订活动计划 10. 幼儿后期常规培养 11. 班级教育计划、班务计划总结 12. 各项活动方案的整理工作 13. 教师考核工作 考核办法： 1. 日常巡班检查 2. 每周推门听课 3. 每周备课本的检查 4. 每月观察、教育笔记的撰写 5. 班级环境创设的评比 6. 班级主题墙、家长园地的检查评比 7. 教师出勤 8. 幼儿园规章制度 9. 优秀主题反思故事评选 10. 班级计划、总计的撰写 11. 家长工作 12. 幼儿园各项活动的开展 13. 班级幼儿的常规

【幼儿园培养计划】（特色）

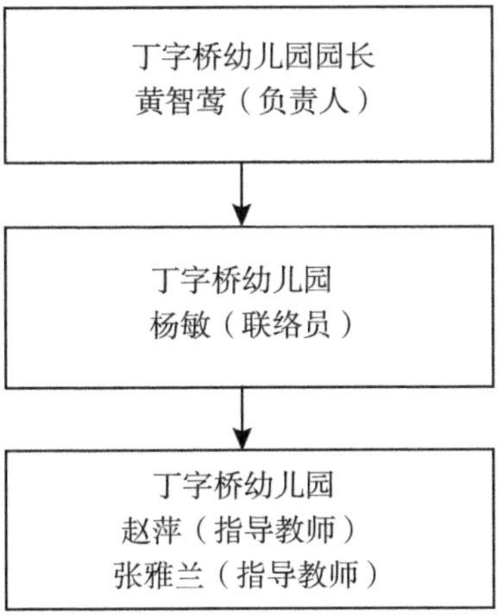

图 3-2 丁字桥幼儿园配备的师资队伍体系

丁字桥幼儿园负责人黄智莺（园长）：武昌区学科带头人，高级教师，曾担任多个课题负责人，有大量论文在省、市、区获奖。

丁字桥幼儿园联络员杨敏：小教高级教师，曾获得武昌区百优班主任、幼儿园年度教师，担任国培影子教师的指导教师。

丁字桥幼儿园指导教师赵萍：小教高级教师，从教 30 余年，有丰富的幼教经验和班级管理工作经验。曾获得区优秀班主任和优秀教师等荣誉。有大量的论文、课件获得省、市、区奖励，曾担任国培影子教师的指导教师。

丁字桥幼儿园指导教师张雅兰：小教高级教师，从教 30 余年，有丰富的小班教学经验和班级管理工作经验。曾获得幼儿园年度教师。

【丁字桥幼儿园培养计划】：

第一阶段注重培养：

1. 幼儿保育知识。

2. 保育员岗位职责。

3. 科学照料和管理幼儿生活，配合教师组织教育活动。

4. 幼儿园安全、卫生保健制度。

第二阶段注重培养：

1. 备课本书写。

2. 班级环境创设。

3. 教育教学组织与实施。

4. 混龄户外游戏的观察与分析。

第三阶段注重培养：

1. 参加外出培训学习。

2. 了解并协助制定班级学期教育计划及班务计划。

3. 协助班级家长工作。

4. 协助开展班级各类大型活动。

从以上人才培养方案中重点项目的内容可以看出，最终形成的第三阶段文本是深思熟虑并经过实践检验的“蓝图”、“规划”与“成果”，是学前教育专业现代学徒制试点全过程的缩影，体现了学前教育专业的教育属性和人才培养模式改革的实践取向，反映了校企合作，共研共行的深度融合，明确指向人才培养目标，切实满足市场人才需求。

第四节　学前教育专业现代学徒制人才培养方案执行中的收获与困惑

人才培养方案是学前教育专业现代学徒制试点专业教学活动安排的基本依据，也是集中体现改革思路的重要文件，直接关系到试点工作的成败。在方案的执行过程中，结合相关研究，经过深入研讨、实践，有一些困惑或难以把握之处，也有一定的收获与经验。

一、“本位”问题

目前一些现代学徒制试点院校的专业人才培养方案学校本位特征明

显。很多试点院校专业人才培养方案存在的最突出问题是未能充分体现双主体育人特征，将企业作为职业院校附属单位；专业核心课程主要为校内实施的“理实一体”课程，以校内实训基地和校内“双师型”教师为基本教学条件。现代学徒制试点的本来目的是解决工学结合人才培养模式改革中的突出问题，找一条产教融合、校企合作的实现途径，但这种内向性的“校园式现代学徒制”剥夺了企业人员的教学主体地位，是“理实一体”课程改革的翻版①。

在这个问题上，我们获得了一定的经验。

第一阶段，学院设定学徒在校学习一个月时间，根据行业专家和相关企业所共同建议的课程设置建立起了专门的课程体系，教师基于岗位标准针对学生的实际情况进行模块化教学和项目教学，对重点理论进行专题辅导，加强提升各项岗位技能，列出任务清单，敦促学生自学和实践完善。一个月之后，学徒进入企业，企业师傅根据岗位标准和幼儿园工作实际带徒实践，跟踪学徒学习质量，同时根据学校教师的相关任务清单，落实检查评价学徒的学业完成状况。“双导师”加强联系沟通，建立随教、随练、随训、随评等机制，合作育人。在这个阶段，任务清单这个校企联系的“纽带”和“桥梁”，在实施和落实上可能出现了以学校为本位的现象，即以学校学科教学为本位，教学质量和效果与任课教师本身的能力、素质、教学与市场需求融合度等息息相关，相关知识体系的构建也深深影响着学徒后期在园的实践过程。随后，学徒进入真实工作环境，主要由幼儿园师傅或者“师傅体系（包含园长、教学副园长、保教主任等）”带领实践，继续发展，体现了企业培养的本位。从设计之初的理想来看，在后期实践过程中，学校教师团队定时定点入园指导学徒，与企业师傅共探共研，落实“双主体”育人是融合学校本位和企业本位的有效途径。

---

① 崔发周．现代学徒制人才培养方案制订的三个问题［J］．职教论坛，2017（19）．

第二、三阶段在这个问题上，我们的思考和做法是“突出了三个取向，即学校放权、学校提出最低标准、幼儿园提升培养自主性”——校方提出以《幼儿园教师专业标准》为蓝本，从专业理念与师德、专业知识、专业能力三大维度出发，在14个领域提出最基本的要求，作为本次学徒制培养的“底线”，强调一切培养过程必须以这个为基础，进而凸显特色。为此，方案中重新修订了人才培养目标，增设职业范围中的就业岗位与职业资格证书相关内容，综合各项指导性文件和幼儿园提出的意见重新修正了岗位基本能力，强调了学徒“录取即下园”，在做中学、做中教、做中求进步的全实践理念。学徒顶岗试用1个月，学校导师团队每周定时定人到企业进行观察和指导，园方师傅依据培养计划倾力帮扶，试用期结束后，考核合格，签订正式聘用合同。随后，根据岗位要求，导师团队和企业师傅持续合作，共同推动学徒在实践中知识经验和能力素质的培养工作。课程体系的建议和参考部分由校方提供，实际指导模块由园方根据办园特色、师资条件自主设计。建立“以校为本，以园为主”的“双标准”学徒学业考核与评价体系，即每学年设定重点考核岗位，学校考核项目由学校导师负责，主要评测学徒相关理论知识学习及运用情况，幼儿园考核项目由园方根据表格中的基础项目，结合自身实际，对学徒进行相关能力的考核。在此基础上，特别增设了幼儿园培养计划项目，凸显幼儿园的文化、特色，是学徒培养个性化的一种体现。在这种模式下，本位似乎偏重于幼儿园(这也是全实践理念的初衷)，但以《幼儿园教师专业标准》为人才培养质量的“基准红线”，以学校各项建议为参考标准，以“双导师”联合育人来解决学徒发展实际问题，较为有效地融合了本位的偏向问题。

二、“理实”课程结构问题

学徒制试点中理论课程与实践课程结构也有可能存在不合理的情况。在过去的课程改革中，过分强调了实践教学，一些学校实践课时达到60%以上。在现代学徒制试点中，一些学校将2/3以上的时间安排在企业学习，弱化了理论教学，时间分配随意性强，不符合产业转型升级的需要。这种企业全程式学徒是与“校园式现代学徒制”相反的另一个极端，学徒很难掌握较为系统的技术基础知识，失去了学徒制的“现代性”①。

这个问题也一直是我们的一个困惑。我们的目标是产出高质量的，实践能力强的，能迅速适应行业、企业用人需求的人才，致力于缩短学生毕业后适应企业实际工作需要的时间，提高人才培养的质量与效率。无论是第一阶段还是第二、三阶段，我们都相当重视实践过程，目的就是希望学徒们能在真实的而非“虚拟”的工作环境中真枪实弹地学习与工作，能主动与这个环境交互，在各种活动和实践过程中不断提升职业素质和能力，实现我们设定的培养目标。

但是，是否弱化了理论知识体系的构建呢？这个问题也值得研究和反思。我们最初的设想是学徒是通过技能高考选拔出来的优质学生，她们在中职已经学习了相关的理论知识。在高职院校其培养目标是提升与完善，或者说用更完备的理论知识体系来武装学生，使学生们以后有打“硬仗”的资本。事实上，学徒是富有差异性的个体，每个中职学校的培养体系又不尽相同，她们的基础是否牢固？适应能力是否都很强？与幼儿园实践的衔接是否存在着断层？我们在第一阶段试图用 1 个月的时间来进行衔接，缩小这种可能存在的沟壑，使其有进入真实环境的准备基础。值得继续深入研究的是，学徒中职时期所建立的理论知识体系和在我校 1 个月内所教授的相关课程以及该课程在幼儿园的实践学习所共同构建的理论知识体系，能否有效支撑学徒长时间的实践过程？另外，在幼儿园中，师傅所教的当然也有理论知识，这种理论知识是即时的、零散的、针对性较强的，但是系统性不够，深度也与企业师傅本身的能力素质有较大关联。

① 崔发周．现代学徒制人才培养方案制订的三个问题［J］．职教论坛，2017（19）．

从目前的实践成效来看，学徒呈现的确实是良好的结果，在职业发展上达到了我们预期的目标，能胜任企业的用人需求并展现了自身的特色（详情见其他章节）。但是，我们仍然要对“理实”课程的科学安排、实施效果、反馈评价做进一步探讨与研究。

三、个性化教学组织形式问题

学徒制是最具个性化的职业学习模式，可以真正实现因材施教。但由于职业院校教师习惯采用班级课堂教学，在“理实一体”的项目教学中一般都没有打破班级教学形式，在现代学徒制试点时又沿袭了这种集中教学形式。突出特征是所有学习者都采用同一套人才培养方案，学习内容和时间顺序基本没有差异。这种以“统一”为特征的人才培养方案失去了现代学徒制的个性化优势，严重影响试点工作效果①。

针对这个问题，我们的想法是：第一阶段，根据学徒遴选情况重新编班，采用集中班级授课制，全体学徒在校学习1个月，随即进入不同的幼教机构中学习、实践，确实是采用了同一套人才培养方案，但是在实践过程中的学习内容和时间顺序因企业的不同而有明显差异。但是，这种差异是可控的，因为所有的学习、工作都围绕着校园共同确定的第一阶段保育员岗位职责来实施，由园所来具体执行。园所执行力很强，因为学徒是她们的“员工”，承担着她们园所的具体工作任务，只不过在一些工作的细节和方法上存在具体差别而已。第二、三阶段，共有3位学徒到3所不同的园所进行全实践，为此，学院和企业共同研制了3套不同的人才培养方案，在《幼儿园教师专业标准》文件精神的指引与约束下，在具体岗位的职责范围内，各人才培养方案的针对性极强，可谓“一人一案”，幼儿园与学徒单线结对，用不同的企业文化熏陶、感染学徒，真正做到特色培养和个性化培养。

---

① 崔发周．现代学徒制人才培养方案制订的三个问题［J］．职教论坛，2017（19）．

我们的反思从实践中确实呈现了个性化教学的组织形式，学徒在就业后的各项表现在高水平、高质量上“百花齐放”，凸显了特色。但仍然要注意“度”，班级授课制与个性化教学，这本身就是教育史上一直存在着争议的问题。在教育教学质量统一所追求的效度和学生的个性化发展程度和趋势两者间，如何取得中间最佳的平衡，不要“非此即彼”，我们的设想与安排是否达到了极致的平衡和最大效益？是否最有利于学徒系统理论知识的掌握和能力个性化持续发展？是否最有利于他们作为一个具有独特气质幼儿教师的综合素质的成熟与进步？这些问题在后续研究中继续开展。

四、企业单方文本问题

企业是与职业院校并行的教学实施单位，而且培养对象是试点企业未来的员工，人才培养方案应该更多地满足试点企业教学需要。但是，目前多数试点专业的人才培养方案与学校本位人才培养方案结构上基本相同，而且一般没有企业实施部分的单独方案①。

对于这个问题，试点的每个阶段处理思路不一样。第一阶段，学院采用共商共制共使用一套方案，并未让幼教机构单独制定方案。但是，企业的实施过程是不同的，是在“大”方案的指导下依据企业自身的发展实际来进行，有着企业“隐性”的方案，这种方案是一种环境、规律、师傅的指导、幼儿园的活动安排等，并未成文，但与前者形成了方案体系，有效地解决了上文提出的矛盾。第二、三阶段，这个问题从形式上得到了根本的解决。学院设定的人才培养方案框架中有四处专项强调由企业来填写。一是招生对象与学制，二是课程体系建设，三是考核、评价方式，四是幼儿园培养计划。并且，后三项即人才培养方案的操作核心，是具体实践的真实蓝本。这也就表明，在形式上，学校本位

① 崔发周．现代学徒制人才培养方案制订的三个问题［J］．职教论坛，2017（19）．

的人才培养方案与企业本位的人才培养方案实现了统一，是集合指导性、操作性于一体的方案文本，不存在学校一本，企业一套，校企脱离的情况。这样的设想和安排效率高、融合性强，突出了企业的需要，在形式和内容上形成了整合的、可操作的纲领性文本。

五、有效监督问题

不少试点单位随意调整人才培养方案，实际教学活动与方案是“两层皮”。尽管试点工作方案可以边研究边完善，但应充分尊重人才培养方案的权威性和科学性，对方案的任何调整都应该有严格程序和科学依据，否则就无法通过试点发现现实条件下的现代学徒制规律。关于这个问题，我们在实践中秉行了双主体严格执行，互相监督；双导师互相配合，建立信息沟通渠道；落实调研、会议研讨制度；落实反思、诊改制度；落实及时调整和最终修订制度等原则有效地解决了此项问题。

第四章　联合招生招工方式

第一节　双向联合“招生即招工”方式

高职院校与企业开展现代学徒制改革是国家发展高职教育、推进校企合作的一项重要举措。随着市场经济的不断完善，高等职业教育为了适应社会发展，服务区域经济建设的需要，正大力推进办学模式和人才培养模式的改革，努力探索校企合作的办学机制。加强校企合作、工学结合是高等职业院校实现人才培养目标、彰显办学特色、提高教学质量的重点。推进以招生招工一化改革为基础的现代学徒制试点工作，强调高职院校要与企业深度合作，其主要目的是培养出尽可能与企业的需求“零距离”的人才。

“招生与招工”双向联合一体化是开展现代学徒制试点工作的基础。坚持双主体育人、学校教师和幼儿园师傅双导师教学，形成学校和幼儿园联合招生、联合培养、一体化育人的长效机制，从而形成合作共赢，职责共担的良好局面。

一、高职院校现代学徒制联合招生现状分析

在我国，各地省市一些高职院校已经开展“现代学徒制”试点，并已经初显多种类型。在招生与招工上，有面向学校生源的，有面向企业生源的，有基于校企合作的，也有基于职教集团的。我国在现代学徒

制推进的过程中，还没有完整成型的运行方式和规范的管理制度。笔者针对高职院校招生与招生方式所出现的问题进行以下现状分析。

1. 重视程度不足

目前我国现代学徒制模式下高职院校与合作企业间普遍存在企业重视程度不足的问题，尤其是校企联合招生招工项目推行期间，过于依赖学校力量，对于招生招工各个细节环节的重视程度有待提高。同时，部分高职院校招生时一味沿用传统招生模式，促使合作企业无法全面参与，难以履行其自身应尽的职责及义务，导致合作参与人才培养项目，无法充分发挥其引领作用。此外，极个别合作企业无法与高职院校间共同制定极具校园特色或企业特色的招生政策，不存在招生区域针对性，反而影响招生工作质量，削弱项目开展的积极性及主动性。

2. 参与热情低

现代学徒制模式下校企联合招生招工中各种问题频频发生，例如：学生参与现代学徒制项目的积极性远远不足等，促使大量学生趋向选择传统人才培养模式，阻碍校企联合招生招工各项工作有序开展。职业院校受现代学徒制相关项目规模较小的影响，往往不具备独自完成人才教学的能力，不利于项目深入途径，直接或间接影响最终人才培养质量。即便近几年来我国高职院校广泛推广现代学徒制人才培养模式，但是其项目普及度较差，学生无法产生安全感，出现信息支持度远远不足或保留观望状态的情况。同时，校企联合招生招工所指定的就业协议不同程度上约束学生日常行为，无法满足其多样化工作需求。

3. 管理力度分散

受高职院校及企业间所招收学生来源存在着明显差异性的影响，二者间逐一出现管理分散的情况。通常情况下，高职院校所招收的学生普遍为经过高考的高三毕业生，此类学生率先于高职院校内开展 2 年以上专业学习，再进入合作企业中进行学徒学习，而合作企业所招收的学生普遍为符合岗位招聘要求的职工，二者间综合素质水平及工作能力均存在着明显差异性。同时，合作企业所招聘的职工以完成企业工作任务为前提条件，提倡灵活利用业务时间进行专业学习，而高职院校进行专业教学时往往深受缺乏专业人才管理策略及管理手段的影响，无法保证总体教学质量，导致考核不合格情况频频发生。

虽然在发展过程中呈现出多元化的发展趋势，但是按照国家政策要求，坚持校企招生招工一体化（即招生即招工、招工即招生）的模式才能使我国现代学徒制试点取得成效和实效的重要方式。

二、高职院校学前教育专业招生与招工困难

自 2014 年颁布《教育部关于开展现代学徒制试点工作的意见》以来，全国共有上百所职业院校参与现代学徒制试点，标志着我国现代学徒制从理论探讨进入实践阶段。我国在试点过程中取得了一定进展，但也凸显了许多问题，尤其是基于目前国家大力发展学前教育，需要一批高素质高素养的幼儿教育人才。国家对人才培养提出更高要求，既要有扎实的专业技能，精通教育教学理论知识，又要有专业综合能力和教育教师实践能力，需要一批优秀的幼儿教师、亲子指导教师和专职的保育员，充实到学前教育的师资队伍中。这为学前教育专业发展提供了契机，也是学前教育专业课程改革发展的切入点。学前教育专业以课程改革为发展契机，顺应国家教育及人才培养需要，改革并发展了现代学徒制。

校园合作是实行学徒制的一种有效方法，使学校、幼儿园、教师、学生合为一体，是实现职业教育外在价值的最直接最好的途径，这种“工”与“学”的交替，将工作与学习相融合的教育模式的建构和发展，是新形势下职业教育本质特征赋予现代学徒制新的意义。一般是院园共同负责培养，院园共同制订培养方案，各司其职、各负其责、各专所长，分工合作，从而共同更好地完成对学生的培养。

但是，笔者经过资料查阅以及到企业（幼儿园）实地考察、同院校学前教育专业相关学生进行访谈，对于高职院校学前教育专业招生与招工遇到的实际困难进行梳理和研究，发现存在以下方面问题：

（一）学校热、企业（幼儿园）冷，招生招工的方式和需求难达一致

现代学徒制是一项新生事物，招生与招工一体化是开展学徒制试点工作的基础。“招生即招工、入校及入园、校企联合培养”是国家和地方政府大力推行的，但现实中，在企业（幼儿园）中的知晓度不够，政府相关配套政策不多，政策落实存在一定困难，企业（幼儿园）参与的积极性也就不高。在选择企业（幼儿园）进行学徒试点合作时，学校需要花大量时间对企业（幼儿园）进行宣传和沟通。即使有幼儿园愿意合作，但要把现代学徒的内涵落实到位，尤其是将招生与招工的方式和形式、学校和企业（幼儿园）的需求等如何达成一致仍需要花费大量时间和精力。另外，好的公办幼儿园对合作培养对象要求非常高，很多公办幼儿园不希望过多的实习生或不优秀的实习生到其幼儿园实习，一方面幼儿园缺少幼儿教师，但园方不希望实习生破坏或影响她们的工作秩序，因此选择合适的企业（幼儿园）成为合作对象很重要。

（二）公办幼儿园对于学徒薪酬保障难以实现

由于受到体制和政策约束，公办幼儿园参与和开展现代学徒制项目时，无法给予学徒在薪酬和购买人身保险等保障方面有所帮助和支持，因此校内学生从实际情况多方面考虑，虽然前期会在进行现代学徒制问卷调查时产生意向，但后期在进行招生招工面试后会出现退出现代学徒制项目的情况。在私立幼儿园中却不会出现以上困难。

（三）学生和学生家长对专业知识和技能学习存在担忧

现代学徒制的开展对象一般都是一年级进校学生，参与学生存在一些顾虑，比如一是怕失去择业选择权；二是怕沦为企业（幼儿园）的廉价劳动力。一些学生认为到企业（幼儿园）学习或工作，为企业

（幼儿园）创造了价值，而企业（幼儿园）不给工资或给的工资比市场少很多，成为了廉价劳动力；三是怕不能继续升学，许多学生担心学徒制影响升学，许多家长也考虑到孩子经过高考进入大学校园以后，一旦参与学徒制项目，是否会耽误学习时间，甚至有些家长误解学徒制就是去企业（幼儿园）打工，因此在进行招生招工面试时包括后期通过面试，有意向学生同家长沟通以后，多数家长不了解情况会加以阻拦和制止，此种现象不利于现代学徒制项目的开展和运行。

（四）企业（幼儿园）家长对学徒的专业性存在疑虑

许多学徒进入到幼儿园以后，被分配到各个班级中进行跟班学习，参与到对幼儿的班级管理和保育照顾等工作中，幼儿和幼儿家长对于新到来的老师存在一定的适应期，尤其是幼儿家长，看到缺乏经验的学徒生管理和照顾幼儿，对学徒生的专业知识和保育技能等方面存在疑虑，可能会考虑让幼儿园将学徒换到其他班级中去，这实际上非常不利于现代学徒制的开展。

总之，我国学前教育专业现代学徒制自主试点实践近几年才兴起，针对于自主试点实践的研究还少之又少。通过实践证明现代学徒制的招生招工人才培养方式是有成效的，针对自主试点现存的问题园校双方应该积极配合，努力完善现代学徒制人才培养模式，使其更加规范化，努力构建出具有中国特色的现代学徒制。

第二节　学前教育专业现代学徒制招生与招工的实施

武汉城市职业学院是由原武汉市第二师范学校幼师部和武汉市幼儿师范学校合并发展而来，具有 116 年的办学历史。学前教育学院有着 70 多年学前教育办学经验，已经形成了较强的区域幅射力和社会影响力。

根据现代学徒制试点要求和学院办学实际，招生与招工实施历经三个阶段：第一阶段，即确定招生与招工对象；第二阶段，即选拔学徒制卓越人才；第三阶段，同用人单位合作签约与实施。

一、第一阶段

（一）明确现代学徒制意义，研究确定招生与招工对象

现代学徒制是传统学徒培训与现代职业教育相结合，以“招工即招生、入企即入校、企校双师联合培养”为主要内容的校企联合人才培养机制，是产教融合的基本制度载体和有效实现形式。在现代学徒制人才培养机制中，学徒具有双重身份，他们既是学校的学生，也是企业的员工。

学院学前教育专业现有多种学制形式，如中专、五年一贯制、高中起点大专、高职起点大专、“3+2”中高一体化衔接、“3+3”技能高考等。其中，“3+3”技能高考学生在中职阶段已经学习过相关专业课程，并且已经取得了幼儿园教师资格证书，具备一定的专业素质和技能，本身就具有入职的基本资格，通过严格的通识和专业考核进入高校，在各项技能方面比其他类型的学生更具基础和潜力，艺体素养和能力较强，整体表现比较活跃。经综合考虑，最终确定学前教育学院 2016 级技能高考班学生为学前教育专业现代学徒制联合招生招工对象。

（二）以开展问卷调查方式，落实意向学生数量

学院于 2016 年 11 月 23 日对学前教育学院 2016 级技能高考班 174 名学生进行问卷调查，通过制定“学生专业学习方法和能力、学习上的困难和困惑、对现代学徒制的认识和了解以及未来就业方向的规划和目标”等方面内容通过问卷星进行调查，最终调查结果共有 129 人愿意参加“现代学徒制”卓越班级的实践，占比 74. 13%。针对 129 名学

生的宣讲动员大会，推进招生即招工工作的开展。

（三）召开学前学徒制宣讲动员大会

学院在明确2016级技能高考班学生为学前教育专业现代学徒制联合招生招工对象以后，2016年12月6日立即组织召开现代学徒制卓越班项目宣讲会（见图4-1）。学院领导详细介绍了现代学徒制项目的教学模式，人才培养实施方案，项目优势以及工作学习中的津贴补助措施，并且针对学生关注的问题进行进一步的回答。同时强调现代学徒制卓越班的学习模式对学生未来发展的有利影响，学徒制一方面能够提升学生知识技能，为毕业后的就业增强自身竞争力。另一方面也是为更好地将提高职业技能和培养职业精神高度融合，为培养学生的社会责任感、创新精神、实践能力提供更好的帮助和指导。宣讲会结束后，学生们与老师进行了更加深入的沟通与交流。

图4-1　学前教育学院召开现代学徒制卓越班项目宣讲会

此次宣讲会采取自愿报名的形式，计划招收20人，该班将是学院首次“现代学徒制”育人模式的新尝试，为了更好地开展学前教育专业下“现代学徒制”教学，学前教育学院专门组建了一个教学班级，配备一名专职辅导员和一名班主任，具体负责班级的管理工作。

二、第二阶段

（一）根据招生招工方案，发布招生信息

2016年12月1日，学前教育学院公布“学前教育专业现代学徒制”特色班级招生方案并接受学生报名，同时报武汉城市职业学院教务处备案。

1. 报考条件

考试成绩在班级排前25名，在绘画、播音主持、表演、器乐、声乐、体育等方面具有一定的特长，获得相关考级证书，或参加国家、省、市比赛成绩优异的同学优先选拔。

2. 面试内容

（1）准备声乐、钢琴器乐、乐理视唱练耳等考核。

（2）简笔画命题考核。

（3）舞蹈考核。

3. 报名及面试安排

（1）2016年12月2日开始，有意向的学生向班主任报名并填写“学前教育专业现代学徒制”卓越班级报名登记表，报名截止时间：2016年12月7日。

（2）面试时间：2016年12月9日，学生凭报名表参加面试。

（3）面试地点：艺术楼会议室。

（二）组织安排面试考核，选拔学徒制卓越人才

武汉城市职业学院作为武汉市学前教育职教集团的理事长单位，是以学前教育专业为纽带，利用武汉城市职业学院学前教育专业湖北省品牌专业的引领地位，以武汉市相关中等职业学校为基础，政府主导、行

业指导、企业参与的职业教育办学联合体。充分利用该集团在优化学前教育资源配置、促进职业院校和行业企业紧密结合、优势互补、合作共赢方面的优势；搭建学前教育专业人才成长立交桥，最终在与职教集团所属幼儿园进行深度沟通后，前期确定了八所幼儿园。

1. 现代学徒制合作企业（幼儿园）及园所简介

（1）武汉东湖新技术开发区清江山水幼儿园。

武汉东湖新技术开发区清江山水幼儿园（亿童幼教机构清江山水幼儿园）建园于2012年8月，12个班级规模，占地面积3320m^2，户外面积1800m^2，班级活动区面积为100m^2，2013年园所在册幼儿已达330人。园所秉承着“以爱以真、育善育美、儿童为本、止于至善”的教育理念在两年内创建成为武汉市一级园。2015年成为武汉城市职业学院人才培养基地、华中师范大学幼儿教育精品课程合作园、武汉市东湖新技术开发区学前教育发展共同体区域创设项目牵头园、武汉市学前教育发展共同体区域创设项目核心园。

（2）武汉市武昌区南湖江南庭苑幼儿园。

江南庭苑幼儿园地处南湖社区——江南庭园小区内，是武昌区教育局直属的市级示范幼儿园。占地面积1643.74平方米，户外活动场地560.41平方米，并设有大型玩具和活动操场，是孩子们游戏、成长的乐园。幼儿园本着“资源整合、合力育人”和“幼儿园、社区教育资源多向互动”的办园思想，围绕“清新蕴童真，自然育成长”办园理念力争把幼儿园建设成为区级“园本管理的示范、课程改革的基地、幼教行业的典范、市一级园交流的窗口”。

（3）武汉市武昌丁字桥幼儿园。

武汉市武昌丁字桥幼儿园开办于1992年，属于武昌区教育局公办园，2014年被评为武汉市示范性幼儿园。“自然习得 启问求真”是该园理念，“融于生活的科学”是该园的办园特色。

（4）武汉市洪山区保利和乐安吉拉幼儿园。

武汉市洪山区安吉拉幼儿园，后更名为保利和乐安吉拉幼儿园，该园秉承“和乐”教育理念，始终以“蒙养·乐养·慢养”的教育态度，以“和乐成长，方圆自在”的儿童观、“陪着孩子慢慢成长”的家长观、“做孩子成长的阳光、空气和水”的教师观三位一体的教学模式，为周边社区家长服务，促进幼儿健康和谐发展。

（5）武汉市洪山区实验幼儿园。

洪山区实验幼儿园地处碧水环绕的自然生态大型社区——丽岛花园小区内，是一所投资大、起点高、设施全、质量优的现代化幼儿园，幼儿园占地面积4200平方米，建筑面积4400平方米。2006年2月以民办体制成立（洪山区街道口幼儿园丽岛分园），2014年9月转为公办体制（更名为洪山区实验幼儿园）。

（6）武汉市洪山区街道口幼儿园。

武汉市洪山区街道口幼儿园（1960年）前身是洪山区政府机关幼儿园，1989年归属于洪山区教育局。幼儿园坐落在美丽的珞珈山下，迷人的东湖之滨，与武汉大学比邻，传承着厚重的教育文化。各届领导班子发扬“继承、发展、超越”的精神，逐步形成了“创造适宜的教育，促进每个孩子全面和谐的发展，提供优质的服务，满足每个家庭的不同需求”的办园宗旨，以“寻真蕴爱　悦享成长”为办园理念，以“健康、向上、灵动、幻想、执着”为培养目标，以“探索发现 创新表达”为课程特色。先后被评为“湖北省示范家长学校”、“湖北省绿色学校”、武汉市“教师队伍建设年”教师工作先进单位、“武汉市学前教育工作先进集体”、“武汉市第三届群众满意学校”。

（7）武汉市武昌区南湖康乐幼儿园。

武昌区教育局康乐幼儿园坐落在美丽的南湖湖畔，占地面积3078平方米，1998年建园以来，康幼团队秉承“童眼看世界、童真育自主”的办园理念，大力实施“明德、求实、民主、创新”乐明管理，精心打造“文明、勤奋、协作、创新”乐慧团队，积极开展“游戏萌趣、游戏激思、游戏启智、快乐成长”乐怡教育，营造“自信、和谐、进取”园风，努力打造自主体验教育特色，朝着“专业、精优、特色、活力”南湖名园的工作愿景不断努力。近年来，带领教师参加国家、省、市、区比赛活动，获一、二、三等奖300多次。

（8）武汉市武昌区长江紫都幼儿园。

武昌区长江紫都幼儿园成立于2015年4月，隶属于武昌区教育局，是武昌区教育局2015年南片重点建设的新园，也是武昌区对外展示学前教育发展水平的窗口单位。园所坐落于白沙洲长江紫都小区四期紫荆苑旁，全园占地面积3782平方米，该园秉承“顺天致性、乐玩致远”的办园理念，以“乐玩文化”为引领，挖掘“在生活中发展，在游戏中成长”的园本课程内涵，合理规划、巧妙设计幼儿生活、游戏空间，营造乐玩环境、构建乐玩课程、孕育乐玩儿童、打造乐育团队，深入创建乐玩品牌特色，全面实现“真情景、全体验、愿自主、乐成长”的教育目标，努力成为真正促进幼儿成长的——一所“好玩的幼儿园”！

2. 开展现代学徒制卓越班面试

通过前期学生调研确定学生报名意向，到中期确定8所学徒制合作幼儿园，2016年12月9日上午，学前教育学院在艺术楼会议室开展现代学徒制卓越班面试工作。面试会由来自清江山水幼儿园、江南庭苑幼儿园、丁字桥幼儿园、安吉拉幼儿园、洪山区实验幼儿园、街道口幼儿园、康乐幼儿园、长江紫都幼儿园共8所幼儿园的负责人通过学生自我介绍、面试答辩、技能考核最终确定合格人选（见图4-2）。

三、第三阶段

（一）确定“现代学徒制卓越班”学生名单

前期第二阶段经过8所幼儿园负责人共同面试考核，一共有19名学生通过层层选拔确定为“现代学徒制卓越班”学生。具体名单如下：

图 4-2 学前教育学院召开现代学徒制项目招生面试

“现代学徒制卓越班”学生名单

序号	幼儿园	班级	姓名
1	武汉市清江山水幼儿园	1601	丽君
2		1602	炜秋
3	武汉市武昌区南湖江南庭苑幼儿园	1601	小惠
4		1601	小丽
5	武汉市武昌丁字桥幼儿园	1601	思宇
6		1603	小阳
7	武汉市洪山区安吉拉幼儿园	1604	晨明
8		1604	梦丹
9		1604	小银
10	武汉市洪山区实验幼儿园	1601	四妹
11		1601	小旭
12		1604	沁怡
13		1604	丹妮
14		1604	安妮

续表

序号	幼儿园	班级	姓名
15	武汉市洪山区街道口幼儿园	1601	传美
16		1602	小敏
17	武汉市武昌区南湖康乐幼儿园	1601	若兰
18	武汉市武昌区长江紫都幼儿园	1603	小玉
19		1603	小艳

（二）举行现代学徒制签约仪式

2019 年 12 月 19 日，武汉城市职业学院学前教育专业现代学徒制签约仪式在艺术楼会议室举行。学院领导和来自清江山水幼儿园、江南庭苑幼儿园、丁字桥幼儿园、安吉拉幼儿园、洪山区实验幼儿园、街道口幼儿园、康乐幼儿园、长江紫都幼儿园 8 所幼儿园的负责人、19 名学生共同出席签约仪式（见图 4-3）。

图 4-3　学前教育学院现代学徒制签约会

（三）现代学徒制毕业生后期跟踪调研

为了对曾参加过学前现代学徒制的毕业生进行后期跟踪调研，课题组通过问卷的形式对前期参与此项目的 19 名“学徒制毕业生”在工作岗位中的实际情况进行调查和研究。由于学徒制学生毕业后分布在各地进行工作，本次调查问卷利用互联网以手机软件“问卷星”的形式进行发放，发放问卷 19 份，收到有效问卷 18 份。

问卷内容包括学生在开展学徒制学习之前的班级信息，班主任与辅导员情况。如前文介绍，本次回收有效问卷 18 份，这 18 位同学均来自于学前教育专业技能高考班级。平均分布在 16 级 4 个技能高考班中，说明在技能高考班级中现代学徒制的教学模式和招生招工情况基本持平，且平均分布。

通过调查问卷发现，参与现代学徒制的学生在学徒制幼儿园主要是参与跟岗观摩、理论培训，实习实践、参与园所工作和独立带班。通过调查数据发现，这 18 名学生毕业后的就业单位分布为：12 名学生在公立幼儿园就业；3 名学生选择继续深造，通过专升本考试，到本科学校继续学前教育专业的学习；2 名学生在私立幼儿园就业；1 名学生选择在学前教育相关领域独立开展创业工作（见图 4-4）。

从有效数据分析得出，毕业生就业形势乐观，大部分毕业生具备幼儿园教师基本素质，取得教师资格证书，具备一线教师的水平，得到公立幼儿园的认可。学生的专业素质和综合能力得到显著提升，这 12 名在公立幼儿园就业的学生中有 8 名被武汉市江岸区实验幼儿园选中，说明人才培养质量得到了公立幼儿园的一致肯定，3 名学生通过现代学徒制学习，深受启发，决定在毕业后继续选择学前教育专业的继续深造学习，弥补自己在幼儿园工作学习中的不足，将一线实践中的问题与困惑带到学校带到教室，继续提升自己的就业能力，为后面的就业与继续深造打下良好基础。2 名学生选择在私立幼儿园工作，学生反映私立幼儿园具有其独特的优势，说明现代学徒制在人才培养方式方面的优势也得

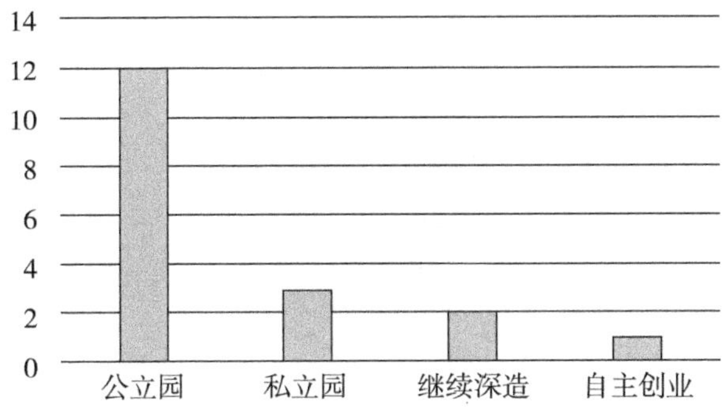

图 4-4　18 名毕业生的就业单位分布图

到了私立幼儿园和幼教机构的肯定。1 名学生进行学前教育专业相关领域的自主创业，该学生表示通过现代学徒制的学习，学生对于学前教育专业的一线工作情况和教学方式方法等一系列问题都有了全面的接触和认识，相对于常规的学前教育专业人才培养方式的学生，该学生可以更快了解学前教育专业的工作概况和就业市场，所以她决定自主创业。这 18 位毕业生都选择继续从事学前教育工作，并且得到了本科高等院校学前教育专业的考核和面试、公立幼儿园的考核和录用，私立幼儿园的青睐于认同，和自主创业的勇气与魄力，说明这 18 位孩子具有很强的就业竞争力与职业认同感。

通过调查数据分析，毕业生在就业第一年内，在职业能力与认同感、尊重和了解幼儿身心发展与个体差异、重视保教结合、个人修养与行为、幼儿发展知识、幼儿保育与教育知识、通识性知识、环境的创设与利用、一日生活活动的组织与保育、游戏活动的支持与引导、教育活动的组织与实施、激励与评价、沟通与合作、发展与反思，以及所有一线卓越幼儿园教师的必备技能等方面，数据主要出现在好与较好选项当中。这与 18 名毕业生就业形势乐观成正比（见图 4-5）。

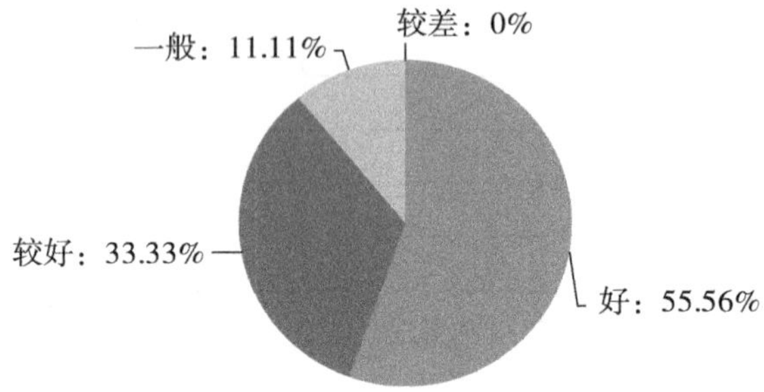

图 4-5　18 名学徒制学生工作能力自评数据

（四）现代学徒制项目招生招工最终实施情况介绍

前期，根据学生自主、自愿的原则，在一年级学生中遴选 19 名“3+3”技能高考类型学生，与 8 家优质合作企业（幼儿园）进行了双向选择，达成了现代学徒制项目开展的合作意向。开展过程中，受到企业（幼儿园）对于学徒薪酬发放的体制制约、学徒在园跟岗学习实际问题等困难，部分企业（幼儿园）和学徒退出。后期学院通过沟通宣传以及第二轮招生招工面试，将“湖北省省直机关第三幼儿园”纳入合作企业（幼儿园）中，最终确定“湖北省省直机关第三幼儿园（公立）、武汉市武昌丁字桥幼儿园（公立）、武汉市洪山区安吉拉幼儿园（民办）”作为学院学前教育专业现代学徒制项目试点合作企业（幼儿园），15 级技能班佳琦、16 级技能班传美、思宇三名学生成为幼儿园学徒。2018 年 6 月，佳琦毕业，传美、思宇两名学生坚持完成了此项目。

与前期的 19 位现代学徒制学生的学习情况不同，其中 16 级技能班传美、思宇是从这 19 位前期的学生中选择继续完成现代学徒制学习的。针对这两位孩子的学习年级、各自专业学习特点，我们又从前期的 6 所幼儿园中选择了继续与我们幼儿园合作的两所幼儿园——武汉市武昌丁字桥幼儿园（公立）、武汉市洪山区保利和乐安吉拉幼儿园（民营），这两所幼儿园一所为公立幼儿园、一所为私立幼儿园。在课题研究和人才培养方面，它们都非常具有代表性。而15级技能班佳琦同学不在前期参与现代学徒制学习的19位学生中，为新加入的一员，学院根据幼儿园的需求和学生的自身情况，选择了湖北省省直机关第三幼儿园作为现代学徒制合作幼儿园。

3位毕业生通过完成此次项目，均得到学徒制幼儿园的一致肯定，通过后期毕业生就业调查跟踪问卷发现，15级技能班佳琦完成湖北省省直机关第三幼儿园的学徒制项目毕业后，顺利考取了事业单位编制，获得第一名，回生源地的黄石机关幼儿园就职。说明佳琦同学通过此项目的学习，专业能力得到了肯定。16级技能班的传美、思宇两位同学则通过学徒制培养，获得了培养幼儿园的高度评价，顺利在幼儿园继续就业。

1. 现代学徒制项目三所（企业）幼儿园简介

（1）湖北省省直机关第三幼儿园（公立）。

湖北省省直机关第三幼儿园，原名湖北省省直机关第三保育院，创办于1955年，于2011年正式更名，2019年8月调整为公益一类事业单位。省直三幼是湖北省、武汉市首批示范性幼儿园，本着“保纯真童心、育健全人格”的办园理念，该园一直倡导“精细化保育、专业化教育”的服务文化，滋养“善观察、乐交往、会表现”的完整儿童，为省直机关职工及周边居民3~6岁的幼儿提供优质学前教育服务，使其成为合格的社会小公民。厚重、大气、专业是省直三幼的办园底蕴和品质，在幼教界享有较高声誉。从1985年起，连续15年获得“湖北省学习型基层先进党组织“湖北省幼儿园园本研究先进单位”“湖北省影子教师培训先进单位”　“武汉市学前教育先进集体”等荣誉；是省、市、区三级园本教研优秀园；是市、区两级课程改革先进园及卫生保健示范园；是湖北省幼儿园A级食堂；是国际幼教同仁和省内学前教育的实习实训基地园

（2）武汉市武昌丁字桥幼儿园（公立）。

武汉市武昌丁字桥幼儿园开办于1992年，属于武昌区教育局公办

园，2014年评为武汉市示范性幼儿园。“自然习得 启问求真”是该园理念，“融于生活的科学”是该园的办园特色。幼儿园的科学教育非常出色，这两年又新开发了幼儿园足球特色项目，得到武昌区教育局的大力支持，聘请外教对孩子进行常规训练，并且定期参加幼儿园足球比赛。

（3）武汉市洪山区安吉拉幼儿园（民营）。

武汉市洪山区安吉拉幼儿园，后更名为保利和乐安吉拉幼儿园，该园秉承“和乐”教育理念，始终以“蒙养·乐养·慢养”的教育态度，以“和乐成长，方圆自在”的儿童观、“陪着孩子慢慢成长”的家长观、“做孩子成长的阳光、空气和水”的教师观三位一体的教学模式，为周边社区家长服务，促进幼儿健康和谐发展。

2. 现代学徒制项目参与学生、时间、地点安排

（1）学生：佳琦、思宇、传美

（2）时间：2017年10月9日—2017年11月9日（学徒试用期）

2017年11月10日—2019年6月30日（思宇、传美学徒期）

2017年11月10日—2018年6月30日（佳琦学徒期）

（3）地点：佳琦——湖北省省直机关第三幼儿园

思宇——武汉市武昌丁字桥幼儿园

传美——武汉市洪山区安吉拉幼儿园

3. 现代学徒制项目班级学生特点和存在的问题

该项目自启动以后，经讨论研究由学院向华老师担任班主任，主要负责学徒和企业（幼儿园）之间沟通回访、专业学习和专业引导等相关事务，李锴老师担任其辅导员，主要负责加强对学徒日常管理和安全管理。结合后期的毕业生跟踪问卷结果，我们总结出以下几个关键点：

（1）班主任、辅导员通过班级建设和班级管理发现，参与现代学徒制项目的大部分学生都具有较明确的职业生涯规划，他们普遍认为有

意识地加强幼儿园的实践学习，能更有效地促进学前教育专业的学习。

首先，与常规学前教育专业学生相比，他们认为通过在校学习与顶岗实习，对今后的职业方向更为清晰，能够在理论学习与实践操作中有意识地提升个人职业素养。通过调查问卷，我们总结得到“幸福感”“热爱这份工作”“看到孩子进步”这些语言是出现得最为频繁的。说明现代学徒制学习给予这 19 位孩子在正能量支持与职业认同感方面的影响非常大。

在开展学徒制实践期间，由于学徒生有更多面对孩子的机会，在受访问卷中，在“尊重幼儿”这一选项中，出现较为频繁的词汇是“个性”“发展规律”“个体差异”。这也是学徒生在幼儿园实践当中的重要收获。在“教师个人修为”这一选项中，教师普遍发现所在园的老师的言传身教比书本上的知识更能够让自己了解到个人修为在幼儿园教师中的重要性。

其次，与普通高职学生相比，现代学徒制下的学生对课程学习有明显的偏好，对实践教学表现出浓厚的兴趣，对理论学习的热情较低。例如，通过问卷发现，学生在幼儿发展知识、幼儿保育和教育知识、通识性知识三个答卷中，出现较为频繁的词汇为“相对较弱”，与书本知识学习有一定差距，知识学习不够系统，有待提高。在判断性选项方面，多为较好和一般选项。说明现代学徒制学生认为在理论学习方面与常规的学前教育专业学生相比还是存在明显的滞后。

通过后期的访谈发现，由于不同于常规的全日制学习中教师的全方面管教与约束，以及年龄和心理成熟度上的不足，现代学徒制学生在遇到幼儿园的工作和学习困难时会选择逃避，因此学习意志不坚定、理论学习欠缺，但专业技能水平和职业素养要明显高于普通高职学生。专业技能水平和职业素养方面的知识积累，也只是其在中职学习的收获，在现代学徒制幼儿园学习中并没有太多提高。

有部分同学表示，在参与现代学徒制学习期间，由于大量课余时间在企业顶岗实习，没有时间参与社团活动、校内比赛活动等，自由时间较少，因此对学校培养学生的人际交往能力和组织协调能力会产生一定影响，这也是在人才培养模式中如何弥补大学通识教育和博雅教育缺失，应该重点讨论的问题。但从另外一个方面说，由于学生参与此项目的工作性质，其在企业（幼儿园）所面对的人际交往能力和人际关系的处理又不一样，面对领导、同事、家长的人际交往能力和人际关系的处理对于常规人才培养的学生来说，有一定的优势。

通过对 19 位参与现代学徒制人才培养项目学生的后期调查问卷发现，在“参与现代学徒制试点班级培养的毕业生在就业选择面和综合竞争力方面与普通班级培养的毕业生相比是否更具优势”这一选项中，有 33. 33%的学生认为参与现代学徒制比在校学生在工作经验方面具有优势，对待幼儿更加得心应手，也更加熟悉幼儿园相关业务工作，对于将来的工作很有帮助。有 55. 66%的学生认为通过现代学徒制项目学习，在各项幼儿园工作中实践能力明显变强了，也提高了组织活动的能力，丰富了职业经验，比在校常规人才培养方式的学生更加有优势(见图 4-6)。

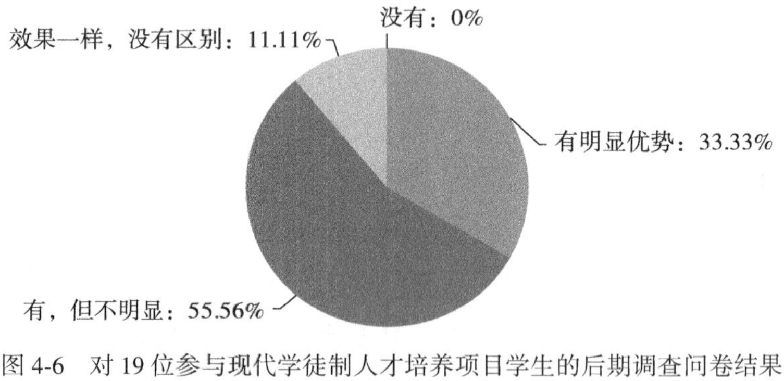

图 4-6　对 19 位参与现代学徒制人才培养项目学生的后期调查问卷结果

通过问卷，我们也可以获得以下信息。在受访问卷中，大家都认为常规的学前教育专业人才培养中的理论知识和直接经验的结合更能够理解理论知识的实质，例如更好地进行学前卫生学、学前教育学、学前心理学、学前儿童活动设计等学前教育专业的核心课程，但由于现代学徒制人才培养方式中对于理论知识的讲授与学习时限不足，受访学生普遍认为大学课程的缺失这一点相较于在校学生会削弱很多，大学课程包括公共基础课程和专业基础课程。这些课程的缺失导致学生在人文素养、综合能力等方面后劲不足，因此认为现代学徒制优势不明显。有11.11%的学生认为现代学徒制项目相较于常规的现代学徒制人才培养没有太大的区别，认为在校三年应该花更多的时间在提升个人的技能和专业优势方面。例如利用更多的时间进行钢琴、声乐、舞蹈专业的学习，会对未来的职业发展更加有利。

（2）针对现代学徒制项目学生的特点，笔者发现在对学生进行教育管理中会出现以下问题：

一是学生身份的转变以后，学生平时和寒暑假都要去企业（幼儿园）实习，开学要在学校上课，要适应双重身份的频繁转换，大部分学生对这种适应性较差，导致学习与工作的积极性不高，增加了班主任和辅导员教育管理工作的难度。常规的教学管理方式行不通，企业的职工管理方式也存在盲区。面对这一情况，就更需要班主任和辅导员在学生管理方面走进学生，关注孩子的内心。因为相较于其他常规学习的学生，学徒制学生往往都是只有两位同学在一个幼儿园工作，而又因为学徒制的教学特点，往往在一个班级中只有一位学生在学徒制师傅的带领下学习。学生缺少同龄学生的陪伴，心理素质还不完善，容易发生学习生活状态的起伏。

在获得的18份问卷当中发现，在遇到的最大困难方面有的学生表示，在开展学徒制学习中，因为一人一岗，进行交流的机会不多，碰到疑难问题无人指导，人文类和综合基础知识方面缺少系统的学习，由于边学习边工作，在独立带班期间压力会比较大。而在“与常规学生优势比较”这一选项当中，选择“有、但不明显”的占55.56%，出现最为频繁的词汇为“理论学习不足”，这与学生访谈的结果相吻合。

二是学生心理和情绪起伏较大，特别是在现代学徒制模式下，学生既要面临学习压力，又要承受工作压力。结合问卷调查结果，具体来说就是由于在幼儿园进行学徒制学习，常常面临学习时间不足，又由于幼儿园工作的灵活性和时间的不确定性，往往导致初到幼儿园的学徒制学生学习压力较大。与此同时，幼儿园工作具有劳动对象的主动性和幼稚性，在幼儿教师的常规工作中，劳动的对象是幼儿。幼儿是一个独立的主动发展个体，幼儿具有主观能动性，他们主动选择和接受外界环境的影响，从而形成自己的认知结构。并且，幼儿具有不成熟性。幼儿发展的水平不高，幼儿的身心发展以及身体各机能各系统发展尚不完备。他们刚能独立地行动，正在学习用语言表达自己的愿望和感情，思维的发展还处在具体形象的阶段，知识经验还很贫乏。保教结合是我国幼儿园教育中一项特有的原则，因此，初到幼儿园的学徒制学生既要照顾幼儿的吃喝拉撒等各个方面，又要教给幼儿粗浅的知识。幼儿本身就像“一颗细嫩的芽”，所以，幼儿教师的劳动任务既全面又非常细致。

面对如此高压力的工作状态，在缺少专业知识和专业训练的同时，学生往往会产生落差感，面对理想与现实之间的差距，其心智发育尚未成熟，缺少同龄学生的陪伴，容易自暴自弃。加上学生在企业（幼儿园）接受的价值观可能与自身价值理念存在差异，容易出现心理失衡，甚至没有归属感和成就感的心理状态，增加了对教育管理工作的难度。

4. 现代学徒制项目班级管理相关措施

根据现代学徒制项目班级学生特点和存在的问题，学院在项目实施前期就制定和完成了针对现代学徒制项目学生日常管理制度和学生管理安全预案。

（1）现代学徒制项目学生日常管理制度

①加强领导，提升质量，保障有力，明确了班主任和辅导员是学徒管理工作的第一责任人。明确了管理责任，包括六个方面内容：制定总体规划、学年计划、规章制度并组织实施；组织开展各项教育活动；学校老师和幼儿园师傅的双导师的管理，建立健全班会、学习、考核和奖励制度；学徒在校学习、下园工作、生活和安全管理；日常考核、奖惩

和鉴定；建立教育管理网络等。

②明确了学习、工作、生活、安全等七项管理内容，即日常管理、学籍管理、下园管理、生活管理、安全管理、信息管理。

③明确了以行为养成、专业技能、工匠精神的三维评价标准，即坚持过程性与终结性、内审与外审相结合的原则，评价主体多元、评价方式多样，满足社会和学徒发展需求。建立学徒日常考核评价标准，制订学徒评价手册，完善日常考核评价机制。按学期对学徒的综合职业素养进行考核。

④明确了学徒待遇、意外事故处理、申诉等权益保障；即在幼儿园工作期间，给予每月1000元的补贴。人身伤害事故的赔偿，应当依据有关法律法规等规定处理。成立由学校、幼儿园、双导师、家长和学徒代表组成的申诉委员会，受理学徒对处理的申诉，并及时、公正地做出相关处理决定，维护学徒的合法权益。

（2）现代学徒制项目学生管理安全预案

①领导小组成员：

组　长：卓萍、金东波

副组长：夏宇虹、汤晓宁

成　员：胡沙、赵红杰、张利军、康玲、杨素苹、高芳梅、

程娟、程智、李俊、向华、张万红、郭轩、陈敏、胡婷婷、李锴

②领导小组职责：当遇突发事件时，及时组织指挥各方面力量、及时协调小组成员、果断开展事故处理工作；第一时间向上级主管部门汇报事故情况，关注事故的动态发展，做好相关处理工作，确保学生的生命和财产安全。

③具体实施：

第一，安全第一，班主任要组织下园前培训和安全教育，包括走路安全、乘车安全、饮食安全、言行举止、着装等，使学生牢固树立自我防护意识。

第二，下园前班主任仔细了解学生身体状况，传染病毒携带者及正

在感冒的学生不能参与学徒制试点，留校或家长接回。留校学生要与辅导员做好交接工作，做到零责任，零事故。

第三，学生出行注意事项：丁字桥幼儿园思宇：住在汉阳家里，每天地铁出行。需按园方作息时间上下班，在路途中需注意人身及财产安全。安吉拉幼儿园传美：住在学校，所在幼儿园离校较近，按照在校生住宿的要求管理，同时严格执行园所的要求。省三幼幼儿园佳琦：住在幼儿园，严格遵守园所的管理制度。

5. 现代学徒制项目学生毕业与就业安排

参照相关政策，根据目前幼教机构人事管理制度的实际情况，签订招生招工合同，校、企、生（未满 18 岁由父母参与）三方签订人才培养合同，现代学徒制试点结束后，学徒在校顺利结业，经过企业考核合格后颁发毕业证书和技能等级证书，并与企业（幼儿园）签订劳动合同。学徒毕业后，与企业（幼儿园）签约的予以相关福利待遇。同时与企业（幼儿园）签约的直接进入幼儿园教师队伍，作为幼儿园的骨干人才进行培养和储备。

后期对这 19 位孩子跟踪研究发现，调查问卷数据显示，“现代学徒制”毕业生的就业目的地主要是武汉，少部分学生是回自己的生源地就业。只有很少部分毕业生选择到其他省市就业。毕业后有 33. 33% 的学生取得了劳动就业合同（见图 4-7）。

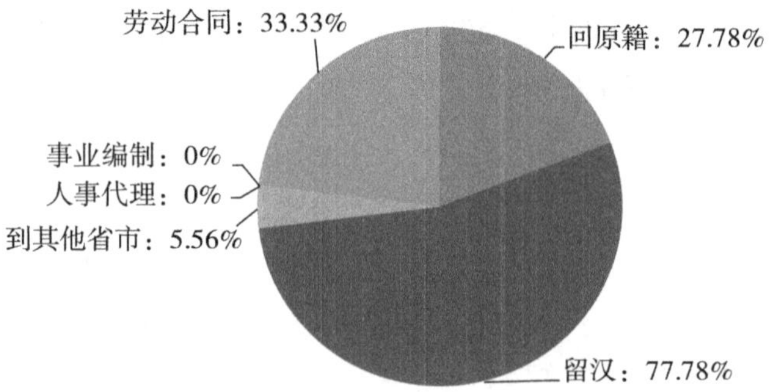

图 4-7　现代学徒制学生与常规学生就业竞争力自评数据

四、学院与企业（幼儿园）实施现代学徒制的初步成果

（一）继续完善先招生后招工的模式

虽然通过对前期19位现代学徒制学生和后期3位现代学徒制学习的跟踪调查，发现存在一定的影响因素，但先招生后招工仍然是现在招生体制下现代学徒制招生招工的主要模式。只要企业（幼儿园）和学校充分考虑学生的关切，打消学生的相关顾虑，还是可以在新生入学后进行招工并开展现代学徒制人才培养的。这就要求企业（幼儿园）做好以下方面的工作：（1）给学生提供具有吸引力的岗位、薪酬和发展空间，吸引更多的优秀学生报名参加，提高学前教育专业现代学徒制人才培养的成功率。（2）在企业（幼儿园）和学生之间建立严格约束机制的同时，要考虑设立合理的淘汰退出机制。（3）在人才培养过程中重视和关心学生的合理诉求，建立学生和企业（幼儿园）的融洽关系，解决学生学习过程中遇到的实际问题，增加学生对企业（幼儿园）的认同感和归属感。需要指出的是，进行现代学徒制培养的专业要有一定的招生规模，招生人数如果较少就没有选拔的学生基础，会影响组班人数。

（二）校企合作，办学之路更通畅

实施现代学徒制能充分发挥企业（幼儿园）资源优势，使专业建设与招工就业同步推进，专业建设与招工就业无缝对接，学校与企业（幼儿园）互利共赢。实现了“五双”培养：双主体（企业与学院共同培养学徒）、双身份（学徒既是学院学生也是幼儿园在岗职工）；双教师（学院教师和幼儿园师傅）、双区域（学校和幼儿园）、双证书（毕业获得学历证书和至少一个职业技能证书）。

首先，对学校来说校企合作办学，一是降低了办学成本。传统的职业教育，学校要投入大量的办学经费购置实验实训器材，而现代学徒制

模式将实践过程转移到企业进行，学校可以缩减不必要的设备和耗材，降低了办学成本。二是更好地助力学校科研事业的发展。现代学徒制缩短了学前教育学院与“现代学徒制”幼儿园的距离，可以使学院的指导教师有更多的机会走向一线，掌握一线学前教育专业的发展动向，并且开展相关的科研工作。与幼儿园教师的长期接触，针对幼儿园一线的教学开展科学研究，更加符合幼儿园的实际需求，有助于以问题为导向，开展更加接地气的科学研究，服务教育决策机关，有助于学前教育专业人才培养方式的优化与实施，也有助于幼儿园开展相关教学，释放出更大的生产力。

其次，对学生来说，一是提高了学生学习的主动性。现代学徒制使学生将理论学习与实践经验相结合，使学生更好地理解自己所学专业知识，从而更加积极主动地进行理论知识的学习。二是提高了人才培养的质量。现代学徒制采用师徒面对面的教授方式，相互沟通更加充分便捷，师傅对学生的长处和短处可以及时发现，并进行有针对性地指导。

相对于企业（幼儿园）来说，幼儿园的园长与骨干教师被聘为学前教育专业兼职教师，幼儿园教育活动设计、幼儿教师教学技能训练、幼儿园游戏指导等实践性较强的专业课程一改传统教学方法，把课堂搬到幼儿园，实现“实境教学”，这种教学方式更好地促进了幼儿园教师的专业发展，促进了幼儿园教学水平提升。同时企业（幼儿园）获得优秀毕业生的优先选择权，为提升企业（幼儿园）教师整体水平，为幼儿园良性发展注入了活力，奠定了基础。

（三）工学结合教学实现了五对接

实施现代学徒制有利于实现教学班级与幼儿园班级对接、课程体系与幼儿园教学体系对接、教学进程与幼儿园教学进度对接、教学内容与幼儿园现场教学对接、毕业证书与岗位证书对接。教学组织按照幼儿园教学实施过程和工作岗位的工作过程，采取了项目教学、任务驱动等方法，理论与实践相结合，工学结合效果显著。

现代学徒制使学生真正走入社会，能够更好地认识所从事的职业和行业现状，进入幼儿园后可以独立承担保育员、配班老师、主班老师各个工作岗位，较之传统模式培养出的学生具有更好的职业能力，另外学生在参加实际工作时可以进行自我考察，大大提高了他们的自我认知，加速了学生成长。

（四）探索了双师培养新途径

通过教师送教到现场，教师直接融入幼儿园工作环境中，积累了丰富的教学实施与管理经验，推动了双师素质的提升。同时形成专任教师定期到幼儿园现场教学，主要采用做中教、做中学、情景教学和个性指导教学等。

强调学徒“录取即下园”，在做中学、做中教、做中求进步的全实践理念。学徒顶岗试用1个月，学校导师团队每周定时定人到幼儿园进行观察和指导，园方师傅依据培养计划倾力帮扶，试用期结束后，经考核合格，签订正式聘用合同。随后，根据岗位要求，导师团队和园方师傅持续合作，共同推动学徒在实践中积累知识和经验，提高能力和素质。力求使现代学徒制下培养的学前教育专业人才具有更强的实践工作能力，能充分地将理论知识与幼儿园实践相结合，有效解决、处理相关问题，体现较高的综合素质。

（五）尝试开创同步招生招工的新模式

学前教育专业现代学徒制实施前期，合作的6所幼儿园普遍存在参与度不足的特点，整个项目推动过程中，仍以学院推动为主。通过问卷调查与跟踪发现，学前教育专业学生普遍存在后期参与现代学徒制项目的积极性不高，更多的学生依旧愿意选择传统的人才培养模式。而职业院校参与学徒制项目的学生数量规模较小，相关学习项目不能开展单独的人才教学，相关制度还在研讨商榷中，不利于常态化、普遍化推广，也影响了最终的人才培养质量。

在联合招生招工这一方面，应积极探索同步招生招工新模式。要进一步发挥企业（幼儿园）在人才招聘过程中的重要作用。企业（幼儿园）先和学院就签订人才培养计划进行研讨商榷，确定基本的人才培养方向和培养人数及培养标准。职业院校招募到符合标准的学生后，学校向企业相关主管部门办理相关录取手续，然后由职业院校按照校企合作项目进行培养。这种全新的人才招生招工模式，能进一步提高企业的积极性，发挥企业主导作用，确保现代学徒制学员的稳定率，在很大程度上缓解学生生源不足的问题。

在后期的招生招工模式方面，尝试探索先招工后招生的模式。近几年，随着职业院校扩大招生工作进一步推进，党中央和政府对于职业教育发展改革的一系列政策和基金扶持，一些职业院校逐步扩大招收有一定工作经历和实践经验的一线技能劳动者。在此政策的推动下，现代学徒制学前教育专业也可以开展先招工后招生模式。切实发挥企业（幼儿园）在人才招聘过程中的主导作用，增强企业（幼儿园）和现代学徒制人才培养模式的联系，克服上述两种人才培养模式存在的缺陷，将会成为今后学前教育专业现代学徒制人才培养模式在招生招工方面的新尝试和新研究方向。

（六）试点工作推动了相关工作创新亮点

创新点一：依托国家教育部规划课题进行研究。

在学前教育专业现代学徒制试点工作中，我们积极申报国家教育部规划课题——“中高职衔接‘立交桥’架构下的现代学徒制实践研究”，以课题研究深入探索实施现代学徒制试点。课题的研究成果可形成调研报告服务教育决策部门进行未来学前教育人才培养的优化与创新。课题的研究成果在课题组成员的努力下，结册成书可以供全国其他学前教育专业人才培养的单位进行参考。

创新点二：现代学徒制与学前教育专业相结合的首次尝试。

为贯彻落实全国、全省职业教育工作会议精神，根据教育部相关文件精神要求，2016年4月，湖北省教育厅下发《省教育厅关于印发湖北省职业院校现代学徒制试点工作方案的通知》（鄂教职成〔2016〕2号），公布湖北省首批现代学徒制试点单位名单，其中区域试点单位4个，试点学校36所，行业协会1个。我省、市现代学徒制试点工作全面启动。经研究，现代学徒制试点无论在国家层面还是省市层面都与技能操作性较强的专业如机电技术应用、建筑室内设计技术、汽车运用与维修技术、工艺美术、酒店管理、计算机应用技术、国际贸易实务、石油化工生产技术、工程造价、铁道工程、中医职业教育等结合紧密，鲜见师范教育类，尤其是与学前教育专业的尝试，处于空白状态。这种现状即是因专业性质不同而产生的客观事实，又为学前教育专业现代学徒制试点创造了良好的机遇和挑战。

创新点三：双导师协同联动，关注人的全面发展。

将学校、幼儿园、学生、幼儿园教师等相关因素进行了紧密的联结，协同互赢、合作联动。学前教师是综合性、专业性、师范性、实践性很强的职业，该项研究以“人本主义”“终身教育”为学术研究指导思想，引领学前教育专业现代学徒制人才培养模式探索，遵循高职高专教育理念，强调生源共性与个性培养模式设计，兼顾职业能力与人文素养，实现了高职学前教育专业人才培养模式再创新。

创新点四：校、园双课程体系开发，学校专业设置与园方需求无缝对接。

高职学前教育专业现代学徒制人才培养模式是一个多层次多维度的研究领域，涉及理论指导、社会需求以及教育目标的等多项引领系统，该研究既具区域特点，满足地方经济、社会、教育发展需求，其研究成果能为全国学前教育专业人才培养走向一体化、终身化以及合作化教育提供裨益。

经过半年实践，在充分考量试点效率的基础上，为保证人才培养质量，学院最后与3家优质幼儿园签订学校、幼儿园、学徒三方人才培养协议。招录完毕后学生即下园，并与幼儿园签订试点协议，明确三方责任与义务。基于不同阶段岗位能力，针对学生的实际情况，按照工作任务驱动，指导教师团队和幼儿园事先列出学习任务清单，主要由幼儿园师傅在带领学徒实践中逐一完成，指导教师团队每周定时定点下园，针对实际问题对学徒进行现场授课，指导点评。

创新点五："双标准"学徒学业评价体系的研发，推进以能力为核心的评价模式改革。

校园双方要将职业认证考核标准与岗位晋升等级考核标准作为课程考核的重要指标，探索课程考核与岗位资格考核贯通，工作业绩考核、师傅评价与学习成绩的互认和衔接，逐步建立以行业幼儿园为主导，以应用为目的的学校、幼儿园、行业或顾客三方评价机制，促进中高职学前教育专业教学评价标准与评价主体的有效衔接。其研究分析方式又有助于合理建构人才培养模式质量评价体系建设。根据学前教育专业现代学徒制人才培养模式的特点，结合每学年重点岗位能力培养的要求，贯通课程考核与岗位能力考核，建立了"以校为本，以园为主"的"双标准"学徒学业考核与评价体系。即学校考核项目由学校导师负责，主要评测学徒相关理论知识学习及运用情况，侧重于在校学习课程的成绩评定，如核心课程模块主要考核学前卫生保育、学前心理学、学前教育学，综合应用模块主要考核幼儿园应用文写作、幼儿教师礼仪，环境创设模块主要考核美术基础与手工，艺体模块主要考核即兴伴奏与弹唱、舞蹈与创编、乐理与唱歌等。幼儿园考核项目由园方结合自身实际设定，主要对学徒进行相关能力的考核。学校提出考核评价的操作要领。其一，学校导师应注重形成性评价、过程性评价、总结性评价，通过各种方式测评、考核学生的知识、能力是否达到各模块相应标准。实际操作是否达到相应水平（保育知识、礼仪、弹唱等），学生平日完成工作任务是否符合相关标准。其二，幼儿园要根据重点考核项目，以幼儿园本身的评价体制机制为抓手，把学徒当成准员工一样要求和培养，对其各方面进行测评与考核。同时，可结合自身实际和幼儿园文化，特别是园方自主的培养方案，增设符合幼儿园实际需要的考核项目，对学生能力提升加以引导。其三，学校评价和幼儿园评价构成了评价体系的基础，可适时引入第三方评价。其四，所有评价过程必须有记录，作为学徒培养质量评判的重要参考依据。

创新点六：充分利用现代信息技术保证现代学徒制试点工作的完成。

学院通过大师、教授、青蓝、双师型、专业化发展5大工程，打造专兼结合“教书+育人、理论+实践、科研+服务”的“3+”型专业教学团队；力争建设一流的校内实训条件，2016年在原有15间实训室的基础上新建了19间实训室，构建远程多功能实训室，通过网络技术，把实践基地幼儿园的现场教学情景直接传输到课堂，使教学观摩和教育评析更加真实和有效，实现“院园互动”，“高职课堂与幼儿园活动对接”，改变了传统的课堂教学模式。

校内师傅利用远程多功能实训室，远程观摩学徒的教学工作。课后与校外导师定期进行交流。班主任、辅导员通过信息化手段与学生进行远程管理。从学生的生活、学习、工作各个方面有效支持学生更好地进行现代学徒制工作。

创新点七：制定系列管理与支持制度。

为保障现代学徒制试点取得成效，学院跟踪其实施过程，并制定了一系列的管理制度，如《现代学徒制人才培养校企合作管理办法》《现代学徒制人才培养校外指导教师培训指导方案》《现代学徒制人才培养教师准入资格管理规定》《现代学徒制人才培养教师工作规范》《现代学徒制人才培养事故认定与处理办法》等。同时，给予学徒一定的经费支持。

第三节　与学生和家长及企业（幼儿园）的沟通

现代学徒制是由学校、企业（幼儿园）、家长和学生各方利益共享共同参与下的人才培养模式，利益因素是决定现代学徒制人才培养模式成功与否的最关键因素。要真正调动各方参与学生管理的积极性并提供有效支持，就必须使其在合作中得到实际的效益。在实施现代学徒制人才培养模式的过程中，学校、企业（幼儿园）、家长、学生各自的权利和义务是以各方自愿参与为原则，各方主体利益追求一致，并通过签订人才培养协议来明确界定的，即职业院校和企业（幼儿园）都希望能满足学生成才的愿望，且培养出符合企业（幼儿园）需求的高素质技术技能人才。利益的一致性使得各方在合作过程中都有动力来履行各自在协议中确定的权利与义务形成职业院校教师、企业（幼儿园）师傅、在校学生（家长）三个主体共同参与学生管理。

一、学校与学生之间沟通

（一）全方位、多渠道加强政策宣传

1. 现代学徒制的开展与实施，尤其是在前期进行联合招生招工时，学院一直不断在学生群体中加强政策宣传引导，如班主任利用班会时间一方面对班级学生进行主题班会教育，另一方面针对目前班级学生的学习情况和未来就业前景等进行交流引导，加强学生对现代学徒制项目的积极性和认同感。

2. 辅导员在每日晚点名工作中走进学生宿舍，进一步了解学生需求和担忧，通过一对一、一帮一等方式进行宣传讲解，帮助学生树立清晰的职业导向，告知学生如参与现代学徒制项目以后，经过三年在校和在企业（幼儿园）的学习实践以后，企业（幼儿园）考核合格，就可以同企业（幼儿园）签订劳动合同，更加明确个人就业方向，同时顺利完成就业工作。

3. 利用学院网站、平台公众号、班级 QQ 群，以及学生工作宣传动态栏等各种平台制作相关政策提示逐步加强宣传引导，力争让学院每一位学生知晓。

（二）加强学生的思想政治教育工作

学校和企业双重育人的培养模式，在开阔学生视野的同时，也在一定程度上加深了学生认识社会的难度，造成了学生困惑。因此，学院通过开展党团校培训、定期安排志愿者到幼儿园进行志愿服务等各种活动帮助学生树立正确的思想意识、端正学生的行为态度，既要体现学校育人的要求，又能符合企业（幼儿园）对人才思想政治方面的需求。

辅导员定期与幼儿园领导、校外导师、幼儿园人事管理人员进行政治思想与心理成长的跟踪与评估工作。利用幼儿园党支部、团委、工会开展一系列政治思想工作教育，开展党员发展、员工心理建设，增加学徒的职业认同感与归属感。让学徒可以热爱自己的工作岗位，尽快适应幼儿园的生活，更好地开展学徒制项目的学习。

（三）重视学生的心理健康工作

现代学徒制项目在开展过程中，及时对学生进行心理排查，对每个学生逐一进行沟通交流，在过程中做好记录工作，帮助部分存在忧虑意识的学生进行心理疏导，培养其保持乐观向上的生活态度和积极进取的价值观念。

学前教育专业学工部门构建了学前教育学院、现代学徒制家庭和幼儿园的心理健康教育网络：学前教育学院在校内外课程中渗透心理健康教育，并建立学生心理健康档案，做好学生的心理跟踪调查；家庭通过提供个别辅导方案，家校教育合力，使家长能够走近孩子的心灵世界；幼儿园通过日常工作辅导、校外导师交心谈话、幼儿园领导定期谈心、学徒定期进行思想汇报等各个方面，时刻关注学生的心理健康，以便更好地开展学徒制教学。

二、学校与家长之间沟通

现代学徒制是高职教育改革的重要组成部分，受到教育界的广泛关注，高职院校在开展此项工作时，各种问题和情况都会发生，尤其是在同学生家长进行沟通过程中，主要是班主任和辅导员同其多次联系，反复沟通、详细交流，将什么是现代学徒制，国家的政策要求是什么，学院是如何开展现代学徒制项目的等家长提出的问题以及存在的疑惑逐一耐心地进行解答，解决家长的困惑。在签订“武汉城市职业学院学前教育专业现代学徒制试点协议”时，提前将协议内容告知家长，并再次进行电话确认，后期进行电话回访安抚家长的情绪，努力使学徒制项目每一个环节不产生矛盾、不发生问题。

学校的工作要顺利开展，必须要有家长的密切配合，而家长与学校密切配合是与教师与家长的有效沟通分不开的，所以，教师一定要注意与家长有效沟通。现代学徒制不同于以往的常规教学，对于学院的教师和学生管理者来说都是新生事物，对于学生家长更是。要做好信息的有效沟通，学生学习的有效汇报。安排学徒制家长利用幼儿园开放日的机会，向家长展示学徒制学生在幼儿园的工作和生活情况，做到让家长放心，幼儿园也可以利用开放日机会，举办学院、幼儿园、家长座谈活动，做到让家长熟悉幼儿园，让幼儿园熟悉学徒制学生，让幼儿园校外师傅熟悉家庭、熟悉学生，更好地进行教学，并且利用三方通气机会，让学院调整相关的政策、人才培养方案和学生生活工作安全管理方法。

三、学校与企业（幼儿园）之间沟通

从学生发展、企业（幼儿园）进步的角度来说，学校和企业应当相互合作、共同进步，对于学校来说，学校需要企业（幼儿园）为学生提供一个工作的平台，让学生能够将理论和实践相结合，不断提升自己的专业技能，成为一个合格的工作者，即一名合格的幼儿教师。对企业而言，企业需要吸收更多的新鲜血液，实习生作为新兴力量，能为企业（幼儿园）带来许多可行性的创新型建议，有助于推动企业（幼儿园）的发展和进步。

学院现代学徒制项目开展过程中，通过前期走访调研、中期跟踪回

访、后期回访评价三个阶段一方面了解企业文化和企业需求以及对学生的要求，另一方面根据政策扶持力度和经费需求等各种问题进行交流探讨，最终敲定参与现代学徒制项目的企业（幼儿园），共同探讨达成一致目标，平稳开展实施项目。

总之，学校和企业双方通过实践探索学徒制试点招生中应承担的责任义务和所扮演的角色；通过对试点专业校企联合招生的方式进行深入研究，有效地实现学徒的双重身份；在经费筹措、实训设备、师资配备等成本投入和分担机制方面进行研究，确保开展校企联合培养，实现校企双方互利共赢。实践证明，寻求职业院校、企业、学生各方利益共赢的共同点，激发各方齐抓共管学生工作的热情，是解决现代学徒制人才培养模式下学生管理工作的关键。

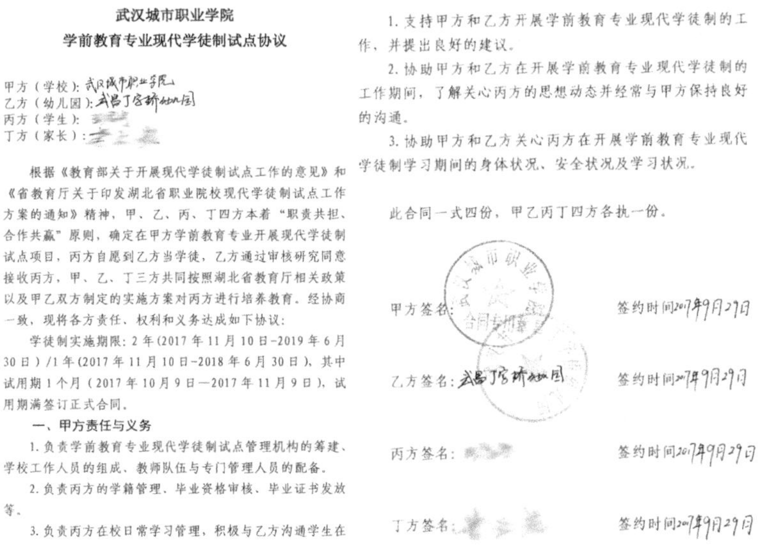

武汉城市职业学院
学前教育专业现代学徒制试点协议

甲方（学校）：武汉城市职业学院
乙方（幼儿园）：武昌丁字桥幼儿园
丙方（学生）：
丁方（家长）：

根据《教育部关于开展现代学徒制试点工作的意见》和《省教育厅关于印发湖北省职业院校现代学徒制试点工作方案的通知》精神，甲、乙、丙、丁四方本着“职责共担、合作共赢”原则，确定在甲方学前教育专业开展现代学徒制试点项目，丙方自愿到乙方当学徒，乙方通过审核研究同意接收丙方，甲、乙、丁三方共同按照湖北省教育厅相关政策以及甲乙双方制定的实施方案对丙方进行培养教育。经协商一致，现将各方责任、权利和义务达成如下协议：

学徒制实施期限：2年(2017年11月10日-2019年6月30日）/1年(2017年11月10日-2018年6月30日），其中试用期1个月（2017年10月9日—2017年11月9日），试用期满签订正式合同。

一、甲方责任与义务

1. 负责学前教育专业现代学徒制试点管理机构的筹建、学校工作人员的组成、教师队伍与专门管理人员的配备。

2. 负责丙方的学籍管理、毕业资格审核、毕业证书发放等。

3. 负责丙方在校日常学习管理，积极与乙方沟通学生在

1. 支持甲方和乙方开展学前教育专业现代学徒制的工作，并提出良好的建议。

2. 协助甲方和乙方在开展学前教育专业现代学徒制的工作期间，了解关心丙方的思想动态并经常与甲方保持良好的沟通。

3. 协助甲方和乙方关心丙方在开展学前教育专业现代学徒制学习期间的身体状况、安全状况及学习状况。

此合同一式四份，甲乙丙丁四方各执一份。

甲方签名： 签约时间2017年9月29日

乙方签名：武昌丁字桥幼儿园 签约时间2017年9月29日

丙方签名： 签约时间2017年9月29日

丁方签名： 签约时间2017年9月29日

图 4-8 武汉城市职业学院学前教育专业现代学徒制试点协议（思宇）

现代学徒制架起了职业院校与行业企业之间的桥梁，使职业教育人才培养、经济社会发展、行业企业人才需求有机结合，让职业教育更具社会性、专业性、实践性和操作性，满足企业人才培养的需求，实现人

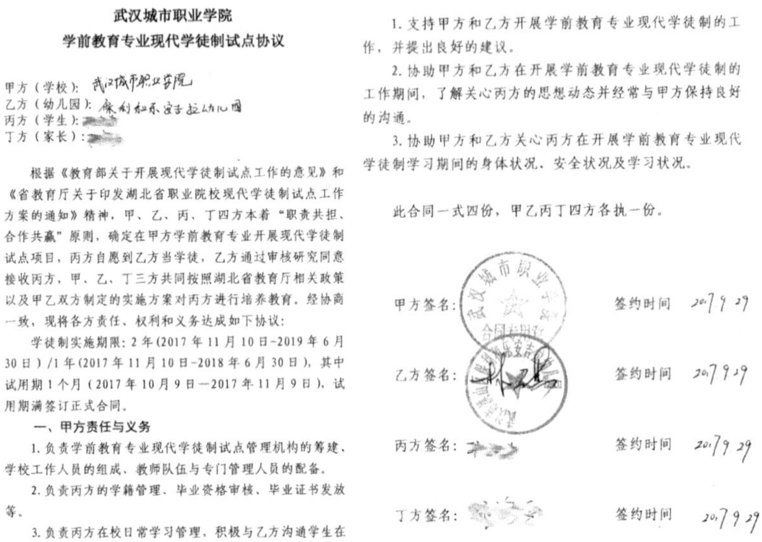

武汉城市职业学院

学前教育专业现代学徒制试点协议

甲方（学校）：武汉城市职业学院
乙方（幼儿园）：康利和乐安吉拉幼儿园
丙方（学生）：[redacted]
丁方（家长）：[redacted]

根据《教育部关于开展现代学徒制试点工作的意见》和《省教育厅关于印发湖北省职业院校现代学徒制试点工作方案的通知》精神，甲、乙、丙、丁四方本着“职责共担、合作共赢”原则，确定在甲方学前教育专业开展现代学徒制试点项目，丙方自愿到乙方当学徒，乙方通过审核研究同意接收丙方，甲、乙、丁三方共同按照湖北省教育厅相关政策以及甲乙双方制定的实施方案对丙方进行培养教育。经协商一致，现将各方责任、权利和义务达成如下协议：

学徒制实施期限：2年（2017年11月10日-2019年6月30日）/1年（2017年11月10日-2018年6月30日），其中试用期1个月（2017年10月9日—2017年11月9日），试用期满签订正式合同。

一、甲方责任与义务

1. 负责学前教育专业现代学徒制试点管理机构的筹建、学校工作人员的组成、教师队伍与专门管理人员的配备。

2. 负责丙方的学籍管理、毕业资格审核、毕业证书发放等。

3. 负责丙方在校日常学习管理，积极与乙方沟通学生在

1. 支持甲方和乙方开展学前教育专业现代学徒制的工作，并提出良好的建议。

2. 协助甲方和乙方在开展学前教育专业现代学徒制的工作期间，了解关心丙方的思想动态并经常与甲方保持良好的沟通。

3. 协助甲方和乙方关心丙方在开展学前教育专业现代学徒制学习期间的身体状况、安全状况及学习状况。

此合同一式四份，甲乙丙丁四方各执一份。

甲方签名： 签约时间 2017.9.29

乙方签名： 签约时间 2017.9.29

丙方签名：[redacted] 签约时间 2017.9.29

丁方签名：[redacted] 签约时间 2017.9.29

图 4-9 武汉城市职业学院学前教育专业现代学徒制试点协议（传美）

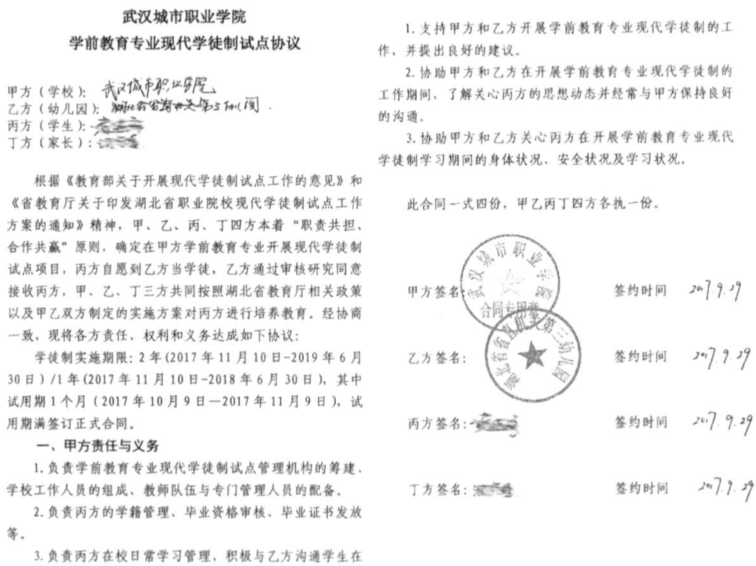

武汉城市职业学院

学前教育专业现代学徒制试点协议

甲方（学校）：武汉城市职业学院
乙方（幼儿园）：湖北省省直机关第三幼儿园
丙方（学生）：[redacted]
丁方（家长）：[redacted]

根据《教育部关于开展现代学徒制试点工作的意见》和《省教育厅关于印发湖北省职业院校现代学徒制试点工作方案的通知》精神，甲、乙、丙、丁四方本着“职责共担、合作共赢”原则，确定在甲方学前教育专业开展现代学徒制试点项目，丙方自愿到乙方当学徒，乙方通过审核研究同意接收丙方，甲、乙、丁三方共同按照湖北省教育厅相关政策以及甲乙双方制定的实施方案对丙方进行培养教育。经协商一致，现将各方责任、权利和义务达成如下协议：

学徒制实施期限：2年（2017年11月10日-2019年6月30日）/1年（2017年11月10日-2018年6月30日），其中试用期1个月（2017年10月9日—2017年11月9日），试用期满签订正式合同。

一、甲方责任与义务

1. 负责学前教育专业现代学徒制试点管理机构的筹建、学校工作人员的组成、教师队伍与专门管理人员的配备。

2. 负责丙方的学籍管理、毕业资格审核、毕业证书发放等。

3. 负责丙方在校日常学习管理，积极与乙方沟通学生在

1. 支持甲方和乙方开展学前教育专业现代学徒制的工作，并提出良好的建议。

2. 协助甲方和乙方在开展学前教育专业现代学徒制的工作期间，了解关心丙方的思想动态并经常与甲方保持良好的沟通。

3. 协助甲方和乙方关心丙方在开展学前教育专业现代学徒制学习期间的身体状况、安全状况及学习状况。

此合同一式四份，甲乙丙丁四方各执一份。

甲方签名： 签约时间 2017.9.29

乙方签名： 签约时间 2017.9.29

丙方签名：[redacted] 签约时间 2017.9.29

丁方签名：[redacted] 签约时间 2017.9.29

图 4-10 武汉城市职业学院学前教育专业现代学徒制试点协议（佳琦）

才培养目标。按照企业需求建立校企双元育人的现代学徒制人才培养模式，能够为职业院校节省物力成本，为企业节约人力成本，也节省了招聘员工的麻烦和企业招工难的问题因为这些学徒不仅技能熟练，而且已经较好地融入了企业，减少了企业对新员工入职培训工作环节。成为正式员工后，对企业而言，学生的纪律性、自觉性社会责任感较强便于企业管理。因此，只有企业积极参与，让学生将在校所学专业知识、专业技能与实际相结合，促使学生树立正确的职业理想，养成良好的职业道德，练就过硬的职业技能提高综合职业素质，就能成为符合企业需要的技术技能人才。学校与企业为学生提供更为宽广的学习与就业选择空间，学生在“做中学、做中教”的工学交替中掌握了技术技能，在工作岗位的真实性、工作环境的复杂性、工作经历与体验的综合性的技术技能人才培养中提升了职业能力，为学生就业节约了时间和经济成本。可以说是一举多得，各方都是职业教育的直接和最大受益者。各方应凝心聚力，各履其职，分工合作，共同负责培养、共同承担风险，促进建立可持续的共管共育的内部驱动长效机制，形成校企水乳交融、齐抓共管的学生管理局面，进一步提升现代学徒制人才培养模式质量。

总而言之，目前我国现代学徒制已成为学校职业教育与培训的有力补充，现代学徒制人才培养模式是高等职业教育的主流发展方向，而联合招生招工是现代学徒制人才培养模式的实施前提条件，俗话说得好，招到合适的学生，才是开展一切现代学徒制工作的基础。因此，相关高职院校及合作企业必须秉持具体问题具体分析的工作原则，综合考虑高职教育招生途径多元化特点，结合自身具体情况选择适宜的校企招生招工模式，突出现代化学徒制的优势，真正意义上做到落实联合招生招工，招募符合企业发展要求条件的学生，为保证现代学徒制人才培养质量提供强有力的支持。

第五章 “双导师”教学运行机制

第一节 “双导师”教学运行机制

一、现代学徒制“双导师”内涵分析

2014年8月教育部正式出台了《关于开展现代学徒制试点工作的意见》,《意见》提出构建有中国特色的现代学徒制。对比传统的师徒关系,“双导师”制凸显了师徒关系的“现代性”特点。“现代性”内涵之一指向双主体育人、双导师授课以及双身份学习,以技能培养为主的新型人才培养模式。学前教育专业现代学徒制试点确立专职教师和幼儿园教师共同组成的“双导师”教学制度,双方共同承担起传授学徒理论知识与技能技艺的责任,还要肩负起对学徒人文素养的培育等任务。我们认为有中国特色的现代学徒制首要体现的是一种育人责任,这种责任具有多层含义。“教书育人”的责任与义务是现代学徒制中联结师徒关系的重要纽带。

首先,“一徒双导”的本质还是师生关系。从关系管理的角度看,教育是关系的科学,师生关系是教育关系中最核心的关系,是一种教育力量也是一种教育资源①。如此看来,师生关系本身就蕴涵着一种契约

---

① 赵振杰. 当代中国大学师生关系管理探析[J]. 教师教育研究, 2015, 27(05).

精神，这种契约为法律法规和教育制度所决定。无论是在高职校园内还是在幼儿园工作场域，师徒关系与师生关系在本质上是一致的。即从教育教学的角度来看，我们理想的师生关系是在“育人”责任和“学习”义务同时作用下的一种平等、对话与共享的关系，这是一切教育教学活动顺利开展的保障。因此，信任、对话、法治与规范是管理师徒关系的理性途径。

双导师机制的推进以协议为基础。协议为一种纸质契约，一般指个人通过自由订立协定而为自己创设权利、义务和社会地位的一种社会协议形式。现代学徒制通过人才培养行为及就业导向把学校、幼儿园、导师、学徒四个主体紧紧连接在一起，形成人才培养共同体，缔结教育、合同、劳动等多重法律关系。一般而言，学校与企业开展现代学徒制合作的内生动力源自于解决校企双方关注的人才培养质量与利益问题①。对于高等职业院校学前专业，学校、学院和企业、幼儿园之间通过签署协议规定学校、企业各自的权利和义务，探索精准化合作育人机制。

其次，师徒间的契约关系是关键因素。在现代学徒制中，学徒面对两种形式、不同内涵的师徒关系。一种是学徒与校内导师的契约关系，另一种是学徒与企业导师的契约关系。前者的契约关系隐没在职业教育体系之中，就是前面提到的学校与学徒之间存在教育服务的法律关系。后者隐含实习培训属性，他们之间的培训与被培训关系常常表现为岗位分工的合作关系。幼儿园导师与学徒之间如果没有任何真正的契约，仅依赖工作职责维系，这种师徒关系会很不稳定，师徒之间复杂的关系将得不到有效限定，势必影响培养质量。

师徒契约关系还呈现出动态变化的特点。一个徒弟两个导师的育人模式在试点过程中会呈现出不同的问题与困难。初始阶段洽谈的协议未必符合中后期培养目标，所以双导师育人机制在运行中呈现出动态调整

---

① 钱廷仙．契约关系完善与现代学徒制推进［J］．江苏经贸职业技术学院学报，2019（01）．

的客观需要。从全国范围来看，现代学徒制尚处于试点探索阶段，没有成功模式可借鉴。加上现代经济社会快速变革，哪些因素相互作用，使得企业与学徒的权利、义务关系难以界定。这些状况势必影响现代学徒制师徒契约关系步步推进、不断完善。

最后，“双导师”体现师徒间高频情感互动特点。现代学徒“双导师”机制在物理空间上增加了师生接触交流的机会，调整了高校课堂上单一的讲与学的关系，增加了课后交流沟通指导的频率，尤其是幼儿园指导教师，师徒同生活、共进退，这种在工作环节中的言传身教增加了了解与信任，增进了师生感情。有学者研究发现，师生信任关系对于校园育人工作有显著影响。他们认为师生互动关系中的双向信任不仅指师生双方相互尊重彼此认同的一般信任气氛，而且能体现在师生具体行为上的信任，并且由此产生积极的心理态度和行为趋向①。

师生之间、导师之间的双向或多向互动的情感关系体现出以“教书育人”为首要目的的教育责任感。在教育教学互动过程中，表现出的是一个师生经验共建的过程，是一个互惠互利、共同学习的过程。高等职业院校现代学徒制运行的重心在校园、企业与学生之间的三方有效互动，其“职业性”体现在校内教学过程中的实践环节、校内实训课程、企业内的实习培训和实践操作等方面。企业场域的本质在于通过师傅带徒弟双向沟通的“做中学”模式实现职业知识在学生头脑中的完整建构，从而使学徒获得能够胜任岗位需求的职业能力。学前教育专业的企业师傅即幼儿园导师的胜任力和参与意愿、情感投入以及稳定的师徒关系对人才培养的效果至关重要。

现代学徒制模式下的双导师和学徒之间形成“师生共同体”，这样的理解来自于人类社会学范畴的共同体理论，“共同体”旨在强调人与人之间的亲密关联，特别是形成共同的精神意识以及共同的归属感和认

① 陈振宇．社会学视域下高校师生信任关系的构建［J］，武汉理工大学报（社会科学版），2019（05）．

同感①。教师和学生，导师和学徒是教育活动得以发生、展开的最基本要素，师生在校园里、课堂上、幼儿园、班级里、生活中的交流与互动，师生面对面的亲密接触，建立起相互了解和信任的情感关系。

二、“双导师”教学机制建构

（一）“双导师”教学机制的建构基础

1. 协议磋商机制建立与运行

教学指教师教与学生学的总称，是教与学的综合过程，传统的课堂教学具有双边性特点。机制原指机器的构造和动作原理，借指一种生物功能的内在工作方式，包括有关生物结构组成部分的相互关系、其间各种变化过程的物理化学性质和相互关系。依据此种逻辑，教学机制应泛指促进教育教学发展变化的内部机能、功效。学前教育专业的师范性质要求在培养人的问题上容不得丝毫马虎，因此学前教育专业现代学徒制的试点工作牵动着学校幼儿园以及学徒家庭方方面面，分阶段、经常性地协商成为教育教学机制顺利进行的基本保障。

现代学徒制人才培养试点工作要求建立在幼儿园与学校深度合作基础之上，这就需要把握当今市场——本书主要指向幼儿园教育机构对幼教人才在微观个体层面的专业结构、规格要求与内涵素质等方面的要求进行研究。通过持续且广泛的调研、座谈、访谈、工作现场观察与职业能力分析会等多种途径，以期总结、提炼出目前幼儿园机构对未来幼教人才的整体质量要求，捋清幼儿园教师在日常工作中要完成的岗位任务及其相对应的职业能力，并在此基础上探讨现代学徒制人才培养的出口质量标准。

个别访谈、电子问卷、实地调研以及教学团体座谈等方式在教学机制建立之前与实施过程中被广泛采用，用以确保现代学徒制教学机制运行过

① 王丹．21世纪以来国内高校师生关系研究综述［J］，高教学刊，2019(03)．

程中的实时跟踪与及时调整。先后修改并制定出“关于学前教育‘现代学徒制’学生阶段式人才培养目标规划与实施方案访谈提纲”（访谈对象为幼儿园管理层与幼儿教师）、“学前教育专业选择动机与发展规划调查问卷”（调查对象学徒制学生）、“现代学徒制学生在校学习情况反馈表”（分为教师版和学徒学生版）以及“现代学徒制学生在园学习情况反馈表”（分为教师版和学徒版），通过企业（主要是幼儿园）调研、学生实践岗位调研等对8家深度合作幼儿园单位，访谈近30位幼儿园管理人员及一线幼儿教师，走访50余人次正在幼儿园岗位进行培养的学徒生。

现代学徒制试点专家团队座谈是保障学徒教学机制产生、运转和后期不断调整的重要研讨磋商形式（见表5-1、表5-2）。首先，学前教育学院诚邀湖北省幼教专家组成专业指导委员会，并就学徒制人才培养等议题组织专家座谈，围绕专业学徒就业岗位、岗位能力需求、人才培养实施方案等展开研讨。其次，定期举办的学前教育专业建设及人才培养研讨会在不断修订人才培养方案以及相关问题调研基础上，邀请幼儿园园长、校内外专家就人才培养方案中所涉及的人才培养定位、就业岗位分析、岗位职业能力分析、课程体系、课程标准、人才培养实施等方面展开论证和研讨。再次，现代学徒制学徒座谈。每月组织一次幼儿园学徒制班班会，每学期举办一次现代学徒制学前专业学生座谈会，邀请校内指导老师、幼儿园指导老师、全体学徒学生就学徒制日常生活情况、人才培养情况、岗位能力培养情况等展开研讨。

表5-1 **武汉城市职业学院学前教育学院现代学徒制试点研讨会议简录表**

（2016.11—2016.12）

时间	地点	主题	主持人	记录人	参会人员
11.16	学前教育学院会议室	现代学徒制第一阶段工作布置会	学院汤晓宁副院长	赵红杰老师	学院：金东波书记、夏宇虹副院长（时任）、教学办胡沙主任、学工办杨芳主任

续表

时间	地点	主题	主持人	记录人	参会人员
11.28	学前教育学院会议室	现代学徒制人才培养组课程体系设置讨论会	学院汤晓宁副院长	程智老师	夏宇虹副院长（时任）、胡沙主任、理论教研室杨素苹主任（时任）、儿童文学教研室程娟主任、音乐教研室张利军主任、学院人培组成员。
12.01	学前教育学院会议室	现代学徒制政校企合作研讨会	学院汤晓宁副院长	李锴老师	洪山区实验幼儿园、丁字桥幼儿园、长江紫都幼儿园、街道口幼儿园、清江山水幼儿园、新桥集团、康乐幼儿园、江南庭院幼儿园、安吉拉幼儿园

附注：学院成立现代学徒制试点人才培养方案制定小组，成员包括各教研室主任和各学科负责人，主要承担撰写任务的有李俊、张万红、龙宇、胡婷婷等老师。

表 5-2　**武汉城市职业学院学前教育学院现代学徒制第一阶段工作表**

（2016 年 11 月）

序号	工作任务名称	工作内容	任务完成时间	工作责任人	负责人
1	制定人才培养方案	1. 课程标准 2. 岗位标准 3. 培养模式 4. 考核办法	11 月 30 日	李俊老师	夏宇虹副院长
2	制定管理制度	1. 教学管理制度 2. 学生管理制度 3. 教学质理管理 4. 考核办法	11 月 28 日	教学办胡沙主任、学工办杨芳主任	夏宇虹副院长

续表

序号	工作任务名称	工作内容	任务完成时间	工作责任人	负责人
3	招生方案	1. 调研 2. 确定招生对象 3. 确定幼儿园 4. 制定四方协议（学校、幼儿园、家长 、学生）	11 月 25 日	学工办杨芳主任、教学办、赵红杰副主任	金东波书记
4	师资培训方案	校企双方的教师教学培训教学模式培训	11 月 25 日	教学办胡沙主任	夏宇虹副院长
5	资金预算		11 月 22 日	汤晓宁副院长	

多种磋商形式有序开展，充分突出现代学徒制“双元”特征，遵循《教育部关于开展现代学徒制试点工作的意见》指示，试点学校和幼儿园坚持合作共赢、责任共担的原则，切实推进校企联合招生、合作育人、共同评价的双主体育人机制，建立健全双导师的选拔、培养、考核、激励制度，推进专兼结合、校企互聘共用的师资队伍建设，形成学校教师和企业师傅共同承担教学任务的“双导师”制。

2. 校企合作资源分享与共建

校企合作资源共享是高职院校洞悉行业前沿的平台，是企业持续创新的智慧源泉。简而言之，资源共享就是要用企业占优势的资源和培养要素替换学校不占优势的资源和培养要素，把学校和企业各自的优势资源全都落实到学生培养的过程中来，客观上起到聚集优质资源的作用。

现代学徒制校企共建师资队伍是试点工作的重要任务，科学合理的教学管理与运行机制是现代学徒制试点工作的重要保障。据不完全统计，全国高职院校专兼职教师数接近 50 万，高级职称专任教师和拥有博士学位的专任教师也在大幅度增加。院校基于产教深度融合建立名师工作室，发挥名师示范、辐射和引领作用，带动骨干教师、青年教师成长，促进了教师教育教学能力的提升和专业化的发展。在这种大的环境激励之下，学前教育专业的学校与深度合作的幼教机构共同打造育人模式创新团队，学校与幼儿园互聘互兼，共同打造由专业带头人、骨干教师、兼职教师组成的“混编”教育教学创新团队，与行业科研所、幼儿园教育专家及领导组织团队等组建项目科研团队，提升院校专业人才培养、企业服务水平和科研能力。

实习实训基地建设与合作是校企合作的主要组成部分。根据学前教育专业人才培养目标的需求，发挥学前教育职教集团平台引领作用，按照“校企共建、共管、共享实践教学基地，强化实践育人”的思路，加速实习实训基地的建设和合作。校内在原有实训条件基础上新建一批指向岗位能力的新型功能活动室，充分利用好现有实习实训资源，夯实校内实训室建设，改造提升校内音乐、美术等实训室功能，新增相关儿童活动室、体验中心、仿真实训室等，提供学生实训场所，模拟仿真教学工作环境，为学生的成长、专任教师能力提升以及现代学徒制的试点提供保障。通过现代远程网络技术，打造远程多功能实训室，直击学生在试点机构的教学实践现场，提升对学生指导的针对性和有效性，达到校企的合作指导。实训基地与现代技术的有机结合改变了传统的课堂教学模式，使教学观摩和教育评析更加真实和有效，实现了“院园互动”和“高职课堂与幼儿园活动对接”，大幅提高人才培养质量。

校企双方的资源建设与共享规划是推进学徒培养的重要保障。现代学徒制试点需要政校企三方在前期的建设规划上，从顶层设计到具体实施均要统筹全局，统一规划与精密设计，在行进过程中经常协商多次优化，解决校企合作资源共建共享中所面临的诸多突出问题。合作双方为双方的交流扫除障碍，加速资源的共享和使用，共享机制参见图 5-1。

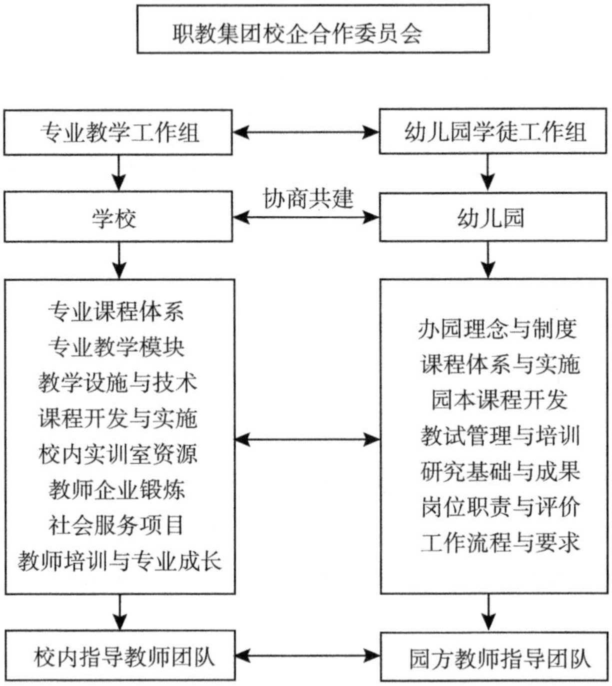

图 5-1 校企合作资源共享机制图

（二）教学机制建构模式

1. 建构基于岗位能力的动态培养方案

教学机制整体建构目标在于完善校企联合招生、分段育人、多方参与评价的双主体育人机制，探索现代学徒制人才培养成本分担机制，统筹利用好校内课程体系、实训场所以及幼儿园实训岗位等教学资源，形成园方与职业院校联合开展现代学徒制教学活动的长效机制。

学徒培养分段育人按照三年 6 个学期开展试点工作，每一年培养重点拟根据岗位标准和要求来设定，即第一学年——保育员，第二学年——配班教师，第三学年——主班教师。每个学期，学徒有近 1 个月的时间在校学习必备知识和技能。教师基于岗位标准针对学生的实际情况进行模块化教学和项目教学，对重点理论进行专题辅导，加强提升各项岗位技能，列出任务清单，敦促学生自学和实践完善。学期内的其余时间学徒学生均在幼教机构里进行实践锻炼，园方导师根据岗位标准和幼儿园工作实际带徒实践，跟踪学徒学习质量，同时根据学校教师的相关任务清单，落实检查评价学徒的学业完成状况。

按照“合作共赢、职责共担”原则，学校主要是学院和幼儿园共同设计人才培养方案，共同制订专业教学标准、课程标准、岗位标准、园方导师标准、质量监控标准及相应实施方案。在校企共同建设过程中，打造基于幼儿园教师典型工作过程和工作内容的专业课程体系，开发基于岗位职责和工作要求、融入国家职业资格标准的专业教学模块。双导师间加强联系沟通，建立随教、随练、随训、随评等机制，合作育人，使学徒真正将理论和实践结合起来，真正学以致用，具体参见图5-2。

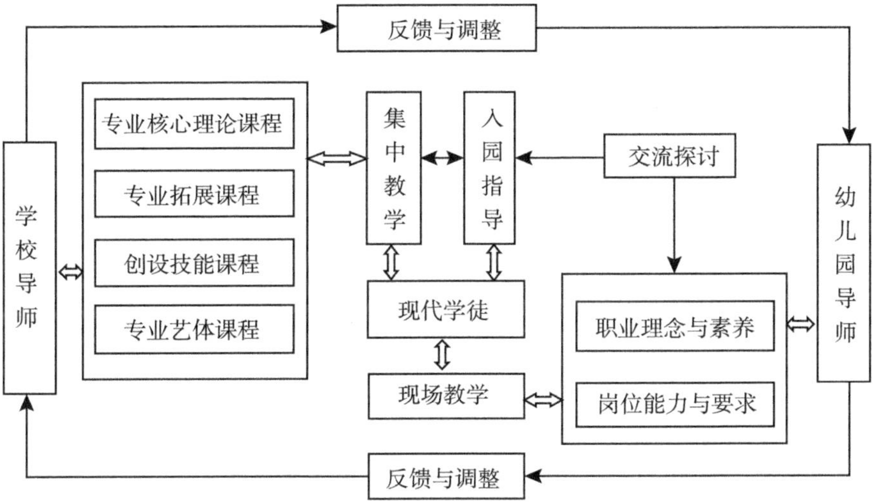

图 5-2 现代学徒制双导师联动指导机制图

双导师在教育机制建构过程中需充分利用学徒双主体特点，明确学徒阶段培养责任人，落实学校与幼儿园学徒试点具体工作任务，采取送教入校和送教入企的双向互动方式进行教学，以岗位职责与能力作为校企共同设定阶段性教学任务的重要依据。由职业院校承担系统的专业知识学习和技能训练，幼儿园通过园内导师带徒形式，依据培养方案进行岗位技能训练，采取灵活多样的实现形式，切实形成学校和企业联合招生、联合培养的一体化育人机制。

2. 创设基于全面引导的静态管理机制

（1）学徒班级常规管理。

现代学徒制试点专业单独建班，以“某某幼儿园现代学徒试点班”冠名，班级信息进入学校教学管理系统，接受学校统一管理。建立健全与现代学徒制相适应的教学管理制度，制定学分制管理办法和弹性学制管理办法。学徒学业成绩管理采用学分制计分，根据人才培养方案中人才培养规格要求对学校课程和企业岗位课程进行学分折算，学校课程按16学时折算1个学分计，幼儿园岗位课程按人才培养方案规定的学分计分。总学分不超过160个学分，其中学校课程学分不多于60学分。应达到试点专业人才培养方案中规定的人才培养质量标准与规格要求，修满规定学分方可毕业。

探索规范化管理，提升教学育人质量。高职院校学前教育专业学徒制教学工作特点呈现密集高效的特点，表现在阶段时间内集中完成若干核心专业课程的学习任务并达到基本预期目标。在校内课程教学实施过程中，高职院校强化日常教育教学管理，如加强教师课前备课、课中教学以及课后反馈，加强教学日常化督查等举措为学徒制学生在校内的学习活动以及培养质量提供了基本保证。

参与现代学徒制的学徒，不但要进行过程控制，也要进行成果考核，具体可从学徒考核方式和对学徒的资格证书要求两方面来把握。院校考核的主体仍是学校、幼儿园试点单位，双方共同制定考核程序与标准。学徒岗位能力与水平考核以幼儿园考核为主，学校考核为辅。学徒培养综合考评的另一标准，是对学徒学生双证的要求，即学徒既要获得毕业证书也要获得职业资格证书或幼儿园教育需要的相关类证书。

制订学徒管理办法，保障学徒权益，根据教学需要，科学安排学徒岗位、分配工作任务，保证学徒合理报酬①。按照教育部等五部委联合下发的《职业学校学生实习管理规定》特别强调实习是实现职业教育培养目标、增强学生综合能力的人才培养基本环节，是教育教学过程的重要组成部分，必须科学组织、依法实施，确保实习内容符合专业培养目标要求，与学生所学专业对口或相近，绝对不允许出现学生“被实习”的现象。

落实学徒的责任保险、工伤保险，确保人身安全。依据《职业学校学生实习管理规定》，学徒管理须明确各方权益及学生培养的岗位、教学内容、工作强度及时间等，保障学生在企业期间的安全、卫生、职业病危害防护条件，落实学生责任保险、工伤保险等，将学生取得合理报酬落到实处；对于年满16周岁未达到18周岁的学生，要由学徒、监护人主要是家长、学校院系和幼儿园方面四方签订协议。

（2）学徒教学团队管理。

学徒教学团队管理的指导思想是发挥优势精诚合作，要求教学团队成员之间要合理分工，充分发挥学校导师与幼儿园方导师各自的优势，同时加强二者的协同合作，校内专业教师侧重于从理论教学上保证学生具备扎实的专业知识，企业导师侧重于从实践训练上提高学生的职业技能，二者相互配合、优势互补，保证教学工作的顺利展开。

教师团体内部管理机制按照培养目标分层分段进行梯度设置。优秀的双导师团队应该合理配置校内专业教师与幼儿园指导教师的数量，保证理论教学与实践教学任务都能顺利完成。根据三年六期的学徒学习模式，双导师教学团队也要有合理的分层分段管理，每层级所承担的任务也不相同。整体教学模式与机制建设时期，第一梯度双导师团队由学校

---

① 王扬南，把握质量核心体突出双元主体 扎实推进现代学徒制试点工作[J]. 中国职业技术教育，2017（01）.

中的专家教授和幼教行业的专家组成，专家教授主要承担专题讲座、专业拓展，行业专家主要向学徒传授工作环节的新理念、新方法。第二梯度的双导师团队由学校中的专业课程骨干教师和幼教行业主要是幼儿园学徒试点单位中的中层骨干人员组成，校内专业教师主要负责专业核心课程的教学与实训，园方中层骨干导师主要负责幼儿园各工作环节的关键知识和技能的实践教学。第三梯度双导师团队由学校中的青年专业教师和幼儿园普通教师和其他人员组成，青年教师结合企业锻炼在定期下园学习过程中关注学徒学生的专业成长问题，解决理论教育与实践操作中的困惑与不足，园内教师团队与班内其他教师、工作人员形成合力，统筹管理和引导学徒学生逐步完成具体专项技能学习。

“双导师”教师团队教学质量管理在于建立起长期有效的专任教师培训机制。为了不断提升导师的教学和实践技能水平，在确定导师之后，学校和幼儿园方也会不断为导师提供继续学习的机会。校内专任教师可以通过企业锻炼、实习指导以及顶岗实践等形式，提高自身业务技能，将理论知识和实践知识相互融通。通过与幼儿园用人单位的密切交流，能够了解园方对幼教人才的真正需求，以及园方对员工的具体要求，有利于校内专任教师开展课程研究和教学模式改革，提升课堂教学质量。“双导师”教师团队质量管理的另一个关键要素就是园方导师培训。园方导师不仅要指导学徒的技能实践，而且要对学徒的职业道德等方面进行教导，所以企业师傅需要掌握现代职业教育的教学方法和管理技巧。

第二节 现代学徒制双导师岗位设置与实施

一、双导师准入资质与职责

（一）双导师准入资质

双导师制校内导师准入基本满足以下要求：（1）学前教育学院与

合作幼儿园在开课的前一学期进行考察、面试和试讲，在此基础上提出聘任意见，并将教师类别、年龄、学历、学位、职称、评教分数等反映教师准入资格的基本信息报教务处审核。(2) 教务处对教学单位提出的教师聘任意见进行审核，报院领导批准后将审核结果反馈给教学单位。(3) 教学单位给予审核通过的教师编排课表，注明讲授课程、学时、上课班级的情况、上课时间、地点等事宜，同时向教师提出课程教学的基本要求。

校内导师准入资格不符的处理办法依据以下条款执行。校内专任教师不符合下面任一条件者，将不作为现代学徒制校内导师的选聘对象（见表 5-3）。

表 5-3　**现代学徒制学校导师资格准入条例**

序号	条例内容
1	思想品德、身体年龄不符合要求者，不应承担教学任务
2	学历学位不符合要求者，应积极努力提高学历层次。年龄 35 周岁（含 35 周岁）以下教师应在今后 5 年内取得硕士学位，年龄 35 周岁以上教师应在今后 3 年内取得本科学历，今后 8 年内取得硕士学位。若在以上规定时限内仍不能符合学历学位要求，则由学校安排脱离专任教师岗位，另行任用
3	原有专任教师、新招应届毕业生在进校一年内，未取得《高等学校教师资格证书》者，不予安排教学任务。待获取《高等学校教师资格证书》后再予安排教学任务
4	不能使用普通话和规范字进行教学者，不予安排教学任务。经过普通话和规范字培训合格后再予安排教学任务
5	学生评教分数低于 75 分的专任教师停课一学期，安排教学能力的培训与学习，对连续两次评教分数低于 75 分的校内专任教师劝其转岗

校外指导教师是一线管理、教学人员和专业技术能工巧匠，主要承

担幼儿园实践课程教学任务。校外指导教师即幼儿园导师准入需要符合以下条件：须是在编在岗正式职工；拥护中国共产党的领导；从业时间需要在5年以上；身体健康，具有良好的职业道德和协作意识；认可学徒人才培养模式，愿意担任指导教师；教师岗位和幼教领域内行业专家、骨干教师或技艺高手、熟悉管理和教学者优先选聘等。具体要求参见表5-4：

表5-4　　**现代学徒制幼儿园导师资格准入条例**

序号	项目	条例内容
1	思想品德	坚持党的基本路线，遵守国家法律法规，热爱教育事业，具有良好的政治素质和高尚的职业道德
2	身体年龄	男60周岁以下，女55周岁以下，身体健康，能满足教学劳动强度
3	学历	校外指导教师承担教学任务须具有专科或以上学历
4	资格证书	须具有学前教育专业相关行业资格证书或执业证书
5	能力要求	使用普通话进行教学，写规范字；能完成规定的教学工作量，学生评教分数不低于75分
6	从业时间	具有幼儿园一线教学工作年限3年以上

在实施现代学徒制试点启动之初，对幼儿园园方导师的准入资质问题，经过专家指导协商，除了要求其具有较长的幼儿园工作经历和丰富的工作经验以外，还提出了道德修养、综合素质与技能技巧方面的要求。幼儿园指导教师带学徒不像工厂企业一般，不是简单的技艺传授性的“带徒弟”，幼儿园的服务对象是幼儿与家长，幼儿园的工作成果是幼儿的健康成长，而非工业成品。因此，幼儿园导师的任务不但要将作为教师的技能技巧传授给学徒，还要参与其他方面的培养，确保学徒身心两健。

此外，为保障“双导师”教学机制的建构与实施，园方导师需要参加制定专业人才培养方案，商定学徒培养专用教材，以及与学校专任教师一起交流探讨园内教学设计等。以德国为例，高职院校都聘请企业专家为兼职教师，这些专家不仅具有较长的企业工作经历和丰富的工作经验，而且接受过教育学、教育心理学等课程的学习，从根本上保证了师资的质量。

（二）双导师工作职责

1. 校内导师工作职责

校内导师队伍由班主任、任课教师、幼儿园指导教师三个模块组成，三者之间既有相对独立的工作职责，又相互关联，形成网状教学机制共同培育学徒专业素养。学前教育现代学徒制试点配置一名班主任，代表武汉城市职业学院学前教育学院负责落实双主体育人体系中的常规管理工作。现代学徒制班主任工作职责既包含一般性要求，即班主任需要全面细致实行全程跟踪管理，负责学生的日常教育和管理工作，配合企业完成学徒的教学组织、学生管理和考核评价等工作，又需要定时定点定向穿梭于各幼儿园学徒试点单位，进行常规管理与突发事件的处理与协商工作（见表 5-5）。

表 5-5　**武汉城市职业学院学前教育学院现代学徒制学校指导教师工作职责简表**

项目	具 体 内 容
1	树立为教学服务、为学徒服务的思想，坚持把培养能胜任幼儿园、学前早教机构及社会培训机构等岗位工作，具有高素质的综合应用型人才作为培养目标
2	要求努力学习学徒制培养相关的基础理论知识和专业知识，和园方共同探讨现代学徒制人才培养方案，列出学习任务清单，并不断提升自身的业务能力、技术水平和实习指导水平

续表

项目	具体内容
3	在学徒下园前，负责对学徒进行学徒制培养目标、文明礼貌、下园适应性、生命财产安全等教育，教育学徒下园期间遵守幼儿园各项工作制度，培养学徒养成文明、安全实习的习惯
4	每周须根据学院统一安排的时间下园，每半天为一个单位，检查学徒出勤和纪律情况，并做好学徒半天的幼儿园活动记录
5	督促学徒贯彻落实学徒制人才培养方案，做好学徒教育实习的组织与管理工作，全面关心学徒的安全、思想成长、生活、纪律、业务能力等，鼓励学徒克服困难，端正态度，巩固其专业思想
6	以案例教学方式对学徒进行现场授课，指导点评。基于岗位能力针对学徒的实际情况进行模块化教学和项目教学，针对理论的薄弱环节进行专题辅导，综合提升技能，并在实践中总结提高
7	多与园方沟通，认真听取园方指导老师的意见，对幼儿园学徒制培养操作过程中存在的问题及时记录并向学校领导汇报，并研究解决问题的方案，采取措施及时解决，不断提高培养质量
8	会同幼儿园和第三方评价机构按照课程体系要求，组织实施对学徒的岗位评价考核
9	认真完成学校交办的其他各项工作任务

从表5-5可以看出，为了落实现代学徒制试点工作，武汉城市职业学院学前教育学院拟定了详细可行的学校指导教师工作职责，并作为教师年终绩效考核项目。在试行过程中，各位指导教师全力克服时间上、课量上、交通上等困难，在指导学徒过程中积极探索、努力专研、通力合作，履行职责、尽职尽责。以第4项职责要求为例，职责要求校内指导教师每周须根据学院统一安排的时间下园，每半天为一个单位，检查学徒出勤和纪律情况，并做好学徒半天的幼儿园活动记录。学校指导教师以周为单位履行入园指导工作要求如表5-6、表5-7：

表 5-6 **武汉城市职业学院学前教育学院学校指导教师下园时间安排表（1）**

（2016—2017 年上学期）

园所	时间	星期一	星期二	星期三	星期四	星期五
武昌区康乐苑幼儿园	上午		卓萍院长		李俊老师	
	下午	胡沙主任		向华老师		
丁字桥幼儿园	上午		杨素苹主任		金东波书记	
	下午	向华老师		李锴老师		
安吉拉幼儿园	上午		熊催明老师		汤晓宁副院长	
	下午	赵红杰主任		汤晓宁副院长		
武昌区江南庭院幼儿园	上午		何孟甜老师		胡婷婷老师	
	下午	陈敏老师		郭轩老师		
武昌区长江紫都幼儿园	上午		胡沙主任		杨素苹主任	
	下午	李俊老师		熊催明老师		
洪山区实验幼儿园	上午		郭轩老师		赵红杰主任	
	下午	胡婷婷老师		夏宇虹教授		
清江山水幼儿园	上午		金东波书记		李锴老师	
	下午	何孟甜老师		杨芳主任		
街道口幼儿园	上午		李俊老师		卓萍院长	
	下午	夏宇虹教授		胡婷婷老师		

表 5-7 **武汉城市职业学院学前教育学院学校指导教师下园时间安排表（2）**

（2017—2018 年上学期）

园所	时间	星期一	星期二	星期三	星期四	星期五
省直机关第三幼儿园	上午		程智老师		李俊老师	卓萍院长
	下午	胡沙主任	夏宇虹教授	向华老师		
丁字桥幼儿园	上午	李锴老师	陈敏老师		金东波书记	
	下午			郭轩老师	张万红老师	
安吉拉幼儿园	上午	王晶老师		胡婷婷老师		汤晓宁副院长
	下午		杨素苹主任		赵红杰主任	

除了班主任作为学校导师成员以外，学徒制校内导师主要按照课程设置类型进行导师教学任务分配并附上相应的职责要求，主要包括专业核心课程指导教师及其职责、专业综合应用课程指导教师及其职责、专业创设技能课程指导教师及其职责和其他课程指导教师与职责。具体情况见表 5-8：

表 5-8 **现代学徒制校内导师课程分配与职责简表**

<table>
<tr><th>教师类型</th><th>课 程 项 目</th><th>工 作 职 责</th></tr>
<tr><td>专业核心理论课程</td><td>学前卫生保育、学前心理学、学前教育学</td><td rowspan="4">主要职责：
负责课程模块化设计与教学工作；负责课程学习常规考核和专项考核；负责教学模块反思与调整；负责校内学徒课程学习质量评估
注意事项：
注重形成性评价、过程性评价、总结性评价，通过各种方式测评、考核学生在各模块知识、能力是否达到相应标准。
工作形式：
课堂集中教学、小组活动以及个别指导相结合；入园观察学徒实操水平检验学习效果</td></tr>
<tr><td>专业综合应用课程</td><td>幼儿园游戏、幼儿园班级管理、学前教育科研方法、幼儿园活动设计、幼儿园信息化技术、幼儿园应用文写作、幼儿教师礼仪</td></tr>
<tr><td>专业创设技能课程</td><td>美术基础与手工、幼儿园教育环境创设与玩教具制作、幼儿园活动设计</td></tr>
<tr><td>专业艺体课程</td><td>即兴伴奏与弹唱、舞蹈与创编、乐理与唱歌</td></tr>
</table>

2. 园方导师岗位与职责

武汉城市职业学院学前教育学院现代学徒制试点工作的有序推进离不开试点合作单位的鼎力支持和全力配合。前期第一批有清江山水幼儿园（学徒 2 人）、江南庭院幼儿园（学徒 2 人）、丁字桥幼儿园（学徒 2 人）、洪山区实验幼儿园（学徒 5 人）、街道口幼儿园（学徒 2 人）、长江紫都幼儿园（学徒 2 人）、安吉拉幼儿园（学徒 3 人）、康乐幼儿园（学徒 1 人）。中后期主要是丁字桥幼儿园、省直机关第三幼儿园和安吉拉幼儿园，各承担现代学徒制学徒培养职责 1 人。经武汉城市职业学院学前教育学院和幼儿园合作单位紧密磋商，制定出统一的幼儿园现代学徒制试点负责人职责要求和幼儿园现代学徒制试点指导教师职责要求（见表 5-9、表 5-10）。

表 5-9　**武汉城市职业学院学前教育学院现代学徒制幼儿园负责人职责要求表**

项目	具体内容
1	对本园教职工做好接待学徒的思想动员，落实实习班，确定指导教师
2	和学院共同研讨现代学徒制人才培养方案，和指导老师共同确定学徒每学期在园岗位指导的重点，制定学习任务清单
3	安排学徒的工作时间和工作班级，协助解决工作中遇到的问题
4	监督学徒的工作过程，并对学徒不同阶段岗位评价考核成绩进行审核
5	对我院学徒制人才培养、教育教学等工作提出意见或建议

表 5-10　**武汉城市职业学院学前教育学院现代学徒制幼儿园指导教师职责要求表**

项目	具体内容
1	明确现代学徒制人才培养方案和学习任务清单，指导学徒制订学习计划，确定总目标、学期目标、月目标和周目标，监督学徒认真完成各阶段培养任务
2	认真做好对学徒的日常考勤和管理，加强职业道德、劳动纪律和幼儿园文化等教育，培养学徒文明、守纪的良好习惯
3	认真做好对学徒保教过程中各活动环节组织的示范和技能训练的指导，使学徒尽快掌握实际操作技能，严格要求学徒，并经常进行提问、讲解与指导
4	指导学徒熟悉工作环境，帮助学徒妥善处理好工作中出现的突发事件，提高学徒的自我保护能力，并采取有效措施防止学徒在工作中受到伤害和发生安全事故
5	认真听取学校和指导教师的意见，采取措施及时解决工作指导中存在的问题，不断提高培养质量

续表

项目	具体内容
6	实行学徒工作信息通报制度，定期向学校、学徒家长通报交流学徒工作情况
7	配合学校和第三方评价机构，对学徒进行岗位评价考核
8	认真完成幼儿园领导交办的其他各项工作任务

幼儿园指导教师岗位设置依据现代学徒人才培养方案定岗定人、履职尽责，学徒学生三年企业学习包括保育员岗位学习、配班教师岗位学习和主班教师岗位学习。保育指导教师岗位着重培养学生的职业素养和专业基本能力。结合保育员岗位职责要求保育员导师可以采用“师傅在做中教，学生在做中学”的方式，实现“工学结合”，以提高学徒学生动手操作能力。配班教师岗位园方指导教师重点培养学生的专业核心能力和班级协助能力，班主任教师岗位能力培养园方指导教师着重培养学徒的综合职业能力。具体情况见表5-11：

表5-11　**现代学徒制幼儿园指导教师岗位与职责分配表**

岗位名称	岗位职责	具体要求
保育员指导教师岗位	1. 保育职业素养指导	指导学徒学生尊重并认同保育岗位与职责的重要性；指导学徒学生认真学习并履行保育职责与要求；指导学徒学生按照相关规定做好保育环节各项工作；评估与反馈学徒保育职业素养养成阶段性成果
	2. 保育基本能力指导	指导学徒养成严谨规范的保育工作能力，如做好本班室内清洁卫生消毒、保持本班环境清洁整齐工作；指导学徒养成协作能力，能根据本班教育教学要求做好保育配合工作；指导学徒学生注意钻研业务，总结经验，不断提高保育工作质量；指导学徒学生能保管好本班设备、用品，爱护公物，厉行节约；评估与反馈学徒保育基本能力

续表

岗位名称	岗位职责	具体要求
配班指导教师岗位	1. 指导形成配班职业素养	指导学徒学生明确配班教师工作职责，能爱岗敬业；培养与配班教师、保育员合作意识；引导学徒逐步养成认真负责、严谨规范、热爱幼教、善于反思、不断提高工作效率和教育质量的职业综合素质体系；评估与反馈学徒配班职业素养状况
	2. 指导养成配班核心能力	引导学徒形成配班教师职责评价与反思能力；配合主班教师完成教育教学任务能力；养成协助保育员完成各个环节保育卫生与整理的工作能力；养成独立或协助班级完成环境创设能力等；评估与反馈学徒配班岗位核心能力和水平
	3. 指导形成班级管理能力	指导学徒配合主班教师进行班级管理；观察分析幼儿行为能力并能独立带班；引导学徒学生进行规范化教育教学活动设计并逐步形成独立组织实施、反思评价与自主调整能力；指导学徒独立进行班级环境创设与主题活动设计等；评估与反馈学徒配班岗位协助班级管理能力的养成状况
班主任指导教师岗位	1. 指导养成主班核心能力	指导学徒形成全天独立带班能力、班级管理能力、人员协调能力、家园合作与资源利用能力、现代教育技术使用能力、教改教研能力、工作反思与调控能力、终身学习能力等；评估与反馈学徒主班岗位核心能力养成状况
	2. 指导养成综合素质	指导学徒在热爱学前教育基础上明确主班教师职责范围与职责要求；引导学徒逐步养成认真负责、严谨规范、耐心细致、善于反思、不断提高工作效率和教育质量的职业综合素质体系；评估与反馈学徒主班岗位综合素养的养成情况

配班教师岗位能力培养可以从教育和保健工作两方面展开，教育工作包括：自觉执行幼儿教师职业道德规范，遵守各项规章制度；在班主任的指导下，根据班级计划及每周安排配合老师组织教育活动，如课前准备工作，教具的制作等；能独立组织班级的下午活动；在幼儿活动中做好观察记录；与班主任一起为幼儿创设良好的班级环境；定期接受领导的检查与指导。保健工作主要有：严格执行幼儿园安全、卫生保健制度；负责本班房室、设备、环境及包干区域的清洁卫生工作，保证幼儿活动环境舒适、整洁；保管整理好班级财产和幼儿的物品（被、衣服、鞋子、玩具等）、教具；检查班内各种设施的安全情况，并采取有效措施；定期向家长反馈幼儿在园情况。通过以上各项配班教师岗位的专项训练，可大大提高学生的专业核心能力，为下一阶段的综合训练奠定坚实的基础。

现代学徒第三阶段幼儿园班主任教师的岗位职责严格意义上包括：拥护党的基本路线，热爱幼儿教育事业，爱护幼儿，努力学习专业知识和技能，提高文化和专业水平，品德良好，为人师表，忠于职责，身体健康；观察了解幼儿，依据国家规定的幼儿园课程标准，结合本班幼儿的具体情况，制订和执行教育工作计划，完成教育任务；严格执行幼儿园安全、卫生保健制度，指导并配合保育员管理本班幼儿生活和做好卫生保健工作；与家长保持经常联系，了解幼儿家庭的教育环境，商讨符合幼儿特点的教育措施，共同配合完成教育任务；参加业务学习和幼儿教育研究活动；定期向园长汇报，接受其检查和指导等。

学徒学生在幼儿园进行综合应用能力实训及职业拓展能力的培养和实训，按照保育员、配班教师与班主任教师岗位要求，结合用人单位实际工作情境与环节要求，以典型岗位任务为载体亲自参与幼儿园一日生活的各类活动，在实践中学习知识、积累经验，在过程中提升综合职业能力和职业素质水平。

二、双导师师德师能要求

（一）双导师的师德要求

2014 年教师节前夕，习近平总书记在同北京师范大学师生代表座谈时就曾强调：“‘师者，人之模范也。’教师的职业特性决定了教师必须是道德高尚的人群。合格的老师首先应该是道德上的合格者，好老师首先应该是以德施教、以德立身的楷模。”① 学前教育专业现代学徒制“双导师”就是一支具备优良的思想政治素质和较高的职业道德水平的教师队伍。

首先，学徒导师践行着一名“师者”最为基本的行业要求——遵纪守法，爱岗敬业。“爱国守法”要求教师以国家、社会的利益为重，使其不会违背社会公德或侵犯他人权利。“爱岗”就是热爱自己的工作岗位，干一行就爱一行。“敬业”就是专心于本职工作，干一行就钻一行。“爱岗”是“敬业”的前提，敬业是爱岗的体现。学徒导师的爱岗主要表现为热爱学徒指导岗位，属于情感方面。敬业偏于态度和行为，表现为在指导环节与细节以及要求标准等方面的一丝不苟、严格要求，是实践层面的内容，是导师对学徒教育指导工作秉持的一种严肃、认真、慎重、敬畏、恭敬与警醒的态度并见之于行为的表现。

所有参与学徒生指导的教师们时刻秉持着教书育人、关爱学生的精神导向。无论是在学校还是在幼儿园，学徒是教育的对象，学徒导师必须充分理解学徒生的双重身份，正确处理与学徒的相互关系，履行爱生育人的职责。高职学校与幼儿园虽然性质、要求大不相同，但同样是工作繁重，高职教师与幼儿教师既身肩教育职责，又承担着来自自身、学校组织、家长和社会公众的压力，本就秉着一颗热于从教、甘为孺子牛的精神。关爱学生是教师职业道德的核心，假如教师做不到爱学生，他

① 习近平．做党和人民满意的好老师［N］．人民日报，2014-09-10.

就不可能履行好职责，教书育人也会成为一句空话。

以学徒生思宇为例，思宇同学在学前教育学院现代学徒制试点合作单位丁字桥幼儿园参与了较为完整的现代学徒制模式的培养训练。2017年4月，思宇以学徒身份来到丁字桥幼儿园，为期两年半的学习生活锻炼了她、成长了她。在结束学徒试点总结会上，她以诚挚的情感表达了对幼儿园两位指导教师感激之情。她说：“在学习上，为我们安排了经验十分丰富的指导教师，他们严谨认真的做事风格，让专业成为共振的信念，已经镌刻在了我们每个人的心中；在工作上，我们能全程参与幼儿园的各项活动，得到了尽可能多的锻炼机会；在生活上，幼儿园老师也无微不至地关心着我。”这种声音是所有参与现代学徒制试点的学徒生发自肺腑的感念之情，也反映了学徒指导老师们对待学徒生如父母般的体贴关怀，工作中手把手地指导与讲解，给予年轻的学子耐心的帮助。这种指导不分昼夜、不论时空不计范围，教学的、活动的、幼儿的、家长的，还是日常生活、情绪情感的……都倾力相助，毫不吝啬。

现代学徒制导师一贯秉持着作为教育者的责任感和事业心，在教书育人与专业成长过程中践行社会主义核心价值观。他们尊重行规，严于律己。校内导师教师到企业进行指导期间，必须严格要求自己，遵守国家法律法规及企业规章制度和纪律，按企业员工管理方式，由企业与学校共同管理。他们热心事业、无私奉献、细致指导、查漏补缺也毫无怨言。他们善于反思，终身学习。在日常进行学徒指导的点点滴滴之中，经常反思自己的指导方向和内容是否具有针对性和有效性，自己的言行示范是否符合职业道德要求，学徒进步和不足在哪里，该怎样强化优势、改善不足，哪些因素会影响对学徒的成长，特别是学徒的心理层面是否被忽视等一系列问题都在学徒导师的大脑里、笔端上。

简而言之，双导师的师德内涵就是职业情感浓厚、职业态度端正、职业责任感强、职业发展意愿高，具有依法从教的法律意识。在繁重的工作任务里，能自觉抵制来自外界的诱惑，免受教育价值功利化取向影响，坚持正确的教育观与教师观，坚守职业道德与职业操守，将学徒的教育与发展放在首位。在长期的高强度工作中，能通过师德管理渠道和自我教育、提升规划严格约束自己的职业行为，调整心理状态克服职业倦怠。即双导师的师德就是“教师的敬业”“教师的责任感”“教师的正气”和“教师的善”的体现。

（二）双导师的能力要求

作为国家教育体系教师队伍中的一分子，无论是职校教师还是幼儿园教师，他们的能力素养一般体现在服务教育教学、服务社会及教研科研等方面，也就是教师需具备专业能力、科研能力、社会能力和个人能力。

教师的专业能力是最重要的也是最基本的能力要求。这项技能具体表现为课程设计能力、教学设计能力、教学组织实施能力、课程与教学评价能力等方面。双导师的课程开发设计能力是指教师根据当地幼教专业人才培养和学徒具体岗位训练的需要进行课程开发的意识和能力。这里面既有校本课程、园本课程开发的专业性基本理论与技术，也蕴涵着双方指导教师进行课程开发所需的专业知识、教学知识、教师的调查研究能力、规划设计能力、创新能力和合作能力。

高职院校和幼儿园双方教师代表校企双方履行双主体育人任务，负责落实各试点专业人才培养方案，采用现场教学、送教入校和远程教学等多种形式开展教学，开发教材和教学资源，完成教学考核和评价工作，完成现代学徒制试点工作要求的各项任务。这种育人方式要求双导师具备较强的教学计划设计能力、教学内容的组织设计能力和教学环境设计能力，能根据培养目标、人才培养方案、课程计划和课程标准明确课程的内容、组织形式和结构，并制定科学而具体的教学计划。

教师在完成课程与教学模块设计之后，最重要的一步就是教学的组织实施了。这一项直接反应教学过程、间接体现人才培养质量，是双导师高效高质完成学徒岗位培养目标的核心任务之一。教学的组织和实施展现双导师的学习情境的创设能力、教学模块的融会贯通能力、教学方法的运用能力、实践环节的指导能力以及教学安全保障能力等。在现代学徒制双导师人才培养模式中，幼儿园导师往往是园内具有丰富实践经验的专业人员或者管理人员，最清楚用人单位需要什么素质的人才，各岗位需要掌握怎样的技能和应该如何培养学徒。双导师相互配合通力合作，不断地对教育教学进行进行反思与评价，共同探索现代学徒制育人机制。

以学徒学生传美在安吉拉幼儿园最后阶段的学习为例，她的双导师为她量身定制的培养计划和执行方案可以折射出现代学徒制“双导师”机制引导下的指导教师能力体现（见表 5-12、表 5-13）。

表 5-12　**2018—2019 第二学期安吉拉幼儿园现代学徒学生培养计划表**

目标	具体内容
目标一	1. 加强徒弟的日常考核，进一步规范青年教师执行幼儿园规章制度的行为，增强责任感和进取心
	2. 鼓励徒弟积极参加各项业务竞赛考核，了解专业发展规划的意义，虚心求教，不断提高自身专业素质
	3. 为徒弟搭建展示的舞台，多压担子，让她承担园内、级组的公开教育教学任务，不断反思，积累教育经验
	4. 引导学徒学生掌握幼儿园环境创设理念与技巧，注意发挥幼儿的主体性，着力思考“怎样启发？怎样引导？提供什么样的条件？”将已有的或逐步形成的教学理念体现在环境创设中，为幼儿的成长提供丰富的、适度的、有层次的物质环境和心理环境
	5. 了解和探索园本课程的实施，每周一到两次参与园内和全国教研讨论会议。与各园所教师进行平行对话，在不断地探讨、交流教学遇到的实际问题中，有所思、有所悟、有所为，向思考型、创新型教师方向靠拢，坚持会后及时书写观察记录和有质量的经验总结

续表

目标	具体内容
目标二	1. 能够在教学变革当中，不断地调整教学行为，能够选择不同的适合幼儿的教学内容、方法，创造性地设计教学活动，并能承担展示研讨任务
	2. 对工作充满自信，有独立意识，对工作中出现的突发事件能采取相应的措施，达到较好的效果。面对困难和挫折有良好的心理承受能力
	3. 逐步形成自我发展意识，不断充实新思想、新知识，发展新能力，在自我提高的同时，获得成就感，并向有特色的教师方向发展

表 5-13　**2018—2019 第一学期安吉拉幼儿园现代学徒学生培养月计划表**

月份	具体内容
九月—十月	1. 师徒共同总结 2017 学年度的结对情况，提出本学期的结对重点 2. 师傅的引领活动展示 3. 徒弟继续进行模仿式教学。师傅课前对其设计的活动进行有针对性的指导，包括目标、准备、活动内容、教学方法和有可能出现的问题等 4. 师徒集中交流教学中的困惑并解惑 5. 查看徒弟教育活动方案并进行指导
十一月	1. 师傅和徒弟一起阅读一本幼教专著，进行交流，书写观后感 2. “对比研讨式”实践活动，含学徒展示活动 3. 查看徒弟教育活动方案并进行指导
十二月—元月	1. 师傅展示活动，徒弟观摩 2. 师徒结对成果汇报，徒弟上一节公开课。师傅课前指导，课后师徒一起反思 3. 师傅和徒弟共同总结工作情况。包括学徒交流学习心得，阶段取得的实效与存在的问题，提出努力的方向

在进行现代学徒指导过程中，双导师的科研能力的引导作用是隐形的，这种能力蕴涵在了导师的课程与教学、计划与设计、组织与实施、

评价与反思、指导与反馈、分析与判断、归纳与总结、探索与创新等专业能力与个人能力体系之中。如幼儿园导师具备的观察分析能力、活动设计能力、情境创设能力、资源利用能力、引导能力、评价能力、调整能力等，调整能力不仅包括教育教学反思与调整，还包括心理状态调整能力，含自身心理调控能力和对服务对象的心理调整能力。这些素养会在日常学徒指导过程中潜移默化地传递给学徒学生。除了言传身教，双导师的人际交往与合作能力也是必要技能之一。教师应该具有良好的人际交往和合作能力，善于把握沟通对象的心理特点，开展有效沟通和合作，共同为学徒学生创造一个良好的学习工作环境。

除此之外，双导师还需掌握现代职业指导能力和现代信息技术应用能力。双导师的职业指导能力主要体现在学徒学生职业生涯规划的基本理论和指导技能、幼教行业就业指导能力两方面。在学徒培养过程中，双方导师有不应忽视实习实训环节的安全隐患问题，需掌握指导过程中安全隐患的知识和方法并具备预防与排查能力，能熟悉处理学徒在园实训和实习期间发生突发事件的策略和方法，能够进行实习实训危险评估，具有应急处理能力①。教师的信息化教学能力指教师为了顺应网络时代教育开放、共享、协作的发展理念，尊重个性化学习需求，在利用信息技术优化教学实践的过程中体现出来的一种综合教学能力②，这种能力是推动现代理念内涵式发展、实现人才培养模式创新、提升教学质量的重要影响因素。

现代学徒制注重理论与技能的双重培养，学生既要学到专业知识，又要提高职业技能，这决定了现代学徒制对双导师的能力要求既包括理论知识部分，又包括实践技能部分，要求导师在履行各自岗位职责与双向频繁互动过程中形成团队精神与合作能力，共同完成现代学徒学生培

① 张和新，高职专业课教师专业能力结构研究［J］. 漯河职业技术学院学报，2019（05）.

② 张宁宁，王庆，高校教师信息化教学能力结构模型研究［J］. 软件导刊，2019（08）.

养任务。

三、双导师制实施步骤

（一）导师选聘

现代学徒制试点的核心要求是必须保障双导师协同培养，因此对于导师的选拔也更为严格。不同的行业领域呈现出了学校教师和企业师傅的选拔条件差距大，形式多样的特点。学前教育独特的专业性特点和现代学徒制人才培养模式的创新对双导师的选聘环节提出了具体要求，多表现为复合型要求，主要从工作经验、学历程度、是否获得职业资格、职称等级等方面考虑与设计。

首先，校内专任教师、校内兼课教师承担教学任务须同时具备以下资格（见表 5-14）：

表 5-14　　现代学徒制学校导师选聘条例

思想品德	坚持党的基本路线，遵守国家法律法规，热爱教育事业，具有良好的政治素质和高尚的职业道德
身体年龄	男 60 周岁以下，女 55 周岁以下，身体健康，能满足教学劳动强度
学历学位	1. 新招应届毕业生承担教学任务须具有研究生学历以及硕士学位 2. 年龄 35 周岁（含 35 周岁）以下教师承担教学任务须具有硕士学位或硕士在读 3. 年龄 35 周岁以上教师承担教学任务须具有本科学历或硕士学位（在读）
资格证书	须具有《高等学校教师资格证书》，新招应届毕业生从事教学工作须在进校一年内获得《高等学校教师资格证书》
能力要求	1. 使用普通话进行教学，写规范字 2. 能完成规定的教学工作量，学生评教分数不低于 75 分，具有相应的专业水平和教学科研能力

校内兼课教师不符合下面任一条件者，将不作为现代学徒制校内导师的选聘对象（见表5-15）：

表5-15　　**现代学徒制学校导师选聘条例**

序号	条例内容
1	不符合校内兼课教师准入资格者，不予安排教学任务。经过培养和提高，待符合要求后再予安排教学任务
2	对连续两次学生评教分数低于75分的校内兼课教师两年内不得安排教学任务
3	已经聘用的校外指导教师，评教分数低于75分的不再聘用

其次，校外指导教师是一线管理人员、教学人员和专业技术能工巧匠，主要承担幼儿园实践课程教学任务，须同时满足以下条件（见表5-16）：

表5-16　　**现代学徒制幼儿园导师选聘条例**

序号	条例内容
1	不符合校外指导教师（师傅）准入资格者不予聘用作为现代学徒制人才培养校外指导教师
2	已经聘用的校外指导教师，评教分数低于75分的不再聘用

双导师的选聘是推进专兼结合、校企互聘互用双师结构师资队伍建设的重要环节。现代学徒制试点校内导师的选聘会在基本岗位资质基础上再结合《学前教育学院教师下企业实践锻炼管理办法》开展和执行。合作单位一方即幼儿园方面在幼儿教师一般性考核评价基础上选拔出优秀高技能人才担任企业导师，赋予明确的导师的要求与责任。

（二）签订协议

经过试点开始前的充分协商与讨论，参与学前教育专业现代学徒制试点的幼儿园单位充分意识到高职院校是行业发展的人才储备之地，是输送专业人才的摇篮。园所领导与指导教师具备高度社会意识，展现出积极参与职业教育的热情。经过数次互动与交流，现代学徒制主导单位向园方积极宣传现代学徒制模式、机制和意义，与园方形成统一认识——现代学徒制核心就是企业和学校共同育人，签署现代学徒制校园合作协议。

在《现代学徒制校园合作协议》基础上形成《学前教育专业现代学徒制试点协议书》。该协议书将现代学徒制试点涉及学生、家长、学校与用人单位四个方面相互关系甲乙丙三方进行职责约定，明确三方各自的责任与义务。协议要求学校和园方均应从师资上、资金上为职业教育做出贡献。在师资方面，园方与学校统筹协调，与学校合作，选拔道德高尚、专业技能功底扎实的技术骨干或行业专家成为学生的园方导师。学校导师和园方导师在协商现代学徒人才培养具体方案的过程中形成了对双方导师的工作特点与职责要求的界定，形成了《现代学徒制专业人才共同培养协议》《现代学徒制人才培养质量监督与协调机制》《现代学徒制学徒学生安全预案》等，规定双导师具体的教育教学、指导实践、评估质量与反馈协调的责任和义务。

教学与指导过程通过协议来明确规范各方的权利与义务是双导师育人机制对现代学徒培养负责的表现。校内导师参与现代学徒制试点，需要填写《学前教育学院专业教师下企业实践锻炼申请表》和《现代学徒制校内指导教师学徒指导工作任务表》，在学校《专业教师下企业实践锻炼管理办法》的统一要求下开展入园教学与指导工作。学校导师按照人才培养方案的要求每周定时定点进入幼儿园对学徒学生进行相关专业指导，同时完成《学前教育学院专业教师下企业实践锻炼工作日志》和《学前教育学院专业教师下企业实践锻炼工作总结》。参与现代学徒制的园方导师统一按照《现代学徒制专业人才共同培养协议》和《学前教育专业现代学徒制人才培养方案》完成园内学徒培养应承担的各项任务要求。

（三）评估考核

学前教育专业现代学徒制试点的重心在幼儿园环节，幼儿园指导教师在双方商定的人才培养方案的基础上步步推进、件件落实，整个指导工作呈现出“重评价”“重反思”和“重超越”的特点。重评价是指幼儿园与指导教师一起采用幼儿园自查自检方式，结合《幼儿园教师专业标准》中相关要求，沿用新进教职员工考评考核做法对学徒阶段性学习工作进行考核。重反思是指在学徒培养过程中，指导教师根据学徒的实际情况多次反思审核课程、评价以及特色培养计划，有针对性地帮助学徒全面发展、特色发展。重超越是指根据各个园所特色，指导教师结合学徒自身的特点，跟学徒指导任务“加码”，开展阶段式“拔高”训练，达到“高水平”训练目标。重落实是指园所领导和指导师傅在每一环节既精心设计、严格训练又指导有方、倾情呵护，一步一步执行落实到位。如丁字桥幼儿园采用的是小班班主任岗位锻炼的方式，安吉拉幼儿园采用的是师徒结对共发展的陶行知所提出的“艺友制”方式，既科学合理又精准有效。

双导师严格按人才培养方案规定的内容组织、实施教学，按要求完成各项教学任务，负责对学生学业成绩进行公正评价，完成学生各课程的学分评定。校内导师完成专业建设任务，包括人才培养模式改革相关任务、项目课程开发任务、现代学徒制系列教材编制任务和教学资源建设任务等，采用“智慧职教”“云课堂”等信息化教学手段进行教学，及时收集、整理校企双方实施教学和过程管理的资料，完成学校组织和管理现代学徒制试点相关工作，履行学徒学生日常管理工作职责，及时处理学徒学生相关事务，这是现代学徒制试点委员会对校内导师教育教学过程性考核内容。

学校专业教师下企业实践锻炼与学徒指导的资料存入教师个人业务档案，企业实践锻炼经历纳入教师岗位任务，并作为年终考核、岗位分级、职称评定、职务晋升、奖惩等方面的重要指标依据。校内专业教师定时定点定人入园对学徒生进行一对一的指导，对这一项工作任务的评估主要包括计划拟定和指导过程。通过学校《专业教师下企业实践锻炼检查记录表》《专业教师下企业实践锻炼鉴定考核表》开展评估活动，对学校导师定期在一段时间现场观察学徒工作情况，组织学徒教学活动，和学徒进行专业讨论，提供给学徒建议和反馈，收集学徒各类作业材料，确保材料的相关性、有效性、真实性进而判断学徒能力是否达到国家职业资格标准，引导激励学徒完成学徒培训，保管各项证明材料等方面进行评估考核。学校教务系统会加强对到企业实践锻炼教师的过程性管理，有实地或电话查访、组织阶段汇报等形式。教务处会同相关职能部门和企业领导对校内导师在园内的工作进行多形式、不定时检查，以确保指导效果和实践任务目标的完成，优秀导师给予一定的精神与物质奖励。

凭借管理条例对教师教育教学工作进行评估考核是常用方法之一。学前教育专业现代学徒制试点委员会经过数轮商讨制定了一系列的管理制度，有《现代学徒制人才培养校企合作管理办法》《现代学徒制人才培养校外指导教师培训指导方案》《现代学徒制人才培养教师准入资格管理规定》《现代学徒制人才培养教师工作规范》《现代学徒制人才培养事故认定与处理办法》等。学校主要通过导师讲课、说课、导师间互相听课的方式以及校方督导检查对教学能力进行考核，幼儿园则通过行业规范和自定考核体系对幼儿园导师进行考核。在现代学徒制人才培养关键节点上，如学徒生在配班向主班教师岗位能力进行过渡性指导时期，可协调学校、园方以及第三方机构主要是研究型学者与行业专家等来进行诊断性评估考核。另外，学校与园方管理层应重视导师参加行业相关的资格考试，根据是否获得职业资格来评定导师能力。

从幼儿园的角度来看，现代学徒制能够切实提升学徒综合素质，可以作为企业有序培养和储备专业人才的有效方式。幼儿园参与现代学徒制试点承担指导工作的教师，其参与学徒制培养的经历、成绩可以纳入幼儿园年终考核的内容，甚至可以作为职称评定的依据。园方也可以出台相关制度，支持现代学徒制双导师人才培养，建立学徒导师评估、考核与补偿机制。

第三节 导师制的现状与困境

一、双导师机制面临的现实问题

（一）双导师机制推广热实施冷现状

学前教育专业实行“双导师”学徒培养模式是在跟随国家大力推广现代学徒制大潮流下的一种勇敢的创新实验，它既是大势所趋，也是时代发展的要求。经过试点探索和研究，“双导师”机制下的校企合作“协同育人”模式存在着推广热实施相对冷淡的现实反差问题。

首先，“双导师”教师工作量大、任务重影响学徒培养质量。现代学徒制已成为国际职业教育发展的基本趋势和主导模式，“双导师”的师资队伍被认为是推动现代学徒制有效发展以及提高职业教育质量的不可或缺的要素之一。但是，现阶段我国高职院校和幼儿园合作单位的师资队伍均存在的一定的现实问题，这些问题与困境已然阻碍了“双导师”师资队伍的整体构建。在高职院校与幼儿园合作单位实际工作中，较年长的、能力强且职称较高的专任教师虽然教育教学经验丰富，但是工作任务重，一方面需要按部就班完成各项工作，另一方面要挤出时间参加研修活动提升专业水平，没有更多的时间和精力对学徒进行精准化跟踪指导进而影响到人才培养质量。

其次，双导师机制实施主体参与热情与实际投入难达预期效果。在试行现代学徒制过程中，学校与幼儿园指导教师组成“双导师”教师队伍，相互协商育人机制、共同指导学徒完成学业要求。在学徒培养点的不同阶段，双方指导教师发挥的作用是不一样的。从试点经验来看，学校一直承担着“双导师”机制运行的主导方，幼儿园在共建人才培养机制与制定详细方案过程中参与是充分的，但在学徒综合素养培训过程中的参与力度是不足的。与学校开展试点的热情与积极性不同，“双导师”育人主体之一的幼儿园和育人对象——学徒学生一方则表现相对冷淡。幼儿园合作单位参与高职院校的人才培养往往是出于合作利益、人才储备甚至人情等方面考虑，所以在实际实施过程中积极性并不十分高，参与略显被动。正因为如此，学徒学生在企业学习锻炼多呈现出在指导教师有限的指导下全程“工作”的特点。

再次，学徒生基础薄弱，双向教学指导工作推进困难。依据有关文献研究，在国家规划发展学前教育提升幼儿园教育质量的同时对幼儿园教师的专业素养与业务能力提出了更加完备与系统化的要求。以幼儿园教师能力要求体系为例，幼儿园教师能力主要包括基础的、专业的和核心的三个维度。幼儿园教师的基础能力是从事幼儿园教师职业所具备的基本能力，包括观察能力、思维能力、记忆能力、审美能力、口语表达能力、体语表现能力、书写能力等。高职院校学生的基础学业能力和水平在形成幼儿园教师基本能力方面需要投入较多的时间和精力，在周期较短的学徒在校集中学习期间难以系统推进，难以在短时间内由量变向质变跨越。

关于幼儿园教师的专业能力问题，从《幼儿园教师专业标准（试行）》可以析出的是环境的创设与利用、一日生活的组织与保育、游戏活动的支持与引导、教育活动的计划与实施、激励与评价、沟通与合作、反思与发展能力等。这些能力一部分依赖于学校内专业老师引领下逐步理解掌握，还有另外一大部分则需要在实际工作领域主动地探索、琢磨、反思和总结中逐渐养成。无论是基础能力还是专业能力，学徒学习想要掌握它们并非短期的教学和指导就能够达到的，更何况我们在学徒培养过程中对于各项能力预期达到的标准尚未完全清晰明确和条理化，这种现实境况也是推动学徒双导师机制进行的现实问题。

另外，“双导师”教师队伍指导能力参差不齐影响协同育人效果。“双导师”教师队伍包含专家能手、骨干教师以及一线教师和管理人员。这四类人员专业领域不同、理解感受不同，经验水平不同进而对学徒制“双导师”育人机制的理解与操作也不尽相同。前面谈到，理论专家、行业翘楚、学科带头人以及骨干教师时间与精力分配有限，学徒培养和指导的实际参与度不高，而青年教师担任指导教师又存在经验不足、指导不力的问题。青年教师参与学徒制试点工作成为“导师”队伍中的一员，是为了补充行业骨干、精英教师指导时间与精力的不足。由于毕业时间不长，年轻气盛且精力旺盛，理论素养高于实践水平，在参与学徒指导过程中乐于探索却苦于“碰壁”，需要较多时间的成长锻炼。

最后，高职院校一直鼓励专任教师向“双师型”技能强师努力，一方面参加各种技能培训与考核，一方面进行下企业实践锻炼，但事实上多数专任教师对专业人才市场或幼教用人单位并不熟悉或不完全熟悉，还未具备与证书相匹配的业务能力，因各种因素相互作用导致下企业实践多流于形式，专业技能和业务能力并未在这项活动中得到真正的提高。

（二）双导师机制运行过程中显现的问题

在现代学徒制中，指导教师团队建设非常重要，对人才培养目标的实现起着关键性作用，如何把传统教学团队建设成为符合现代学徒制要求的“双导师”指导团队，是职业院校和学徒合作单位在现代学徒制背景下必须解决的现实问题。

首先，双导师机制实际运行缺乏完善的支持体系。即便国家有相应的指导意见，出台一定的政策予以引导，但在具体操作阶段如若没有地方政府的财政支持与协同管理机制的建立，缺乏相应的行业协会参与对职业教育的管理，缺乏除学校幼儿园以外的第三方机构专业性的评估与考核，具体实施过程会漏洞较多、流于空泛。例如《国务院关于加快发展现代职业教育的决定》指出："一定规模以上企业要有机构或人员组织实施职工教育培训、对接职业院校，设立学生实习和教师实践岗位。企业因接受实习生所实际发生的与取得收入有关的、合理的支出，按现行税收法律规定在计算应纳税所得额时扣除。"① 这些规定没有较好地落地实施，直接影响学徒制项目参与人员的任务分配和工作热情。

其次，"双导师"机制校企合作深度不够，导师之间缺乏有效的沟通平台。学前教育专业现代学徒制试点工作要求专任教师与幼儿园合作单位共同参与学生的培养过程，紧密配合、分工协作、各司其职。由于校企合作深度不够，缺少双导师有效交流的平台，导致了专任教师与幼儿园指导教师之间缺乏充分的交流与合作，双导师之间大多是各自为政、各管各的。现代学徒制各个培养阶段的岗位目标和任务体系不同，会对指导教师之间合作机制提出不同的要求。理论上说，高职学校教育应以服务为宗旨，为地方经济建设服务。这种导向本应使幼儿园合作单位在现代学徒制试点中处于中心位置，幼儿园导师应在学徒培养过程中担任十分重要的角色。但在具体实施过程中，幼儿园指导教师往往处于较为被动的一方。不管是在人才培养方案、教学计划的制订还是具体的实施等诸多方面，幼儿园以及幼儿园指导教师学徒培养的主动性和能动性未能得到很好的体现。

再次，双导师沟通方式和频率问题限制了现代学徒制人才培养质量的高度。幼儿园是针对学龄前幼儿进行保育教育的机构，并面向家长提供科学育儿指导，因为教育对象的特殊性，幼儿教师的工作涉及方法面面，劳动量大、责任重。幼儿园接收实习生或学徒学生，是在常规工作量上的新增任务，实习学生社会经验少、实践能力低，往往需要指导教师的细致耐心指导，而幼儿教师又难以应对，这种状况难免影响双方导

① 张启富，高职院校试行现代学徒制：困境与实践策略［J］. 教育发展研究，2015（03）.

师交流与沟通的频率和效果。加上学校层面多与幼儿园管理层沟通，园方指导教师的选拔、考核、薪资通常是由幼儿园一方决定的，学校几乎没有参与，也无相应的物质或荣誉方面的激励。校内指导教师和园方指导教师分别在课堂和园所对学徒学生进行指导，双导师间交流频率不高。对于双方导师来说，均得不到来自各方充分的支持和认可，势必影响导师的参与热情和指导状态。

另外，“协同育人”投入与回报比例反差也是影响双导师工作积极性的原因之一。学徒学生经过三年培养，形成了较强的岗位能力，合作幼儿园却留不住自己精心培养的接班人，这也是双导师机制发展的困境。企业对当前利益更加看重，希望能有现成人才可用。现代学徒制的一个周期往往要三年，三年后幼儿园才能得到相应的人力资源。在三年时间内，园方提供场地、投入人力物力和时间成本，培养学徒学生从事幼儿园教师专业必备的各项能力，然而学生的流失、毕业时学生是否留得住等问题，也是幼儿园合作单位比较担心的问题。如若碰上教师缺乏先进的教学理念，教学内容教条，教学方法僵化，忽视学生的主动性和积极性，无法满足学生的学习需求，则直接导致学生对现代学徒制理解不充分，参与热情不高，对合作幼儿园不满意或学习前景不乐观、不愿意过早失去就业选择权等，也会较大程度的影响双导师育人机制的投入与回报问题。

最后，“双导师”师资保障和激励机制不健全弱化了“双导师”机制运行效果。尽管高职院校的专任教师的社会地位和生活待遇在不断的改善，但高职院校的生源普遍不高，增加了专任教师的教学难度，高教学难度与其报酬不成比例，导致不少高素质专任教师流失。经济待遇不高、相关补助无法兑现，加上现行的高校人事制度问题，既无法吸引又现行阻碍学前教育用人单位的优秀专业人才投身于现代学徒制的职业教育中，这些对“双导师”师资队伍的整体构建产生不利影响。现代学徒制试点在借鉴其他国家的职业教育师资队伍建设经验的同时，应该结合国情特点，从政府管理部门、高职院校和幼儿园用人单位三方面建立健全“双导师”保障激励机制，推进“双导师”教师队伍建设。

在人才培养方面，高职院校对于现代性综合应用型人才的理解和认识还在逐步探索过程中，大多数高职院校都缺乏与试行现代学徒制培养人才相适应的组织机构、管理制度和实践经验。在社会服务方面，高职院校师资来源复杂，总体水平有待提高，大多数教师的企业工作经验不足、专业实践能力不强，加之学校的引导和激励不够，无法较好地满足企业在技术、管理和经营等方面提升的需求①。因此，针对双导师机制运行过程中出现的种种现实问题，我们需要完善学徒培养的各类支持系统，科学管理，合理分配，建立具体可行的双主体育人机制、成本合理分担机制以及多方参与的评价机制，形成幼儿园用人单位与职业院校联合开展现代学徒制双导师育人的长效机制。

二、双导师机制遭遇的发展困境

（一）现代学徒制顶层设计与支撑体系亟需完备

当前，各级政府站在服务发展、促进就业的高度越来越重视职业教育，期望借助现代学徒制可能破除当前我国职业教育弊端的有力武器，培养适应时代发展的“工匠”“巧匠”。作为办学主体的高职院校，期望通过与企业的全面深度合作来提升人才培养质量和社会服务能力，同样对现代学徒制表现出了强烈的兴趣。

现代学徒制作为一种横跨产业、教育、人力资源管理等多个领域的技术技能人才培养制度，实施和运转离不开法律和操作层面的相关规定和制度设计，而这在我国急需建立且逐步完善起来。从法律层面来看，《劳动法》《高等教育法》《职业教育法》《就业促进法》等法律条文中缺少关于学徒制法律地位、学徒合法身份与基本权益、校企

① 张启富，高职院校试行现代学徒制：困境与实践策略［J］. 教育发展研究，2015（03）.

双方责权利等重要事项的明确规定。比如双导师机制里的师徒关系，顶层设计包括法律支撑需要阐明诸如学徒身份的法律保护、师傅劳动安全的法律保障、师徒关系和企业雇佣关系之间的权益分配、现代学徒制培养中的校企双方权责划分等一系列尚待解决的问题，既是现阶段我国职业教育法规的缺位，也成为影响众多利益相关者参与积极性的关键因素①。

从我国现有的现代学徒制试点来看，国家部委级单位尚未组织利益相关方（以行业、企业为主）共同制定统一的学徒培训教学标准，对学徒完成培训所应该达到的知识技能水平做出明确、细致、统一的要求，包括教育培训的具体内容和方式。在教学过程的监管、教学条件的保障、教学结果的评估等方面也未出台详细的措施②。国家标准对于人才培养有着重要的导向作用，也是对现代学徒制教育教学效果进行评价的有效依据。在这种情况下，高职院校试点现代学徒制既缺乏必要的法律依据，也缺乏基本的操作规范。

在政府顶层设计有待完善的同时，政府层面缺乏具体的保障策略和措施也是双导师机制运行过程中遭遇的瓶颈。依据已有的《国务院关于加快发展现代职业教育的决定》《教育部关于开展现代学徒制试点工作的意见》等相关指导文件，学前教育专业现代学徒制试点牵头单位的学校和幼儿园用人单位，也努力尝试从政策、行规、运行、管理等方面为保障和发展好现代学徒制探索经验，但是缺乏具体的可操作性的机制以及受一些常规管理要求方面的制约，学校和幼儿园很难落实指导教师的待遇、责任、考核、津贴等。也就是说，缺乏具体的、可操作的激励、保障措施，相应的政策很难得到执行和落实。

---

① 吴吟颗，秦炳旺，论职业教育现代学徒制中的师徒关系［J］. 职教论坛，2016（29）.

② 张启富，高职院校试行现代学徒制：困境与实践策略［J］. 教育发展研究，2015（03）.

（二）“双导师”配套管理机制有待完善

完善现代学徒制特点的管理制度是保障“双导师”机制有效运行的基础。建立健全与现代学徒制相适应的教学管理制度要求地方政府和试点合作单位加强对试点工作的层级领导，建立跨部门的试点工作领导小组，配套扶持政策，设立专人专项负责制度，定期会商，及时协调解决困难，加大投入力度，通过财政资助引导企业和职业院校积极开展现代学徒制试点。

首先，试点企业即幼儿园合作单位在现代学徒制管理制度建设方面的重要性和积极性有待提高。作为现代学徒制人才培养责任主体之一，因各种现实原因幼儿园与学校两方的沟通合作难以充足充分。学校与幼儿园在根据教学需要科学安排学徒岗位、分配工作任务等方面探讨较为充分，但在共同制定可行性高、充分体现现代学徒制特点的管理制度方面仍然存在不足。如双导师教育教学管理方面就有待建构完善的、能够与现代学徒制相适应的学分制管理办法和弹性学制管理办法。这一制度亟需在双主体育人机制专项研讨过程中建构起来，并不断完善过程性管理方案，但目前状态和进度不尽完善。

其次，双导师校企互聘共用的管理机制也有待完善。现代学徒制的特点决定了其教学团队必须是“双导师”，建设双导师教学团队首先要有制度保障，如双导师的选拔、培养、考核、激励等制度，使教学团队从成立到运行、考核都有章可依。依据“现代学徒制试点工作实施方案”，试点院校要将指导教师的企业实践和技术服务纳入教师考核并作为晋升专业技术职务的重要依据。双导师职责明确，但导师待遇一直是瓶颈问题。一是校内教师并未因工作任务与工作量的增加获得基础的劳动报酬，企业导师原则上一直秉持着优秀高技能人才标准进行选聘，师傅责任明晰，师傅承担的教学任务纳入年度考核，然而可享受的带徒津贴十分有限。二是在试点进行过程中，理想的灵活的人才流动机制尚未建立，预期想要达到的校企双方共同制定双向挂职锻炼、横向联合技术研发、专业建设的激励制度和考核奖惩制度并未落地开花。

再次，双向培训机制的缺失制约双导师机制长效发展。双导师育人必须深化学校专业导师与幼儿园指导教师之间的协同合作，实现优势互补。双向培训一方面指双方导师针对学徒培养目标进行相关培训活动，另一方面指向学徒导师自身不断提升专业水平和业务能力的过程。除此以外，还包含学校导师和幼儿园指导教师之间针对学徒制本身的专项培训。试点单位双方根据教学目标与教学任务，合理配置双导师师资，建立双向培训机制，不断提高教学团队水平。培训机制还需做到学校导师与企业导师并重。幼儿园指导教师队伍和高职院校师资队伍是现代学徒制的重要组成部分。目前，幼儿园指导教师在聘用、管理、培养等方面还存在诸多问题，整体指导能力也有待提升。提升学徒双导师教师队伍的教学能力与指导能力还需要政府、学校、企业和个人在双向培训机制建构体系下同心协力，紧密配合，共同推进。

最后，双导师工作中的激励与保障措施的不足在一定程度上弱化了双导师的工作热情和互动效果。不足的原因表现在地方政策扶持不够，现代学徒制工作的专项投入不够，学校与用人单位在制度设计与经费支持上也不充分。现代学徒制涉及部门多、人员多，各方面各部门相互支持的同时牵制也是客观存在的。在实际运行过程中存在筹措经费困难，经费管理薄弱等问题。现代学徒制归根到底还是一个校企合作的问题，校企共赢是现代学徒制能够有效运转的基础保障。但是校企共赢下的与指导教师密切相关的激励与保障问题在学徒试点单位均未引起重视，同时缺乏相关的政策支持和实施方案，机制建设上又不够完善，试点工作的现状显示双导师机制并没有发挥好育人主体的作用，或者发挥得不够。

现代学徒制是当前国家层面校企合作制度体系不尽全面、不太完善情况下，推动校企合作产教融合的重要手段和方式，是推行“行业订立标准、校企共同培养、政府充分保障”新型人才培养模式的勇敢尝试。之所以采用“试点”的形式推进现代学徒制改革，就是因为当前还缺少一整套与之匹配的机制、做法和标准。虽然有别的省市其他专业现代学徒制试点做得非常好的案例，但对高职院校学前教育专业而言只能借鉴、无法照搬。所以，这一切需要我们点滴摸索、总结经验逐步建构起来，努力解除发展困境，探索现代学徒制双导师长效机制的有效路径。

第六章 “双标准”学徒考核评价体系

第一节 现代学徒制学生考核评价

一、职业教育学生学业考核评价

现代学徒制是推动职业院校人才培养模式改革，落实职业教育现代化理念的新尝试，最终是为了更好地实现职业教育培养高素质劳动者和技术技能人才的目标。了解职业教育对学生学业的考核评价是建立现代学徒制学生考核评价体系的基础。

职业教育是与社会经济发展联系最为紧密的教育形式之一，随着世界经济发展的转型与后工业社会的来临，职业教育面临着前所未有的挑战。要培养适应社会发展的人才，职业教育更应注重培养学生的综合职业能力，综合职业能力成为学生在校学习的重点。综合职业能力是复杂多元的能力组合，不仅仅是单纯地外显化的操作技能，更是一种结构化的、内隐的、深层次的职业能力。随着以综合职业能力为导向课程改革的推进，职业教育引起社会的关注，其中，如何考核评价职业教育学生学业表现已经成为众多关注点中比较重要的一个。关于职业教育学生学业评价的研究主要围绕学业评价的历史追溯、价值取向和发展现状等方面。

(一) 职业教育学生学业考核评价的历史追溯

追溯我国职业教育的发展轨迹，最原始的职业教育形态应属我国古代的学徒制。传统学徒制以强大的生命力推动着古代职业教育的发展，古代学徒制中的学徒评价对现代职业教育学生学业评价具有很强的启发意义。在考核评价主体方面，我国古代学徒制的评价主体主要包括父亲、师傅、官府工匠和职官；在考核评价内容方面，传统学徒制通过满师考试，如要求学徒出师时制作产品，以产品的质量来判断学徒的专业知识和实践技能。除了对专业技能的考核外，也注重对学徒职业道德的教育和评估。明清时期，师傅对学徒的考核评价是将“学技艺”和“学做人”融合在一起的，满师时师傅会结合技艺和为人处世之道这两个指标对学徒进行考核评价；在评价功能方面，古代学徒制的评价已经具备了监督指导，促进学习的功能。考核评价是为了检验学徒学习的程度和水平，师傅会依据考核结果实施奖优罚劣，并依此来安排下一年的学习内容；在评价方式方面，师傅或行会考虑到个体差异性，有针对性地安排学徒完成不同的作品并进行考核①。

随着产业革命的加速，传统的学徒制已经不能满足市场的需求，职业教育开始走向专业化道路，转化为学校教育。清朝末年，我国高级实业学堂被纳入正规学制中。尽管这一时期对职业教育学生学业考核评价的研究多从制度层面进行探讨，缺少实践的评价体系与案例分析，但纳入学校教育体系使得职业教育从经验传授转向系统学科课程教学，其考核评价方式也随之改变，纸笔形式的文字测试逐渐占主导地位。民国时期，在西方教育测验理论的影响下，职业教育学生学业考核内容严格遵循相应的课程标准，考评方式开始采用客观化试题，常模标准成为当时学生考核评价的主要参照依据。同时，出现了对专业技术人员的职业资

① 冯晓沛，胡克祖. 中国古代学徒制职业教育评价历史述评［J］. 职教论坛，2012（34）.

格考试，且要求毕业考试与资格考试进行诠定，类似于现在职业教育的“双证书”①。

（二）职业教育学生学业考核评价的价值取向

学业考核评价的价值取向影响具体的考核评价活动。在不同的历史发展阶段，人们对职业教育的认识和理解有所不同，所持的考核评价观念也就不同。职业教育发展初期，比较注重学科知识间的内在逻辑，考核评价以学科知识为主。随着课程改革的发展，学科为主的价值取向脱离实际工作情景等不足日益暴露，实践为主的价值取向逐渐占主导地位。当前，我国职业教育课程改革的重点就是从学科课程转向任务驱动的项目式课程，对学生的考核评价重点也从学科知识转为岗位能力。由此，职业教育能力本位的价值取向取代了初期的知识能力本位。

进入21世纪，科学信息技术的飞速发展和全球一体化变革给职业教育带来了更大的挑战，研究者对新时代背景下的职业教育价值取向进行了更为深入的研究，传统的能力本位价值取向遭到质疑。能力本位价值取向的职业教育注重培养学生的基本职业能力，如适应岗位的能力、适应工作变换的能力等。它的核心教学目标是能力，考核评价的重点也是能力。而当今时代对职业院校毕业生的要求不仅仅是能力的发展，更包括职业道德、态度、责任心、诚信、人格、创造性等。把“能力”作为教育的目标，不能涵盖道德、情感、意志、人格等新时代所需的特质。因此，能力本位的价值取向应向素质本位的教育取向转变②。王敏勤指出，素质本位价值取向的职业教育应注重培养学生的基础性素质、专业性素质和创造性素质。基础性素质是指毕业生走向社会必备的科学文化基础知识、基本职业个性倾向、基本道德品质等。专业性素质包括

① 闫宁．高等职业教育学生学业评价研究［D］．陕西师范大学，2012：21-22.

② 王敏勤．由能力本位向素质本位转变——职业教育的变革［J］．教育研究，2002（05）.

与专业工作密切相关的的理论知识、实践操作能力、职业道德品质、兴趣爱好、个性特点等。创造性素质则主要包括终身学习的能力、在专业工作中敢于创业的精神与个性、创造性思维品质和人格品质等。素质本位价值取向的职业教育在关注知识、技能的同时，也重视情感态度和价值观的发展，这就要求在对学生进行学业考核评价时，考核评价的重点应从传统的知识和技能转向情感态度、职业道德、团队合作精神、创造性等综合素质。这是新时代职业教育学生学业评价发展与变革的基本旨趣①。

（三）职业教育学生学业考核评价的发展现状

尽管素质本位价值取向的学生学业考核评价理念在职业教育界得到一致认可，但在实践中，我国职业教育学生学业考核评价依然存在不少问题。目前，我国大多职业院校依据课程性质将课程分为考试课和考查课。两种课程的考核都有过程考核和结果考核，过程考核成绩取决于学生平时的课堂表现，如到课率、课堂参与度、作业完成情况等。结果考核成绩取决于期末的考试成绩。考试课的结果考核一般采用闭卷考试的形式，而考察课的结果考核方式比较灵活，由任课教师自主选择，主要包括答辩、提交作品、口试、撰写报告等形式。虽然我国职业教育学生学业考核评价注重过程考核，评价方式也越来越多样化，但受大班额限制，教师很难关注到每个学生，过程考核的初衷难以完全实现。相关部门对考核方式与内容的监管力度不足，如试题的题量、题型、难易度、区分度、技能点等缺乏科学性。在一项对 20 多所职业学校的调查中发现，学生学业评价的普遍问题包括：评价内容片面，重视基础知识和理论的考核，忽视对学生综合素质的评价；评价主体单一，缺乏学生、企业和社会的参与；评价过于突出鉴定功能的发挥，忽视了评价的反馈、

① 刘虎．由遮蔽走向真实：职业教育学生学业评价的反思与超越［D］．华东师范大学，2014.

激励和促进改进和发展的功能①。

近年来，职业院校通过各种途径不断加强实践课程建设，对学生的实践能力考核也随之增加。学生的见习实习机会增多，但在这类实践课程中，存在指导和考核分离的现象。在实践中指导学生的多为企业师傅，学校教师并没有跟随学生一起进入企业，最终考核时，有的学校是以学校教师的考核意见为主，缺乏针对性。有的学校虽然以企业师傅的考核评价为主，但应付性地填写考核鉴定表格是常有的事情，缺乏有效性。总体来说，我国职业教育学生学业评价体系尚未能接轨市场人才需求，企业在招聘职业院校毕业生时，更看重学生的职业素养，而学校的学业评定不能有效考察出学生的实际技能和职业素养水平。企业真正使用的招聘标准依然是企业自定的标准，职业院校对学生的学业评价未能与企业接轨②。

二、现代学徒制学生考核评价的特点

现代学徒制是为提高职业教育人才培养质量，结合传统学徒培训与现代学校教育思想，由职业院校和企业共同培养学生的新型职业教育制度。这种校企深层合作的人才培养模式旨在推动职业教育体系与劳动就业体系的互动发展，打破学校教育与市场需求之间的壁垒，培养高质量的技术技能人才，实现职业教育主动适应当前经济社会发展要求。现代学徒制最明显的特征是学校和企业的一体化育人，学生具有学校学生和企业员工的双重身份。以往的校企合作最常见的形式是参观、见习、实习，在这种校企合作模式中，学生进入企业的时间短、实践操作的机会少，企业也未曾参与到人才培养的整个过程，是表层的、短期的合作。现代学徒制更强调校企联合双主体育人，其校企合作是一种深层次的合

① 路焕丽．基于多元智能理论的职业学校学生评价研究［D］．河北师范大学，2008.

② 张卫利．国内外高职院校学生学业评价比较研究——以新加坡义安理工学院为例［J］．湖北函授大学学报，2017，30（15）.

作，方案共商、过程共管是深度合作的表现。

提高人才培养质量是实施现代学徒制的初衷，而要确保人才培养的高质量，必须完善现代学徒制学生考核评价体系，建立与各个培养环节相对应的考核机制，保证校企在过程共管中既有合作也有分工。现代学徒制学生考核评价是指在学校与企业共同推进的人才培养模式下，学校与企业按照一定的标准，采用科学的方法，衡量与评定学生完成学校学业与企业岗位职责任务的情况、效果、能力等，并且将评定结果及时反馈给学生的过程①。通过对各个培养环节现代学徒制学生的考核评价，学校和企业更加明确自己应该“管什么”以及“管得怎么样”，以此为依据来调整人才培养的策略。现代学徒制旨在探索校企协同育人、实现教学过程与生产过程对接、提高人才培养质量，与传统职业教育模式相比，其学生考核评价在评价主体、评价内容、评价方式上都有较大差异。

（一）评价主体：校企联合参与

基于学校和企业联合招生、共同培养的双主体育人机制，现代学徒制学生的考核评价也应由学校和企业联合参与完成。校企联合参与考核评价主要表现在考核方案的制定、考核方案的实施以及考核结果的反馈三大环节。

在考核方案制定环节，校企应加强沟通，依据人才培养目标，通过调研、研讨、专家论证等方式，将考核项目、项目比例、考核方式等内容具体化，保证考核方案的科学性与可操作性。同时，明确各个考核项目的主要负责人和具体考核标准，以防出现考核流于形式或考核标准不一致等问题。

由于学校和企业存在一定的空间距离且各自的管理体制也不尽相同，考核方案的实施会受到很多现实因素的影响，更需要学校和企业保

① 王阮芳．现代学徒制学生考核评价机制研究［J］．文教资料，2017（19）．

持畅通的沟通机制。比如，尽管在考核方案中规定了理论知识主要由学校教师负责考核，实践操作项目是主要由企业师傅负责考核，但有时候理论知识和实践操作是很难截然区分的，实践操作直接或间接地反映出学徒对理论知识的掌握情况，而对理论知识的理解也能在一定程度上折射出学徒的实践操作技能。那么，在这些交叉的项目考核过程中，就需要学校教师和企业师傅共同对学徒进行考核。

对学生进行考核评价不是现代学徒制的最终目的，考核评价是为了更好地促进学生的发展，提高人才培养质量。学校和企业及时讨论分析考核评价结果，能更清晰地展示现代学徒制的实施情况以及工作业绩，有利于总结经验，为下一步调整工作思路提供事实依据，有助于推动现代学徒制的良好运行。校企双方将考核评价结果反馈给学生，可以让学生客观地认识到自己的优点与不足，从而更好地进行自我“诊断”与改进。

随着试点工作的不断推广，现代学徒制学生的考核评价主体逐渐从校企联合向多元化发展，如加入专业机构、行业协会、社区等第三方评价机制，融合学生自评、生生互评、家长评价等。

（二）评价内容：突出岗位特色

工学结合人才培养模式改革是现代学徒制试点的核心内容。现代学徒制学生考核评价内容既要包括学生在校的学习内容，也要包括实际工作所需的知识技能。无论是“工”还是“学”，其考核评价内容最突出的特点是围绕工作岗位展开，突出专业行业特色。一些现代学徒制试点专业侧重于考察学生的实践操作技能，有的则把产品的质量作为考察重点。例如，天津现代职业技术学院机械专业通过中期考试与出师考试，重点考察学徒的岗位综合实践操作能力。中期考试安排在第四学期末，要求绘制结构图、编制工艺卡、描述零部件清单与装调步骤，并操作完成基础机芯装配、调整与检测；出师考试设置在第六学期末，考试范围涉及“复杂机械手表的装配、调试与故障排除”。中期与出师考试中取得优异成绩的学徒可提前与公司签订就业意向书，享受员工工资待遇和赴瑞士、德国学习的机会。而宁波职业技术学院工业设计专业重点考察学徒产品的创意、模型准确度、生产要求符合度和渲染效果①。

一般来说，现代学徒制学生的考核评价内容包括学业评价和业绩评价两部分。学业评价是依据人才培养方案中的课程设置，对学生的学习成绩进行考核评价。学业评价不局限于纸笔形式的考试，学校教师和企业师傅也可以通过口头问题、情景测试、观摩学生日常工作表现等方式来进行考核。业绩评价是对照岗位职责，对学生的岗位任务完成情况进行考核评价。对学生的业绩评价大多参照企业的岗位标准，采取和同等岗位企业正式员工相一致的考核方式，由业务部门或业务部门联合人事部门实施考核。

（三）评价方式：注重过程考核

“一考定终身”的考核方式不适用于现代学徒制，对学徒制学生的考核更加注重过程考核。过程考核有利于学校和企业从多方面掌握学徒培养的动态发展状况，有针对性地发现问题并解决问题。为了更有效地开展过程考核，有的试点学校对学徒制学生采用边教学边生产边鉴定的考核方式，有的则采用教学与考核相分离的方式。总体而言，利用多样化的方式来考核学徒学习的过程是现代学徒制考核的一大发展趋势。一些学校通过开发网络管理平台，利用信息化技术手段进行过程管理，学校教师、企业师傅和学生可以在平台上进行交流，学生的培养计划、教学进度、课程表现、双师对学生的考核评价、学生对双师的教学质量反馈等信息都可以在平台上展示，便于学校和企业实时跟踪整个教学过程。还有一些学校将考核评价与岗证结合起来。通过建立从“上岗”到“转正”的系列考核标准，确定考核与岗位资格证书的关系，所有考核通过后，不仅可以成为企业的正式员工，还可以获取岗位相关证

① 刘蜀．高职院校现代学徒制评价模式研究［J］．中国培训，2019（01）．

书。系列考核标准按真实的职场规则执行，学生一级级完成考核任务。在过程考核中，最经常采用的方式有口试、汇报、面谈、现场操作、分析报告、成果展示、自评、他评等。当然，终结性评价和过程性评价是很难截然分开的。例如，某一个学习阶段的成果展示可以看作该阶段学习的终结性评价，也可以看作整个学习阶段中的过程性评价。在现代学徒制学生考核评价实践中，考核评价方式以过程性考核为主，同时结合终结性考核评价，共同激励学生学习。

三、现代学徒制学生考核评价原则

2014 年《教育部关于开展现代学徒制试点工作的意见》明确指出，建立体现现代学徒制特点的管理制度要求试点院校和合作企业共同实施考核评价，将学徒岗位工作任务完成情况纳入考核范围。2015 年，教育部职业教育与成人教育司《关于开展现代学徒制试点工作的通知》再次强调，建立体现现代学徒制特点的管理制度应创新考核评价与督查制度，制定以育人为目标的实习实训考核评价标准，建立多方参与的考核评价机制。建立定期检查、反馈等形式的教学质量监控机制。由此可见，考核评价是管理制度中的重中之重。为了更好地落实对学徒制学生的考核评价，评价者必须遵循一定的原则。

（一）坚持职业精神与职业技能考核相结合

深受能力本位价值取向的影响，长期以来，我国的职业教育都非常注重职业技能的培养。在国家层面的高等职业教育政策中，曾先后用技能型人才、实用型人才、高技能人才和技术技能人才等来表述人才培养目标①。强调职业技能培养的职业教育在很大程度上满足了特定时期市场对技能型人才的需求，也促进了职业教育自身的发展与改革。但随着

① 周建松，唐林伟．高职教育人才培养目标的历史演变与科学定位——兼论培养高适应性职业化专业人才［J］．中国高教研究，2013（02）．

产业结构的调整和创新驱动发展战略的实施，学生在人文素养、职业道德、敬业精神、责任意识、团队协作、诚信品质和创新能力等方面表现出来的欠缺①，不能不引起人们对职业院校职业精神培养的思考和关注。所谓职业精神，是指在职业理性认识基础上的职业价值取向及其行为表现，具体表现为在职业活动中的“热爱、严谨、细致、负责、高效的行为及风貌”②。现代学徒制作为新型的职业教育育人模式，更应该关注职业精神和职业技能的融合培养，学生不仅要具备从事某一工作的职业技能，更应该具备可持续发展的动力。

与职业精神和职业技能的融合培养目标相对应，现代学徒制的考核评价应坚持职业精神与职业技能相结合的原则。考核评价既要着眼于学生从事岗位工作所具备的专业知识和职业技能，也应关注学生的情感、态度和价值观，将人文素养、道德品质、工作态度、责任意识、创造性等职业精神纳入考核评价中来，改变传统“重职业技能、轻职业精神”的考核评价方式，以评促教，促进学生全面可持续发展。

（二）坚持学业评价与工作业绩评价相结合

现代学徒制是深化校企合作，实现双元主体育人的教育模式，其考核评价理应突出学校和企业的双元特色，坚持学业评价与工作业绩评价相结合的原则。学业评价是指以国家的教育教学目标为依据，运用恰当有效的工具或途径，系统地收集学生在各门学科教学和自学的影响下认知行为上的变化信息和证据，并对学生的知识和能力水平进行价值判断的过程③。学业评价包括但不局限于学生在校所修课程的成绩，科学合理的学业评价不仅仅是对学生知识和能力水平的判断，

① 朱晓艳，魏运才．高职院校学生的现代职业精神培育［J］．社科纵横，2018，33（11）．

② 蒋晓雷．现代职业精神的培育［J］．中国职业技术教育，2009（24）．

③ 王阮芳，李剑．基于现代学徒制的学生考核评价体系构建［J］．文教资料，2017（23）．

还包括对学生发展潜能、态度及价值观发展的判断，是鼓励教师教和学生学的有效手段。学业评价主要由学校负责。工作业绩评价则以企业考核为主，考察学徒对岗位任务的完成情况，主要包括日常出勤、工作态度、技术的熟练性、操作的规范性、产品质量、沟通协作能力、综合素养等。

学业评价与工作业绩评价主体虽分属学校和企业，但二者是相互联系的，有些考核内容是相互交叉融合的，这就要求学校和企业加强沟通，明确分工与合作职责，互相协作，避免出现学校考核与企业考核在内容、标准等方面的脱离，未能充分发挥现代学徒制校企深度融合的优势。

（三）坚持量化评价与质性评价相结合

量化评价是指在评价过程中采用数量的方式进行描述、统计学生的实际表现，并用数学的方法对结果进行定量分析的价值判断。在量化评价中，评价标准明确、评价结果清晰，具有客观性和可比性，比较适用于评价学生对某一知识或技能的掌握。例如，标准化的课程考试、实训项目测验、出勤率的统计、计分制年度工作业绩的等级评定等都属于量化评价。质性评价是指学校教师、企业师傅、行业专家等利用已有知识经验进行判断的过程，比较适用于通过观察来获取学生情感、态度、价值观、发展潜能等方面的评价，可以获取细节性资料，但容易受主观因素的影响。

现代学徒制学生考核评价要坚持客观的量化评价，关注学生对专业知识与技能的掌握情况，便于进行横向和纵向比较，及时调整教学方法。同时，对学生的考核也要结合基于全面观察的质性评价，避免陷入数据的泥潭，弥补量化评价的不足，获取学生发展的完整资料，注重对学生日常表现的观察。

第二节　学前教育专业现代学徒制学生考核评价体系

一、依据人才培养目标，建构双标准三维度多元化评价体系

从第一批现代学徒制试点工作来看，现代学徒制多集中在技能操作性较强的专业，如机电技术应用、汽车运用与维修技术、石油化工生产技术、铁道工程等。作为目前更深、更好、更有效的产教融合、工学结合形式，现代学徒制在民族工艺传承类、机械加工类、设备维修类等操作技能要求较高的专业，对人才培养质量提升的效果非常明显①。

当前，我国学前教育事业正处于高速发展时期，幼教机构对人才的质量要求进一步提高，迫切需要大量综合素质全面、保教能力突出、职业认同感强、具有创新意识的卓越幼儿园教师。在我国现代学徒制试点中，鲜见师范教育类专业，尤其是学前教育专业。这种现状既是因为学前教育专业知识系统性强、职业道德要求高而产生的客观事实，又为学前教育专业现代学徒制试点创造了良好的机遇和挑战。现代学徒制在学前教育专业中应用的效果到底怎么样，最直接的判断方法就是考察学徒制学生的发展水平。那如何考察学徒制学生的发展水平呢？武汉城市职业学院在学前教育专业现代学徒制试点工作中摸索建构了一套学生考核评价体系。

依据校企合作制定的人才培养方案，武汉城市职业学院学前教育专业现代学徒制试点人才培养目标为：培养德、智、体、美全面发展，具有学前教育专业领域必备的基本理论知识和专业知识，具备从事学前教育领域实际工作的职业能力和职业技能，具有良好的职业道德和敬业精神，能胜任幼儿园（尤其是学徒制试点对应的幼教机构相关岗位，熟

① 崔发周．七类专业慎选“现代学徒制”［N］．中国教育报，2017-10-12.

知企业文化，了解企业工作流程）、学前早教机构及社会培训机构等岗位工作，具有高素质综合应用型专门人才。此类人才比通过常规方式所培养出来的学前教育专业毕业生具有更强的实践工作能力，能充分地将理论知识与幼儿园实践相结合，有效解决、处理相关问题，体现较高的综合素质。围绕人才培养目标，充分考虑企业的育人主体地位，以综合素质为核心，构建双标准三维度多元化评价体系。

（一）双标准：学校标准、企业标准

双标准是指学校标准和企业标准。现代学徒制的核心在于提高人才培养质量，双标准考核评价机制将学校对于学生的考核与企业对于员工的考核标准相互融通，实现岗位与课程融合，课程与职业证书融合，兼顾学校与企业的需求①。尽管双标准考核评价机制中的“双标准”是校企双方共同制定的，注重互相融合，但在具体实施过程中，考核的时间、地点、主体、内容和方式各有差异，导致学校和企业的考核标准有一致性又有区别性。

学前教育专业学徒制学生要同时接受学校和幼儿园的双重考核，学校主要对学生的在校表现进行考核，幼儿园主要对学生的工作表现进行考核。在校表现和工作表现都是教学过程的体现，是学校和幼儿园基于工作岗位需求共同制定的，但由于幼儿园教师这一职业需要系统的理论知识学习作为基础，且日常工作具有烦琐性，难以用产品质量或技能娴熟等单一的指标进行考核。因此，在正式考核实施过程中，学校和幼儿园考核的侧重点不一样，可能容易导致双标准的分离，这就要求学校和幼儿园要加强学习、工作表现考核评价的的互认和衔接。

双标准评价表只是提供大致的考核思路，每一个考核项目又细分为具体的考核标准，如学校考核的毕业要求“持有相应证书”，具体规定

① 陆兴凤．现代学徒制下基于工作过程的“双标准”考核机制研究［J］．现代商贸工业，2018，39（11）．

为持有幼儿园教师资格证书、普通话水平达到二级甲等、育婴师职业资格证书和保育员职业资格证书。

（二）三维度：专业理念与师德、专业知识和专业能力

《幼儿园教师专业标准（试行）》是国家对合格幼儿园教师专业素质的基本要求，是国家层面对幼儿园教师行业的规范和准则，在幼儿园教师的培养、准入、培训、考核等工作中起着重要作用。《幼儿园教师专业标准（试行）》作为国家行业标准，对学前教育专业现代学徒制学生考核评价有着重要的指导作用。依据《幼儿园教师专业标准（试行）》专业理念与师德、专业知识和专业能力三个维度划分，学前教育专业现代学徒制学生考核评价也从这三个维度开展。

1. 专业理念与师德

专业理念与师德维度主要考察学生的职业理解与认知、对幼儿的态度与行为、幼儿保育和教育的态度与行为和个人修养与行为。其中，职业认知和理解包括了解教育方针政策法律法规；热爱学前教育事业，具有职业理想和敬业精神；认同幼儿园教师的专业性和独特性，注重自身专业发展；具有良好职业道德修养和团队合作精神，为人师表。对幼儿的态度与行为包括关爱幼儿，重视幼儿身心健康；尊重幼儿人格，维护幼儿合法权益；信任幼儿，尊重个体差异。幼儿保育和教育的态度与行为包括保教活动中培育幼儿良好的意志品质；重视环境和游戏对幼儿发展的独特作用；重视自身日常态度、言行对幼儿发展的重要影响等。个人修养与行为主要指教师的态度、性格、品质等。考虑到具体考核项目过多容易导致实际操作的繁琐与困难，将“幼儿保育和教育的态度与行为”合并到“对幼儿的态度与行为”。

2. 专业知识

专业知识维度主要考察学生对幼儿发展知识、幼儿保育和教育知识和通识性知识的掌握。幼儿发展知识包括关于幼儿生存、发展和保护的有关法律法规；不同年龄幼儿身心发展特点、规律和促进幼儿全面发展

的策略与方法；幼儿的个体差异及对应策略与方法；有特殊需要幼儿的身心发展特点及教育策略与方法。幼儿保育和教育知识主要包括幼儿园教育的目标、任务、内容、要求和基本原则；幼儿园环境创设、一日生活安排、游戏与教育活动组织和班级管理的知识与方法；意外事故和危险情况下幼儿安全防护与救助的基本方法；了解幼儿的基本方法；0~3岁婴幼儿保教和幼小衔接的有关知识与基本方法。通识性知识主要指人文社会科学、艺术欣赏表现、信息技术等方面的知识。

3. 专业能力

专业能力维度主要考察学生的环境创设与利用能力、一日生活组织与保育能力、游戏活动的支持和引领能力、教育活动的计划与实施能力、激励与评价能力、沟通与合作能力、反思与发展能力。环境创设与利用主要包括心理环境和物质环境两个方面。一日生活组织与保育主要指科学照料幼儿日常生活及在生活中灵活渗透教育。游戏活动的支持和引领包括创设合理的游戏条件，提供适宜的游戏材料，有效支持、引发和促进幼儿的游戏。教育活动的计划与实施主要包括科学制定教育活动计划和方案，在活动中能灵活运用多种组织形式，观察幼儿，根据幼儿的表现和需要，调整活动，给予适宜的指导，支持和促进幼儿主动学习。激励与评价主要指能激发和保护幼儿的积极性、自信心，有效运用多种方法，客观全面地了解和评价幼儿。沟通与合作既包括和幼儿的沟通合作，也包括和同事、家长的沟通合作。反思与发展是指主动反思、探索和研究，改进保教工作，提高自身专业素质。其中，将“环境创设与利用能力”“一日生活组织与保育能力”“游戏活动的支持和引领能力”“教育活动的计划与实施能力”“激励与评价能力”合并为“教育技能”。

（三）多元化：学校、幼儿园、学生、幼儿家长及第三方评价共同参与

多元主体参与、多种考核形式才能体现现代学徒制基于工作过程的

校企合作育人特色，全面真实地反映学生的真实情况。除了学校指导老师和幼儿园师傅评价以外，评价主体还有学生、幼儿家长及第三方机构（见表 6-1）。

表 6-1　**学前教育专业现代学徒制双标准三维度多元化评价体系**

<table>
<tr><th>考核维度</th><th>考核项目</th><th>学校标准</th><th>幼儿园标准</th><th>考核主体</th></tr>
<tr><td rowspan="3">专业理念与师德</td><td>职业理解与认知</td><td rowspan="3">无违纪违规表现
思想政治过硬
日常汇报合格
现场观摩达标
心理测试正常</td><td rowspan="6">日常各项考核合格
期末考核合格
（具体考核标准和内容各幼儿园依据实际情况自行制定，但必须包括并能反映专业理念与师德、专业知识的内容）</td><td rowspan="9">学校：班主任、辅导员、指导教师、教务处、学工处、任课教师
幼儿园：师傅、分管领导、人事部门
其他：第三方机构、学生、幼儿家长</td></tr>
<tr><td>对幼儿的态度与行为</td></tr>
<tr><td>个人修养与行为</td></tr>
<tr><td rowspan="3">专业知识</td><td>幼儿发展知识</td><td rowspan="3">合格完成任务清单
各门课程成绩合格</td></tr>
<tr><td>幼儿保教知识</td></tr>
<tr><td>通识性知识</td></tr>
<tr><td rowspan="3">专业能力</td><td>教育技能</td><td>毕业条件达标
综合考核合格</td><td>工作业绩达标
符合岗位转正条件</td></tr>
<tr><td>沟通与合作</td><td>人际关系良好
日常交流畅通</td><td>善于和幼儿、同事及家长沟通与合作</td></tr>
<tr><td>反思与发展</td><td>学徒日志合格
职业规划清晰</td><td>具备反思与主动学习能力</td></tr>
</table>

1. 学校教师评价

学校教师评价包括指导教师评价、班主任和辅导员评价。指导教师主要负责对学生的专业理念与师德、专业知识进行考核，一般采用考试、任务清单检查、口试、现场观摩等考核方式。班主任和辅导员主要负责考核学生的思想表现、身心健康及情绪情感状态，考核方式主要有日常沟通与观察、学生参与集体、公益、志愿等活动的量化统计、查看日志等。

2. 幼儿园师傅评价。

幼儿园师傅主要负责考核学生的专业理念与师德、专业能力，主要采取日常观察、公开课展示、教案查阅、观察记录查阅、成果作品展示、口试等形式。幼儿园对学生的具体考核内容和考核方式因园而异，有的从德、勤、能、绩四个方面进行考核，有的从日常考核和现场考核两个方面展开，但各合作园所都是围绕《幼儿园教师专业标准（试行）》专业理念与师德、专业知识和专业能力三个维度来设定考核内容，只不过在这三个大的维度下，各个园所对选取的考核内容进行了不同的分类。

3. 学生自评及互评

以学生为主体的教学理念应该贯彻落实在教育的每一个环节，包括考核评价环节。让学生参与到评价考核中，可以调动学生的积极性，提高学生的反思能力。学生的自我评价属于主观认识，可能与客观的考评结果有差别，但通过学生的自我评价，学校和幼儿园能了解到学生的真实想法，获取“意想不到”的信息反馈，从而更好地进行教学指导。

学生之间的相互评价过程本身就是相互学习、相互欣赏、取长补短的过程，能提供同龄人的参照标准，帮助学生真实地了解彼此的思想状态、学习工作的态度与能力发展水平，促进学生之间的交流沟通，增强合作与参与意识，促进自主学习。

4. 幼儿家长评价

由于幼儿的年龄较小，各方面发展尚未成熟，从某种程度上来说，幼儿家长是幼儿园的服务对象。现代学徒制学生作为幼儿园的员工，其提供的教育服务能否让家长满意，这是考核评价中非常值得参考的标准。目前，所有学前教育专业现代学徒制合作幼儿园均将家长的评价纳入考核评价体系中。有的幼儿园以家长满意度为考核标准，还有的幼儿园在考评时直接将家委会代表列为评委。

5. 第三方评价

第三方评价主要是考核学校和企业对学生的培养是否适合，学生能否适应岗位的需求。引入第三方职业资格证书的考核，也是考核学生对于职业技能掌握程度①。学前教育专业第三方职业证书的考核主要包括幼儿园教师资格证、保育员资格证、育婴师资格证等，主要考核方式有笔试、面试、现场操作。

二、明确考核评价指标，分阶段实施过程性考核与终结性考核

双标准三维度多元化评价体系经过学校和幼儿园共同商讨和核定，从宏观层面把握对现代学徒制学生的考核评价方向，为学校和幼儿园的考核评价划定大框架。具体到每个特定的人才培养阶段，还需要进一步明确考核评价指标。

依据《武汉城市职业学院学前教育专业现代学徒制人才培养方案》，三年分6学期开展现代学徒制试点工作，实施三段式的岗位能力培养模式。第一阶段（第1、2学期）主要培养保育员岗位能力，第二阶段（第3、4学期）主要培养配班教师岗位能力，第三阶段（第5、6学期）主要培养班主任教师岗位能力。由于每一阶段的人才培养的目标不同，学校开设的课程、幼儿园培养的侧重点不一样，具体的考评指标应细化到每一学期相对应的岗位，提升考核评价的可操作性。以第一阶段保育员岗位培养为例，学校主要通过课程来考核学生在专业理念与师德、专业知识和专业能力三个方面的表现，幼儿园则主要通过实践来考核（见表6-2）。

---

① 陆兴凤．现代学徒制下基于工作过程的“双标准”考核机制研究［J］．现代商贸工业，2018，39（11）．

表 6-2 **第一阶段保育员岗位考核内容及方式**

阶段	学校		幼儿园	
	考核内容	考核方式	考核内容	考核方式
第一阶段 第 1~2 学期 重点岗位：保育员	1. 学前核心课程模块：学前卫生保育、学前心理学 2. 学前综合应用模块：幼儿园应用文写作、幼儿教师礼仪 3. 环境创设模块：美术基础与手工 4. 艺体模块：即兴伴奏与弹唱、舞蹈与创编、乐理与唱歌	第 1 学期所有课程都采用平时表现和期末考试的考核方式 第 2 学期艺体课采用任务清单和逐一面试的方式，其他课程采用任务清单和现场观摩的方式	1. 幼儿保育知识 2. 学习照料和管理幼儿生活 3. 配合教师组织教育活动 4. 学习书写备课本 5. 学习撰写观察记录 6. 每天听一节师傅教师的课 7. 学习撰写教育笔记 8. 学习准备课前教具 9. 制作课件 PPT	日常巡班检查 每周备课本的检查 每月观察、教育笔记的撰写 教师出勤 幼儿园规章制度

三、融入企业发展特色，关注个性化考核评价

学前教育专业现代学徒制旨在培养卓越的幼儿园教师，与普通培养模式的毕业生相比，有两大突出特点。一是具有更强的实践工作能力，能充分地将理论知识与幼儿园实践相结合，体现较高的综合素质。二是能胜任幼儿园，特别是合作幼儿园的相应岗位。因此，对现代学徒制学生的考核评价除了注重专业知识、专业能力和综合素质外，还带有明显

的幼儿园园本特色。在注重教育质量的当今时代，幼儿园借助园本特色活动来提升教育教学水平。在第二轮现代学徒制的试点工作中，课题组充分考虑到幼儿园的育人主体地位和园本特色，与三所合作幼儿园制定了个性化的人才培养方案，突出幼儿园的园本特色。

依据个性化人才培养方案，园本特色项目也被纳入考核评价机制。以安吉拉幼儿园为例，学徒所在班级是该园第一个常青藤实验班。常青藤实验班秉承一种全新的教学理念，以社会建构主义为理论基础，注重培养反思型教师。与常规预设性教学活动不同，常青藤实验班营造的是一种平等、尊重、协商的氛围，一日活动围绕晨会、进区活动、反思讨论会、户外活动等几个方面展开，核心在于幼儿是主体，所有的活动围绕幼儿的兴趣来展开，从而生成小组活动。青藤实验班对教师的观察与反思能力要求很高，教师每天都要撰写观察反思记录，通过专门的区域联动教研平台，各实验园教师交流和分享自己的感悟。为了让学徒制学生更快适应常青藤实验班的教育教学，在常规的考核评价基础上，加入了具有园本特色的考核内容，如通过观察学生在晨会、反思讨论会、小组活动中的表现，考察其对常青藤教育理念的理解掌握程度；为学生建立常青藤项目组专业成长档案，收录学生的业务学习记录表、每日感悟反思、教研反思感悟、小组活动记录表等，纵向考察学生的成长轨迹。

四、及时反馈评价信息，提升人才培养质量

实施考核评价的目的是为了了解学生的真实状态，反馈改善现代学徒制项目的运行情况，提高人才培养质量。双标准三维度多元化评价体系需要设置顺畅的反馈渠道和激励方法，确保各评价主体之间的沟通交流，并将相关信息传递到学校和企业有关部门，便于查漏补缺，及时修订各项措施。

反馈评价信息的途径包括开展专门的研讨交流会、利用各种信息化手段实时沟通、学校教师定期入园开展现场教学指导、学生与师傅和老师的日常沟通、书面报告等。对于考核评价优秀的学生，应给与鼓励表扬，提升学生的自信心与成绩感。对于特别优秀的学生，符合弹性学分制规定的，可以准予提前毕业。对于考核评价不合格的学生，应关注其

心理情绪状态，学校教师和幼儿园师傅帮助其寻找原因、总结经验，有针对性地进行强化练习，重新接受考核，直到合格。多次考核仍不合格，不能达到考核标准的，依照相关管理规定实行淘汰制。

考核评价信息可以作为学校评优评先的参考，也可以作为企业选用人才的标准，还可以作为教学改进的依据。学生也应知晓考评结果，对照考评信息发扬优点、弥补不足，也可以作为制定职业规划的参考，真正发挥考核评价的正面激励作用。

第三节 学前教育专业现代学徒制学生考核评价的案例展示

一、学前教育专业现代学徒制学生考核评价概况

武汉城市职业学院学前教育专业现代学徒制试点工作分两阶段展开，第一阶段在2016级“3+3”技能高考班学生中遴选出19名学生，与8家优质幼儿园进行双向选择，采用先招生后招工的方式，学校、幼儿园、学生/学生家长三方签订人才培养合同。但受财政支持政策、部分幼儿园人事制度等多种因素影响，第一阶段试点持续了近一年时间，在征求多方意见及慎重讨论后，调整第一阶段试点模式，开展第二阶段的试点工作。第二阶段在第一阶段试点基础上重新遴选3名学生（其中2名学生是第一阶段的学徒）和优质幼儿园（其中2所是第一阶段的合作幼儿园），进行双向选择，签订学校、幼儿园、学生/学生家长三方人才培养协议。两个阶段的试点工作共计有9家合作幼儿园。在整个学徒制学生考核评价过程中，学校和幼儿园共同研制了双标准三维度多元化考核评价体系大框架，但在大框架下如何具体实施过程考核，学校遵循幼儿园的主体性，“放权”给幼儿园。因此，在过程考核和“出口”考核评价中，9所幼儿园围绕评价体系，以本园所员工考核制度为蓝本，对学徒进行相应的考核，具有一定的差异性。本节主要从9所幼儿园中选取有代表性的考核评价进行介绍。

二、学生“入口”考核评价

学生“入口”考核主要考察学生是否符合参与现代学徒制的基本条件。考核分为学校筛选、校企联合面试、企业学生双向选择三个环节。学校筛选面对的对象是2016级“3+3”技能高考班学生，在筛选之前通过集中宣讲、主题班会等形式确保学生对现代学徒制政策有充分的了解。同时，试点合作幼儿园也来学校进行宣讲，介绍幼儿园的教育理念、课程体系、师资队伍、晋升体制、园所文化等发展概况。随后，学校在自愿报名参与的学生里进行筛选。筛选工作主要从思想政治表现、学业成绩、身心健康三个方面展开，具体内容见表6-3。

表6-3　**现代学徒制学生学校筛标准**

思想政治表现	无违纪违规等不良表现；拥护拥护党和国家的路线、方针、政策，政治观点鲜明，立场坚定，关心时政；积极参加集体、公益或志愿类活动；关心同学、尊敬师长
学业成绩	所有在校成绩均合格，专业核心课程平均分70分以上
身心健康	身体健康，无传染性疾病；心理测试正常，无心理健康问题

校企联合面试采用自我介绍、案例分析、说课、现场答辩等形式考察学生的专业素养及综合素质。参与面试的人员由学校领导、学校教师及各幼儿园领导、师傅组成。面试评分细则（见表6-4）由学校和幼儿园共同制定。

表6-4　**现代学徒制学生面试评分细则**

考核项目	考核内容	评分要点	分值	得分
自我介绍	对自我的认识、选择现代学徒制的理由及职业规划	行为举止自然大方，语言表达清楚，职业认知清晰	10分	

续表

考核项目	考核内容	评分要点	分值	得分
案例分析	用专业知识分析案例中教师的做法是否适宜	有良好的职业认知和职业道德，教育理念科学，思维品质优秀	30分	
说课	大、中、小班及各领域任选，提前准备	思路清晰合理，符合领域特点和幼儿特点。过程设计结构严谨，教学方法得当，重难点突出，有感染力	40分	
现场答辩	面试小组现场提问	善于倾听交流，表达准确，有自己独到的见解	20分	
考评意见			总分	

依据评分细则，面试人员对学生表现进行打分，择优选择并淘汰不合格的学生。最后，幼儿园和合格学生进行双向选择。

三、学生过程考核评价

“入口”考核为现代学徒制的实施奠定了基础，过程考核则是教学质量评估的开端。过程考核也分为学校考核和幼儿园考核。学校主要通过课程考核来评估学生的专业理念与师德、专业知识和专业能力。课程考核主要通过任务清单核查、现场观摩、期末考试等方式。基于三段式的人才培养模式，每学期开设的课程不一样，由于学前教育专业课程烦琐，涉及教育学、卫生学、心理学、美术、音乐、舞蹈等科目，因此，在学校的课程考核中，每一阶段只选取一门课程进行介绍。幼儿园的过程考核主要考察对学徒日常工作的完成情况和每一阶段结束时的岗位考核。每一阶段选取一所幼儿园的考核评价进行介绍。

（一）保育员阶段的“双标准”考核

第一阶段以保育员岗位为主，学校开设及考核的课程共分为四大模块：学前核心课程模块，包括学前卫生保育、学前心理学；学前综合应用模块，包括幼儿园应用文写作、幼儿教师礼仪；环境创设模块主要指美术基础与手工；艺体模块课程包括即兴伴奏与弹唱、舞蹈与创编、乐理与唱歌。学校课程考核以学前卫生保育课程为例，具体考核内容与方式见表6-5。

表6-5　**第一阶段学前卫生保育课程考核内容及方式**

课程	在校任务清单	在园任务清单	考核方式
学前卫生保育	1. 学前儿童生理解剖特点及保育要点 2. 学前儿童营养基础知识 3. 学前儿童生活保健制度 4. 托幼机构安全教育及常见意外的处理 5. 传染病及常见疾病的预防和处理 6. 学前儿童常见心理问题	1. 记录所在班一日生活作息安排，了解幼儿生活一日常规 2. 幼儿园健康检查的内容有哪些，重点是入园晨检和一日观察的内容 3. 调查幼儿常见的疾病和传染病患病情况，分析其发病规律，提出预防和应对建议，写出报告 4. 掌握幼儿常用的护理技术及常见的意外伤害的处理 5. 幼儿园在预防传染病上采取了哪些措施 6. 了解本园幼儿的心理健康状况，了解现在存在的典型案例，了解其处理方案，并撰写相关报告	通过检查任务清单的完成情况来考核。在校任务清单通过单元检测的形式考核，在园任务清单通过现场观摩学生表现、查阅报告、口试等方式来考核

幼儿园考核以保育员岗位能力为要求，依据幼儿园保育员岗位职责，结合学徒实际情况进行考核，以丁字桥幼儿园为例，丁字桥幼儿园在第一阶段重点培养学徒四个方面的知识与能力：幼儿保育知识；保育员岗位职责；科学照料和管理幼儿生活，配合教师组织教育活动；幼儿园安全、卫生保健制度。具体考核项目及方式见表6-6。

表 6-6 **丁字桥幼儿园第一阶段学徒考核项目及方式**

阶段	重点岗位	考核项目	考核方式
第一阶段 1～2 学期	保育员	1.《3—6 岁儿童学习与发展指南》《纲要》中有关健康、保育方面的知识	日常观察与笔试
		2. 参加园内班级环境评比	每月评比等级
		3. 组织班级家长助教活动	日常观察
		4. 保育员技能技巧的实操	日常观察与现场操作考试

（二）配班教师阶段的“双标准”考核

第二阶段以配班教师岗位为主，学校开设及考核的课程共分为四大模块：学前核心课程学前教育学；学前综合应用课程，包括幼儿园游戏、幼儿园班级管理、幼儿园应用文写作、幼儿园教育环境创设与玩教具制作、幼儿园活动设计；艺体课程，包括即兴伴奏与弹唱、舞蹈与创编、乐理与唱歌。学校课程考核以幼儿园教育环境创设与玩教具制作为例，具体考核内容与方式见表 6-7。

表 6-7 **第二阶段幼儿园教育环境创设与玩教具制作课程考核内容及方式**

课程	在校任务清单	在园任务清单	考核方式
幼儿园教育环境创设与玩教具制作	1. 幼儿环境的概念分类方式及具体内容 2. 幼儿环境对幼儿发展的影响 3. 幼儿园环境创设的原则与要求 4. 掌握幼儿园不同班级各种区角的创设方法及注意事项	1. 班级环境创设 2. 幼儿园教育环境创设 3. 儿童画展、荣誉室等幼儿园常用临时环境创设的方法 4. 各领域教玩具制作与设计 5. 自制玩教具的设计 6. 再生玩具的设计与制作技能	通过检查任务清单的完成情况来考核。在校任务清单通过作业答题的形式考核，在园任务清单主要通过成果展示、现场查看环境或玩教具的方式来考核

幼儿园考核以配班教师岗位能力为要求，依据幼儿园配班教师岗位职责，结合学徒实际情况进行考核，以保利和乐安吉拉幼儿园为例，保利和乐安吉拉幼儿园在第二阶段重点培养学徒四个方面的知识与能力：熟悉一日活动流程，在师傅的指导下，能顺利地开展幼儿园一日活动；能独立制订一日活动计划，初步设计适合本班幼儿年龄特点的集体活动，能按照计划实施活动；了解并实施保教结合的幼儿教育，对幼儿的保育工作有一定的敏感度；了解与家长交流沟通的几种方式，掌握与家长的基本沟通技巧。具体考核项目及方式见表6-8。

表6-8　　　　安吉拉幼儿园第二阶段学徒考核项目及方式

阶段	重点岗位	考核项目	考核方式
第二阶段 3~4学期	配班教师	1. 本班一日活动的流程与开展	日常观察
		2. 周教研活动，周、月计划及记录工作	教研活动参与度，周、月计划批阅
		3. 上示范课，听课、共同研讨，确定每日活动主题方向	听评课
		4. 制订观察计划和棱镜记录	观察计划与记录批阅
		5. 保育能力	日常观察
		6. 幼儿档案、教学及个人工作总结、幼儿园师徒结对小结的撰写	家长评价、总结批阅
		7. 家长沟通交流能力	家长评价、日常观察

（三）班主任阶段的“双标准”考核方式

第三阶段以班主任教师岗位为主，学校开设及考核的课程共分为两大模块：学前综合应用课程，包括学前教育科研方法、幼儿园活动设计、幼儿园信息化技术、幼儿园应用文写作、幼儿园教育环境创设与玩教具制作；艺体课程，包括即兴伴奏与弹唱、舞蹈与创编、乐理与唱歌。学校课程考核以幼儿园活动设计为例，具体考核内容与方式见表6-9。

表6-9　**第三阶段幼儿园活动设计课程考核内容及方式**

课程	在校任务清单	在园任务清单	考核方式
幼儿园活动设计	1. 幼儿园教育活动设计中的目标和内容（结合纲要和指南）、幼儿园教育活动的组织与指导、幼儿园教育活动评价、幼儿园一日活动的设计与组织、幼儿园主题活动的设计与组织、幼儿园区角活动的设计与指导 2. 幼儿园各领域教育活动设计与组织 3. 幼儿园教育活动说课	1. 幼儿园各类教育活动（五大领域、主题活动、区角活动）观摩 2. 幼儿园五大领域教育活动实践 3. 幼儿园主题教育活动设计及实践 4. 幼儿园区角活动设计与观察反思	通过检查任务清单的完成情况来考核。在校任务清单通过撰写教案、说课的形式考核，在园任务清单主要通过听评课、批阅反思观察记录的方式来考核

幼儿园考核以班主任教师岗位能力为要求，依据幼儿园班主任教师岗位职责，结合学徒实际情况进行考核，以省直第三幼儿园为例，省直第三幼儿园以本单位入职人员岗位任职要求对学徒进行专业思想、岗位能力、岗位技能的全方位培养。具体考核项目及方式见表6-10。

表6-10　**省直第三幼儿园第三阶段学徒考核项目及方式**

阶段	重点岗位	考核维度	考核项目	考核形式
第三阶段5~6学期	班主任教师	专业态度	幼儿园规章制度	常规行为考察
			幼儿园相关理论与法规	常规行为考察
			师德行为与规范	常规行为考察

续表

阶段	重点岗位	考核维度	考核项目		考核形式
第三阶段5~6学期	班主任教师	教育教学能力	教育教学能力	幼儿园一日活动的组织	常规考核
				幼儿园生活活动的组织	常规考核
				幼儿园学习活动的组织	教学活动考核
				幼儿园游戏活动的组织	游戏活动考核
				幼儿园户外活动的组织	常规考核
				网络备课与反思	常规考核
				观察笔记的撰写	常规考核
				班级环境创设	常规考核
			班级管理能力	开展家长工作的能力	常规考核
				大型活动组织的能力	常规考核
		专业技能	弹唱画跳说基本技能（跟随幼儿园专项培训）		专项考核

（四）期末考核评价

在过程考核中，三个阶段性的“双标准”考核是所有学生都要接受的，属于最基本的考核形式。但由于学校和幼儿园工作都是按学期来划分的，而学徒制学生每个阶段的培养时间是两学期，所以，实际上学校的阶段性课程考核是分两次，即每学期期末进行定期总结反馈。有些幼儿园也将阶段性过程考核细化到每个学期，对学徒进行期末考核。例如，丁字桥幼儿园在每学期期末也会对学生进行考核，以第二阶段配班教师岗位第4学期期末考核为例，具体考核内容见表6-11。

表 6-11 **丁字桥幼儿园第二阶段配班教师岗位第 4 学期期末考核**

评价项目		评价细则	分值	得分
教育教学（30 分）	周计划的制订	内容安排科学，符合幼儿年龄特点	10	
	备课本书写	教学目标制定准备，书面整洁，字迹工整	15	
	目标达成	根据幼儿的兴趣和需要，以多种形式完成目标的达成	5	
班级环境创设（30 分）	设计创意	设计符合班级特色和幼儿年龄特点	10	
	区角创设	选材适合大班幼儿，安全，无危害	10	
	主题墙创设	根据每月主题选择适合的作品装饰主题墙，对幼儿作品的呈现有创意	10	
混龄户外游戏（30 分）	对幼儿的观察	关注幼儿游戏的过程，帮助幼儿体验游戏的快乐，充分尊重幼儿的选择，在观察的基础上决定是否介入	10	
	对幼儿的分析	能站在幼儿的角度评价幼儿，关注幼儿的发展差异，用发展的眼光看待幼儿	10	
	教师的指导	培养幼儿良好的自主游戏常规，游戏结束后，根据需要，组织幼儿交流分享游戏的收获	10	
家长工作（10 分）	家长园地	内容制定适宜，符合当月的特点	3	
	家访	家访记录表填写完整，家访内容对幼儿有针对性	3	
	家长开放日	开放日方案制定完善，能与家长进行有效沟通	4	
总　分				
指导教师评语	指导教师： 年　月　日			

四、学徒“出口”考核

“出口”考核是对现代学制学生是否达到预期培养目标的最终检验，既是对学生的考核，也是对学校、幼儿园联合育人质量的检验，关系到学生能否顺利毕业，是学生能否顺利转正成为正式员工的关键。武汉城市职业学院学前教育专业现代学徒制学生的“出口”考核分为学校考核、幼儿园考核和学校幼儿园联合考核三个部分。

学校考核部分要求学生符合毕业要求，毕业要求有以下六条：修满学校要求的基本学分，各门考试成绩合格；幼儿园考核合格；通过幼儿园教师资格考试；普通话测试达到二级甲等及以上水平；具备中级及以上育婴师职业资格证书；通过高级保育员职业资格测试。

幼儿园以各园同等岗位员工考核标准为蓝本，对学徒进行考核，各幼儿园考核内容都涉及学生的专业理念与师德、专业知识和专业能力，但具体的考核项目、考核方式及考核主体等方面各有特色，以保利和乐安吉拉幼儿园为例，介绍幼儿园的“出口”考核评价，具体考核标准见表 6-12。

表 6-12　　　　安吉拉幼儿园学徒转正考核标准

考核方式	考核项目	考核标准及细则
日常考核（占总成绩的 60%）	日常教学检查（15 分）	1. 备课本上交准时（2 分） 2. 备课本按规范书写（1 分） 3. 教具准备充分（1 分） 4. 备教一致（2 分） 5. 课表更新及时（1 分） 6. 教学质量（5 分） 7. 教学评估（2 分） 8. 培训情况（1 分） 备注：常青藤实验班以观察记录和反思代替备课本
	幼儿流失率（10 分）	每学期班级因教师原因流失 1 名幼儿扣 2 分

续表

考核方式	考核项目	考核标准及细则
日常考核（占总成绩的60%）	年度安全考评（10分）	1. 根据《园务日志》记录，班级有咬伤、抓伤事故每一起扣1分 2. 班级磕伤事故每一起扣2分 3. 班级烫伤事故每一起扣2分
	幼儿出勤率（15分）	1. 年度班级出勤率95%以上满分 2. 90%以上12分 3. 88%以上10分 4. 85%以上5分
	家长满意度（10分）	1. 95%以上满分 2. 90%以上8分 3. 88%以上6分 4. 88%以下0分
现场考核（占总成绩的40%）	教学活动考核（15分）	现场听课10分——由园长及教学园长牵头，教务部配合听课，给出评分 备注：常青藤实验班现场观摩晨会、反思讨论会或小组活动的开展，由常青藤教研组评分
	专业技能考核（15分）	教案书写5分——在书面考核的同时，完成指定领域、年龄及内容的教案设计，教务部审核评分
		3分钟成品舞蹈（儿童舞蹈、操节除外），现场展示评委打分，取平均分，要求配乐，总分5分
		美术简笔画现场命题，10分钟现场操作，评委打分后取平均分，总分5分
		弹唱现场指定简谱歌曲弹唱，3分钟准备，评委打分后取平均分，总分5分
	书面考核（10分）	书面考核试卷总分100分，主要考核教师专业理念与专业知识，《纲要》《指南》为主，根据得分核算成绩

续表

考核方式	考核项目	考核标准及细则
加分项	各类奖励（10分）	1. 参加国家、省、市或区教育部门组织的活动并获得奖项 2. 主持教研活动或园所大型活动 3. 作品参与常青藤学术节等研讨活动

学校、幼儿园联合考核是最后一道考核关口，学校和幼儿园双方相关领导及教师聚集在一起，并请来第三方教育机构专家，联合对学生进行综合素质考核。考核分为两部分，第一部分是学生现场开展换班教学活动，即原本带中班的学生去大班开展教学活动，原本带小班的学生去中班开展教学活动。第二部分是学生对三年来现代学徒制学习的总结汇报。换班教学比正常教学活动的难度更高，除了考察学生基本的教育教学能力外，还能考验学生的临场应变能力和教育智慧。总结汇报部分要求学生展示三年来的主要学习成果、学习历程及反思。教学活动展示和总结汇报结束后，学生进行自评和互评。最后，所有评委老师当场投票表决考核通过或不通过，获得通过的票数须达到评委总人数 2/3 及以上，学生的出师考核方可合格。

第四节　学前教育专业现代学徒制学生考核评价的经验及困境

一、学前教育专业现代学徒制学生考核评价的经验

在武汉城市职业学院学前教育专业现代学徒制试点工作中，我们初步建构了现代学徒制学生的考核评价体系，在探索中取得了一定的成绩，主要体现在以下几个方面：

首先，校企共同建构了双标准三维度多元化的评价体系。以校企共同制定的人才培养方案为基础，结合幼儿园教师专业标准，注重专业理念与师德、专业知识和专业能力的培养，校企联合实施考核，有利于促

进学生职业精神和职业能力的提升。

其次，学校充分尊重企业的育人主体地位。在双标准三维度多元化考核评价体系的指导下，不拘泥于呆板统一的考核内容与形式，企业可以依据实际情况，自主制定具体考核评价方案，考核项目与考核方式由企业依据岗位需求来决定。

最后，实施三段式分阶段的过程性考核。依据不同阶段的重点培养岗位进行课程考核与企业考核，关注学生的真实感受与表现，多向传递评价信息，充分发挥考核评价的激励作用，及时调整策略，有助于人才培养质量的提升。

（一）加强考核评价的制度建设

制度是组织发展的基础，也是制约个体理性选择的依据。考核评价制度是考核评价工作得以顺利开展的基本保障，也是教学质量监控体系得以有效运行的关键。现代学徒制考核评价的制度可以分为宏观、中观和微观三个层级①。宏观层面主要是国家出台的《教育部关于开展现代学徒制试点工作的意见》等相关文件、政策规定。中观层面主要是指行业为现代学徒制人才培养制定的配套标准、规范等。微观层面主要是指学校和合作企业依据现代学徒人才培养的需要制定的考核评价制度。我国现代学徒制还处于起步发展阶段，宏观层面还没有制定专门的考核评价制度，只有“试点院校和合作企业共同实施考核评价，将学徒岗位工作任务完成情况纳入考核范围”这类宽泛的要求，中观层面行业配套的标准规范尚未出台，因此，微观层面试点院校和合作企业的考核评价制度更显得尤为重要。

武汉城市职业学院学前教育专业现代学徒制试点工作本着制度先行的原则，制定了一系列的管理制度，如《现代学徒制人才培养校企合作管理办法》《现代学徒制人才培养校外指导教师培训指导方案》《现代学徒制人才培养教师准入资格管理规定》《现代学徒制人才培养教师

① 张学锋．基于现代学徒制的中职教学质量内部监控体系研究［D］．湖南大学，2019.

工作规范》《现代学徒制人才培养事故认定与处理办法》等，为顺利开展考核评价工作奠定了基础。针对学生的考核评价工作，制定《武汉城市职业学院“学前教育专业”现代学徒制学分制和弹性学制管理办法》，明确规定了学生的学分管理与毕业要求，在多次与合作企业研讨的前提下，建构了双标准三维度多元化考核评价体系。

合作企业也非常重视考核评价制度的建设，在学徒进入企业之初，从制度层面明确各项考核指标，为学徒的培养指明了方向。例如，武汉东湖新技术开发区梧桐苑幼儿园在学徒实习指导方案中就明确了考核评价方法，以下内容摘自梧桐苑幼儿园学徒实习指导方案：

武汉东湖新技术开发区梧桐苑学徒制
学生考核评价方法（节选）

1. 幼儿园成立评估小组，组长由行政园长担任，组员由保教园长、教研组长担任。由保教园长负责制定所有考核时间并提前通知相关辅导人员提前做好考核准备。

2. 考核学徒的关键指标分为德、勤、能、绩四项，每一项考核等级均分为“不合格、良好、优秀”三个等级，考核结果为“优秀”的师徒将会在当月月度目标考核中给予加5分的奖励，考核“良好”者，师徒均可加2分，结果为“不合格”者的辅导教师在下周将对其学徒进行复试，直至成绩“良好”为止，徒弟两次不合格者，师徒共扣2分。学徒在实习期间，连续多项被评为优秀者，毕业后可优先免试用期入职。

3. 关键指标及等级说明：85分以上为优秀、74~84分为良好、74分以下为不合格。

德指师德师风：考核数据可查看日常园务日志、幼儿评价、家长评价。

勤指在岗出勤：考核数据可查看每日考勤表及各项活动签到表。

能指专业发展：考核数据可查看如生活活动组织要点等各项理

论考试成绩及每周实习反思合格率、听课次数。

绩指工作成绩：考核数据可查看指导教师评语，优质活动考核等级。

(二) 全方位促进校企间的合作与沟通

校企联合双标准考核评价体制的建立和实施涉及诸多具体事宜和细节问题，需要学校和企业实现多层次、全方位的合作与沟通。为了保障现代学徒制试点取得成效，更好地跟踪其实施过程，科学实施考核评价，武汉城市职业学院学前教育专业现代学徒制试点工作组通过多种途径促进校企间的合作与沟通。

定期开展校企合作研讨会。在学徒制试点工作正式开展之前，学校教务处领导、学前教育学院领导、课题教师团队和9所合作幼儿园园长及教师团队多次召开研讨会，讨论现代学徒制的可行性、实施过程中可能遇到的问题及解决方式。在基本问题上达成共识，学校和企业都认可现代学徒制是一种全新的培养模式，这种学习模式是将教育与就业市场紧密结合在一起，使学生的工作前景清晰化、明朗化，工作与学习相交替让学生真正了解工作到底需要哪些知识，知识又如何运用到工作当中。因此，教学管理要按照现代学徒制的运行规律创新管理制度和方式，要建立学校、企业和社会多方参与的综合考核与教学评价体系，特别是要打破传统的考核方式，注意过程与结果考核的统一。前期的研讨会为后期实施双标准的考核评价奠定了坚实的基础。在学徒制试点工作正式启动后，针对人才培养方案的修订、学徒制工作的推进、考核评价的科学性等问题进行了多次研讨，每次研讨都有针对性地解决了人才培养中的问题，促进了校企之间的深度合作。

每学期期末召开学徒培养总结会。每学期期末，学校会组织召开学徒培养总结会，所有合作幼儿园的分管领导、师傅、学生，学校和学院分管领导、指导教师、班主任、辅导员都要参会。会议流程一般比较固定，由学生汇报本学期学习总结、幼儿园师傅汇报本学期指导总结、学校指导教师汇报本学期指导总结。在这三类汇报中，学生、幼儿园师傅、指导教师不仅要汇报本学期的学习成果、教学经验，更要将困惑的、需要帮助的、有待改进的地方提出来，大家一起讨论商量，寻找解决策略，以此为依据调整下学期培养计划。期末总结会本身就是对教学质量的阶段性考核，也促进了学校和幼儿园、各合作幼儿园之间的互相交流与学习。

学校指导教师每周入园交流指导。学校指导教师每周须根据学院统一安排的时间下园，每半天为一个单位，以案例教学方式对学生进行现场授课，指导点评。基于岗位能力针对学生的实际情况进行模块化教学和项目教学，理论的薄弱环节进行专题辅导，综合提升技能，在实践中总结提高。除了对学生的现场指导外，学校指导教师应多与园方沟通，认真听取幼儿园师傅的意见，对幼儿园学徒制培养操作过程中存在的问题及时记录并向学校领导汇报，并研究解决问题的方案，采取措施及时解决。同时，学校教师还应会同幼儿园和第三方评价机构按照课程体系要求，组织实施对学徒的岗位评价考核。

利用信息化技术手段实现实时沟通。研讨会、期末总结会和学校指导教师入园指导均受到时间和空间的限制，通过建立 QQ 群，实现学生、企业、学校的实时沟通，学生可以网络传送自己的作业，便于教师了解其任务清单完成情况，企业也可以更方便地向学校反馈学徒学习情况。同时，通过 QQ 空间、微信朋友圈等社交平台，也可以更真实地了解学生的思想动态。

（三）平衡人才培养的特色化与全面性发展

在教育质量备受关注的新时代背景下，各幼儿园都在大力发展特色教育，以提高核心竞争力，现代学徒制试点合作幼儿园也不例外，如丁字桥幼儿园的特色是混龄户外游戏，安吉拉幼儿园的特色是常青藤教育。现代学徒制人才培养目标中强调，要培养能胜任幼儿园，尤其是学徒制试点合作幼儿园的相关岗位。因此，依据合作幼儿园的特色教育，在第二阶段的试点工作中为每个学生制定了个性化的人才培养方案。个性化的人才培养模式能够满足合作幼儿园的用人需求，培养出与合作幼儿园所需岗位高度匹配的人才。这一点在幼儿园的考核评价项目里也能体现出来，在丁字桥幼儿园第二阶段配班教师岗位第 4 学期期末考核中，混龄户外游戏的考核占比 30%；在安吉拉幼儿园学徒转正考核标准中，对学徒所在常青藤实验班的考核，常规的教学活动考核被晨会、反思讨论会、小组活动取代，教案撰写不再列入考核项目，反之则以观察记录与反思代替。这种人才培养的个性化体现了企业的特色，提升了学生的专项能力发展，但也带来了一定的局限性，即现代学徒制培养出来的人才满足了对口幼儿园的用人需求，但可能与社会其他幼教机构用人需求的匹配度有待提升。为了平衡人才培养的特色化与全面性发展，学校和合作企业共同采取了系列措施。

以安吉拉幼儿园为例，学徒在第三阶段班主任教师岗位第 5 学期期末总结中提到“由于花费了较多精力适应常青藤教育模式，学习晨会、反思讨论会、区角活动、小组活动的观察与指导，没有系统实施幼儿园五大领域的活动设计与实施，担心自己对主流的五大领域活动的掌握不足”。针对这一幼儿园特色化培养给学生带来的困惑，学校和幼儿园商讨后采取了系列措施。第一，学校指导教师提供五大领域网络优质课、优秀教案、PPT 等资源供学生自学，教师利用入园指导和 QQ 随机进行学习效果检查。第二，学生持续两周每天抽出 20 分钟时间去幼儿园常规班级观摩五大领域教学活动，并填写观摩记录表，与常规班级教师交流沟通。第三，两周观摩结束后，学生每周一次在班级开展教学活动，幼儿园师傅和学校指导教师现场观摩并进行点评，有针对性地提高学生的教育教学能力。第四，在日常常青藤教育实践中，帮助学生发现常青藤教育与常规五大领域教学活动的关联，如对幼儿兴趣需求的关注、对幼儿的观察与理解、实时介入与指导、为幼儿的活动提供支持、尊重幼儿的主体地位等教育理念与教育方法都是相同的，引导学生将已经学会的知识和技能迁移至其他领域。经过以上调整，学徒开展五大领域教学活动的能力得到极大提升，在“出口”考核的换班教学活动中表现优异。同时，学徒在常青藤实践教育中举一反三、观察分析能力也迅速发展。这样既兼顾了短期内企业对学徒的要求，又促进了学徒的全面发展，实现了学徒学习的延续性。

（四）充分发挥考核评价的激励作用

考核评价的最终目的是提升教学效果，提高人才培养质量。以学校和企业联合实施的双标准考核评价机制给学生带来双重任务，现代学徒制学生不仅要像普通培养模式学生一样，完成学校的课程学习，还要按照企业的规定，完成员工的岗位职责。如果在考核评价中过于严苛，一味凸显学生的不足，轻则挫伤学生学习的积极性，重则危害学生的心理健康。考核评价既能检验教师教学和学生学习的状况，更是育人的重要途径。完整的考核评价机制应该形成“考核评价—分析反馈—改进提高”的良性循环，充分发挥考核评价的激励作用。

一方面，现代学徒制学生考核注重过程性考核，学生可以通过考评记录表、口头交流，甚至是教师或师傅的肢体动作和表情获取考核评价信息。日常的、直接的反馈能帮助学生及时认识自己的不足，开展有针对性的提升练习。教师或师傅在给予考核反馈时，应以纵向的发展的眼光来看待学生的行为表现，以调动学习积极性为引导方向，注意方式方法。尤其是针对考核不合格的学生，教师或师傅要关注学生的心理状态，不要施加过大压力，耐心地帮助学生分析、提升，以良好的精神风貌迎接下一次考核。另一方面，教师通过对学生进行考核评价、分析考核评价结果，可以及时发现现代学徒制人才培养中存在的问题，为推进学校教学改革、企业学徒培训改革提供依据，促进学校教学内容与岗位工作职责的对接，提升现代学徒制人才培养质量。

武汉城市职业学院在学前教育专业现代学徒制试点工作中，非常重视考核评价的激励作用，基于考核评价中发现的问题，及时分析调整，以促进学生获得更好的发展。省直第三幼儿园是湖北省省级示范园，经常承办大型的参观、培训、教研活动，对教师的要求较高。为帮助学徒尽快熟悉班级情况，幼儿园安排学徒第一个月实习生活班教师岗位，对其保育工作能力的考核主要采用日常观察、园务日志等常规考核方式。在第一个月实习期结束时，学徒还是不能很好地完成常规保育工作，如幼儿的午睡时间到了，午餐的桌、碗还没收拾好。在考核不合格的情况下，学徒情绪崩溃，每天都忧心忡忡。学校指导教师、班主任、辅导员和幼儿园师傅轮流安慰鼓励学徒，几经商讨后，向学校申请将学徒的生活班教师岗位延长一个月。在延期的一个月里，多方关注学徒的心理状态，同时，加强对学徒保育知识和技能的专项练习，在幼儿园家长会上专门向家长介绍学徒在校期间的学习成绩和荣誉，极大地提升了学徒的自信心。在第二个月生活教师的考核中，学徒表现优秀，获得一致认可。在后期的上午班、下午班教师岗位上，学徒虚心学习，日益适应幼儿园工作节奏，在常规考核和专项考核中都获得了很好的成绩。

二、学前教育专业现代学徒制学生考核评价的困境

武汉城市职业学院学前教育专业现代学徒制试点工作探索了双标准考核评价体系的建构与实施，积累了一些经验，但在对学生进行实际考核评价的过程中也遇到了一些问题，需要多方协调，共同努力，逐步解决。

（一）教学质量管理缺乏保障

近年来，我国国务院、教育部、人社部等部门先后颁布了多份关于大力支持现代学徒制工作的文件，从2015年第一批代现代学徒制试点正式启动到2018年，已经开展到第三期试点工作了，可见国家对职业教育改革和现代学徒制的重视。现代学徒制是对传统职业教育教学模式的改革，实施现代学徒制的主要目的就是提高教学质量，提高人才培养质量和针对性。但纵观国家层面的政策和相关文件，对于“现代学徒制应该培养什么样的人”“学徒应该具备哪些知识、能力或素质”等内容都只有笼统的描述，没有细致的规定，而各个具体行业专业的人才培养标准、专业教学标准更是没有涉及。我国现代学徒制试点高职院校在实践过程中普遍面临的教学质量管理问题，与国家层面的质量监测体系不够完善直接相关。缺乏基本的学徒质量培养标准、专业教学标准，导致学徒培养质量考核评价的专业性难以得到有效保障。如果国家或地方层面有每个行业的学徒培养标准、学徒专业教学标准和统一的制度性规定，教学质量管理就有章可依。

质量监测的顶层设计可以借鉴国外的现代学徒制发展经验，如澳大

利亚、英国等都从国家层面制定了现代学徒制培养标准。澳大利亚的新学徒制是在全国统一的培训框架下开展的，以培训包为基础完成培训，培训包的内容主要包括职业能力标准、职业培训标准与考核评估标准三大部分，培训包由国家产业培训委员会开发，国家有关部门审批。职业培训标准与能力标准是高度统一的，为确保一致性和全面性，能力标准由国家统一制定。能力标准包括八级不同的能力水平，每一种能力水平的描述都极为详尽且具有很强的操作性①。英国为了解决学徒制的培养质量问题，于 2014 年推行开拓者项目模式的学徒制改革，以 8 个行业作为试点，由企业牵头设计学徒制的能力标准、培养路径、评价方式等②。我国应尽快制定国家层面的学徒培养标准、专业教学标准等规范，为现代学徒制的教学管理、考核评价提供专业制度保障。学前教育专业学生面对的工作对象是活生生的幼儿，不像装备制造类专业，可以用产品的质量等客观指标来衡量现代学徒制学生的工作业绩，因此，更需要相关标准来规范、监管学校和幼儿园对学徒制学生的教育过程，以便消除主观因素的影响。

（二）考核评价体系建设不规范

学前教育专业双标准三维度多元化考核评价体系是学校与合作幼儿园共同商讨制定出来的，但其体系建设还存在许多不规范的地方。

第一，从校企共同制定考核评价体系来看，似乎落实了关于现代学徒制双主体共同考核的要求。但仔细研究体系建设过程，会发现学校和幼儿园之间的合作还处于一种“浅表化”合作阶段，企业并未深度参与到考核评价体系的制定。考核评价体系的制定流程大致可以概括为以下几个步骤：学校拟定初稿——组织幼儿园召开研讨会共同讨论——依据讨论意见进行修改——再次研讨修改——定稿，传送给幼儿园。由于研讨会时间有限，幼儿园对现代学徒制的认识和理解也不全面，在整个

---

① 杨黎明．关于现代学徒制（三）——澳大利亚的现代学徒制［J］．职教论坛，2013（12）．

② 苑大勇．英国现代学徒制改革趋势研究：基于开拓者项目的分析［J］．北京财贸职业学院报，2014，30（03）．

研讨过程中，只是对学校出示的初稿进行调整，关于考核标准等关键问题也难以在研讨会上得出一致意见。从一定程度上来说，学校还是主导者。

第二，现代学徒制考核评价体系的科学性有待提升。双标准考核体系虽然与传统职业教育考核不同，将对现代学徒制学生的考核分为学校考核和企业考核两部分，但这两部分考核内容、考核标准等科学性有待提升。学校考核主要是课程考核，尽管有专门的现代学徒制学分制和弹性学制管理办法，但可操作性不强，学校刚性的教学管理机制难以进行柔性化实施，对学徒制学生的课程考核还是以单门课程考核为主，没有进行模块化处理，教师通过考察任务清单的情况来评价学生的表现，只能看到学生学习的结果，容易忽视学生学习的过程，而学习过程往往比结果更具价值。企业考核各幼儿园都是采用同等岗位员工考核标准，一方面，员工考核标准是否符合校企共同制定的双标准三维度多元化考核评价体系、是否可以直接用来考核学徒制学生还值得进一步商榷。另一方面，由于受教师资格证、毕业证等条件限制，学徒制学生并不能成为真正意义上的员工，还只是学徒身份，没有享受真正员工的待遇，在考核过程中也容易被“特殊对待”。

最后，学校考核内容和幼儿园考核内容相对独立，没有进行深度融合。双标准考核是在学校标准和幼儿园标准深度融合的基础上开展的双主体评价。目前，学校考核主要依据各门课程的课程标准来制定考核内容，而学徒制学生的课程标准是在普通教育模式课程标准的基础上简单加工而成，有的甚至是直接照搬过来，考核内容没有和企业岗位能力进行深入对接。这就造成现代学徒制考核评价体系就是比普通职业教育模式多了一项企业考核，和顶岗实习没什么区别，曲解了现代学徒制的本质。学校考核和幼儿园考核内容应该是深度融合的，在学校和幼儿园、教师和师傅、学生之间的交流实践中不断调整完善。

（三）第三方评价引入不足

学前教育专业现代学徒制学生考核评价虽然是多元化主体考核评价，但总体来说，还是以学校和幼儿园为主，第三方评价引入不足。首先，学前教育专业现代学徒制学生过程考核中第三方参与较少。整个考核体系中，引入的第三方评价主要是第三方职业证书的考核，如幼儿园教师资格证、保育员资格证、育婴师资格证等。但实际上，平时的学校课程考核和企业业绩考核不包括职业证书的考核，职业证书考核是学生自行参加，学校和企业进行相应的跟踪辅导，不属于过程考核的内容。过程考核中，还是学校和幼儿园负责育人，同时，学校和幼儿园也负责考核，没有做到教考分离，难以保证考核结果的客观性。

其次，尽管在最后的毕业综合考核环节，学校有邀请第三方教育机构参与考核评价，但在项目建设的结束期引入第三方教育机构，并不能真正发挥第三方评估的真正价值。第一，由于第三方教育机构不是专业的第三方评估机构，和学校、幼儿园是平行教育机构，只能从专家个人层面给出反馈意见，并不能从行政管理等角度协调学校、幼儿园和政府之间的关系。第二，即使最后综合考核引入的是专业的第三方评估机构，但项目已经进入到尾声了，无法充分发挥第三方的反馈、咨询与监督功能。第三方评估机构在参与人才质量评价时，不仅能体现教考分离，呈现专业的评价结果，更能有效充当政府、学校和幼儿园之间的缓冲器，改善多主体在评价过程中因价值取向、利益追求不同而难以达成共识的困境。因此，应该将第三方评估贯穿到人才培养的整个过程，而非结束阶段。

在职业教育体系较为完善的西方发达国家，如德国、英国的第三方评价在现代学徒制学生的考核评价中起着重要的作用。德国现代学徒制学生的学业过程考核评价和毕业综合考核评价是由行业指导委员会完成，实行教考分离，效果突出①。英国政府专门建立了一个由企业雇主主导的学徒制协会，负责制定学徒培养新标准，参与指导学徒考核评价，控制学徒培养质量②。就我国目前的现代学徒制建设现状来看，行业协会组织的话语权问题还没有解决，没有形成完善的行业专业指导委员会，难以发挥第三方专业机构反馈、咨询和监督功能。以学前教育专

① 高永梅．基于现代学徒制的多元化评价机制研究［J］．职教通讯，2016（26）．

② 刘亮亮，李雨锦．英国现代学徒制改革的新动向：2020 发展愿景［J］．职业技术教育，2016，37（06）．

业为例，学校愿意第三方机构参与，但在试点工作中，很难找到合适的能够承担考核评价任务的专业机构。

（四）双标准考核评价难以持续发展

学校教师、企业师傅、现代学制学生是双标准考核评价的主要参与者，但由于大背景下现代学徒制校企权责划分范畴、配套优惠政策、劳务关系保障、双证融通衔接等方面缺少相应的长效运行机制，导致学校教师、企业师傅、现代学徒制学生三方面主体参与考评的内部动力不足，双标准考核评价体系难以持续发展。

武汉城市职业学院学前教育专业现代学徒制试点招生规模较少，第一阶段招生 19 人，第二阶段只有 3 人，企业对于学徒制人才培养模式也持“张望”态度，不敢也不愿接收大规模学徒，所以第一阶段 19 名学生签约了 8 所幼儿园，平均每所幼儿园 2 名学徒，第二阶段 3 名学生分布在 3 所幼儿园。由于招生数量少不成规模，学校教师在承担现代学徒制工作的同时常规工作任务并没有减少，但现代学徒制工作要花费大量的时间精力，例如，召开研讨会教师需要组织协调各幼儿园的参会时间、参会人员等细节问题；实施课程考核教师需要入园对学生进行观察指导，与幼儿园师傅沟通交流；在考核过程中发现了问题教师要向各方领导汇报并协商解决策略；此外，教师不仅要关注学徒的学习情况，制定个性化的指导方案，还要关注学徒的安全问题、心理状态等。而由于政策的不明朗，教师的显性、隐性工作量难以得到认可，导致教师身心疲惫，参与学徒制工作的热情减退，难以在双标准考核评价中全身心投入。

对于幼儿园师傅而言，一方面由于学徒人数较少，幼儿园师傅尚未形成正式团体组织，在育人过程中，师傅对自身的教育主体身份缺乏认知，容易忽视考核评价的教育功能。另一方面，填补短期内的师资缺口是幼儿园参与现代学徒制的直接动机，公立幼儿园受人事、财务体制影响，难以对师傅带学徒给予额外的绩效工资。私立幼儿园会考虑育人成本问题，往往最大限度降低人资风险来增加效益回报，自然也不会对学徒制投入更多的成本。幼儿园教师的日常工作本来就繁杂，没有外部激励，师傅带学徒的积极性必定不高。幼儿园对学徒的考核评价大多是由师傅在日常工作中进行的，在劳累和动机不足的情况下，师傅难以对照标准一一考核，容易按主观想法进行评价，随意性强，评价结果缺乏客观性。

由此可见，制度、体制缺乏激励性是学校教师和幼儿园师傅参与双标准考核动力不足的根本原因。学前教育专业现代学徒制试点学校及其合作幼儿园应更多地从教师的职业生涯发展需求考虑，将晋升机制、薪酬制度与学徒培养工作紧密挂钩，以晋升机制激发双导师的内在动力，同时调整薪酬制度，加大外部经费投入，激励学校教师和幼儿园师傅安心踏实保质保量完成考核评价工作。

现代学徒制学生是被考核的主体，他们承受着学校和幼儿园的双重考核压力，但在历经重重考核后，他们还是要和普通职业教育培养模式的学生一样，要经历幼儿园教师、保育员、育婴师等职业资格考试，甚至还要承受更多的压力，如想要继续深造学习要承受与幼儿园“毁约”的压力等。鉴于学前教育专业的特殊性，幼儿园教师必须持证上岗，现代学徒制短期内无法实现毕业证书与幼儿园教师职业资格证书的对接。学校和企业层面可以对双标准考核内容进行深度融合，将工作岗位要求转化为课程考核目标，适当减轻学徒制学生的压力。国家和地方政府层面，可以给考核合格的学生发放现代学徒制证书，参加应用型高考、专升本考试、相关职业资格考试时可作为优先录取或免试条件，以此激励现代学徒制学生。

第七章　学前教育专业现代学徒制校园合作保障机制探索

第一节　基于现代学徒制校园合作的现状

一、我校学前教育专业现代学徒制校园合作的概况

（一）学前教育学院开展现代学徒制的基础

1. 学院的概况

武汉城市职业学院是国家优质校，是武汉市唯一一所培养学前教育师资的高等职业院校，学校学前教育专业是国家骨干专业、湖北省高等学校品牌专业、武汉市品牌专业，承担着武汉市和湖北省学前教育师资培养和在职幼儿教师培养培训任务。秉承百年师范“全面发展、优质发展、人人发展”的人才培养价值取向，坚持“立足武汉、服务湖北、辐射全国”的发展定位，逐步形成“彰显特色，凝练品质”的品牌专业建设指导思想，突出“人有我优，内涵建设保质量”“人无我有，立足创新重引领”，在现代职教体系、师资队伍、课程体系、人才培养模式创新与推广、教学模式改革、办学条件、产学研、国际合作、社会服务、人才质量评价等方面凸显出学前教育专业师资培养的品牌优势和社会服务特色，目前，武汉城市职业学院学前教育学院已经成为武汉市职前幼教人才培养基地、学前教育教学研究基地、学前教育信息资源基

地、职后学前师资培训基地、具有较强的区域幅射力和社会影响力。

2. 幼儿园出现用人荒

“全面二孩”政策的进一步放开与执行，最开始出生的“二孩”也到了进园阶段，随之而来幼儿园教师数量出现了很大的缺口。出席之外，幼儿园就是频繁流动、教师由于生育产假等原因，致使一些幼儿园不可避免地出现了短暂的用人荒的现实问题。这也就证明了现代学徒制在幼儿园中的开展具有很强的现实意义和生根土壤，幼儿园需要一些具有专业知识的学徒参与到幼儿园的保教工作中，帮助其暂时缓解教师不足的问题。

3. 职教集团助力

武汉市教育局发文成立了“武汉学前教育职教集团”，集团成员达到 135 家，学校作为理事长单位，配合武汉市教育局积极推动政府、教科院、高职院校、中职学校、幼儿园或机构之间的深度合作，推动了武汉市学前教育的办学进程。依托武汉学前教育职教集团平台培训品牌效应，根据行业发展需求，传理念、授方法，为行业提供专业人才支撑和专业服务，有针对性地攻坚克难。在企业教育教学、科研建设、课程建设、环境创设、文化建设等方面精确帮扶，科学指引，促进企业健康、优质发展，广泛开展中职教师培训、园长培训、新入职教师培训、骨干教师培训、保育员培训、育婴师培训、蒙特梭利培训、专升本培训、舞蹈培训、乌干达恩德培市开展的职业教育培训项目等。对接和满足政校行企发展需求，助力武汉市学前教育事业整体发展。第一期学前现代学徒制 8 家实践幼儿园和第二、三期的三家幼儿园都是武汉学前教育职教集团的合作单位。

（二）学徒制合作学校的概况

1. 第一阶段：8 所园 19 位学生一学期实践

在 2016 级学生中遴选 19 名“3+3”技能高考类型学生 19 人，与 8 家优质幼教机构进行双向选择，采用先招生、后招工的方式，校、企、生（未满 18 岁由父母参与）三方签订人才培养合同，三年分 6 个学期开展现代学徒制试点。每一年培养重点拟根据岗位标准和要求来设定，即第一学年——保育员，第二学年——配班教师，第三学年——主班教师。在此过程中学校教师积极指导，幼儿园也根据指定的学徒发展规划对学徒进行了全面而系统的指导。

在这一阶段，学前教育专业现代学徒制自主试点工作取得了一定的成绩，但也面临着很多实际问题，进行了一学期随即停止。主要面临着如经费支持不到位、学徒身份难定位、双导师不协同等典型问题。其中，因为政策确实而引发的问题日益凸显。比如学生在公办幼儿园做学徒期间，公办幼儿园受体制机制的制约而无法为学生进行经费补贴，导致学生参与的热情减退，开始逐步出现退出现代学徒制试点的状况。这也成为整个学徒制试点过程中最大的阻碍之一。

2. 第二阶段：2 名学生 2 所园的学徒实践（16 级技能高考班学生）

为将现代学徒制继续进行下去，学徒规模缩小，在不违背学院经费管理制度的基础上，逐渐落实学徒的经费支持。幼儿园方面，通过多方沟通协调，学院在选取幼儿园合作试点时，优先考虑能够落实学徒补贴的园所。本着合作共赢、责任共担的原则，

这一阶段中，19 名学徒中保留 2 名有自主意愿并受到幼儿园充分认可的优秀学生。一所武汉市市级公立园、一所洪山区私立幼儿园。

3. 第三阶段：1 名学生 1 所园的学徒实践（15 级技能高考班）

随着第二个阶段的顺利进行，2017 年 9 月，经过双向选择招录，在 15 级技能高考班选择一名优秀学生佳琦来到了学前教育专业学徒制的合作实践单位、省级示范性幼儿园——省第三机关幼儿园的小九班。在 2015 级学生当中只有她一个人参与到了这一研究项目。学校通过与幼儿园的紧密对接，通过校园结合为她一人单独定制了校—园共商的人才培养方案，从此佳琦的幼教之旅就此开始了新篇章。

在进入现代学徒制计划后，佳琦全身心在省三幼进行实践培养。整个计划中，她阶段性完成了不同岗位的工作，由张翠霞老师带领她在实践中逐一完成指导教师团队和幼儿园事先列出的学习任务清单。学校的指导教师团队：夏宇虹教授、李俊老师、向华老师、程智老师、郭轩老师每周也定点下园，针对她的实际情况和问题对她进行现场授课和指导点评。

（三）现代学徒制的组织框架

1. 合作机构

名称	简　　介
1. 康乐苑幼儿园(公办)	武昌区教育局康乐幼儿园座落在美丽的南湖湖畔，康幼团队秉承“童眼看世界 童真育自主”的办园理念，大力实施“明德、求实、民主、创新”乐明管理，精心打造“文明、勤奋、协作、创新”乐慧团队，积极开展““游戏萌趣、游戏激思、游戏启智、快乐成长”乐怡教育，营造“自信、和谐、进取”园风，努力打造自主体验教育特色，朝着“专业、精优、特色、活力”南湖名园的工作愿景不断努力。常年为武汉城市职业学院实习基地，深受师生好评
2. 江南庭院幼儿园(公办)	江南庭苑幼儿园地处南湖社区——江南庭园小区内，是武昌区教育局直属的市级示范幼儿园，幼儿园本着“资源整合、合力育人”和“幼儿园、社区教育资源多向互动”的办园思想，围绕“清新蕴童真，自然育成长”办园理念和把幼儿园建设成为区级“园本管理的示范、课程改革的基地、幼教行业的典范、市一级园交流的窗口”的办园目标。幼儿园现有 7 个教学班，幼儿 231 名，教职工 36 人。教师资质均已达标。本科正式教师占 90%、大专正式教师占 10%
3. 长江紫都幼儿园(公办)	长江紫都幼儿园成立于 2015 年 4 月，隶属于武昌区教育局，是武昌区财政全额拨款事业单位，是武昌区教育局 2015 年南片重点建设的新园，也是武昌区对外展示学前教育发展水平的窗口单位，办园规模为 9 个班。长江紫都幼儿园秉承“顺天致性　乐玩致远”的办园理念，以“乐玩文化”为引领，挖掘“在生活中发展，在游戏中成长”的园本课程内涵，合理规划、巧妙设计幼儿生活、游戏空间，营造乐玩环境、构建乐玩课程、孕育乐玩儿童、打造乐育团队，深入创建乐玩品牌特色，全面实现“真情景、全体验、愿自主、乐成长”的教育目标，努力成为真正促进幼儿成长的一所“好玩的幼儿园”！

续表

名称	简　介
4. 洪山区实验幼儿园（公办）	洪山区实验幼儿园地处碧水环绕的自然生态大型社区——丽岛花园小区内，是一所投资大、起点高、设施全、质量优的现代化幼儿园，幼儿园占地面积4200平方米，建筑面积4400平方米，各班教室分为主活动室、副活动室、幼儿寝室、盥洗室和教师办公室，幼儿园还配有融科学探究、生活体验及艺术创造为一体的彩蛋馆，有供教师、家长及小朋友阅读的书吧，有多功能报告厅，户外建有神龙井田、林中剧场、拉索攀岩、葡荫涂鸦、沙水乐园、金鱼池、小花园及大操场等
5. 清江山水幼儿园(民办)	亿童幼教机构·清江山水幼儿园建园于2012年8月，12个班级规模，园所秉承着“以爱以真、育善育美、儿童为本、止于至善”的教育理念在两年内创建成为武汉市一级园。同时以混龄区域游戏研究为核心承担有十二五、十三五省级课题，成为湖北省第四批学前教育重点研究课题立项单位。开园至今连续三年被东湖新技术开发区教育局授予“先进单位”荣誉称号
6. 街道口幼儿园（公办）	武汉市洪山区街道口幼儿园（1960年）前身是洪山区政府机关幼儿园，1989年归属于洪山区教育局。幼儿园发扬“继承、发展、超越”的精神，逐步形成了“创造适宜的教育——促进每个孩子全面和谐的发展，提供优质的服务——满足每个家庭的不同需求”的办园宗旨，以“寻真蕴爱　悦享成长”为办园理念，以“健康、向上、灵动、幻想、执着”为培养目标，以“探索发现 创新表达”为课程特色。先后被评为“湖北省示范家长学校”、“湖北省绿色学校”、武汉市“教师队伍建设年”教师工作先进单位、“武汉市学前教育工作先进集体”、“武汉市第三届群众满意学校”
7. 丁字桥幼儿园（公办）	武昌丁字桥幼儿园建园历史较长，已有24年时间，位于莲溪寺社区中，周边有小学，初中，医院等资源。共有大中小九个班级，园所宽敞，户外活动场地大，设施设备先进，设有多个专用活动室，室、会议室等。幼儿园光纤入园，以校园广播系统、智能化安全系统、大型LED电子屏、班级电脑及液晶电视等构成了数字化管理体系

续表

名称	简　　介
8. 安吉拉幼儿园（民办）	安吉拉幼儿园是保利和乐幼教品牌旗下的示范性幼儿园。占地面积6600平米，拥有3200平米的户外场地，园内环境幽雅、设施齐备、功能完善，是一所高品质、国际化、现代化的教育生态园。经过多年努力，依靠专业化、国际化的师资和管理团队，高品质、高质量的幼儿教育与家长服务，和乐安吉拉幼儿园已成为保利和乐幼教品牌的一张“名片”，获得了社会及家长的广泛认可，荣获“全国民办优秀园”的荣誉称号
9. 省直第三幼儿园（公办）	省直第三幼儿园，创办于1955年，于2011年正式更名，隶属于湖北省机关事务管理局。在省委省政府的大力支持下，2013年省直三幼启动“湖北省学前教育示范基地”项目工程；2014年全新的三幼以“高起点、高品质、示范性、国际化”的视野屹立于武汉东湖之滨、省府之地。省直三幼是湖北省、武汉市首批示范性幼儿园，可开设36个教学班，收托1200余名幼儿

与武汉城市职业学院建立起现代学徒制育人模式的幼儿园共计9所，其中参与第一阶段人才培养的幼儿园有：康乐苑幼儿园（公办）、江南庭苑幼儿园（公办）、长江紫都幼儿园（公办）、洪山区实验幼儿园（公办）、清江山水幼儿园（民办）、街道口幼儿园（公办）、丁字桥幼儿园（公办）、安吉拉幼儿园（民办）。参与第二阶段学徒制试点的幼儿园有丁字桥幼儿园（公办）、安吉拉幼儿园（民办）。第三阶段学徒制试点的幼儿园是省直第三幼儿园（公办）。

从办园形式上看，全面包含了公立和私立两种办园体制，所有幼儿园办园条件和保教水平均达到行业示范标准。但由于受到二孩政策因素影响，适龄入园幼儿出现明显的增长，同时，一些幼儿园教师选择生育二胎，这对幼儿园造成的直接影响是幼儿园教师数量与实际需要数量之间出现了短暂的不平衡，幼儿园急切需要教师弥补这一缺口，因此，这就使得现代学徒制在幼儿园中有了生存的土壤，幼儿园易于接受并愿意参与到这一人才培养模式中。

2. 组织机构

学前教育专业现代学徒制项目组织机构

组织	人　　员
项目负责人	夏宇虹
指导专家	姜瑛俐、孙凌毅、向健极、邹琳玲、叶文涛、汪福秀
督导监控	卓萍、金东波、汤晓宁、张雪萍、杨素苹
项目组成员	李俊、向华、胡婷婷、郭轩、陈敏、赵红杰、程智、王晶、胡沙、杨芳、付艳、陶亚哲、杨娜
项目支撑机构	武汉学前教育职教集团

3. 合作项目

（1）校企共建育人机制

经过半年实践，在充分考量试点效率的基础上，为保证人才培养质量，学院调整了试点方案。19 名学徒中保留 2 名有自主意愿并受到幼儿园充分认可的优秀学生，15 级大专班中选取 1 名在各方面表现优异的学生，重新双向选择，最后与 3 家优质幼儿园签订学校、幼儿园、学徒三方人才培养协议。招录完毕后学生即下园，删减在校学习时间，基于不同阶段岗位能力，针对学生的实际情况，按照工作任务驱动，指导教师团队和幼儿园事先列出学习任务清单，主要由幼儿园师傅在带领学徒实践中逐一完成，指导教师团队每周定时定点下园，针对实际问题对学徒进行现场授课，指导点评。校园与企业正式就培养细则达成协议，为现代学徒制的顺利实施奠定了基础，同时，也保证了学徒培养质量。

（2）校企共建工作室

与各合作企业成立校企合作工作室。学院或合作企业均可提供适宜场所，校企双方共同提供人力、物力资源，在责权利对等的前提下，签订合作协议。学院教师、学徒、企业教师均可围绕相关项目以工作室为阵地进行学习交流、探讨研究，全过程跟踪和实践学徒制试点工作，并可以学徒制试点为基准拓展工作室职责范畴，全面推进校企深度合作。

（3）校企共建专业教学团队

校企合作共同实施人力资源共享规划，共同制订学前教育专业“双师素质”教师培养计划，建立兼职教师资源库以及考核办法。将学院教师参与企业活动数量、质量、社会服务等作为专业技术职务（职称）评聘和工作绩效考核的重要内容。同时，积极利用职教集团资源，保证高品质幼儿园和优秀的行业指导教师。武汉学前教育职教集团内共有近百家已签约的各级各类单位，包括 1 所高职、4 所中职及 90 多家湖北省、武汉市知名幼教机构，成员单位办学实力层次高、水平强，具有优质的办学能力，为集团开展现代学徒制试点奠定了良好基础。

（4）校企合作编写工学结合的教材

围绕专业核心课程，按照共同制订的课程标准，企业兼职教师与专业教师共同编写工学结合的教材，实现校企合作真正内涵。如此项目负责人夏宇虹教授带领学前教育学院的专业教师与幼儿园园长及优秀教师共同编写的《学前儿童行为观察与指导 》及《幼儿园区角创设》著作于 2019 年 1 月和 2019 年 10 月由湖南师范大学出版社和天津大学出版社正式出版。

（5）校企合作开展社会服务

充分依托利用武汉学前教育职教集团平台资源，开展面向社会各个层面的学前教育专业培训、业务指导、艺术展演、帮贫扶困等服务。

二、建立“双主体”育人的人才培养机制

（一）“双主体”人才培养目标的定位

根据《国务院关于加快发展现代职业教育的决定》（国发［2014］19 号）和《教育部关于开展现代学徒制试点工作的意见》（教职成［2014］9 号）有关精神，为进一步强化学生技术技能培养，深化校企深度合作，推进教师、师傅联合传授知识和技能的行业参与、社会支持的企业和学校双主体育人的现代学徒制人才培养模式改革。我院结合学

前教育人才培养模式特点，决定以工学结合人才培养模式改革为现代学徒制试点的核心内容。学校与合作企业根据技术技能人才成长规律和工作岗位的实际需要，共同研制人才培养方案，明确人才培养目标的定位。

学院将学习地点由学校教室转移到相应的职业技能工作岗位即幼儿园中，以学徒身份安排在相关的岗位，完成后续的专业培养。也就是学生以学徒身份进入幼儿园进行学习实训，由学校和企业安排相应的导师和师傅，对学生进行校企联合培养。

从上面的论述可以看出，“双主体”人才培养目标定位主要有以下三个特点：

第一，培养主体有两体——高校和幼儿园，高校主要是传授与专业领域有关的专业知识，而企业的主要任务是在将知识与理论相结合的基础上，帮助学生接受技能方面的专业培训，培养学徒的专业实践能力，以此帮助学徒能够适应未来的工作岗位，树立专业意识，发展专业能力，塑造专业品格。

第二，培养场地有两地——学校校内课堂或校内实训室和幼儿园的实际工作环境。

第三，学生身份是双重——学员和员工。学生在学校学习是学员身份；学生在企业培养学习是员工身份。在学校遵守学生管理办法，在幼儿园则要遵守职工管理办法①。

（二）“双向联合”招生招工方式

依据企业专业用人需要，确定招生专业，促进专业与产业对接“招生即招工”或者“招工即招生”，充分利用国家注册入学政策，针对不同生源，采取学历教育和非学历教育，分别制定培养方案，探索现代学

① 刘长玲，谢颖川．“双主体育人”模式在培养高职人才中的实践与探索［J］．邢台职业技术学院学报，2014（01）．

徒制人才培养规律，与合作企业联合开展企业员工岗前培训和转岗培训。

主要过程有：学校联合合作企业，依据校企双方实际情况与需求，制定校企联合招工招生方案，并签订《校企联合培养框架协议》；做好招生招工宣传相关工作，由学校主要负责生源招聘工作，企业进行协助。学校负责教学方面的宣传（包含但不限于专业优势、师资力量、办学条件、学籍管理等），企业负责企业方面的宣传（包含但不限于企业文化、企业发展史、学徒制企业推进介绍、岗位介绍、企业工作环境及福利条件）；在2016级技能高考班展开现代学徒制报名工作，清江山水幼儿园、江南庭苑幼儿园、丁字桥幼儿园、洪山区安吉拉幼儿园、洪山区实验幼儿园、街道口幼儿园、康乐苑幼儿园、长江紫都幼儿园、省直第三幼儿园。学生经家长同意后并且有家长（监护人）签字确认《现代学徒制知情同意书》后进行报名；学校联合企业进行面试筛选，现代学徒制班级组建人数为19人，录取分面试和笔试，笔试按照入学成绩，面试按照百分制进行，面试和笔试成绩按照5∶5核算，按照从高到底依次排序录取，如果成绩相同，以面试成绩高者优先录取，录取人员提供体检合格后，下发录取通知书；录取后的学生单独组成“现代学徒制”班级，并且由学校、企业、学生及学生家长（监护人）签订《学前教育专业现代学徒制三方协议书》；“现代学徒制”班级学生拥有双身份，既是学校的在籍学生又是企业的准员工，由学校和企业共同进行管理和培养，享受企业准员工待遇。

招生与招工同步进行，是现代学徒制人才培养模式的重要理念之一。

（三）“双体系”校企课程体系和课程标准的开发

校企共同探讨专业技术技能人才成长规律和工作岗位的实际需要，共同研制人才培养方案，开发“学习与岗位结合、工作与学习结合”课程体系。课程体系融入企业员工代表性工作任务，由易到难、由低到高、由浅到深、由单一到复杂，结合企业实践分阶段从职业认知到简单岗位操作、轮岗实训，使教育规律与职业人才成长规律有机结合。把企业课程合理融入专业课程体系，针对专业培养目标及对应岗位能力，确定通识课程、公共课程、企业核心能力课程模块、专业课程模块，整合企业岗位能力所对应的课程并将其贯穿于整个教学过程。

校企共同制定课程培养目标，实施“双计划”，即将学校人才的专业培养计划叠加企业人才的特定培养计划。既适合一般企业用人需求，又满足特定企业对人才能力的特殊要求和企业文化的融入。理论教学以学校为主，企业根据学校的教学进度安排和企业的学习计划，定期派管理人员和工程技术人员把企业的文化、新技术和新项目案例带进校园课堂，通过到校上课或讲座形式为学生授课。实训教学则以企业为主，企业根据计划安排学生到各岗位实习，由企业技术人员进行小组指导，并由企业进行考核。相互协调的“双计划”设定了课程的培养目标，成为企业实施共同教育的纲要性文件①。

推行工学结合，实施双导师制，学校确定专业教师作导师，指导学生理论学习；学徒制的合作园选派人员作师傅，负责学生岗位技能指导。

根据职业教育“五个对接”的要求，以人才培养对接用人需求、专业对接产业、课程对接岗位、教材对接技能为切入点，重构课程体系，整合课程内容，确定课程标准。

首先，在明确人才培养目标的基础上，根据学生该掌握的核心素质和核心技能要求，重点探讨现代学徒制培养模式下课程体系的构建。其次，将所学专业分解成若干个岗位，再将每个岗位分解成若干个技能元素。根据专业教学计划要求，结合行业的人才需求和岗位要求，科学、合理地提炼岗位核心技能，由幼儿园、学校和有关行业组织共同研究制

---

① 黄黎．“双主体育人”模式下的高职课程建设研究［J］．江苏开放大学学报，2013（03）．

定课程标准，编写具有鲜明职业特色的高质量培训教材，注重实践性和可操作性。最后，校企联动，共同促进学徒的发展。

（四）“双标准”学徒学业考核与评价体系

校企双方要将职业认证考核标准与岗位晋升等级考核标准作为课程考核的重要指标，探索课程考核与岗位资格考核贯通，工作业绩考核、师傅评价与学习成绩的互认和衔接，逐步建立以行业幼儿园为主导，应用为目的的学校、幼儿园、行业或顾客三方评价机制，促进中等和高等职业教育专业教学评价标准与评价主体的有效衔接。探索现代学徒制学生与幼儿园培训员工技能水平评价的互认互通，推进以能力为核心的评价模式改革。建立适用于“学徒工学交替、岗位成才”的学徒自我评价、导师评价、校企评价和行业评价的质量管理体系，使现代学徒制学徒学业考核评价逐步形成制度化、规范化。

为了更好地检验课程的教学效果，课程建设采取校内督导、企业专家、用人单位、学生四方综合考评，着重考察教学新模式的应用成效。因此，在教学管理中采取校内考核与校外监督的管理制度，由专任教师和企业兼职教师共同承担对学生的考核任务，在校内按照体现过程性考核的方法进行考评，在企业则严格按照岗位职责进行严格考评①。

学校期望培养企业需要的人，需要合作企业培养学生的实践能力，通过对学生工作实践的考核来评价和监督企业的培养质量；企业期望把每个学生按照优秀工程师的标准培养成才，需要合作学校的理论教学，通过学生的表现来评价和监督学校的教学水平；学生学习与工作表现受到来自学校和企业两方面的评价，学生要以自己的学业成绩、品性表现和工作能力向学校和企业证明自己，以获得毕业证书和企业续签认可。

---

① 黄黎．“双主体育人”模式下的高职课程建设研究［J］．江苏开放大学学报，2013（03）．

第二节　学前现代学徒制校园合作中的现实困境

现代学徒制作为一种新型的拓展和深化园校合作的人才培养模式，具有共享性、支持性、互惠性等方面的特征①。尽管学前教育专业现代学徒制实践有了一定成效，但是由于现代学徒制本身并不是实施主体单一的人才培养模式，而是多主体、多元化合作的制度体系，涉及对现有人才培养方案、课程体系以及学徒考核评价制度的重构与完善。因此，在学前教育专业现代学徒制校园合作的实践探索中，也就难免会存在亟待解决的现实问题。故本节从学前教育专业现代学徒制实施过程中的实际出发，从政府管理职能、双导师团队建设、学徒培养路径等方面剖析存在的现实困境。

一、政府管理职能缺位

不管是宏观制度层面，还是微观培养模式层面，学前教育专业现代学徒制校园合作的保障机制都离不开政府管理职能的发挥。但在校园合作的实践探索过程中，政府职能部门在管理和机制上往往存在不及时或缺失的问题，具体表现在政策法规指导性欠缺、高校管理制度尚未健全、经费投入机制不稳定、学徒就业机制尚未形成四个方面。

（一）政策法规指导性欠缺，双主体共育导向不明确

我国教育部自 2014 年发布《关于开展现代学徒制试点工作的意见》（教职成［2014］9 号）以来，全国各省市开始陆续启动现代学徒制自主试点实践项目，并强调现代学徒制必须由学校和幼儿园共同承担，形成“双导师”模式。2016 年 12 月，教育部首批现代学徒制试点

---

① 黄俊．深化园校合作，提升学前教育专业学生职业能力的探索与实践——以焦作师范高等专科学校学前教育专业为例［J］．焦作师范高等专科学校学报，2018，34（04）．

工作经验交流活动于广州举行，标志着全国普及性现代学徒制自主试点实践工作正式开展①。2019 年 5 月，教育部发布了《关于全面推进现代学徒制工作的通知》，并对下一阶段职业教育现代学徒制提出了“总结现代学徒制试点经验，全面推广现代学徒制”的工作部署。由此可见，我国职业教育的培养模式逐渐聚焦于“现代学徒制”，但是从目前实施状况来看，除了个别试点城市现代学徒制由政府全权主导实施、发挥宏观调控作用以外，其他省市政府缺位现象十分普遍。就学前教育专业现代学徒制的实践来看，政府相关政策文件并没有作针对性引领，以至于学前教育专业双主体共育缺乏明确导向。

因此，在学前教育专业现代学徒制自主试点实践过程中，大多数学校和幼儿园均认为实行现代学徒制自主试点只是为了迎合国家呼吁，实际上并没有真正意识到现代学徒制对学生职业发展、学校教学质量、幼儿园人才需求所带来的重要意义，以至于学校和幼儿园双主体共育存在合作内容上的单一性和浅显性，在合作方式上缺乏双向互动的问题②。具体表现为幼儿园仅限为学徒提供实习场所，并未对其教学能力进行长期有效的指导，而学校则仅为学徒补充理论知识，并未与学徒以及幼儿园保持密切的双向沟通。这就表明，学前教育现代学徒制自主试点的实践还停留于形式层面，尚未有效落实。

然而，无论是英国的现代学徒制，美国的注册学徒制，或是德国的双元制，均强调了政府在这之中的绝对引领作用。例如有国家政策支持的英国现代学徒制在人才培养质量提升、人口失业率下降等方面均发挥了不可替代的作用③。同样，美国州劳工部门强调政府应在校园参与学

---

① 张丽芳．学前教育现代学徒制自主试点运行现状及对策探究［J］．通化师范学院学报，2019，40（08）．

② 李凤艳．学前教育专业园校合作式实践教学研究［J］．焦作师范高等专科学校学报，2016，32（3）．

③ David Gary& Mark Morgan，Modern Apprenticeships：filling the skills gap?［J］．Journal of Vocational Education & Training. 1998. 50（1）．

徒制动力不足、障碍频现等问题上承担起调节和服务职能，并发挥积极引领作用①。

（二）高校管理制度尚未健全，课程适配度难以保证

高校管理制度是现代学徒制有效实施的重要保障。但现阶段，对于实践过程中出现的诸如校园沟通机制、校园任务分配、校园指导教师参与积极性调动等突出问题，从根本上说就是管理制度的问题。继而导致现代学徒制校园双主体培养下课程设置的适配度较低，难以满足岗位的社会需求。

具体来看，首先，学校和幼儿园并未对学徒进行协调和统一管理。现代学徒制的学习场所与传统教育模式的根本区别在于学徒需要在学校和幼儿园之间进行频繁切换。一方面要在学校学习理论知识，另一方面要进入幼儿园完成实践环节。教育环境的交替使得学徒面临的是双导师的教育模式，由于学校指导教师与幼儿园指导教师无法及时沟通和交流，给高校管理带来巨大挑战。同时，地理位置往往不是学校选择学徒制试点幼儿园的主要因素，这就导致学徒学习与见习的地点和时间分散，这无疑又加大了学校管理工作的压力。其次，现代学徒制自主试点工作缺乏管理制度保障。据了解，目前我国高职院校和幼儿园在实行现代学徒制自主试点过程中，并没有制定出相关的管理规章或制度。这对园校合作顺利进行造成一定困扰，难免会出现园校双方的职责分配不明确、管理不协调的状况，导致幼儿园和学校之间矛盾突出，对现代学徒制自主试点的顺利实施存在不利的影响②。同时，倘若园校双方发生矛盾，也缺少相关文件法规协调双方解决问题。另外，在园校双方缺乏沟通和管理制度保障下，学校课程体系的建构难以与幼儿园岗位需要相适

① 李丽．从三轮试点到全面推广：我国高职院校现代学徒制实施的经验、问题与前瞻［J］．职教论坛，2019（09）．

② 张丽芳．学前教育现代学徒制自主试点运行现状及对策探究［J］．通化师范学院学报，2019，40（08）．

应。据了解，学校和幼儿园双方指导教师所教授的知识相关度和匹配度较低，彼此之间就课程内容的针对性沟通与交流较少，甚至出现各教各的局面。例如学生在学校主要学习活动设计相关的课程，但在幼儿园见习中却主要负责组织和监督幼儿进餐环节；学生在幼儿园被安排班级管理相关工作，但在学校主要学习学前儿童卫生与保健相关知识。也就是说，高校存在教学内容与幼儿园见习任务相脱节的现象在现代学徒制实践中真实存在。

（三）经费投入机制不稳定，园所参与积极性受阻

在现代学徒制试点实践过程中，无论是学校还是幼儿园都需要大量经费输出，但政府尚未形成现代学徒制经费保障机制。目前现代学徒制试点项目还属于小批量的学徒订单式培养模式，教育成本相对偏高，学校试点专业的前期投入也较大，如实训基地建设、课程开发、师资培养等。另外，试点幼儿园对现代学徒制指导教师的管理、培训、薪酬补贴等投入也较大，由于缺乏保障机制，这些费用很大一部分往往需要幼儿园自身承担。职业技术教育本身投入就要比普通教育大，再加上小批量培养、适应幼儿园岗位需求订制个性化教学方案、幼儿园一线师傅和学校专任教师构成双导师个性化教学，必然增加成本。巨大的经费投入不仅给学校带来了负担，也使得幼儿园望而生畏。在没有足够配套资金的支持下，幼儿园参与园校共育的积极性和主动性受阻，导致课程实施和教学指导也难以达到预计效果。

经费投入机制的不完善也就意味着参与现代学徒制试点培养的学校指导教师以及幼儿园指导教师个人的切身利益将得不到保障。指导教师在完成本职工作任务的情况下增加额外工作量，却没有相应的奖励激励政策扶持，以至于打击了教师教学改革的积极性。从学校微观层面上来说，指导教师参与现代学徒制的奖励性绩效工资与其工作努力程度并没有完全对等，学校对其管理制度尚未健全，学校不仅要解决教师的管理和激励问题，还需要解决学徒的食宿及安全问题。因此，就现有的双导

师激励政策对园校指导教师双方的权益保障还缺乏更具体、更细致、更具可操作性的完善，难以从根本上调动园校双导师参与现代学徒制人才培养的积极性。从幼儿园微观层面上来说，幼儿园指导教师由于学徒数量较少尚未形成指导团队，其双重教育身份与其自身认知存在偏差。幼儿园不仅要解决教师指导团队，对学徒的管理和安全问题也需承担责任，这样就意味着幼儿园承担的法律风险较大。现代学徒制强调的是学徒要在幼儿园一日活动实践环节中多上手、多承担，但学徒对幼儿园工作规律缺乏系统认知和经验，容易出现教学事故，且学徒需在学校和幼儿园之间频繁往来，存在人身安全隐患。且大多数试点幼儿园在实践中并未与学徒签订安全事故责任协议，因此，一旦发生学徒出现安全问题，幼儿园则难辞其咎。

（四）就业机制未形成，学徒职业发展缺乏保障

现代学徒制的实践尚未形成完善的就业机制，并没有解决学徒的就业问题。首先，就幼儿园教师招聘而言，招纳人才的渠道并不局限于通过现代学徒制来达成，还有幼儿园面向社会公开招聘教师等途径。其次，就学徒就业意愿而言，学徒对试点幼儿园的满意程度参差不齐，影响因素较多。本研究针对武汉城市职业学院学前教育专业的学生毕业后，如果试点幼儿园挽留，是否愿意继续留下就职进行调查。结果显示，67.53%的学生表示将会看情况考虑是否留园任职。另有近30%的学生表示不愿意留园任职，究其原因，这可能与学生实习幼儿园的性质和发展状况有关，诸如地理位置、园所性质、工资待遇、编制情况等。经过研究者进一步了解发现，学生更愿意尝试符合自身任职意愿的幼儿园。具体分布情况如图7-1所示。

学徒的留园意愿还与幼儿园具体情况有关。本研究对学生毕业后，做出“去”或“留”在试点园的决定背后的原因进行调查，1为最不重要，5为最重要。结果显示，工作单位的文化氛围（M=4.62）是决定学生是否任职于试点幼儿园的重要原因，这说明学生对就业单位的精

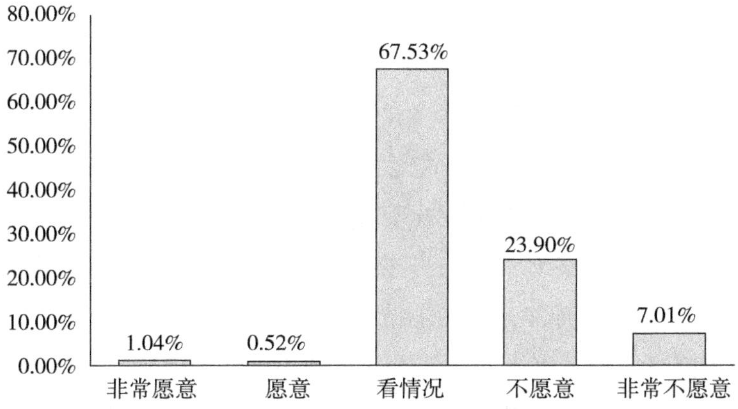

图 7-1 调查对象对毕业后任职于试点幼儿园的态度情况统计图

神环境具有较高要求。其次是工作的稳定性（M=4.59）、工作单位的福利（M=4.38）、工作环境的熟悉程度（M=4.31），而试点幼儿园离家路程对远近（M=4.13）并不是影响学生留园任职的关键因素，这说明学生更倾向于就业单位的精神环境以及岗位稳定性，而外在的因素对学生留园意愿的影响程度较低。具体分布情况如图 7-2 所示。

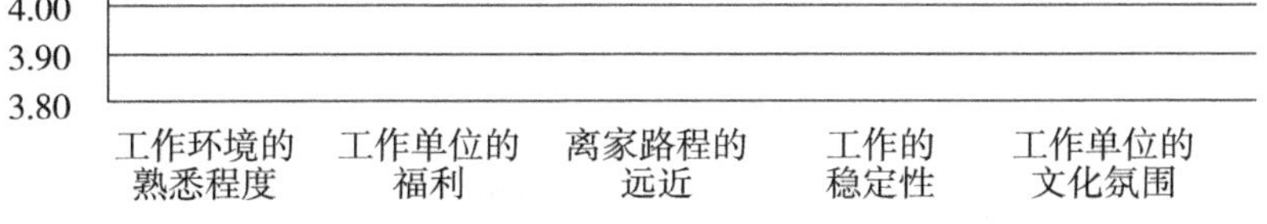

图 7-2 调查对象决定任职于试点幼儿园意愿的原因均值分布情况

此外，“招生即招工”意味着参与现代学徒制试点的学徒拥有学生和职工的双重身份，待学徒期结束后，幼儿园则会根据择优录取原则以及尊重学徒个人意愿原则确定可以成为幼儿园正式员工的学徒。本研究针对学生对学徒制“入学即入职”的吸引程度进行调查，结果显示，接近60%的学生对学徒制“入学即入职”表示很有兴趣。通过进一步了解发现，有学生认为这种模式能够帮助自己积累就业经验，同时增加就业的机会。具体分布情况如图7-3所示。这种双向选择的人才选拔方式在一定程度上能够给予学徒自主择业权，但对部分抱有“学徒即就业”的想法的学生而言，现代学徒制并没有给予他们稳定就业的安全感，也就降低了其选择参与现代学徒制的积极性。因此，现代学徒制下的就业机制并不成熟，以至于学徒的职业发展尚得不到保障。

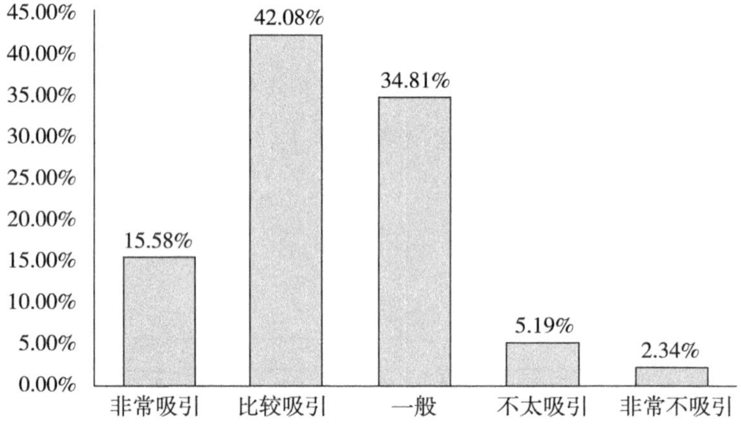

图7-3　调查对象对学徒制“入学即入职”的吸引程度统计

二、双导师团队建设不规范

建设一个由学校和幼儿园双方指导教师构成的“双导师”师资队伍，是现阶段不断推进学徒制的重要难题。就普通高等院校而言，硕博研究生的培养制度就是一种学徒制，由硕博导师“一带多”的形式建立起专门化的高级培养机制。然而，高职教育一贯沿袭传统班级教育制度，没有打破教师与学生数量比的限制。这一现状也就给现代学徒制中学校指导教师团队建设带来挑战。同时，幼儿园师傅虽有多年一线从教的经验，但在教学经验传帮带的过程中缺乏技巧。因此，现代学徒制双导师团队建设还存在颇多问题，具体表现为以下三点。

（一）双导师选拔制度有待完善

“现代学徒制”模式下师资主要由两支队伍组成，一是学院的师资，包括系部领导、任课教师、班主任、辅导员。二是合作幼儿园的师资，包括幼儿园领导，幼教班主任、保教老师。院园双方教师保持密切沟通、相互合作，共同完成“现代学徒制”模式课程教学任务。因此，院园指导教师队伍的质量是现代学徒制试点工作高效推进的重要条件。

但是，目前我国现代学徒制试点高职院校的师资队伍建设还处于薄弱环节，特别是对学校指导教师以及幼儿园指导教师的筛选。就学校指导教师的遴选而言，据了解，大多数试点院校对聘任为学徒制指导教师的要求表述不够严谨，具体的岗位资格认定细则也不具备可操作性的标准，认定程序也呈现出“走过场”的形式化局面。教师主要通过学院直接任命以及个人意愿即可成为学徒制指导教师。就幼儿园指导教师的遴选而言，据了解，大多数幼儿园将教师的从教年限作为选拔的主要标准。然而，尽管幼儿园一线教师具有足够多的实践经验，但“经验丰富”并不意味着会“传授经验”。幼儿园教师的主要工作任务是组织以幼儿为对象的幼儿园一日生活，主要包括保育和教育两个方面。由于其并未系统学习高校教学方法的相关内容，因此教育对象的改变将导致幼儿园教师的教学技能无法正常满足学徒制的需求，以至于在带徒过程中容易产生沟通和管理等问题，影响现代学徒制的实践质量。

（二）双导师指导力度有待加强

我国现代学徒制对双导师的指导频率、指导时间并没有具体要求，双导师对学徒的指导深度和广度仍需提升。究其原因，我国关于现代学徒制指导计划尚未明确。具体来看，现代学徒制实践过程中，幼儿园往往由于繁重的教师教学和管理任务而忽视对学徒组织教育教学的专业指导。学徒更多通过自我摸索学习，独立从事幼儿园环境创设、生活活动的组织、辅助教学等工作，阻碍了学徒在幼儿园获得有效指导。然而，幼儿园指导教师往往认为学徒经过学校教育的系统学习，已经掌握了幼儿园教育实践中所应具备的各项技能，因此无需对学徒进行细致指导。但实际上学徒缺乏将理论应用于实践的基本能力，无法将理论与实践无缝对接。甚至有的学徒连最基本的保育知识要领都没有掌握。

另外，学校指导教师由于缺乏幼儿园一线教学经验，更多倾向于完成理论教学任务，与此同时，理论指导一旦与实践需求脱节，其教学效果也就不言而喻。校与园之间缺乏有效沟通，仅限于学校指导老师来园进行短暂交流和沟通。本研究针对学生如果参与“学徒制”，更希望在幼儿园期间学校指导老师采取什么样的指导方式进行调查。结果显示，61.56%的学生更倾向于学校指导老师采取线上线下混合式指导方式。有35.58%的学生则更倾向于学校指导老师前往幼儿园进行面对面指导。还有极少数学生则提倡学校教师可以通过网络对其进行指导。可见，线上线下混合式指导已然成为高职院校学生首选教学方式，在一定程度上能够兼顾学生的理论学习和实践的指导，但在学徒制的实践中，学校指导教师却由于授课任务繁重、时间精力受限等原因，无法保证充足的时间下园指导学徒实践。

幼儿园指导教师作为班级主要负责教师，同样面临时间和精力的约束，无法协调好与学校的合作与交流，以至于在一定程度上影响其对学徒的指导力度。

本研究针对学生如果参与“学徒制”，在幼儿园期间期望得到学校指导老师的指导频率进行调查。结果显示，44.94%的学生更期望学校指导老师能够不定期、随时随地指导。有34.29%的学生则更期望能够每周一次获得学校老师的指导。还有约21%的学生则期望每两周或每月指导一次。由此可见，学生对学校教师的指导有较大需求，更倾向于能随时得到指导或保证每周一次的指导频率，具体分布情况如图 7-4 所示。然而，在实际情况中，却没有达到学徒的基本需求。

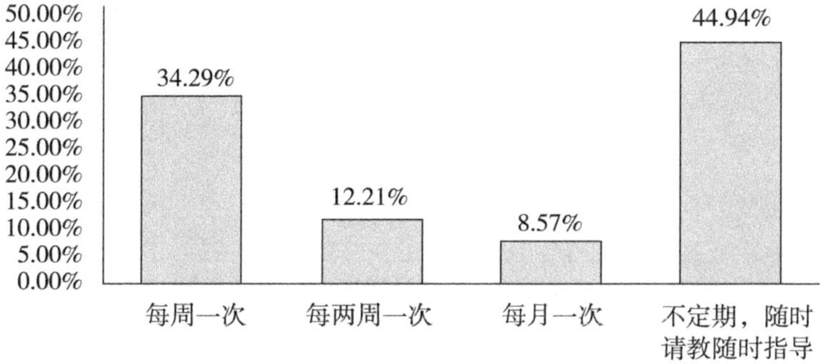

图 7-4　调查对象对学校指导老师指导频率的期望情况统计图

本研究针对学生如果参与“学徒制”，更希望在幼儿园期间学校指导老师采取什么样的指导方式进行调查。结果显示，61.56%的学生更倾向于学校指导老师采取线上线下混合式指导方式。有 35.58%的学生则更倾向于学校指导老师前往幼儿园进行面对面指导。还有极少数学生则提倡学校教师可以通过网络对其进行指导。可见，线上线下混合式指导已然成为高职院校学生首选的教学方式，在一定程度上能够兼顾学生的理论学习和实践指导。具体分布情况如图 7-5 所示。

（三）双导师教学质量管理有待加强

现代学徒制对双导师教学质量缺乏有效的管理机制，在一定程度上影响学徒培养质量。首先，双导师教学质量的评价制度和考核制度尚未健全。具体表现为，学校实训基地由于场地、管理等方面的限制，实际用于学徒模拟幼儿园工作场景的机会有限，且学校指导教师授课过程并没有经过学校监督，其教学质量有待考证。其次，幼儿园的主体意识薄弱，对学徒的管理较为松散。目前高职院校开展现代学徒制的主要形式

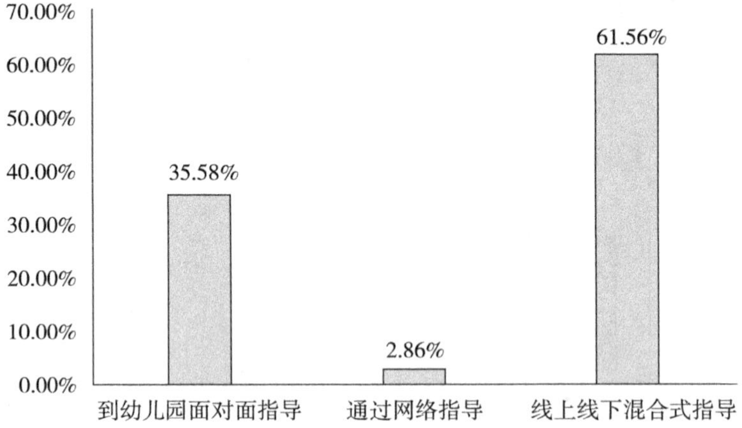

图 7-5 调查对象对学校指导老师指导方式的期望情况统计图

为“订单班”。现代学徒制的核心理念为招生即招工，但是在订单培养过程中，多数高职院校在利用幼儿园的实训条件时，往往处于被动地位。学生进入幼儿园后，被限制仅从事幼儿园环境创设、辅助教学等工作，并不能完全承担幼儿园的实际工作，幼儿园指导教师象征性地提供师傅指导，学徒在幼儿园的实习流于形式。因此，应加强双导师教学质量监督工作，以提升现代学徒制的实践效果。

三、学徒培养路径有待明确

学徒是现代学徒制的核心主体，是高职院校学前教育专业发展的重要推进者。为了快速推进现代学徒制的高效高质实施，需要培养出有思想高度、有科学理念、有自我认知以及对现代学徒制有高度认同感的学徒。引导学徒从理性看待现代学徒制到接受现代学徒制，再到能够积极参与现代学徒制，最终成为现代学徒制的受益者和传承者。要达到以上目标，学徒还需要从自身职业发展的角度出发，客观看待现阶段我国职业教育改革趋势，同时要切实提高自身的职业道德素养，将自己打造成符合社会时代发展的技能型人才、高素质人才、现代化人才。这也是现代学徒制对学徒的最高要求。在现代学徒制培养实践中，仍然需进一步优化和明确学徒培养路径，具体体现为以下四点。

（一）学徒系统理论学习需加强

理论是实践的基础，现代学徒制作为一种注重学生实践能力的人才培养模式，其实施必须建立在学徒已拥有较为扎实的理论基础之上。然而，在对学前教育专业进行现代学徒制问卷调查过程中发现，学生对专业理论知识的掌握程度存在不均衡的现象，特别是幼儿发展相关理论知识较为薄弱。本研究针对学生在中职期间对“专业知识”课程的掌握程度展开调查，结果显示，有 47.53%的学生对幼儿园保育和教育知识的掌握程度最高，有 38.70%的学生对艺体知识掌握程度最高，而学生对幼儿发展知识和通识性知识掌握程度较低。具体分布情况如图 7-6 所示。

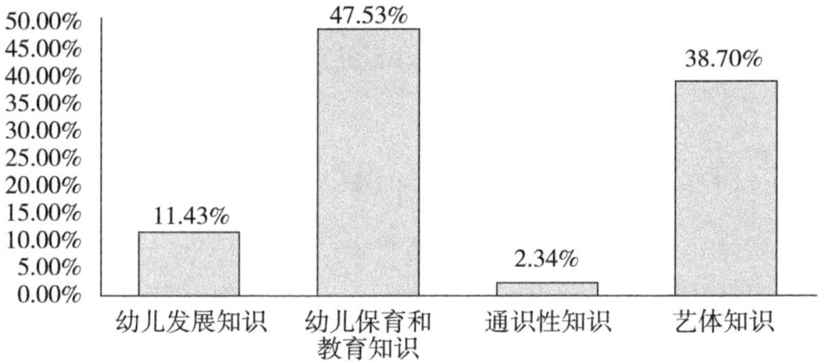

图 7-6　调查对象对“专业知识”的课程的掌握程度统计情况

《幼儿园工作规程》中指出“综合组织健康、社会、语言、科学、艺术各领域的教育内容，渗透于幼儿一日生活的各项活动中，充分发挥各种教育手段的交互作用”。要求幼儿园教学内容应该尽可能多元化，通过教学内容的综合性以体现教师的整体意识①。然而，大多数高职院校在学徒制培养模式下，缺乏对教学内容进行科学有效的架构，以至于学校理论学习与幼儿园实践的关联性不足，知识体系呈现碎片化状态，也就难以达到《幼儿园工作规程》中所指出的对教学内容进行综合性、整体性的把控②。本研究针对学生在中职期间“专业知识”课程对其实习的帮助程度展开调查，结果显示，幼儿保育与教师知识的帮助程度占到 71. 69%，这充分说明学生在实习期间对保教知识的需求较大。如图 7-7 所示。

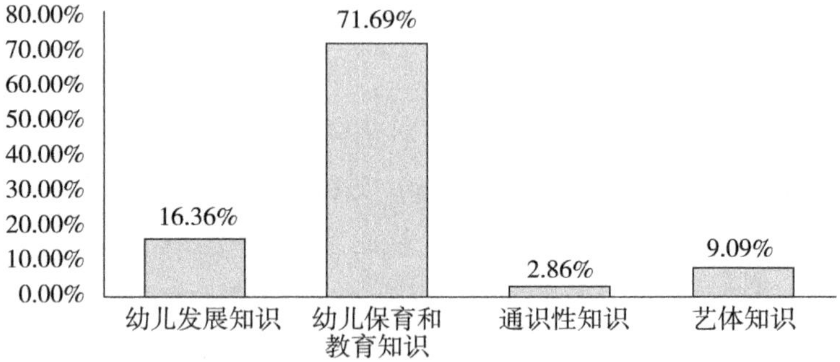

图 7-7　调查对象“专业知识”课程对实习的帮助程度统计情况

然而，研究者将学生对“专业知识”课程的掌握程度和帮助程度进行对比发现，幼儿保育和教育知识既是学生掌握程度最高的课程，同时也是学生认为对实习帮助最大的课程。然而学生对艺体知识虽然掌握程度较高，达到了 38. 70%，但是对学生实习的帮助程度却非常低，仅达到 9. 09%。这说明学校理论学习与幼儿园实践需求存在不匹配的问题，因此，学徒需提升对系统理论学习的力度。如图 7-8 所示。

① 谢惠斯．顺应幼教改革趋势，全面改进幼教工作［J］．学前教育研究，1998（06）．

② 徐辉．高职创新性人才培养的生态环境建构路径探析［J］．中国职业技术教育，2016（03）．

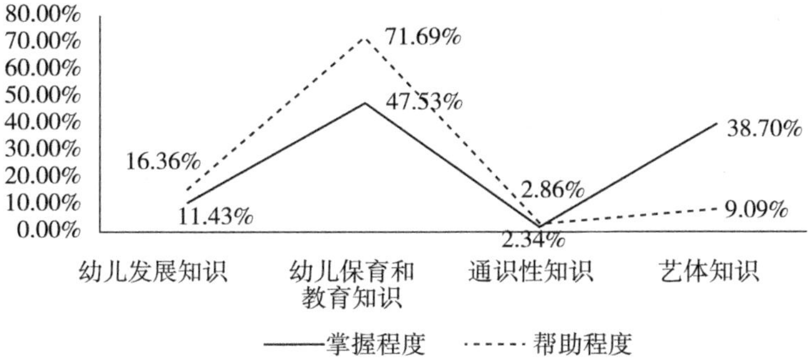

图 7-8　调查对象对“专业知识”课程的掌握程度与对实习的帮助程度的关系学徒职业角色定位需转变

（二）学徒职业角色定位需转变

学徒对园校共育下的学徒制尚未形成明确认知，对职业角色的定位尚未转变。首先，就学徒自身认知而言，虽然已经参与并接受了现代学徒制培养模式，并按要求来到试点幼儿园见习，但学徒并未将在幼儿园所从事的工作视为真正意义上的“工作”，而是仍将其与高校学习对等看待，无法将自身“学生”的身份转变为“幼儿园教师”并投入幼儿园工作中。其次，从幼儿园视角而言，指导教师并没有把来园见习的学徒看成真正的“幼儿园教师”，即没有把学徒当作真正意义上可用的劳动力。幼儿园指导教师往往对学徒的要求较为松懈，园所对学徒的工作考核要求和标准也并没有将之与幼儿园教职工等同对待。因此，学徒自身也自然而然地认为自己不需要像真正的幼儿园教师一样认真对待见习工作。另外，从学校视角而言，学徒见习的园所一般由学校统一安排，学徒无法根据自己的意愿自由选择。本研究针对学生在中职学习期间学校对实习幼儿园的安排情况展开调查，结果显示，71. 17%的学生实习是由学校统一安排，提供相应园所共学生实习，不需要学生自己解决实习问题。有 15. 84%的学生是自己找的实习单位。这表明大部分中职学校学生实习幼儿园的安排主要由学校统一安排，究其原因，主要是由于中职学生均为未成年人，对实习单位的选择缺乏经验和准确判断，学校统一安排幼儿园供学生实习在一定程度上能够有效保障学生的安全和利益。具体分布情况如图 7-9 所示。但在一定程度上，学徒面对陌生且无法抉择的工作环境时，可能会导致其在职业角色的转换上陷入困境。

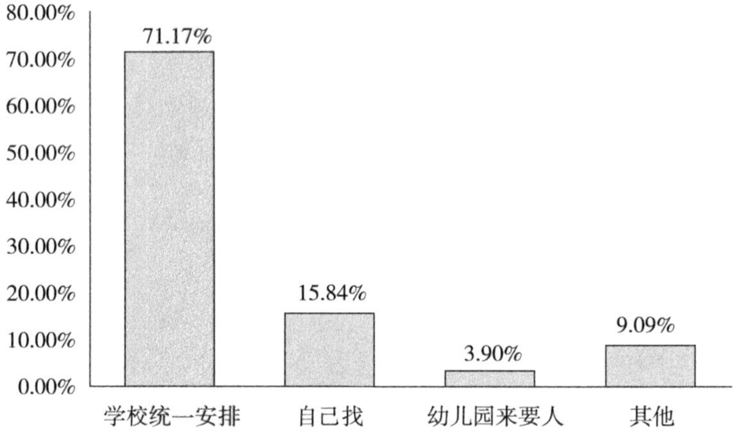

图 7-9　调查对象实习幼儿园的安排统计情况图

当人的角色从学生转变为工作者时，往往存在角色转变困难的问题，这在传统的人才培养模式中也是常见的。在传统模式下，学生是从学校完成学业后自然过渡到职场，因此角色尽管存在不适应，但转换速度仍会较快。但是在现代学徒制培养模式下，学徒的角色转换是在幼儿园与学校双环境并存的情况下，因此学生的角色转变会相对缓慢。

(三) 学徒学制认同感需提升

现代学徒制的开展使受教育者的角色拓展到学生与学徒双重角色并重，但接受现代学徒制人才培养模式的学前教育专业的学生仍然普遍存在对学徒制的认同感不足、缺乏职业责任感及敬业精神等问题。本研究对学生参与“学徒制”的意愿进行调查，结果显示，接近 68%的学生表示有点想尝试或者不太确定。21.04%的学生表示比较有兴趣，3.9%的学生表示非常想参与“学徒制”，7.53%左右的学生完全没有参与“学徒制”的兴趣。可以看出，学生对“学徒制”的参与意愿集中在中间层次，即学生对“学徒制”具有一定好奇性，但参与意愿不强烈。究其原因，可能是由于学生对“学徒制”没有获得全面认识和综合了解，导致学生没有体现出较高参与意愿，后期学院可针对此现状展开更为深入的宣传和讲解，以促进学生对“学徒制”的认同感和参与感的同步提升。分布情况如图 7-10 所示。

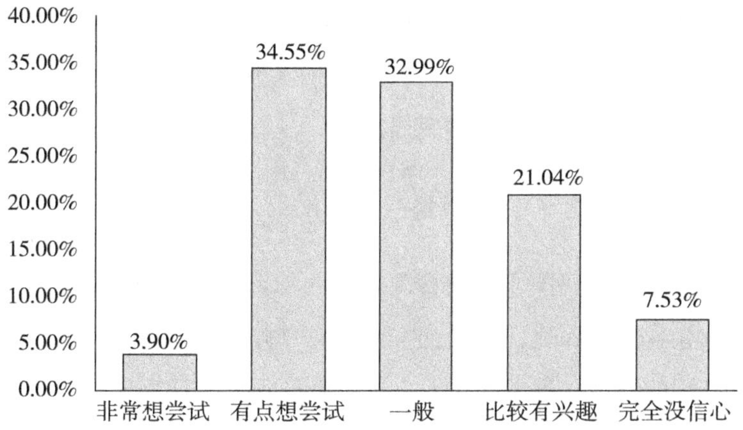

图 7-10　调查对象对参与“学徒制”的意愿情况统计图

究其原因，首先，家长和学生对教育的认知停留在学校教育，学生理所当然应该在学校学习，到幼儿园当学徒就是脱离了教育的本质①。因此，学生对于现代学徒制的报考并不积极。其次，即使进入到学徒制班的学徒，也存在对自己“学徒”角色的不认同。学徒主要还是学生心态，没有把自己作为准教师，更认可自己是学生身份，而不是教师身

① 胡秀锦．“现代学徒制”人才培养模式研究［J］．河北师范大学学报：教育科学版，2009（03）．

份，因此在幼儿园实践中往往达不到理想状态。对学徒身份角色的低认同，会导致学徒对自身在幼儿园场域中权利、义务认知的模糊，主动性以及学习投入的减弱，继而引发一系列学习、工作问题，影响学徒制的人才培养质量。再次，学徒在幼儿园见习过程中，与幼儿的相处会存在一定挑战，倘若初次接触学前儿童无法适当处理幼儿间的相关问题，也会促使学徒对见习工作感到挫败，从而产生对学前教育这个职业的排斥感等消极情绪。提升学徒对专业认同感和职业认同感一直是现代学徒制实施的重要目的之一。现阶段我国学前教育专业学生的职业认同感不足仍然是实行现代学徒制的实践过程中较为突出的问题，也是亟待解决的问题。但其实造成学生对现代学徒制认同感不高的原因还可能与学校的宣传力度不够有关。因此，学徒对现代学徒制认同感的提升仍需学校、家长以及学徒自身多方合力共同促进。

（四）学徒多元评价机制需明确

现代学徒制是我国职业教育改革的一种新形式，是提倡理论和实操并重的校企合作的深化，是顶岗实习、订单培养的递进，同时也是我国传统学徒制的现代化变革①。随着职业教育现代学徒制的大力推进，我国学前教育专业的教学管理体制及其评价机制也将走向深化改革和深度建设。虽然已有部分职业院校相应出台相关制度，但从总体上来看，仍然缺乏系统性和科学性建构。例如园校双方的学徒制指导教师对学徒实施指导的内容、方式及频次如何确定？学徒在学校学习和幼儿园见习过程中的表现状况、学习质量、考核标准、综合成绩如何评定？在学徒制实践下园校指导教师的教学水平、业绩核定、职称晋级等是否能有效推进？这些亟待解决的问题这很大程度上制约了现代学徒制的发展。

在我国学前教育专业现代学徒制体系尚未成熟的情况下，具体存在

---

① 廖礼平．现代学徒制人才培养模式现状、问题及对策［J］．职教论坛，2019（06）．

以下问题。首先，学徒制考核标准呈现松散化。考核标准的制定应该是依据学徒在学校和幼儿园的学习内容及其完成程度。然而据了解，大多数学校与幼儿园并未共同开发“双主体”人才培养方案，建立起“学业标准”与“学徒标准”相结合的考核体系。其次，学徒制评价主体呈现单一性。据了解，学徒制的评价主体主要是幼儿园指导教师。学校并未合理利用学徒制园校双主体共育的师资优势，对学徒提供一个“园-校”双主体多元化的评价体系，以促进学徒在学业和实践两方面的共同发展。

第三节　基于校园现代学徒制保障机制建议

中高职衔接“立交桥”架构下学前教育专业现代徒学制实践探索是目前我国现代学徒制建设过程中的重要实践，为接下来现代学徒制在中国背景下的推广与实施积累了经验，而针对实践过程中出现的困境进行分析以此提出建议更能促进现代学徒制的有效运行。中高职衔接“立交桥”架构下学前教育专业现代徒学制能够继续推行在于其如何有效地运行，而其中的关键因素在于制度的建设。故本章内容从中国实际出发，结合学前教育专业现代学徒实施过程中的现实问题，从制度建设的角度提出建议。

本章主要从三个方面进行探讨：（1）学校层面的保障机制建构，包括选拔制度、课程制度、管理制度。（2）区域层面的保障机制建构，包括质量监管制度、校企协商制度以及财政政策。（3）国家层面的制度建设，包括国家专业教学标准及认证体系、完善的导师制度、畅通的学徒就业渠道。

一、学校层面的保障机制建构

（一）规定明确的选拔制度——现代学徒制顺利实施的起点

现代学徒制能顺利实施，实现最优化的人力资源开发的关键源于学徒的招募。从学校层面而言，对参与现代学制的学生的选拔，是这项制度是否能够顺利实施的起点。中高职衔接“立交桥”架构下学前教育专业现代徒学制试点的实践将学徒的选拔设定为中专升大专的学生，主要原因是她们在中专阶段已经掌握了相关学前教育专业的理论知识，并且在技能水平上也要优于三年制大专生。但是如何基于中高衔接“立交桥”背景下，选拔出真正适合参加现代学徒制实践的学徒，在制度层面而言要做到以下几个方面：

首先，学徒制源于产业结构变动下，服务产业在国民经济中的比重不断攀升，市场对于高素质、高技术人才的大量需要。因此，学前专业在进行现代学徒制人才培养时也要深入明晰需求与供给之间的平衡。学校要结合市场需要，有计划地对学徒数量进行控制，尽可能实现需求与供给之间的平衡，否则再好的制度设计都是无意义的。

其次，制定学前专业学徒岗位认定标准。标准一方面指的是对于校企合作中的企业资格要进行严格审查，只有符合资质的企业才能够承担培养任务。不合格企业不列入合作范围。因为调查显示（图 7-11），幼儿园给学生营造的稳定的氛围，比如对学生的接纳程度、重视程度以及稳定的福利待遇是学生愿意留在幼儿园进行学徒制试点的关键性因素。所以，企业愿意参与到现代学徒制中，并且具备参与条件，是保证现代学徒制得以顺利实施的重要因素之一。

另一方面，标准指的是到底什么样的学生才可以进入企业展开多方培养。企业是拥有选择权，雇主有权选择符合自己要求的学徒进行合作培养。但是企业的话语权不是选拔现场的临场发挥，而应该在选拔前以明确的条文形式进行规定。这样不但有助于乐于参与现代学徒制的学徒明确自己的努力方向，进行相应的专业练习和准备，同时也能够避免企业因为选拔人才不符合理想期望，后期造成培养上的资源浪费。

最后，制定详细的选拔程序。在选拔合适的学徒进入幼儿园之前，

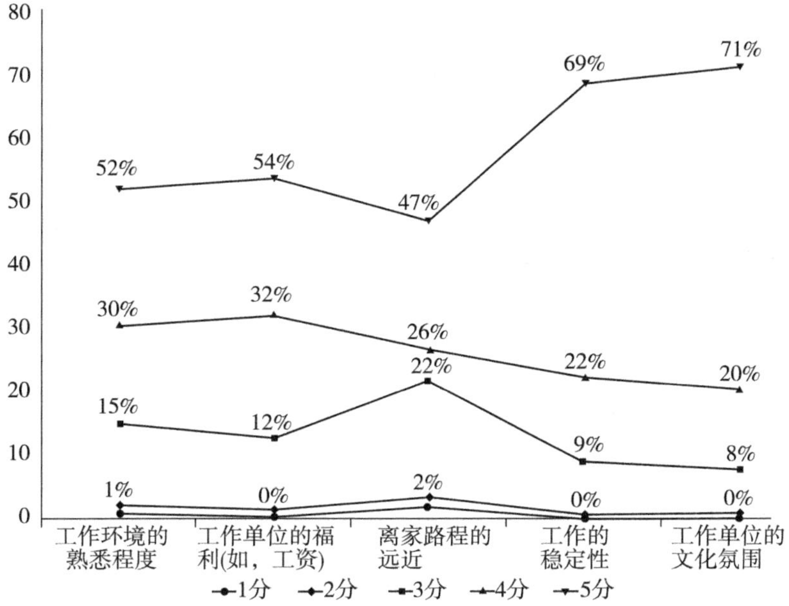

图 7-11　调查对象在试点幼儿园作出“去”“留”决定的原因

应该有正式且明确的程序。既然是校企合作，那么学徒的选择也可以参考企业招聘的模式。对于一般的企业而言，招聘新员工最常见的形式是通过多渠道发布招聘信息，潜在应聘者将根据招聘条件进行自我能力预估，进而决定是否参与应聘，企业进而在符合条件的应聘者中选择最优者。这种企业招聘形式在最大限度上避免了资源浪费的同时，能够保证应聘者与岗位的拟合度达到最大化。

对于参与现代学徒制的幼儿园而言，学徒选拔并不只是意味着选择未来适合本园的幼儿园教师，更意味着选拔未来幼儿园的培养对象，因此这一选拔环节应该比传统的企业招聘更正式。但是从实际操作中可以发现，严格的选拔制度只靠幼儿园是很难完成的。因为与规模较小的幼儿园相比，提供学徒岗位的大规模的幼儿园在参与选拔新学徒的过程中，往往在优化选拔过程方面投入更多，这些程序非常全面，但也需要非常有效。而正式的流程可能有助于他们更有效地实现更好的选拔结果。反之，小一些的幼儿园在选拔程序上则相对而言不够严格。基于此，学校作为公共服务部门，其行为对监管机构和公众的影响更大，必须对（潜在的）申请者表现出公平对待。因而，在学徒的选拔过程中，学校应秉承公平、公正原则，对选拔程序进行严格规范。进而，明确的选拔制度设计应附有制定更详细的选拔程序。

中高职衔接“立交桥”架构下学前教育专业现代徒学制实践探索过程中，出现了一些现实困境和发展障碍。当然这些问题与整个中国现代学徒制的背景环境有关系。但是就学校层面来说，实践中存在的最大的问题则是如何运行现代学徒制，实现多方育人的目标。现代学徒制归根结底来说是一种制度体系，这种制度体系被应用于许多不同国家的不同领域，实践证明这是培养高质量、高水平的技能型人才的有效途径。但是这一制度体系如何更好地适合中国土壤，怎样与学前教育领域相联系，最终的评价指标则是在于其有没有帮助行动者实现目标。中高职衔接“立交桥”架构下学前教育专业现代徒学制的最终目标是联合幼儿园共同培养卓越教师。然而，实践证明，二者的合作并不顺利，这表现在无论是计划还是安排，高校与幼儿园之间都或多或少存在着差异。因此，从学校层面上来说，需要改变的是如何与企业进行对接。

与其他劳动力市场不同的是，学前教育专业的学生进入幼儿园进行校企联合培养的前提是她们必须掌握幼儿园教师应该具备的基本理论知识、基本的专业能力以及职业道德，这是教育领域的学徒与其他专业领域学徒较为明显的区别之一。因为学校本位的培训计划是以每个学生的学习需求为基础的。然而，对于工作场所培训而言，这样的选择是不可能的，因为对生产的诉求远远高于对学习的要求。在学校本位的学习空间里，学校有大量时间向学生介绍行业程序和规范，让他们学习与实践技能发展相关的理论知识。而且，在学校培训中，学生有思考和犯错误的空间和余地，这一点对那些年龄小、比较脆弱的学生来说极为重要。他们可以在一两年的学校培训时间里培养出一种职业自信，然后继续到一个实习岗位上完成自己的全部培训课程①。

在正常的教学区间内，如果学生进入企业，就会影响校内课程的实施。由于学前教育专业的特殊性，周末或者寒暑假学生也没有机会到幼儿园中去。所以，如果想要实现校企合作育人的目标，在实际运行过程中必须采取灵活的做法。传统的课程已经无法满足这种校企对接方式，因此，从学校层面上建立新的课程实施模式，形成一种长效机制，是破解校企合作计划安排不一致的最有效的探索与尝试，这是中高职衔接"立交桥"架构下学前教育专业现代徒学制顺利实施的重要保障。现代学徒制试点过程中对学校正常的教学工作产生的较大影响，使得一线教师在这一过程中不断反思已有的课程设置和实施模式的可适性。因此，在这一过程中，适时改变已有的教育教学模式与现代学徒制进行匹配成为必经之路，如表 7-1 所示。

表 7-1　　**模块化课程**

阶段	指导核心	在校课程支撑（重点）	建议在园岗位指导（重点）	幼儿园实际指导模块
第一阶段 第 1~2 学期 保育员岗位能力	一日生活的保育活动	1. 学前核心课程模块：学前卫生保育、学前心理学 2. 学前综合应用模块：幼儿园应用文写作、幼儿教师礼仪 3. 环境创设模块：美术基础与手工 4. 艺体模块：即兴伴奏与弹唱、舞蹈与创编、乐理与唱歌	1. 职业理解与认识 2. 对幼儿的态度与行为 3. 对幼儿保育和教育的态度和行为 4. 个人修养与行为 5. 幼儿发展知识 6. 幼儿保育和教育知识 7. 通识知识 8. 环境的创设与利用 9. 一日生活的组织与实施	1. 幼儿保育知识 2. 保育员岗位职责 3. 科学照料和管理幼儿生活，配合教师组织教育活动 4. 幼儿园安全、卫生保健制度

① 吴学峰．中国情境下现代学徒制的构建研究［D］．华东师范大学，2019.

续表

阶段	指导核心	在校课程支撑（重点）	建议在园岗位指导（重点）	幼儿园实际指导模块
第二阶段 第3~4学期 配班教师岗位能力	一日活动的协助组织	1. 学前核心课程模块：学前教育学 2. 学前综合应用模块：幼儿园游戏、幼儿园班级管理、幼儿园应用文写作、幼儿园教育环境创设与玩教具制作、幼儿园活动设计 3. 艺体模块：即兴伴奏与弹唱、舞蹈与创编、乐理与唱歌	1. 幼儿发展知识 2. 幼儿保育和教育知识 3. 环境的创设与利用 4. 一日生活的组织与实施 5. 游戏活动的支持与指导 6. 教育活动的计划与实施	1. 备课本书写 2. 班级环境创设 3. 教育教学组织与实施 4. 混龄户外游戏的观察与分析
第三阶段 第5~6学期 班主任教师岗位能力	一日生活的组织与实施	1. 学前综合应用模块：学前教育科研方法、幼儿园活动设计、幼儿园信息化技术、幼儿园应用文写作、幼儿园教育环境创设与玩教具制作 2. 艺体模块：即兴伴奏与弹唱、舞蹈与创编、乐理与唱歌	1. 环境的创设与利用 2. 一日生活的组织与实施 3. 游戏活动的支持与指导 4. 教育活动的计划与实施 5. 激励与评价 6. 沟通与合作 7. 反思与发展	1. 参加外出培训学习 2. 理解、并协助制订班级学期教育计划及班务计划 3. 协助班级家长工作 4. 协助开展班级各类大型活动

首先，结合幼儿园工作需要对原有课程重新进行组织架构。在原有的课程组织架构的基础上，利用模块化教学的方式，开发以模块为基础的职业课程。也就是根据幼儿园教师能力发展需要将整个三年的课程进行重新组织，在学徒培训中，根据培训进度由学徒自行选择。这种灵活的课程设置形式，有助于学徒根据企业的培训进度选择相应的课程模块，这在实施上具有较强的可操作性。这里面需要注意的是，将课程变

为模块的形式，并不是说将课程进行简单的分解，而是要根据学生在幼儿园工作中所需的内容对知识框架进行重新建构与重组。

其次，改变传统的教学模式，采取灵活的授课方式。如图 7-12 所示，基于“学生对现代学徒制授课方式的期望”调查显示，75.76%的学生期望的授课方式是线上线下混合式指导。因为这种方式较为灵活，改变了传统的时空限制，更有助于学生完成在幼儿园的培养任务。

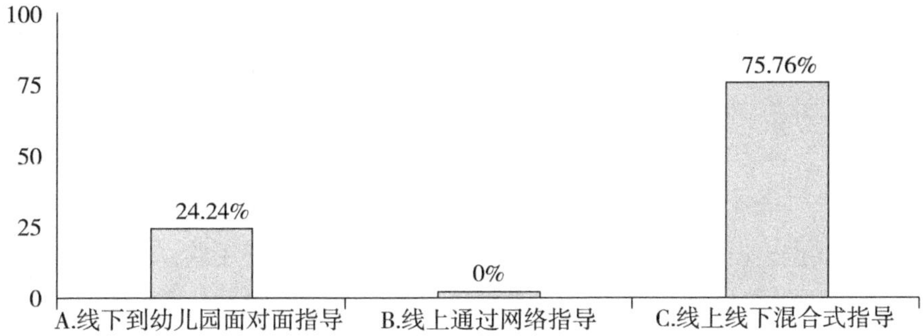

图 7-12　学生对现代学徒制授课方式的期望

再次，课程内容以及授课方式的变革，一定程度上也影响原有的教师指导方式。这就需要教师灵活安排指导的时间以及指导内容。教师指导的原则基本可以采取规定次数但不规定具体时间的原则。学校应该对指导教师每周指导的次数有明确的要求，但具体什么时间进行指导，教师可以与学生进行沟通，灵活选择指导时间。同时，如图 7-13 所示，基于“学生对现代学徒制教师指导频率期待”的调查显示，50%的学生希望教师能够不定期地进行指导。

（二）采取有效的管理制度——现代学徒制的内在要求

中高职衔接“立交桥”架构下学前教育专业现代学徒制试点不但给学校的正常教学带来了挑战，而且对于学校的学生管理制度也提出了更高的要求。对于参与现代学徒制试点的学生而言，传统的学生管理体

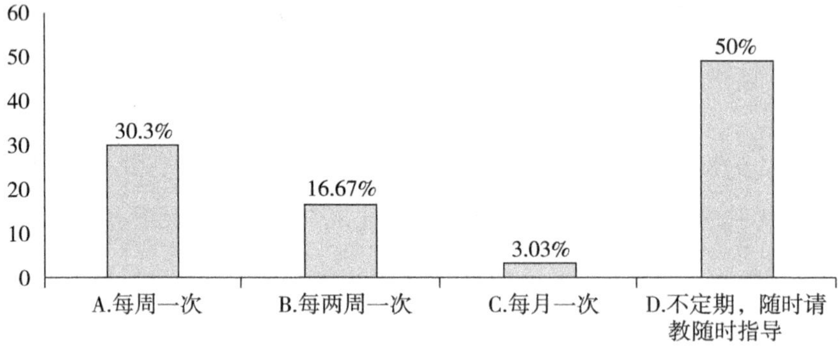

图 7-13　学生对现代学徒制教师指导频率期待

制很明显已经不再适用。因此在实践中出现了由于管理不到位，学生最后放弃试点，甚至有一些学生不会按照流程办理离任手续。一方面，这对学校现代学徒制的整体运行造成了一定的阻碍；另一方面，对企业来说也造成了一些麻烦，具体表现为学徒突然离开，造成了幼儿园原有一对一培养方案的失效，对幼儿园来说，学徒的中途退出更是对幼儿园人、财、物资源的浪费。

目前，现代学徒制实施过程中的管理体制主要参考的是实习生的标准。但是现在的学徒制已经不同于以往的学生实习，学徒也不是已往的实习生。这一点试点专业的老师可能比较清楚，但专门负责学校学生事务管理的工作人员（如辅导员）可能并不十分谙熟其中的差别。学徒与实习生最大的区别在于前者是企业的准员工，即对企业承担了更多的责任和义务，其中就包括严格遵守企业的规章制度。对于实习生而言，虽然也已经与企业签订相应的实习协议，但是对于企业的义务以及预期的培养目标远不及学徒。相比较实习的学生，学徒制的学生进入企业后，企业会投入更多人力、物力。因而，对于学徒管理者而言，在学徒进入企业之前应对这些内容有所强调。

从试点来看，这需要通过组织架构来实现。为加强对学徒制学生的管理，学校和企业应该组建专门的部门，由专人负责管理，并需要校企双方定期就学生一段时间的表现进行交流。在管理中需要做到教师管理、企业管理和学生管理相结合。

这种人才培养模式对教师提出了很高的要求，因此，对于校内指导教师的选拔在管理上应有明确的方案，具体实施细则以《学前教育学院现代学徒制人才培养教师准入资格管理规定》《学前教育学院“现代学徒制”人才培养教师工作规范（试行）》为例。

☞ 附件一：

学前教育学院现代学徒制人才培养教师准入资格管理规定（试行征求意见稿）

为进一步加强学前教育学院现代学徒制教学管理，提高教师队伍素质，为学院现代学徒制长远发展奠定良好基础，根据学院实际情况制定本规定。

一、教师属性类别的确定

根据《学前教育学院现代学徒制人才培养方案》文件规定，教师按属性分为以下两类，结合学校与幼儿园实际，定义如下：

1. 校内专任教师：本校职工，具有高教教师资格证，专门从事教学工作的人员，可包括正式签约聘用的非在编的全职教师。

2. 校内兼课教师：本校督导办、教务处、科研处、各院（系、部）具有《高等学校教师资格证书》的管理人员。

3. 校外指导教师（师傅）：现代学徒制校企联合培养中的幼儿园一线管理人员、教学人员和行业专家。

二、教师准入资格

（一）校内专任教师、校内兼课教师准入资格

校内专任教师、校内兼课教师承担教学任务，须同时具备以下资格：

1. 思想品德

坚持党的基本路线，遵守国家法律法规，热爱教育事业，具有良好的政治素质和高尚的职业道德。

2. 身体年龄

男60周岁以下，女55周岁以下，身体健康，能满足教学劳动强度。

3. 学历学位

（1）新招应届毕业生承担教学任务须具有研究生学历以及硕士学位。

（2）年龄35周岁（含35周岁）以下教师承担教学任务须具有硕士学位或硕士在读。

（3）年龄35周岁以上教师承担教学任务须具有本科学历或硕士学位（在读）。

4. 资格证书

须具有《高等学校教师资格证书》，新招应届毕业生从事教学工作须在进校一年内获得《高等学校教师资格证书》。

5. 能力要求

（1）使用普通话进行教学，写规范字。

（2）能完成规定的教学工作量，学生评教分数不低于75分，具有相应的专业水平和教学科研能力。

（二）校外指导教师（师傅）准入资格

校外指导教师是一线管理、教学人员和专业技术能工巧匠，主要承担幼儿园实践课程教学任务，须同时具备以下资格：

1. 思想品德

坚持党的基本路线，遵守国家法律法规，热爱教育事业，具有良好的政治素质和高尚的职业道德。

2. 身体年龄

男60周岁以下，女55周岁以下，身体健康，能满足教学劳动强度。

3. 学历

校外指导教师承担教学任务须具有专科或以上学历。

4. 资格证书

须具有学前教育专业相关行业资格证书或执业证书。

5. 能力要求

（1）使用普通话进行教学，写规范字。

（2）能完成规定的教学工作量，学生评教分数不低于75分。

6. 从业时间

具有幼儿园一线教学工作年限3年以上。

三、教师准入资格的确定

1. 学前教育学院与合作幼儿园在开课的前一学期进行考察、面试和试讲，在此基础上提出聘任意见，并将教师类别、年龄、学历、学位、职称、评教分数等反映教师准入资格的基本信息报教务处审核。

2. 教务处对教学单位提出的教师聘任意见进行审核，报院领导批准后将审核结果反馈给教学单位。

3. 教学单位给予审核通过的教师编排课表，注明讲授课程、学时、上课班级的情况、上课时间、地点等事宜，同时向教师提出课程教学的基本要求。

四、不符合教师准入资格的处理办法

（一）校内专任教师

1. 思想品德、身体年龄不符合要求者，不应承担教学任务。

2. 学历学位不符合要求者，应积极努力提高学历层次。年龄35周岁（含35周岁）以下教师应在今后5年内取得硕士学位，年龄35周岁以上教师应在今后3年内取得本科学历，今后8年内取得硕士学位。若在以上规定时限内仍不能符合学历学位要求，则由学校安排脱离专任教师岗位，另行任用。

3. 原有专任教师、新招应届毕业生在进校一年内，未取得《高等学校教师资格证书》者，不予安排教学任务。待获取《高等学校教师资格证书》后再予安排教学任务。

4. 不能使用普通话和规范字进行教学者，不予安排教学任务。经过普通话和规范字培训合格后再予安排教学任务。

5. 学生评教分数低于75分的专任教师停课一学期，安排教学能力的培训与学习，对连续两次评教分数低于75分的校内专任教师劝其转岗。

（二）校内兼课教师

不符合校内兼课教师准入资格者，不予安排教学任务。经过培养和提高，待符合要求后再予安排教学任务。对连续两次学生评教分数低于75分的校内兼课教师两年内不得安排教学任务。

（三）校外指导教师（师傅）

不符合校外指导教师（师傅）准入资格者不予聘用作为现代学徒制人才培养校外指导教师。已经聘用的校外指导教师，评教分数低于75分的不再聘用。

本规定自公布之日起实施，由学前教育学院与合作幼儿园负责解释。

☞ 附件二：

学前教育学院“现代学徒制”人才培养教师工作规范（试行）

（试行、征求意见稿）

第一章　总　　则

第一条　为充分发挥教师在教学中的主导作用，明确教师在教学环节中的职责，培养教师严谨求实的教学作风，切实提高教学质量，实现教学工作规范化、科学化，特制定本规范。

第二章 教师师德修养

第二条 忠诚党的教育事业，坚决贯彻执行党的教育方针，热爱本职工作，以培养学前教育第一线的合格技能型专门人才为己任。

第三条 勤于进取，精于业务。坚持以高职教育科学理论为指导，遵循教学客观规律，努力学习和运用现代化教学方法和手段。加强对本专业的有关知识、理论、研究方法的研究和探索，不断提高学术水平及实践能力，校内外教师优势互补，共同构建“双师型”教师团队。主动承担教学任务，积极探索，勇于创新，善于协作，保质保量完成本职工作。

第四条 育人为本，德育为先。在教学活动中把“育人”放在首位，把社会主义核心价值体系、现代企业优秀文化理念融入人才培养全过程，强化学生职业道德和职业精神培养。了解、关心学生的思想、学习和生活，引导学生掌握学习方法，培养学生自学能力，激发学生的学习积极性。对学生严格要求，科学管理，全面考核。

第五条 严谨治学，积极提高自身多方面的文化素质修养、个人思想品格和道德修养。仪表端庄、举止高雅、诚信正直，以身作则，为人师表。

第三章 教师资格

第六条 依法实行教师资格准入制度。任课教师须具有《教育心理学》《教育学》《教师职业道德修养》等教育科学基本理论知识。了解教育规律，掌握授课艺术，取得相应教师资格证书。校外指导教师进行实践课程学习，必须具备大学专科以上学历、丰富的实践经验和相关专业职业技能证书。

第四章 各主要教学环节教师职责

在教学过程中实行任课教师负责制，分为校内指导老师和校外指导老师，其主要职责是：

第一节　课程标准、课程教学大纲、授课进度计划、教材

第七条　任课教师应结合课程教学性质、任务、培养计划、教学目标、计划时数、课程结构、专业发展等实际编制、修订所任课程《教学大纲》，编写《教案》，经学前教育学院和幼儿园共同审查后，批准备案，方可执行。

第八条　校内外指导教师应按《学前教育学院现代学徒制人才培养方案》的规定，根据课表和教学计划，填写《授课进度计划表》，开学后一周内交学前教育学院和幼儿园。

第九条　将校内专业课程企业岗位课程，强化学生专业基础知识、行业和领域知识、安全知识、岗位知识和岗位操作技能，提高学生职业能力、团队协作能力和交流沟通能力。

第十条　任课教师负责选用或推荐符合所任课程标准要求的高质量、有特色的教材、指导书及教学参考资料，推荐的教材必须符合高职教育相关要求。

第二节　备课、上课

第十一条　任课教师在开课前必须掌握本课程与相关专业的联系以及相关专业的课程体系。合理安排教学内容，确定教学进度，选定适宜的教学方法和手段。

第十二条　任课教师必须认真备课。教案要求明确重点、难点，合理组织教学内容，采用适当的教学方法，认真撰写教案。

第十三条　开课初始，教师应扼要介绍本课程的地位、性质及教学计划，详细说明本课程作业、实践、出勤、考试等要求，及在课程总评成绩中所占比重。

第十四条　课堂讲授应理论联系实际，突出重点，讲清难点和疑点。培养学生的科学思维方法和能力，指导学生学习，提高学生的自学

能力。

第十五条　积极参加教育教学研究项目，撰写教改研究论文，接受课程教学质量评估，积极参与各类教学评估活动。

第三节　辅导答疑及作业

第十六条　学生学习过程中提出的疑难问题，教师负有辅导答疑责任。教师要引导，启发学生思维，开拓思路，培养学生独立思考和实践动手能力，并通过答疑反馈信息，总结经验，改进教学方法，提高教学效果。

第十七条　任课教师应根据所任课程的性质和特点，布置形式多样且适量的作业，与幼儿园岗位能力相对应。

第十八条　教师要及时、认真地批改作业，并对学生完成作业的情况，做好相应的文字记载，作为考核平时成绩的主要依据之一。

第四节　实践教学

第十九条　现代学徒制实践教学包括幼儿园一日活动的各个环节。

第二十条　园内指导教师按照现代学徒制人才培养方案指导学生岗位实践。

第二十一条　学校指导教师应根据现代学徒制培养学生专业技能的总体要求和实训课的教学要求，每周按照规定时间入园对学生进行指导。

第二十二条　企业可以利用现有信息化管理平台进行学徒管理，也可与学校开发相关信息管理平台进行学徒管理，各种信息管理平台具有同等效力。

☞ 附件三：

现代学徒制人才培养校外指导教师培训指导方案

为了使学前教育学院与幼儿园在现代学徒制人才培养质量的统一，

结合学前教育学院专业教师下企业实践锻炼管理办法特制订本培训方案。

一、培训指导目标

通过集中培训和分散培训使幼儿园校外指导教师在短期内巩固和强化所学理论课程的基本知识，一方面为现代学徒制人才培养做好理论和知识准备，另一方面也有助于幼儿园教师（校外指导教师）能够更好的最先进的理念、最科学的方法指导学生幼儿园的教育教学实践。更加有助于幼儿园教师的终身学习，即不断提高幼儿园教师的知识水平，做到幼儿园和学前教育学院教学不断进步。

二、培训时间、课程安排

培训时间集中在学前教育学院专业教师下企业锻炼时进行，培训采用分课程、分模块、全方位的课程培训和分班指导，并以幼儿园现代学徒制校外指导教研小组为单位集中授课的方式，由学前教育学院“现代学徒制”人才培养专任教师团队组成（见表7-2）：

表7-2　**合作幼儿园教师（校外指导教师）培训计划安排**

教师	课　程　名
张万红	学前教育原理（包括教育评价）
王荷香	学前教育原理（包括幼儿园环境创设）
王　俊	学前卫生学（包括幼儿生理发展、生活指导）
孙凌毅	幼儿教育法律法规、幼儿教师礼仪规范
严　萍	基本能力（阅读理解能力、逻辑思维能力、写作能力）
曾祥兰	教育活动的组织与实施
张晓晓	幼儿游戏活动的指导
程　娟	文化素养（文学素养）
杨素苹	学前心理学
汪宇飞	即兴伴奏与弹唱
谢　民	舞蹈与创编

续表

教师	课　程　名
孔　迪	乐理与歌唱
彭凌宇	美术基础与幼儿园环境创设
向　华	幼儿教育科学研究方法

三、强化在教师指导下的学生自主学习

为了保证校外指导教师能有目的、有计划、有针对性地学习，并能取得较好的学习效果，在前期分课程、分模块培训的基础上，后期复习强调在学前教育学院专业教师的指导下的自主学习。要充分调动学生的积极性和主动性以及教研团队的力量，通过个人自学、组建学习小组、校内指导教师具体带班指导等形式，实现资源共建，成果共享的学习和指导机制。其具体安排如下：

1. 重视幼儿教师资格考试，提高学生自行学习的自觉性

无论是分课程还是分模块的培训，都只能把相关重点知识进行粗线条的讲解和辅导，不能把每个知识点都细化，这就需要（幼儿园教师）校外指导教师利用更多时间自行复习，进一步理解知识，举一反三，达到掌握的程度，能够用来解释幼儿园教育教学中的现象，并能有效解决幼儿园教育教学中的实际问题。

2. 组建学习小组，形成互帮互助，互相促进的学习氛围

以幼儿园教研小组为单位组建学习小组，形成小组成员互帮互助，互相监督、互相检查、互相促进的良好学习氛围，以实现共同提升和共同进步。在全面授课的基础上，各小组可以广泛搜集实际教学案例中的各种情况边分析边内化，这样可以使培训的内容不断细化、具体化。另外，各小组可以将本小组的学习成果，包括搜集到的各类教学案例放到教学 QQ 群共享中与其他幼儿园分享，实现资源共建、成果共享，节约复习的时间，提高学习效率。

3. 成立以教研小组为单位的学习小组，提升自学效果

成立由各幼儿园教研小组为负责人的学习小组，及时公布各小组学习进度和学习情况。同时，通过自主学习，也可以有效锻炼大家的自学能力，有助于大家今后的工作和专业成长，促进幼儿园教师的可持续发展能力。

4. 充分发挥教师的指导作用

学前教育学院专业教师在下企业锻炼期间，将指导合作幼儿园的校外指导教师工作作为其工作的重要组成部分。专业教师把下企业锻炼期间收集整理的相关问题，作为校内课程改革的重要依据。

二、区域层面的保障机制建构

学校层面的制度建构主要着眼于学校和企业互动过程中双方行为的约束和关系的协调，重点在于具体实践层面的互动。然而，只从学校层面进行制度构建并不能解决试点中的所有问题，其中就包括企业与企业间互动的问题、如何激励企业参与的问题。这些问题已超出了学校的能力边界，需要从更大层面进行协调。同时，这些问题虽有代表性，但并不具有完全的普遍性，是在区域层面通过制度设计就可以解决的。因而，从区域层面进行相关制度的构建成为必要。

（一）质量监管制度：质量控制的重要保证

学徒培养质量是学徒制成功的关键，所以任何时候、任何层面强调学徒培养质量的问题都不为过，但凡是对质量提升有益的举措都应积极争取。这其中就包括区域层面对学徒培养质量提升所做出的努力。当然，区域层面对于学徒培养质量的促进不同于学校层面，学校层面重在内部的运行，包括上文中提到的学徒选拔、企业资质审查、课程匹配以及学徒管理等内容。而区域层面更强调对学徒培养过程中相关行动主体间的行为和关系的调节，更强调过程的控制，这是由试点中实际情况所决定的。

学徒培训质量是现代学徒制成功的关键，这已是不争的事实。低质量的培训对任何人都没有好处，对于那些试图以牺牲质量为代价扩大学徒数量的人来说，应存在一种外在的制度安排迫使其及早醒悟。区域层面的审查制度构建不仅强调对学徒培养质量的监督和管理，也力图从利益相关者那里产生利于学徒培养和学徒制发展的集体承诺。

如何对学徒的培养质量进行监督与管理，在这里我们可以参考美国学徒制质量监管的相关举措，以期为我们提供宝贵经验。

马萨诸塞州关于“学徒制标准”的法律条款非常详细，该标准一共分为 14 节，涉及学徒制的各个方面。其中第 7 节明确规定了学徒制培训项目的绩效标准：“1. 每一个学徒制项目必须至少有一名注册学徒，如下时段（不超过 1 年）除外：（1）在学徒制项目登记后到注册了第一个学徒期间；（2）在学徒制项目的唯一学徒毕业后到招收新学徒期间；（3）学徒标准科有权力检查学徒注册率以确定学徒制项目是否如实运行。2. 学徒制项目赞助人必须每年报告每名注册学徒在学校学习和在职培训方面的进展。3. 学徒标准科必须评估注册学徒计划的绩效。使用的工具和指标必须包括但不限于：（1）质量保障评估；（2）平等就业机会合规检查；（3）完成率；（4）学徒标准科在评价学徒制项目执行情况时使用的任何其他工具和指标必须符合“29 CFR 29.00”（此编号是法规分类号，CFR 是 Code of Massachusetts Regulations 的缩写）中所述的部门目标和政策，以及学徒办公室发布的指导意见；（5）为了按照行业或职业来评估完成率，学徒标准科必须审查项目的完成率，与该行业或职业的全国平均完成率相比较。基于审查结果，学徒标准科必须向完成率低于全国平均水平的项目提供技术援助①②。

① 454 CMR 26.00：APPRENTICE STANDARDS [DB/OL]. [2016-11-25]. http：// www.mass.gov/lwd/labor-standards/das/454-cmr-26-00-Apprentice-standards.pdf.

② 彭跃刚，石伟平．美国现代学徒制的历史演变、运行机制及经验启示——以注册学徒制为例 [J]. 外国教育研究，2017（04）.

各州的学徒制培训管理机构以及学徒制委员会是州范围内学徒制管理制度的设计者。由于传统和文化的差异，各州在学徒制管理上的做法有所差异，不过各州在学徒制管理上都形成了自己独特的管理体系。就注册学徒制而言，各州在学徒制培训职业范围、学徒标准、培训内容、培训时间、培训考核、证书颁发等方面一般都有规范的要求。一些州还专门制定了学徒制管理的规范文件，如雇主手册、学徒手册、学徒培训协议等。

（二）校企协商制度：全面育人的有效路径

对现代学徒制的支持是一种复杂的制度，其中区域政府（包括省、市）在制度构建中发挥了重要作用。一方面，地方政府对学校负责，并通过不同层级教育管理部门间的密切合作履行责任；另一方面，区域政府引导学校与企业合作，并为公共教育培训买单。也即是说，培训年轻人掌握市场技能的成本由地区政府、学徒和公司共同承担。

通过学前教育专业的现代学徒制实践研究将学校、学校教师、学生、幼儿园及幼儿园教师等相关因素进行紧密的联结，协同互赢、合作联动。推行工学结合，实施双导师制，学校指定有丰富指导经验的专业教师作导师，指导学生的理论学习；学徒制的合作园选派优秀的有实习指导经验的教师作师傅，负责学生的岗位技能指导。根据职业教育“五个对接”的要求，以人才培养对接用人需求、专业对接产业、课程对接岗位、教材对接技能为切入点，重设人才培养方案、重构课程体系，整合课程内容，确定课程标准。

学前教育是综合性、专业性、师范性、实践性很强的职业，它应是以“人本主义”“终身教育”为指导思想，由学校和幼儿园共同推进的一项育人模式，即：就读即就业、学做一体、研训交替。引领学前教育专业现代学徒制人才培养模式的探索，遵循国家职业教育的教育理念，强调学生共性与个性培养模式设计，兼顾职业能力与人文素养，实现了高职学前教育专业人才培养模式再创新。

（三）积极的财政政策：提高企业参与积极性的重要手段

国际经验表明，现代学徒制是发展劳动力技能和使年轻人顺利地从学校过渡到工作的一种具有成本效益的方法，因此政府有充分的政策理由鼓励和支持现代学徒制。在学徒制发展有限的地方，政府可能希望通过一系列财政激励措施来促进学徒制。就目前来看，这些激励多是一般公共开支资助的财政奖励。

综合以上几点，本研究认为，区域层面采取激励，一方面是看到了现代学徒制的预期外部性；另一方面，财政政策倾斜还考虑到参与现代学徒制带来企业成本的增加，地方政府以政策工具为手段进行适度经费支持，旨在调动企业积极性，吸引企业参与。从调研结果来看，参与学徒制的企业确实为每个学徒支付了不菲的净成本，在短期内也真真切切增加了企业的负担。而且，从国际比较的角度来看，还有一个问题。如果其他企业没有作出任何贡献，一旦“挖人”行为的发生，那么对于参与学徒制的企业而言，其成本会更高。因而，在区域层面进行积极的财政支持政策也情有可原。但事实证明，财政补贴是激励企业参与现代学徒制的重要手段，尤其是对现代学徒制新进企业影响更多。但在看到财政激励的有益一面的同时，我们应该警惕财政激励可能会成功地吸引那些主要对补贴感兴趣的企业，而不是培训学徒。而且，财政激励的持久性也是应该重点考虑的问题。因而，现代学徒制构建并不反对区域层面采取积极的财政政策，但这样的政策应以积极稳妥为前提。进而，区域层面财政激励制度的完善应涉及以下几个方面：（1）明确政策适应对象；（2）对补贴兑现形式和过程作具体说明；（3）对经费的使用范围、报销规范及时效性等内容进行详细规定；（4）对不合政策要求的投机行为设置处罚规则。

三、国家层面的制度建设

（一）国家建立科学证书认证体系：现代学徒制的基础

建立在科学的职业分类工作基础之上的学徒制证书体系是学徒制培训体系的重要基础。早在 1939 年，美国就出版了《职业名称词典》（*Dictionary of Occupational Titles*），之后经过多次修订，为学徒制培训提供了权威参照。学徒所获得的学徒制培训证书是其在相应职业领域内培训经历的正式证明文件，具有很高的含金量。在美国，学徒经过学徒制培训后一般都能找到更好的工作，所以学徒培训结束后颁发的证书被誉为通往中产阶级的“门票”。而这样的“门票”的获得得益于科学的学徒制证书体系的建立。我国在试行现代学徒制过程中，要建立权威的学徒制培训证书体系，规范学徒制培训和考核的各个环节，保证学徒制培训证书的含金量①。

（二）完善的政策和法律保障：现代学徒制的重要组成

美国经过长期探索形成了现有的学徒制培训系统，在联邦政府和州政府层面都积累了丰富的立法和行政经验。联邦政府主要制定与学徒制管理相关的政策和法律并依法管理联邦政府资助的学徒制项目。而各州根据自身特点也颁布了相关法律并制定了学徒制管理制度，使学徒制在州层面的运行有法可依、有章可循。由于各州法律的不同和政策的差异，各州学徒制培训项目各有特色。联邦政府和州政府的法律和政策最终造就了具有美国特色的现代学徒制。

21 世纪以来，澳大利亚联邦政府大力推进学徒制改革。其一，在权威机构的建立方面：2003 年，澳大利亚成立了 11 个行业技能委员会

① 彭跃刚，石伟平．美国现代学徒制的历史演变、运行机制及经验启示——以注册学徒制为例［J］. 外国教育研究，2017（04）.

(Industry Skills Councils, ISCs)，并提出基于职业岗位的基本需求来更新“培训包”的主要内容。其二，在制度文件的颁发方面：2001 年，《澳大利亚质量培训框架》（*Australian Quality Training Framework*, AQTF）建立，要求应用两套质量标准，以提升教育与培训的质量、增强客户对现代学徒制的信心。同年，澳大利亚开始实施《2001 年职业教育和培训资助修正案》（*Vocational Education and Training Funding Amendment Act* 2001），旨在通过市场管理机制，采取政府购买的方式设立私立的职业教育与培训机构。2003 年，在澳大利亚国家培训总署（Australia National Training Authority, ANTA）的领导下，联邦政府出台了题为《连接未来的桥梁》（*A Bridge to the Future*）的报告。之后，在澳大利亚各级政府和多方利益相关方的协同作用下，澳大利亚颁布了《塑造未来：澳大利亚 2004—2010 年职业教育与培训国家战略》（*Shaping Our Future: Australia's National Strategy for Vocational Education and Training* 2004-2010），提出三个远景、四个目标以及三大目标实现策略，并指出相关行动计划和监管措施，意在依托职业教育与培训以增强全澳工商业的国际竞争力、获得全球性的知识和技能、建设可持续发展的全纳性社区。这一时期，澳大利亚联邦政府主要在宏观上对现代学徒制进行方向性的引领与指导①。

我国现代学徒制尚处于探索阶段，中央政府应致力于现代学徒制的法律和政策研究，及时颁布有关学徒制的法律，依法制定相关政策，及时拨付资金并提供相应的配套服务，推动全国范围内学徒制的开展。省级行政区范围的学徒制培训应结合本行政区域的实际积极探索，并在此基础上尽快制定有关学徒制的地方法律，建立规范的学徒制管理制度，并且定期或不定期修订这些法律和管理制度，为学徒制实施提供科学的法律和政策依据。

---

① 过筱，石伟平．澳大利亚现代学徒制的演进过程、特点分析与经验启示——基于 20 年的政策回顾［J］. 职业技术教育，2019.

（三）整合广泛的社会资源：现代学徒制的有力支撑

我国在学徒制试行过程中，各方的利益协调工作可以参考美国的做法，综合运用行政和市场手段引导各方深入参与学徒制培训。政府要提供足够的资金支持，保证学徒制有较为充足的资源投入。政府也要提供相关配套服务，如加强学徒制研究、协调各方参与、实时跟进指导学徒制项目的筹备和实施，及时解决学徒制实施过程中遇到的困难和问题等。与此同时，政府要充分运用市场手段配置学徒制所需的各种资源，积极培育各领域的学徒制项目。试行学徒制需要在政府强力支持下整合教育培训资源，吸引各方参与，尤其是行业企业和学徒的参与。行业企业对于学徒制培训岗位的知识和技能最熟悉，拥有学徒制培训实践所需的专业技术人员和设备，而且与生产和服务紧密相连。可以说，行业企业拥有学徒制培训所需的关键资源。政府在引导和培育学徒制培训项目的过程中，要充分考虑到行业企业投入的成本和收益，既要鼓励行业企业承担学徒制培训，又要让行业企业有利可图。当然，现代学徒制的课程设计、工资待遇等也要对学徒有足够吸引力才能招收到学徒。其他各方如行业协会、学校、研究机构、基金会等可以为学徒制培训带来丰富的资源，政府也应鼓励它们积极参与。

总之，政府在试行现代学徒制过程中要协调解决好学徒制参与各方的关切，让各方都能明显感受到参与学徒制的好处，只有这样才能吸引更多社会资源投入到现代学徒制培训中来。在具体职业的学徒制培训方面，要逐渐形成“学徒制委员会、行业协会、行业专业委员会等制定标准和规范，各行业企业和教育机构具体实施”的学徒制培训。

第八章　高职学前教育专业的现代学徒制研究的成果

武汉城市职业学院学前教育专业大胆尝试学前教育专业现代学徒制的试点改革，分别于2016年、2017年先后开展了两批试点，虽然在试点过程中遇到了许多困难，但是学前教育专业实践的过程和结果将对学前教育专业人才培养的路径有着新的启示。

第一节　理论性成果

一、利益相关者理论在学前教育专业学徒培养的新尝试

（一）利益相关者理论的定义

利益相关者（stakeholder）本意是指那些因对组织活动投注而获得活动利益分享或共同承担失败结果的人（Clark，1998）。此概念与1963年由斯坦福研究院（SRL，Stanford Research Institute）首次提出，主要指决定企业生存和发展的群体。此后出现了大量关于利益相关者的定义，获得大多数认可的是美国经济学家费里曼于1984年提出的定义，他认为利益相关者是“任何能够影响组织目标的实现或受这种实现影响的团体或个人”①。

---

① Freeman，R. E Strategic Management：A. Sttakeholder Approach [M]. boston：PITMAN，1984.

（二）利益相关者理论的分类及内容

1. 利益相关者理论的分类

根据利益相关者的分类方式被专家学者广为认同的是米切尔评分法和多维细分法两大类。米切尔将企业利益相关者的属性分为合法性、权利性、紧急性，将企业利益相关者分为潜在利益相关者、预期利益相关者、确定型利益相关者。

Freeman（1984）将企业利益相关者分为所有权利益相关者。Charkham（1992）按照相关群体与企业是否存在交易性合同关系为依据，将利益相关者分为契约型和公众型两种。Clarkson（1994）提出两种利益相关者分类方法。一是根据相关群体是否自愿在企业运营活动中承担风险，投入物质资本或是非物质资本，分为自愿型利益相关者和非自愿型利益相关者；二是根据利益相关者与企业发展的紧密程度，分为首要利益相关者和次要利益相关者①。

2. 利益相关者理论的内容

利益相关者理论（Stakeholden Theory）实际是对传统公司理论中的股东之上逻辑的颠覆，是新经济环境下公司治理理论的一种选择。利益相关者理论的核心思想认为公司是平衡利益相关者工具，而任何影响公司目标的实现或被实现公司目标实现所影响的集团或个体都是公司利益相关者。在利益相关者理论下，和企业有利益相关的所有个人以及团体都被视为企业构成要素②。

利益相关者理论认为：企业本质上是由企业各利益相关者共同组成的③。各利益相关者投入企业必需的物质资本和人力资本、参与企业经

① 周柳．基于利益相关者视角的现代学徒制研究［D］广东技术师范学院，2016.

② 张燕楠．谈利益相关者理论激起时代意义［J］．时代金融，2008（06）.

③ Jensen，M.C，Mecking，W，H，Theory of the firm：Managerial behavior，anency costs，and ownership structure［J］．*Journal of Financial Economics*，1976，（03）.

营决策，并且承担一定风险，因此企业必须将各利益相关者的利益需求纳入重点关注范畴。

（三）利益相关者理论对本学前教育专业现代学徒制的启示

利益相关者理论的基础是界定利益相关者，费里曼认为“任何能够影响组织目标的实现或受这种影响团体或个人”就是利益相关者。本研究选取利益相关者理论来研究学前教育专业的现代学徒制，是为了能够清楚界定现代学徒制的利益相关者，及明确影响现代学徒制运行的相关者或者受现代学徒制运行影响的相关者①。

1. 政府主导下的职教集团的园所与学校共建培养模式

（1）政府主导。任何行业制度的建立与完善都离不开政府的主导，教育部可以研究和设计现代学徒制的理论，基础框架，搭好顶层平台②，地方政府可以在财政、税收、舆论宣传等方面为企业参与现代学徒制提供有力保障。

行业指导必不可少，武汉学前教育职教集团是以学前教育专业为纽带，以武汉城市职业学院为龙头，以相关中等职业学校为基础，政府主导、行业指导、企业参与的职业教育办学联合体。成立该集团是优化学前教育资源配置，促进职业院校和行业企业紧密结合、优势互补、合作共赢的职业教育发展新模式；是提高学前教育师资培养水平，构建学前教育专业人才成长立交桥，推进中等和高等职业教育协调发展的重要内容；是加快发展现代职业教育，打造具有武汉区域特色的学前教育品牌，提升职业教育服务经济与社会发展能力的有效途径。进行学前现代学徒制实践的幼儿园均为武汉学前职教集团的幼儿园。

武汉城市职业学院学前教育专业的现代学徒制的实践研究就是充分

---

① 周柳．基于利益相关者视角的现代学徒制研究［D］广东技术师范学院，2016.

② 赵亮．企业主导下现代学徒制实施模式的研究［J］高教探索，2016（05）.

依托学前教育集团的教育资源，充分发挥集团的政府部门、职业院校、行业协会、科研院所、幼儿园（幼教机构）各自的优势，了解本行业的职业需求，从而指导学校的学前教育专业培养符合行业要求的职业技能型人才①，学前教育专业在获得资源的情况下能够更准确地构建人才培养方案，改革教学模式，指导实训基地建设等。学前职教集团拥有一批行业指导委员会的专家能够培训高职院校学前教育专业的教师，为高职学校的教学活动提供直接的指导和帮助。

（2）校园合作。校园合作的第一步就是要把招生权交给幼儿园，让幼儿园参与招生，有幼儿园的把关才能达到联合培养的目的。为了保障合作的正常运行，签订校、园、学生、家长四方合作协议。学校与幼儿园共同制定《学前教育专业现代学徒制人才培养方案》，校园双方根据培养目标、教育任务及双方各自的优势进行分工合作，明确各自的职责和权利，学校导师负责知识和技能的讲授，幼儿园导师负责幼儿园的岗位技能，真正实现校园共建的一体化模式。

2. 明确行业组织对现代学徒制的积极引导

《国家中长期教育改革和发展规划纲要（2010—2020）》赋予“行业指导”的法定权利。据此，教育部于2010年成立行业指导委员会（以下简称“行指委”）；《国务院关于加快发展现代职业教育的决定》规定：加强行业部门对本部门、本行业职业教育的指导”，“加强行业指导能力建设，分类制定行业指导政策，行业组织要履行好发布行业人才需求、推进校企合作、参与指导教育教学、开展质量评价等职责”。因此，教育部要求把适宜行业承担的职业教育职责交给行业组织，行指委充分发挥联系企业密切的优势，推动行业制定有效的学徒制政策措施和激励手段，鼓励和支持企业积极参与和支持现代学徒制②。2018年1

① 朱双华．优化现代学徒制环境与提升校企合作绩效［J］．财经问题研究，2016（12）．

② 瞿志华．基于利益相关者的现代学徒制推进策略［J］新疆职业教育研究，2017（04）．

月4日，“教育部职业院校教育类专业教学指导委员会学前教育专委会”在青岛成立。

3. 现代学徒制确定利益相关者的关系

相比于西方国家，我国现代学徒制起步晚但起点高；但任何一项制度的长效实施都离不开利益相关者的支持与配合。在现在学徒制的组织实施过程中，确定制度的利益相关者是制度得以有效运行的前提和重要保障。

根据费里曼对利益相关者的定义：凡是能够影响现代学徒制组织目标实现的个人或群体都可以视为现代学徒制的利益相关者，如政府、行业协会、高校、企业、学生（学徒）、家长、社会公众、新闻媒体等。在利益相关者的界定和分类方面，米切尔根据“合法性、权利性和紧急性”三要素将利益相关者分为确定利益相关者、预期利益相关者和潜在利益相关者。由于我国现代学徒制正处在政府大力提倡的试点探索阶段，政府在现代学徒制的推进过程中不仅拥有合法的权利，政府的政策导向和政策要求还会立即引起校企双方管理层的高度重视，因此政府也同时具备“合法性、权利性和紧急性”三要素，属于现代学徒制确定的利益相关者。现阶段政府、高校、企业（幼儿园）、学生同时聚集“合法性、权利性和紧急性”三要素，是现代学徒制运行过程中不可回避的的组织要素。根据米切尔评分法可以认为，政府、高校、企业（幼儿园）和学生是现代学徒制确定的利益相关者，是影响现代学徒制组织目标实现的必要条件和重要因素①。

二、工作场所理论在学前学徒培养的新应用

（一）工作场所理论

1. 工作场所理论的内涵

① 李兹良．共享理念下的现代学徒制公私合作伙伴关系探索：基于利益相关者理论的视角［J］．教育与职业，2019（01）．

工作场所学习（Workplace Learning）理念最早可以追溯到欧洲中世纪的学徒制，20世纪90年代以来广受关注。它是个人、团队、组织在解决问题和改善绩效的过程中获取知识、技能和态度的过程，其形式逐渐复杂化、综合化①。工作场所学习模式，就是工作者或学习者在工作中获得知识、发展技能的一种学习方式②。有关工作场所的内涵可以概括分为知识技能观、环境过程观和综合观③。

工作场所的学习就是在真实的工作环境中，新手成员与专家成员相互交流，在持续学习的过程中获得知识、技能以及应对社会变化能力的学习方式。

2. 工作场所学习的特征

“工作场所学习（Workplace Learning）”的理念可以追溯到欧洲中世纪的学徒制。“工作场所学习”是组织和个人以既定目标为导向，在工作场所中进行的旨在提高工作技能、专业素质、组织绩效等一系列真实的、非正式的、正规的、非正规的学习活动④。

工作场所学习的特征有三方面：场所的真实性、社会的交互性、过程的连续性。

（1）场所的真实性。场所的真实性指的是工作场所学习发生在真实的工作场景里，是工作场所学习的本质属性。也正因为学习活动和学习机会都产生于工作实践中，专家成员往往能将第一手经验教于新手成员，具有针对性地迅速提高其处理问题的能力、独立作业能力及胜任力，以帮助其快速融入工作过程中。

---

① 云绍辉．国外工作场所学习理论与学习实践述评职业技术教育［J］．2014（01）．

② 高敏知．高职院校工作场所学习模式存在问题与对策分析［J］．当代职业教育，2013（09）．

③ Knud IIleris. *The Dimensions of learning* ［M］. Roskilde：Roskilde University Press，2002.

④ 工作场所学习理念解读 https：//wenku. baidu. com/view/5b7101dcdb38376baf1ffc4ffe4733687e21fc73. html.

（2）社会的交互性。社会的交互性是工作场所学习过程中个体之间的交流互动，主要指新手成员和专家成员之间的互动。

（3）过程的连续性。过程连续性指的是在工作场所学习的过程中，工作与学习是统一的整体，工作的过程就是学习的过程。与学校和社会工作相比更能够保证习得知识和技能的连续性①。

3. 影响工作场所学习的因素

白滨教授认为：工作场所学习是与学校教育不同的学习。学校教育是为未来做准备的学习，而工作场所学习是在行动中解决实际问题的学习。工作场所的学习因素包括学习目的、学习客体、学习环境、学习内容及学习方式②。

（1）学习目的。从学习者个体的角度来说，工作场所学习是为了解决实际工作中的问题，并能将学到的知识用到相关的工作领域或今后的工作中，从企业或用人单位的角度，开展工作场所学习是为了改善生产效率，提高员工绩效。

（2）学习客体。参与工作场所学习的学习客体都是企业技术人员、管理人员、服务人员等在职员工。学习客体的这个身份与现代学徒制的“学徒”身份有很大的相似性。理论意义上的“学徒”是既与企业签订了劳动合同同时也与培训机构或学校签订了培训合同的学习者。

（3）学习环境。工作场所的学习环境是多元的、合作的、变化的。工作场所环境指的是工作场所的硬件设施以及工作氛围，因为工作场所的学习关系，个体会长期处于相对稳定的工作场所环境中，这个工作场所会对个体产生潜移默化的影响。云绍辉教授认为工作场所是一个将学习和工作联系起来的场所，不仅是一个物理存在的空间，也是一个员工彼此分享思想、观点和行为，并完成工作任务的场所。

---

①　周柳．基于利益相关者视角的现代学徒制研究［D］．广东技术师范学院，2016.

②　贾湘琳．工作场所学习理论对农民工现代学徒制开发的启示［J］．湖北函授大学学报，2017（13）．

（4）学习内容。工作场所学习内容受工作任务和工作环境所制约。工作场所的内容是不断变化的，因为工作过程经常伴随临时性、情景性和不断变动的特点，因此需要不断调整工作目标和计划，形成问题解决方案，学习内容也在不断地变化之中。

（5）学习方式。学习方式通常分为正式学习和非正式学习两种，非正式学习不是高度结构化的学习，学习是工作活动副产品，不是工作场所的根本目的，正式学习带有一定的强制性，是高度结构化的学习，有制度保障。

（二）工作场所理论在学前现代学徒制实践中的应用

1. 加强校园间的深度合作，提供学生真实的工作场所

在工作场所学中学习有很多优势，它提供了一个良好的学习环境，为了充分利用工作场所的学习机会，学前教育专业的人才培养离不开幼儿园的配合，这是培养质量的保障机制。现代学徒制就是一种基于工作场所的培训模式。

传统学前的师资人才培养模式，学生在校理论学习时间远远大于在幼儿园实习实训时间，学校的实习实训环境与幼儿园的实际工作有很大差距，导致学生重理论轻实践现象尤为明显。毕业生进入工作岗位后，在校理论知识与实际工作脱节，需要用人单位重新培训学习，这有悖于职业教育的特性，也大大延长了师资培养的时间。运用现代学徒制人才培养新模式、与中高职衔接进行优势互补，将学生优势、学校优势、幼儿园优势有效释放，在研究中找到平衡点，力求突破学前师资培养的瓶颈，找到优势平衡点，培养理论与实践俱佳的卓越幼儿园教师。

2. 通过校园间的交流与研讨、拓展工作场运用的范围

从 20 世纪 80 年代末和 90 年代初开始，“工作场所作为学习环境”逐渐在学术领域开始得到关注，并逐渐演绎成一个研究领域，而受到越

来越多的学者关注①。工作场所学习的理念已经渗透到众多学科与行业，为此，研究者若能基于跨学科的视角进一步推进，就能更好地审视工作场所学习实践，并有助于拓展工作场所学习研究成果②。

工作成就于学习之中，学习以结构化的方式嵌入到工作中，那么同样工作也孕育在学习之中。学习已不再只是内在的体验和挑战，而是一种对外界事物（外部世界）施加的多种期望、标准和评估的对抗或面对。工作场景下的学习具有多样性的特征，它既像是在工作，同时对个人的认知、行动和反思构成了全方位的挑战，学习成为人应对外部世界的行动及表现。

现代学徒制是校企协同育人的职业教育制度。在现代学徒制中，学生有双重身份，一重身份是在学校充当学生，另一重身份是在企业工作场所中充当学徒。与学校教育外显化、程序化、符码化的学习环境不同，学徒在企业的学习通常是隐性、灵活、无序的③。将工作场所视为一种学习场所来进行研究，能够很好地解释和指导现代学徒制运作中的问题。应用工作场所学习理论到学前教育专业的现代学徒制的实践研究，强化了幼儿园导师与学徒之间的互动与交流；通过班级的研讨会、幼儿园的教研活动及校园学徒的沙龙会能够将学徒在幼儿园的工作场的运用范围扩大，拓展总结研究成果。

学前教育呼唤着大量热爱学前教育事业、综合素质全面、保教能力突出、基础厚、能力强、重融合、具有创新意识的的卓越幼儿园教师作为“新鲜血液”不断输入，要求她们能迅速适应工作环境，融入企业文化，能为幼儿园发展尽快做出优质服务。学前教育专业人才培养工作

① 黄健．工作—学习研究：教育的新疆域——西方工作—学习领域理论成果评述［J］．开放教育研究，2011（02）．

② 赵森，蒋鑫．近20年国际工作场所学习研究状况的可视化分析［J］．当代职业教育，2018（06）．

③ 王月，赵文平．现代学徒制中企业课程内容与教学过程分析——基于工作场所学习理论视角［J］．职教论坛，2019（04）．

应尝试变革与创新，从而满足学前教育事业迅猛发展的需求。

3. 工作场所提供了隐性知识的习得

隐性知识作为一种个性化的、不易格式化的非编码知识，它植根于特殊的背景，需要通过真实的参与在体验中学习，但是学校里没有匹配的条件，很多学习过程在学校的环境下没有办法完整体现，因此隐性知识的传播也受到了限制，所以现代学徒制的实践可以有效补充学校教育的不足①。

在现代学徒制中，学生在两种不同场所中交互学习——学习场所和工作场所，且以工作场所为主体，学生在与过去局限于教室内的模拟性和虚假性教学相比，现代学徒制为隐性知识的传递提供了更有力的环境。环境分为硬环境和软环境。硬环境指的是硬件设施，软环境指的是物质环境以外的如：文化、制度、思想观念等外部因素总和。

（1）工作场所提供了隐性知识的传递的硬环境。

学习隐性知识最有效的方法是感受性学习，学前现代学徒制提供了真实的幼儿园环境，在幼儿园班级中根据校园共同制定的学前现代学徒制的人才培养方案，一年级实践的岗位是保育员岗位；二年级实践的岗位是配班教师岗位；三年级实践的岗位是主班教师岗位；在具体的岗位中根据教育目标进行针对性的学习，理论知识与实践操作技能紧密结合，通过学习—实践—反思—再学习—再反思—再实践，循环往复、螺旋上升，最终形成内化的隐性知识。

（2）工作场所提供了隐性知识的传递的软环境。

软环境的探讨主要从制度和文化两个维度展开。在制度层面，现代学徒之中工作场所的学习环境具有制度保障。在文化层面，现代学徒制中的工作场所营造了隐性知识传递的文化环境。现代学徒制的培养目标是完成“职业的典型工作任务”（Professional）所需的综合职业能力，

① 王丹．现代学徒制隐性知识的传递研究［D］．天津职业技术师范大学，2018.

并在真实的工作情景中获得“工作过程知识”。“工作过程知识”不是单纯地掌握技术技能、学会操作的程序性知识①。同时也是学徒在工作中需要的职业态度、职业价值观等隐性知识，这类知识离不开有文化背景的幼儿园的长期熏陶，为隐性知识的传递创造了良好的土壤。

三、教师专业发展学校理论在学前学徒培养的新探索

（一）教师专业发展学校与学前现代学徒制

1. 教师专业发展学校

PDS 是教师专业发展学校（Professional Development School）的英文缩写。全美师范资格审查委员会（The National Council for Accreditation of Teacher Education）将教师专业发展学校定义为“由专业教育计划与 K-12 学校合作组建的创新性别机构”。美国教师专业发展学校是卡内基报告和霍姆斯报告的催生物，是加强大学与中小学合作共同致力于教师教育改革与发展的结果②。

专业发展学校作为教师、教师教育者和研究人员合作开展基于实践研究的地方，它们还将为开发教学专业的知识基础提供各种各样的途径③。

教师发展学校反对传统的学校规范，它们为新教师的社会化提供了可能性，如果专业发展学校成为所有新教师们对课堂内外的实践产生一系列不同于传统的期望。如果专业发展学校成为所有新教师开始其职业生涯必须通过的门槛的话，他们将是教学文化、对合作的期望以及单个

---

① 王丹．现代学徒制隐性知识的传递研究［D］．天津职业技术师范大学，2018.

② 李强．美国教师专业发展学校中教育实习的研究及其启示［D］．东北师范大学，2008.

③［美］琳达-哈蒙主编．美国教师专业发展学校［M］．中国轻工业出版社，2006.

班级教与学本质发生转变。当前专业发展学校最突出的特征之一就是强调合作——通过学校内部的以及中小学和大学之间的集体决策、中小学和大学里的集体教学以及教师、师范生和教师教育者共同参与合作研究来实现①。

2. 教师专业发展学校与学前现代学徒制

教师发展学校的教育实践模式不仅推动了美国教师教育改革，改变了传统的实践模式，取得了巨大的成就；它所倡导的“多方合作”“反思性实践”教育实践理念给我国教育实践带来了很好的启示。

（1）“多方合作”“反思性实践”教育实践理念为学前现代学徒制提供了借鉴。

教师专业发展学校的教育实践是美国教师教育的重要发展，也是新教师教育模式的重要转向，教师专业发展学校教育实践提供了更多的观察、咨询、协商、研究、实践和反思的机会，这种合作使实习教师获得广泛的经验和能力而不是公式化的教条。参与合作研究，使准教师不仅体验了全面系统的教学经历，而且提高了研究能力，有效地提高了教师的需求②。

在教师教育的发展历程中，教师专业知识与专业能力的获得与养成，从最初的“师徒模式”下的教学经验的模仿练习，演变到以制度化的方式引导准教师从专业知识层次开始学习。但这种学习专业认知的教导方式，并不足以引导准教师在错综复杂的教学现象中，发挥‘恰到好处’的艺术。”③ 日本学者左藤学所说：“专业教育的基础是组织长期的实践性经验与临床经验。”④

① ［美］琳达-哈蒙主编．美国教师专业发展学校［M］．中国轻工业出版社，2006.

② 李强．美国教师专业发展学校中教育实习的研究与启示［D］．东北师范大学，2008.

③ 王秋绒．教师专业社会化理论在教育实习设计上的蕴意［M］．台北：师大书苑有限公司，1991.

④ 左藤学．课程与教师［M］．北京：教育科学出版社，2003.

事实上，教育实践对教师的专业成长、教育教学效果的印象是明显的。各国教师教育研究者最终意识到“教师职业的专业性最终体现在其专业实践中，脱离实践的做法只会使教师教育的路越走越窄”①。学者汪凌也指出：“现代的教师职业者应该从实践中成长。在以培养自治、负责和解决问题的教师为目标的师范教育中，教育实践课程的有效开展就显得尤为重要。”②

美国学者杜威（John Dewey）在《教育理论与实践的关系》一文中，提出教师教育中理论要先行。但是如果理论与实践脱离，将是死水一潭。因而他支持这样的专业教育，将“理论在实践”中的课程观转变成“理论为实践服务”的课程观，他认为理论不能只为了学术。由此可见，杜威虽然认为在专业教育中，理论要先行，但也要强调理论与实践的结合，并且提出理论要为实践服务的观点，因为在他看来，实践是所有知识指向的终极目的③。

（2）“学徒式的实习模式”对学前现代学徒制的影响。

学徒式实习模式又称为工匠式（Craftsmanship）模式，形成于19世纪初期，即资本主义生产力迅速发展，手工工场向机器工业生产过渡时期，在这一时期，英国和其他国家一样，初等教育逐渐发展，手工工场向大机器工业生产过渡。在这一时期人们普遍认识到，作为教师仅仅拥有一定的文化知识是不够的，还需接受专业的训练，如此才能成为一名好教师④。

---

① 教育部．关于颁布普通高等学校教学工作水平评估方案（试行）通知。转引自：李瑜．教育实习的作用及其教师资格认证过程中的缺失［J］．高教发展与评估，2006，22（6）．

② 汪凌．从教育的实践看教师职业行的培养［J］．外国教育资料，1999（06）．

③ ［美］李·S·舒尔曼．理论、实践与教育的专业化［J］．比较教育研究，1999（03）．

④ 杨秀玉．教育实习：理论研究与对英国实践的反思［D］．东北师范大学，2010（04）．

学徒式最重要的方面就是“师傅”，他必须是富有经验的指导者，是行家能手。年轻学习者通过模仿“师傅”的手艺和技术，在他的指导和建议下进行学习。正是通过这种手耳相传的方式，专业技术被一代代地传承下来。这种模式也是学者威尔森所提出的“司机和陶工模式”，即让经验丰富的司机或陶工师傅坐在你的身边指导你的实践。他认为，这种模式在实质上是实践性的和实用的①。

英国的“学徒式实习模式”在培养新的从业人员方面发挥了重要作用，而且“现代学徒制”的方式在很多专业教育中被应用。从19世纪到20世纪，世界范围的教育实习大多以“学徒制”为主要模式。

英国学者菲什认为“透过经验学习”（Learning Through Practice）可以包括进行实践或行动，但目的是利用这样一种学习或经验作为一种媒介，借而学习更为广阔与更为有意义的东西，关注教育中更为中心、即试图打开学习者的内心进而拥有更为广阔的理解的内容②。

（二）幼师培养中新型的校—园伙伴关系

教师专业发展学校（Professional Development Schools，PDS）是美国教育改革中出现的一种新型的中小学校运行机制，由大学教育系或教育学院与所在学区的一所或多所公立中小学校建立合作伙伴关系。学前教育专业现代学徒制的实践与教师专业发展学校有着共通之处在于其主要目的是提供临床性的实践训练，提高教师职前培养水平，促进教师在职专业发展，提高学生的发展，促进学校的革新，促进学校（幼儿园）和大学双方的改革与发展。在美国PDS运行过程中，根据施莱克（Schlecty & Whitford）的观点，大学和中小学伙伴关系可以分为三种形式：一是“施予”和“接收”的合作关系（cooperative relationship）；

① ［美］罗博·麦克布莱德主编．教师教育政策：来自研究和实践的反思［M］．洪成文等，译．北京：北京师范大学出版社，2009.

② 杨秀玉．教育实习：理论研究与对英国实践的反思［D］．东北师范大学，2010（04）.

二是双方互有“施予”和“接受”的共生关系（symbiotic relationship）；三是双方都有很强的需求，解决共同的特有问题，叫做有机关系（organic relationship）①。

1. 合作关系模式

通常，一方是施予方，另一方则是接受方。大部分情况下，大学是施予方，中小学是接受方。在这种模式里，大学和中小学教师的关系是“教”和“学”、“指导”和“被指导”的关系，大学是施予方，而学校（幼儿园）则是接受方。大学把它的毕业生安排在中小学（幼儿园）实习或实践，中小学（幼儿园）的教师指引帮助他们如何从事教书工作。这种模式的特点是时间短、单方面、互动程度低、规划少，对学校已有的结构和文化变化少而且相对容易实施。

学前教育专业的现代学徒制就是通过大学和幼儿园通过深度合作的方式，将在校学生的学习分成在校教师传授和幼儿园师傅传授两个方面，从理论和实践进行双重培养。学校和幼儿园都是人才培养的主导方。“现代学徒制既包括UI反的企业课程标准，也包括学校的考核方案”②，是学校和企业深度融合的标志。武汉城市职业学院学前教育专业的现代学徒制的实践研究就是与幼儿园紧密合作，取得了良好的效果。

2. 共生关系模式

共生关系模式也叫平等互助模式。平等互助合作模式的进行需要制度上的支持，共生的协议超越个人的关系达到了组织上的联盟。共生关系和合作关系之间最主要的不同在于一定程度上组织上的联系。互利是共生关系里一个关键要素，平等互助模式的核心特征是互利；大学和中小学（幼儿园）必须在双方的协助下才能取得成功。大学和中小学

① 赵倪．美国专业发展学校（PDS）中的伙伴关系研究［D］．山东师范大学，2015．

② 张万红．高职学前教育专业现代学徒制课程体系的优化探究［J］．当代教育实践与研究，2018（11）．

（幼儿园）必须在双方的协助下才能取得成功。大学给中小学（幼儿园）提供他们的需求，比如讨论会、在职培养，中小学（幼儿园）给大学提供相应的需要，比如安排实习生到中小学（幼儿园）实践、校—园合作进行学前教育专业的现代学徒制的尝试。

3. 有机关系模式

施莱特（Schlechty）和怀福特（Whitford）根据大学与中小学之间的共生关系，提出有机（Organic）关系模式。他们认为“共生关系在本质上是薄弱的、一时的、有时可能是变化的，这种关系要使一方花费很多时间和等待机会”。共生关系的难点在于双方很难保持长久的和稳固的关系。施莱特（Schlechty）和怀福特认为大学与中小学要想要达成合作意向需要符合双方的整体利益。如果说共生关系是我们双方互相解决彼此的问题，那么有机关系就是双方一起处理彼此的问题①。

有机关系模式的核心是彼此都有很强的意识，通力合作，一起解决彼此都有的特定的问题。这种模式的特点是时间长、两方面或多方面参与度高、需要严格的策划和协商。和合作的双方需要进行多次商讨、计划和筹划，由多余的人员来实施项目的策划。

有机合作是合作双方有一样的目标和一样的困难，从而解决困难，认真确定双方和各自感兴趣的地方、共同关心的问题和以问题一致为根本来工作，教师专业发展学校非常看重大学和中小学教师的奉献精神，看重彼此的民主和平等的意识，双方互惠互利；大学和中小学的合作目标必须一致，双方的合作要遵循自下而上和平等自愿的原则；合作双方可以一起决定合作方式，但不能把已有方式强加给对方，一旦教育的领导者被信念所指导，合作就会有了新的意义，合作双方之后会成为真正的伙伴②。

---

① 赵立芹编译．美国专业发展学校中的“合作问题”［J］．比较教育研究，2004（10）．

② 赵倪．美国专业发展学校（PDS）中的伙伴关系研究［D］．山东师范大学，2015．

教师专业发展学校的伙伴关系是双方都能达成的各自所追求的目标，只有以平等互惠原则为根本，伙伴关系才会更长久。学前教育专业的现代学徒制也是建立在有共同的愿景、校—园双方都有长远的目光、互相支持和配合、平等的对话与合作；这是在学前教育专业开展现代学徒制的根本保证。

（三）教师专业发展学校与幼儿园改进能量具有一致性

内部能量建构是教师和学校为提升学生学习而进行持久学习的动力，是为学校发展所创造的一系列内部条件。

在学校改进层面能量建构主要指学校持续改进的力量源泉，学校改进注重的不仅是结果更是过程。教师专业发展学校是一个虚拟的学校，是一个在原来学校建制内由大学和中小学合作以促进学校的发展、教育质量提高的一种形式。两者都是各个中小学以学校为基础促进学校的发展、教育质量提高而进行的有效探索，两者在分享的目标、愿景、领导、专业发展、学校文化等内部能量建构，以及大学和中小学合作的外部能量建构上具有一致性①。

1. 目标和愿景

愿景、价值观、使命感和目标是共同愿景包含的四个方面的要素②。目标就是学校全体成员在某个阶段内致力去做的事情。每个共同愿景的达成都离不开一个个具体的可实现的目标。共同愿景能够培育出学校成员勇于实践和在错误的经验中学习的勇气和精神，共同愿景是一个方向舵，能够使学校改革和组织学习在遭遇混乱或阻力时，继续沿正确的路径前进。

上层目标和愿景是相辅相成的。愿景如果有了背后的上层目标，就

① 肖明玉．以教师专业发展学校（PDS）建设促进学校改进的个案研究［D］．西南大学硕士学位论文，2014.

② 张声雄，沈作松．学习型组织知识问答 400 题［M］．上海：上海三联书店，2003.

更有意义和方向感，更能持续、提升和更新；而上层目标若是有了愿景，就更具体更能落实。萧伯纳曾这样生动地表述：“生命中真正的喜悦，源自当你为一个自己认为至高无上的目标，献上无限心力的时候。它是一种自然的、发自内心强大的力量；而不是狭隘的局限于一隅，终日埋怨世界未能给你快乐。”①

学校改进是一个长期艰苦的过程，学校发展的目标基于学校发展愿景的建立，既要考虑课堂目标、学生成绩、学习能力、教师专业发展、学校与社区关系等具体目标，还要考虑学校品牌的塑造、优质学校的建立等长远发展规划。教师专业发展学校和学校（幼儿园）改进在目标建设上很多方面具有一致性，在具体和措施上都注重借助大学专家的指引，建立积极合作、互助、学习型的文化，构建具有校（园）本特色的校（园）本培训体系，实现教师的专业发展，以实现增强学生学习能力、促进学生整体发展的一系列目标，从而实现学校学生全面健康的长远目标，最终实现学生的长远改进②。

2. 领导能量

领导能量建构即学校领导为学校的改进创造其发展所需要的一系列条件。程晋宽认为领导是影响学校课程和教学效率的重要因素，对于保证学校的持续发展和改进具有重要作用③。领导能量是高效能学校的一个重要特征。

Halinger 与 Heck 指出，校长对于学校效能和学生学业成就影响很大：对学校宗旨与目标的设计（framing）、传达（conveying）与维持（sustaining）。影响组织的结构与社会网络，对学校的成果产生间接影

① 杜洁，黎方军．建设学习型学校共同愿景与目标概念辨析［J］．中国青年研究，2009（3）.

② 肖明玉．以教师专业发展学校（PDS）建设促进学校改进的个案研究［D］. 西南大学，2014.

③ 张蕾．旨在促进中小学学校改进的研究——中国教育学会教育管理分会学术委员会第10次学术年会综述［J］. 教育科学研究，2010（02）.

响；对学校内部与外部的人员，如学生、教师、家长、小区以及区域教育行政人员产生影响力，从而对学校的成果产生间接影响；形塑学校文化，如培养学校的共同愿景与价值观、校内人员的行为规范、对学生的教育期望、一线教师的士气等①。

尽管校长作为学校的领导核心，对学校持续改进的作用获广泛认可；但是很多情况下，校长并没有达致期望。究其原因，政策制定者以及教育当局策略的失误（如期望校长执行由中央决定的角色）、课程领导角色的要求超过了校长自身的能力与经验，以及没有考虑校长目前的工作情景而强加给他们新角色等，最终导致校长遭遇挫折②。

构建领导的重要性体现在增强学校应对变革的能力和更好地促进学生的发展上。一方面，变革的领导力可以增强学校应对变革的能力。另一方面，分享的教学领导有助于提高学生学业成就，此外，风向的领导力有助于降低学校文化重建的阻力。学校文化一旦形成，就会转化为一种"认知防御机制"（cognitive defense mechanism），文化的重建将会面对很大的阻力。

建立教师专业发展学校，推动学校持续发展，学校的行政领导部门从作出决策到与各个大学、教育研究机构合作沟通作出了重大贡献，尤其是争取得到教育行政部门的支持方面功不可没，在与各个兄弟学校及中小学（幼儿园）间沟通、分享信息、处理社区关系等各个方面更是付出了很大的努力。

3. 教师领导

教师领导的研究兴起于20世纪80年代美国的"教育重整运动"，要求探究教师专业化，培养高素质教师以提高教育质量，重整经济。教

① Hallinger, P.. & Heck, R. H.. Exploring the principal's contribution to school effectiveness: 1980-1995 [J]. *School effectiveness and school improvement*, 1998, 9(2).

② Fullan, M. *The new meaning of educational change* [M]. New York : Teachers College Press, 2007.

育改革若想成功，必须有教师的全情投入和参与，需要对学校组织内部进行领导结构的重整，增强组织内部变革的活力，让教师参与学校领导。教师领导是校长领导的延伸，它为教师专业发展提供了一个新的发展视角，并赋予教师新的时代角色，也反映出人们希望教师领导者能够帮助实现学校管理改善、教师专业水平提高、学生学习和生活方式和学校有所发展的目标，把教师培养成领导者，教师领导因而逐渐成为各国学校变革的重要议题①。

学校变革是一个复杂和动态的过程，需要每个人付出最大的努力。为了让学校真正地发生变革，要重视教师的领导能力，它是推进学校变革的催化剂，如果没有教师的参与和行动，学校变革就只是一种形式和口号，无法真正带来学校的改进和教学实践的变化。

四、陶行知“艺友制”理论促学前教育专业现代学徒制的新探索

（一）从“艺友制”到“现代学徒制”

艺友制教育思想是陶行知先生幼儿师范教育实践的总结，具有较强的创新性和实践性。艺友制是在平等的师生关系基础上，坚持“教学做合一，通过共教共享共做来培养合格的师资人才”，对于高职学前教育的人才培养模式的改革，特别是现代学徒人才培养模式的构建具有一定启示②。

1. “艺友制”的内涵

关于“艺友制”、陶行知曾这样解释：“艺是艺术、也可作手艺解。凡用朋友之道教人学做手艺便是艺友制。”③ 他认为，“学做教师之途

① 肖明玉．以教师专业发展学校（PDS）建设促进学校改进的个案研究［D］．西南大学，2014.

② 张攀．从“艺友制”到“现代学徒制”——陶行知艺友制教育思想对高职人才培养模式改革的启示［J］．现代教育科学，2013（04）.

③ 陶行知．陶行知文集（上）［M］．南京：江苏教育出版社，2008.

径有二：一是从师；二是访友。随友学较从师更为自然而有效，故欲为优良教师，莫便于与优良教师为友"①。艺友制是陶行知在乡村幼稚园实践总结出来的一套教学方法。它体现着民主平等的理念，是一种全程化的实践教学。

2. 艺友制的教育实践

艺友制教育是根据国情而提出来的改造中国师范教育非常有效的方法。以往的师范教育大多数遵循师徒制的培养方式，由师范生或资历较浅的教师跟随有经验的、优秀的教师学习，听其言、观其行，然后将学到的技能、知识应用于自己的教学实践中。

陶行知先生的艺友制教育，根本的指导思想就是"知行合一"。1927 年，他在《艺友制师范教育答客问》一问中明确指出，"先行先知的在做上教，后行后知的在做上学。大家共教共学工作才是真正的艺友制，唯独艺友制才是彻底的教学做合一"②。

舒尔曼曾经将教师的知识基础分为七类，即学科知识、一般教学知识、课程知识、学科科学知识、学习者学习特点的知识、教育情境的知识、教育哲学，并把教师获得这些知识的资源分为四类：即学科领域的学术研究、教育材料、教育学术研究与实践智慧。在这四类资源中，前三类都是外在教师的，教师可以通过阅读等途径获取与接受，而"实践智慧"的获得并不是有了学科知识和教育理论知识就相应地具有教育实践能力，接触幼儿园实际的教育情境是促进学生实践智慧获得的一个主要途径③。

艺友制教育思想体现了教学做合一，边学边做的理念。将实践教学贯穿于全过程中来。做中学也是学前教育专业学生学习的有效方式。但

① 陶行知．陶行知文集（上）[M]．南京：江苏教育出版社，2008.

② 陶行知全集编委会．陶行知全集（第一卷）[M]．成都：四川教育出版社，2005.

③ 党爱娣，蔡兆梅．陶行知艺友制教育思想对高师学前教育专业幼儿音乐教育教学的启示[J]．长春教育学院学报，2013（02）.

目前学前教育专业的实践教学存在模式单一、时间短而集中，实践教学多是定位于教育实习并且在最后一年完成，成为了毕业前的一次性突击或实战演习；其实践内容单调，仅仅局限于备课、试讲、开展集体教学活动。而对于幼儿园环境创设、幼儿园游戏活动、区角活动的组织、家长工作的开展、儿童行为观察与指导、幼儿园教研和科研等内容涉足不够，因此没有全面体验到幼儿教师的职业特点，也难以促进准教师的实践性。借鉴艺友制的教育思想，在准教师培养的过程中强化实践教学、强化与幼儿园岗位的不断对接；这样对于培养学前教育专业的学生了解幼儿园教育、巩固专业思想，培养实际工作能力，促进学前专业的学生—准教师—合格教师的转变，并为促进其专业成长奠定良好的基础。

3. 艺友制与现代学徒制的比较

艺友制注重学院实践能力的培养，要求学生通过“做”打通“学”与“教”，实现了真正的教学做合一。在艺友教育的实践活动中，陶行知一直倡导以“艺”为载体，建立亦师亦友的平等关系，通过“共同生活”，构建和谐民主的校园人际关系，体现了教育民主、平等思想①。

艺友制和现代学徒制具有许多相同之处，它们强调教师（师傅）与学生（徒弟）在同一情景下共同完成任务，实现教学，强调学生学习的主动性和师生关系的平等性，通过师生间的关系以及体验实现职业素养教育。现代学徒制是以校企合作为基础，以学生（学徒）的培养为核心，以课程为纽带，以学校、企业的深度参与和教师、师傅的深入指导为支撑的人才培养模式②，充分体现了因材施教的原则，教师（师傅）对学生的能力和倾向有针对性地教育和培养。通过现代学徒制的教学，学生能够真正参与企业的生产过程，体验企业文化和学校文化的异同，使学习更有指向性和社会性，现代学徒制是高职人才质量培养的

① 陈建华．论陶行知的“艺友制教育”及其启示［J］．南京晓庄学院学报，2009（04）．

② 胡秀锦．“现代学徒制”人才培养模式研究［J］．河北师范大学学报，2009，11（3）．

重要途径。

（二）艺友制对学前教育专业现代学徒制的启示

《幼儿园教师专业标准（试行）》中指出：幼儿园教师是履行幼儿园教育工作职责的专业人员，需要经过严格的培养与培训，具有良好的职业道德，掌握系统的专业知识和专业技能。其专业成长是一个连续的过程，应贯穿师资培养和提高的全过程。根据幼儿教师专业化的内容结合陶行知先生“艺友制”的教育思想对学前教育专业的现代学徒制有着重要的意义：

1. 教育目标兼顾职业能力与发展能力

陶行知认为：教育不仅要培养学生掌握“生利”的技能和本领，更重要的是要培养学生服务社会的“利群”精神。他认识到传统的学徒制师傅简单传授操作技能的方式，存在“师傅所教只是技能传授，其他生活顾及较少，是一种片面教育”① 的弊端，提出要以“艺友制”方式培养既掌握熟练技术技能，又具有良好职业素养的合格人才。

现代学徒制作为一种跨越职业与教育，企业与学校、工作与学习接线的“跨界教育”，其培养的专业的技术技能人才不仅要符合企业岗位的需求，还要提此案职业教育的“职业属性”和“教育属性”，使人文素养、职业素养教育贯穿高技能人才培养的全过程。通过校企合作、工学结合，让学生走出校门，提前接触社会，认识岗位，到实际工作岗位中磨炼意志，锤炼品格，提升学生的综合能力和职业素养②。因此，艺友制与现代学徒制在培养“德艺双馨”全面发展的人才这一本质特性上是一致的。一方面，高职教育作为高等教育的一类，不能忽视高素质人才的培养，学生的可持续发展能力是高等教育人才培养的重要标准之

---

① 丁水娟．陶行知职业教育思想及其当代价值［M］．杭州：浙江工商大学出版社，2018.

② 丁水娟，许淑燕．“艺友制”与现代学徒制的比较研究［J］．中国职业技术教育，2019（04）.

一；另一方面，高职教育作为职业教育，职业性是其特色，学生的职业能力的培养是职业教育人才培养不可缺的因素。因此，现代学徒制人才培养模式的构建必须兼顾学生的职业能力与可持续发展能力的培养，在培养目标的设置上实施双标准。

2. 实践课程注重多样性与充分性

“艺友制”十分注重实践课程，它将实习贯穿于人才培养的全过程。倡导在人才培养的第三阶段组织学生在校外参观（教育见习）、第四阶段，让学生承担幼稚园工作的主要工作；各阶段的实践形式各异，具有不同任务，教师有针对性地开展教学指导。学校派教员考核学生的实践情况并根据考核情况发给证书。校外实习期的时间增加，便于学生更好地适应教学工作。

现代学徒制强调教师与学生在具体实践中开展教学，实践课程的实施是人才培养的重要环节，这一点与艺友制有着共同之处。在现代学徒制下，应开始形式多样的实践性课程，将专业知识学习与实践技能相结合。通过灵活化的课程实施途径，确保实践课程时间。

3. 教学方法坚持“教学做合一”

“教学做合一”教学模式是按照陶行知先生的教育思想并结合高职专业的实际提出来的，在这里，师生共教共学共做，通过“做”打通“教”与“学”，实现真正的“教学做合一”。先行先知者在做上教，后行后知者在做上学。共教、共学、共做方为真正的艺友制，亦惟艺友制始能彻底实现教学做合一之原则①。

陶行知说：“教学做合一是全人类教育历程之真相，无论男女老少，丝毫没有例外。”② 他尤其强调“做事”并指出：“先生那做来教，乃是真教；学生那做来学，乃是真学。不在做上下工夫，教不成学，学

① 方明．陶行知全集（第十一卷）［M］．成都：四川教育出版社，2005.

② 梁晓凤．陶行知教育改革思想研究［M］．杭州：浙江工商大学出版社，2009.

也不成学。"① 先行先知的在做上教，后行后知的在做上学。大家共教共学共做才是真正的艺友制，唯独艺友制才是彻底的教学做合一。"在教学做合一的情况下，艺友是徒弟同时是师傅，是学生同时又是先生。"②

"教学做合一"教学模式，要求边教、边学、边做，让学生转被动接受为主动获取，积极参与学习实践训练活动。教师授课包括知识传授和技能训练两个步骤，学生在学习知识掌握技能的过程中，能力强的学生可以很快地掌握知识、技能，为此，可以帮助教师指导其他能力差的同学找出差距、弥补不足，师生共同体验在知识引导下从理论到实践的循环往复的互动学习过程。更重要的是能把实际工作中采用的新技术、新内容、新设备应用在教学训练操作中，大大增强训练的实效性。

它是一种基于工作过程、以任务为驱动、以情景为依托的职业教学模式。在情景工作任务的驱动下"做中学、学中做"，以达到"教学做"的紧密结合。

现代学徒制通过企业在岗培养应用型技术技能人才，工学结合知行合一是其教学内涵；教学做合一、做中学是其教学灵魂，这与艺友制在教学方法上存在共通性。"教学做合一"的思想是两者共同的理论基础，基于理论基础的相似性，两者存在一定的联系，通过借鉴艺友制的教育思想及其实践，能够为现代学徒制的构建提供借鉴。

4. 以"艺友"精神整合校内外师资队伍

陶行知先生在解读师范教育为何要推行"艺友制"时，就强调："教师的生活是艺术生活。"教师的职务也是一种手艺，应当亲自动手去干的。那些高谈阔论、妄自尊大，不屑与三百六十行为伍的都不是真教师，说明教师行业是技术性强、动手实践丰富的行业。

---

① 梁晓凤．陶行知教育改革思想研究［M］．杭州：浙江工商大学出版社，2009.

② 陶行知全集编委会．陶行知全集（第九卷）［M］．成都：四川教育出版社，2005.

艺友制注重学生与教师之间“共教共学共做”关系的建立，“艺友”是徒弟又是师傅，是学生同时又是教师。这一关系扩大了学习的对象及范围，学生可以向同伴学习，可以向本校教师学习，也可以向实习学校教员学习。凡是共同开展教学活动的成员都应成为学习的对象。

在现代学徒制人才培养模式中，教育者既有校内的教师也有校外的企业（幼儿园）的师傅，通过校内外教师与师傅相结合的教学形式，不仅能帮助学生将专业理论学习与实践技能学习相结合，而且能使学生的学习更具有专业性和社会性。现代学徒制推行工学结合，实施双导师制，学校确定专业教师作导师，指导学生理论学习；学徒制的合作园选派人员作师傅，负责学生岗位技能指导。在现代学徒制实施的过程中实施的是“双元育人”；即学院的“知识导师”与企业“技能导师”共同实施训教的制度。加强双师职业岗位分析能力、课程内容的开发与课程体系的构建能力、课程教学过程的组织、管理与考核能力、提升企业（幼儿园）技术升级的服务能力。

5. 加强人才培养的过程评价

艺友制十分注重人才培养的过程评价，对学生的学习评价只要基于学生在各个阶段的实践表现，通过各阶段的学习的实践考察、形成评价，并基于这种评价开展下一阶段的学习。学生毕业后，学校还会派专员考察学生的工作情况，并根据学生在教学岗位的表现，授予学生相关证书。这种以学生实践活动为主要评价内容，将评价贯穿于整个培养过程的评价方式，有利于全面考察整个培养过程的评价方式，有利于全面考察学生的学习情况，并促使学生将学习内容落到实践中①。

现代学徒制采取校企（幼儿园）“双主体”育人机制，教学不再是学校本位，学校和企业都是教学的主体。课程开发围绕企业（幼儿园）

① 张攀．从“艺友制”到“现代学徒制”——陶行知艺友制教育思想对高职人才培养模式改革的启示［J］．现代教育科学，2013（04）．

的核心工作岗位进行，学生以工学交替的方式进行学习，学生同时拥有“学生”和“学徒”双重身份。在这样的前提下，学生完成学业既要达到“学业标准”的要求，又要达到“学徒标准”的要求。建立“学业标准”和“学徒标准”相结合的“双标准”考核评价体系，改革之前的“考试+证书”或“考试+技能+证书”的单一评价模式，从评价主体、评价方法、评价内容和标准等方面实现多元化①。

现代学徒制下学生与教师、学生与师傅在“教与学”的过程中，是一种交互式记忆关系②，学生的“学”是在工作任务完成的过程中得以实现的，教师在此过程中完成引导、监督和评价的作用。这就决定了现代学徒制下的学业评价方式应以形成性评价为主，可以辅以终结性测验。形成性评价是对学习全过程的评价，是一种持续性评价，这种评价方式使评价时间全程化③，能够评价学生在学习全过程的表现。在形成性评价过程中，学生对工作任务的完成，往往很难以单独的一个分数来评价，所以需要将量性与质性评价相结合，也就是将分数与描述性评价有机地结合起来。教师在学生完成工作任务的过程中，通过现场观察、访谈、搜集第三方证据等方式，对学生进行量性与质性的评价，实现量性评价和质性评价的有机结合。

第二节 实践性成果

教育部《关于开展现代学徒制试点工作意见》（教职成［2014］9号），整体部署现代学徒制试点工作，国务院2019年1月24日发布的

---

① 张春华．基于现代学徒制的学生评价体系的建立——以乳品工艺专业为例［J］．课程教育研究，2017（16）．

② 朱建军．现代学徒制下学生学业评价理念浅探［J］．文教资料，2016（17）．

③ 赵红，何军拥．新形势下高职学生学业多元化评价模式探讨［J］．高职论坛，2016（09）．

《国家职业教育改革实施方案》（职教 20 条）明确指出：借鉴“双元制”等模式，总结现代学徒制和企业新型学徒制试点经验，校企共同研究制定人才培养方案，及时将新技术、新工艺、新规范纳入教学标准和教学内容，强化学生实习实训。健全专业设置定期评估机制，强化地方引导本区域职业院校优化专业设置的职责。

一、师范专业背景下的现代学徒制的新探索

教育部在浙江省安吉县召开第三期学前教育行动计划部署会上指出：第三期学前教育行动计划以普及为主题，普惠为主线，确定了到 2020 年全国学前三年毛入园率达到 85%、普惠性幼儿园覆盖率达到 80%左右的“双普”规划目标。

《武汉市第三期学前教育行动计划》明确提出全面普及学前三年教育。到 2020 年，武汉市学前三年教育毛入园率达到 92%以上。全面提高公益普惠性幼儿园覆盖率。到 2020 年，武汉市公办幼儿园和普惠性民办幼儿园在园儿童比例达到 80%以上，农村地区公益普惠性幼儿园覆盖率达到 90%。

全面优化学前教育师资队伍。到 2020 年，我市各级各类幼儿园按照教育部制发的《幼儿园教职工配备标准（暂行）》（教师〔2013〕1 号）要求配足配齐教职工，中心城区（含开发区、风景区、化工区，下同）幼儿园专任教师 100%持证上岗，新城区基本实现幼儿园专任教师全员持证上岗。这些政策的制定与实施，为学前教育师资培养提出了更高的要求，提供了更广阔的空间。

学前教育呼唤着大量热爱学前教育事业、综合素质全面、保教能力突出、基础厚、能力强、重融合、具有创新意识的卓越幼儿园教师作为“新鲜血液”不断输入，要求她们能迅速适应工作环境，融入企业文化，尽快能为企业发展做出优质服务。学前教育专业人才培养工作应尝试变革与创新，从而满足学前教育事业迅猛发展的需求。

（一）学前现代学徒制人才培养模式的创新

中职、高职人才培养改革，是完善我国职业教育体系，加强普通高等教育与职业技术教育合作，培养创新人才的一种全新探索。

2015年我校武汉城市职业学院成为获批湖北省学前教育专业技能高考组考院校，目前已成功主持了五届技能高考，2016年12月在筹备学前教育专业现代学徒制的实践工作时，学前教育学院已招收了两届中职学前教育专业技能高考300名学生到学校进行深造学习。高职衔接的技能高考的成功探索，为高职院校学前教育专业现代学徒制的实践研究奠定了良好的基础。

自《教育部关于开展现代学徒制试点工作的意见》（教职成〔2014〕9号）颁布之后，2015年8月，教育部公布首批165家现代学徒制试点单位名单，其中试点地区17个，企业8家，高职院校100所，中职院校27所，行业试点牵头单位13家。随后，各省、市也积极配合，逐步铺开现代学徒制试点工作，人才培养模式的实验与改革工作。

为贯彻落实全国、全省职业教育工作会议精神，根据教育部相关文件精神要求，2016年4月，湖北省教育厅下发《省教育厅关于印发湖北省职业院校现代学徒制试点工作方案的通知》（鄂教职成〔2016〕2号），公布湖北省首批现代学徒制试点单位名单，其中区域试点单位4个，试点学校36所，行业协会1个。我省、市现代学徒制试点工作全面启动。经研究，现代学徒制试点无论在国家层面还是省市层面都与技能操作性较强的专业如机电技术应用、建筑室内设计技术、汽车运用与维修技术、工艺美术、酒店管理、计算机应用技术、国际贸易实务、石油化工生产技术、工程造价、铁道工程、中医职业教育等结合紧密，鲜见师范教育类，尤其是与学前教育专业结合的尝试，处于空白状态。这种现状既是因专业性质不同而产生的客观事实，又为学前教育专业现代学徒制试点创造了良好的机遇和挑战。

通过对传统学前教育人才培养模式进行的全面分析研究，结合我国学前教育专业的师范性特点，运用现代学徒制人才培养模式一系列优势与特性，搭建现代职业师范教育人才培养新模型，同时打通中等职业教育与高等职业教育人才培养通道，整合一系列职业教育资源优势，培养优于传统学前师范教育的卓越幼儿园师资。

1. 突破学前师资培养的瓶颈

传统学前的师资人才培养模式，学生在校理论学习时间远远大于在幼儿园实习实训时间，学校的实习实训环境与幼儿园实际工作有很大差距，导致学生重理论轻实践现象尤为明显。毕业生进入工作岗位后，在校理论知识与实际工作脱节，需要用人单位重新培训学习，这有悖于职业教育的特性，也大大延长了师资培养的时间。运用现代学徒制人才培养新模式，与中高职衔接进行优势互补，将学生优势、学校优势、幼儿园优势有效释放，在研究中找到平衡点，力求突破学前师资培养的瓶颈，找到优势平衡点，培养理论与实践俱佳的卓越幼儿园教师。

2. 指导学前教育人才培养模式改革

开展高职学前教育专业“现代学徒制”人才培养模式研究，优化中职、高职人才培养模式构成要素，持续推进人才培养目标、培养内容、培养方式的深化，建立动态的人才培养模式“立交桥”机制，其研究成果无疑对现有高职学前教育专业人才培养有重要的参考价值和指导意义，同时能有效改善我国教育和劳动制度相对独立的状况。本研究拟寻求二者的最佳结合点，初步建立教育制度与劳动制度相结合的、具有中国特色的“现代学徒制”职业教育模式，该模式的顺利运行将为职业师范教育提供更快的就业途径。

3. 构建人才成长的立交桥、为国家“十三五”规划提供人才保障

教育部副部长鲁昕在“中国发展高层论坛 2014 年年会”中，明确提出要“构建开放立交、内外衔接的人才成长立交桥”，要求“以满足社会对人才的需求和学习者职业发展为目标，按照有机衔接、多元立交的思路，推进职业教育体系内部有机衔接、职业教育与普通教育双向沟通，职业教育和继续教育统筹发展，特别是要建立符合职业教育特点的

招生考试评价制度，实现多种途径、多种形式、多次选择，为广大年轻人打开通向成功人才的大门”。

国家十三五规划中，明确提出建设现代职业教育体系，推进产教融合、校企合作。“现代学徒制”人才培养的研究正是响应国家号召，培养“实践型、多元化、复合型”的高素质幼师人才，为我国的幼儿教育提供有力人才保障。进行“现代学徒制”人才培养模式研究，也有利于我国中职教育与高等教育的人才培养的传承。因此，“现代学徒制”师范教育人才模式研究，使得被充分重视的我国高技能人才培养朝着良好的方向发展，也为国家人才市场输送更多、更优秀的师范性技能型人才，研究成果对发展我国职业师范教育起到间接的促进作用。切实探寻适合我国国情的特色“现代学徒制”职业教育模式，除了对我国科技、教育领域有重大意义之外，也是我国与世界接轨，融入国际教育发展潮流的重要表现。

（二）双导师协同联动促进人的全面发展

推进师资队伍建设。双师团队是实施现代学徒制校企的双元育人、交互训教的先决必备条件，“双元育人”即学院的“知识导师”与企业“技能导师”共同实施训教的制度。加强双师职业岗位分析能力、课程内容的开发与课程体系的构建能力、课程教学过程的组织、管理与考核能力、提升幼儿园技术升级的服务能力。

传统的幼儿教师培养主要来源于师范院校，通过校内的专业知识传授及专业技能的培训来培养新教师。在培养的过程中师范生到幼儿园进行实践活动是有限的，从而导致教育理论与实践相偏离，导致刚步入工作岗位的准教师难以胜任工作需求。

1. 大学与幼儿园深度合作，形成良好的伙伴合作关系

大学与幼儿园深度合作，既有利于大学教师把自己的理论付诸实践，获取一线资料；又可以帮助幼儿园更新理论知识，促进幼儿园的课程改革。大学与幼儿园的伙伴关系是基于平等互惠的原则，由大学和幼

儿园一起决定；因为要同时满足双方的需求，因此对彼此之间的合作要求较高。虽然大学和幼儿园处在相同的教育体系之中，但他们的知识、认知、理解和实践并不相同，这是阻碍大学和幼儿园不同文化机构合作的难题。伙伴合作能够让大学和中小学（幼儿园）确立共同的方向，并可以为了这个方向协同合作，彼此负责。在一个共同信念的指引下，双方的差异导致内部的复杂性会产生阶段性的成果，变成伙伴合作关系最重要的支撑。它确保双方都能发挥自己的特长，为实现共同的目标作出巨大的贡献①。

2. 建立一支校企协同、专兼结合的“双导师”师资队伍

学前教育专业的现代学徒制对师资队伍提出了新的要求，需要建立一支校企协同、专兼结合的“双导师”师资队伍。现代学徒制下的“双导师”制包括两层含义：师资队伍的构成，由学校专任教师和企业师傅构成。

师资队伍的整体素质，具有专业理论知识和专业实践能力②。学校专任教师拥有较好的教育教学知识和能力，能把握好对理论知识的教学，但是往往缺乏专业实践能力，不能够胜任实践技能指导；企业师傅能够弥补专任教师实践教学的不足，但缺乏教学经验和能力，而且缺乏培养人才的责任感。

因此，只有学校专任教师和企业师傅组成相互协作的“双导师”师资队伍，通过在不同岗位的教师发挥各自的优势对学生进行教学指导，才能让学生将理论和实践结合，更好地掌握知识和技能。

3. 打造“双导师”教学团队

通过“互兼互聘”双向交流机制，打造一支稳定的“双导师”教学团队，双方对照行业、企业（幼儿园）需求和学校的办学特色，共同制定学前教育专业现代学徒制所需的人才培养方案和课程标准，实现

---

① 祁伟．美国专业发展学校（PDS）研究［D］．华东师范大学，2010.

② 欧阳斌，易利英．现代学徒制下的“双导师”选拔和培育机制研究［J］．职业教育研究，2016（02）.

三对接，即学校办学专业与地方产业对接，课程标准与职业标准对接，教学过程与工作过程对接，形成现代学前教育师资培养的良性循环，使学前教育现代学徒制人才培养模式成为现实。

二、建构了中高职立交桥学前教育专业双主体人才培养育人模式

（一）加强了中高职学前教育专业的衔接

1. 中高职衔接

教育部副部长鲁昕在“中国发展高层论坛2014年会”上指出，要建立现代职业教育体系，推动教育结构战略性调整，要“构建开放立交、内外衔接的人才成长立交桥”。由此，中高职衔接是促进中等职业学校与高等职业学院之间和谐发展，培养适应社会经济发展趋势的高水平技能型人才，建立现代职业教育新框架、新体系的根本要求。

中职教育在整个职业教育体系中发挥着基础性作用，是高中阶段教育的重要组成部分，重点培养的是应用型技能型人才，而高等职业教育是高等教育的重要组成部分，引领整个职业教育领域的发展方向，培养的是由更高发展空间的高学平技能型人才①。

2. 关于“中高职课程衔接模式”的研究现状

从国内中高职课程衔接的模式研究来看，专家们认为，中高职课程衔接有以下几种模式：

（1）能力递进、纵横拓展、模块化设置模式。

该模式是由柳燕君提出，其核心观点是，“能力递进”应体现在课程目标的确立上，“纵横拓展”应体现在课程内容的设计上，而“模块化设置”则应体现在课程上。其课程设计过程分为三步：首先，确立“能力递进”的课程目标；其次，设计“纵横拓展”的课程内容；最后，搭建“模块化设置”的课程结构。

① 黎荷芳，查吉德．职业教育培养目标三要素［J］．职教论坛，2012（13）．

（2）分段式衔接模式。

即将一所或几所中职学校与专业对口的高职院校联合办学或通过高考，采取“3+3”方式，前3年在中职学习，后3年在高职学习，按阶段完成各自的教学任务，但中高职校要共同制定培养目标，整合、重组中高职的课程和教学计划。

（3）五年一贯制中高职衔接模式下的课程衔接方式。

这种模式不涉及中高职学制衔接问题。通过课程一体化设计，可以实现课程的无缝衔接。前两年主要学习公共课，后三年主要学习专业课，学校根据培养目标统筹安排并整体设计先后两段的知识能力和素质结构，保持人才培养专业方向的一致性，同时避免课程重复。课程模式上以培养学生横向扩展能力为主，纵向延伸能力为辅，知识结构具有“宽基础、复合型”特点，强化了实用性和实践性，使课程向综合化、实施化以及职业化方向扩展。

（4）“3+2”中高职衔接模式下的课程衔接方式。

在“3+2”衔接模式下，中职学校与高职学院在专业培养目标和课程设置上整体设计、分段实施，相对独立，具有明显的阶段性和紧密的关联性，比较符合学生的身心发展规律和认识规律，符合高技能型人才培养规律。此种模式需要组织对口专业联办学校共同研究，相互协调，对课程设置进行整体设计，建立完善的质量评价体系，使中职阶段的课程既能达到升入高职学习的基本要求，也能满足未升学学生的就业需求。

3. 对口招生模式是学前现代学徒制实践的基础

中高职衔接是构建现代职业教育体系的重点工程。中高职衔接协调发展，首要解决的问题是全面贯通中高职衔接通道，主要有对口招生模式、分段贯通模式、五年一贯制三种模式。

对口招生模式是中职毕业生通过参加高考入读高职院校的一种途径，即3+3模式。分段贯通模式即中高职衔接三二分段模式，是指中职学段学习三年，高职学段学习两年后，取得专科毕业证和高级职业资格证书的一种中高职衔接模式。五年一贯制又称初中起点的大专教育，招收参加中考的初中毕业生，直接进入高等职业院校学习，进行一贯制的培养。在本研究中的中高职衔接主要是指参加技能高考入读高职院校的“3+3”模式，即在中等职业学校学习3年的学生在参加湖北省学前教育技能高考后，入读武汉城市职业学院后再进行3年学习。

（二）探索了中高职衔接学前教育专业人才培养的新策略

中高职衔接指在职业教育可持续发展观的指导下，中等职业院校、技工学校及职业高中的学生（三校生）可升入高等职业院校继续学习的教育衔接形式①。中高职衔接是促进中等职业学校与高等职业学校之间和谐发展，培养适应社会经济发展趋势的高水平技能型人才，建立现代职业教育新框架体系的根本要求。

《国家中长期教育改革和发展规划纲要（2010—2020）》提出，到2020年要基本普及学前教育，国家对幼儿教师的需求量尤其是高素质幼儿教师的需求量猛增，中职毕业生已经远远不能满足社会对幼教师资的需求，需要继续接受高层次的教育。

研究表明，幼儿教师的培养必须有以下三个层面：基本教育技能、一般教育技能和综合教育技能。基本教育技能是教师实施教育活动行为的基本要素，幼儿教师与小学、中学、大学教师都应该具备，具体包含课堂导入、活动引导、设疑提问、知识讲解、衔接过渡、归纳总结、课堂评价、多媒体使用等。一般教育技能是幼儿教师与其他教师的区别，体现为特有的技能，包括舞蹈、唱歌、绘画、弹琴、讲故事、观察与护理幼儿等。而综合教育技能则是指能够对上述基本技能协调运用的能力，是学校教育与家庭教育结合的桥梁。三个层面的培养做到位，就能够提升学前教育专业技能课程的内涵，突出学前教育专业的特色②。《幼儿园教师专业标准（试行）》中明确指出：幼儿园教师的专业能力

---

① 周佳明．中外中高职教育衔接模式比较研究［J］．职业教育，2013（08）．

② 王丽．学前教育专业中高职实践教学衔接存在的问题与对策［J］．新西部，2016（17）．

包括环境的创设与利用、一日活动组织与保育、游戏活动的支持与引导、教育活动的计划与实施、激励与评价、沟通与合作、反思与发展七个方面的能力；其中环境的创设与利用、一日活动组织与保育、游戏活动的支持与引导、教育活动的计划与实施等是幼儿教师特有的教育能力。

实施现代学徒制是高职学前教育专业发展的必经之路，现代学徒制是以学生为主体、把高等院校与企业（幼儿园）、学校老师与幼儿园导师紧密结合在一起，打造了一个“学以致用”的实践平台。学院与幼儿园签订合作协议，院校承担系统的理论学习和技能训练，幼儿园选派德艺双馨的教师作为技能导师带徒弟；依据个性化的培养方案进行岗位技能训练，两者结为教学和育人的共同体，实现一体化育人。学前教育专业实施现代学徒制模式，实施了院园合作，使工学结合得到真正落实。从学校的角度出发，“现代学徒制”解决了目前顶岗实习所不能达到的“精准实习”的问题；从企业（幼儿园）出发，现代学徒制把实习生从“别人家的孩子”变成了自己的“准员工”①。

武汉城市职业学院学前教育专业开展现代学徒制的成果分析：

1. 学生层面。

（1）学生的职业能力和工作经验有效提高。

武汉城市职业学院学前教育专业在试点的过程中将现代学徒制的优势进行了充分的发挥，最大限度提高了学生专业能力和职业素养。

学校和社会是有差距的，学校的运行规则和社会的运行规则有很大不同。这种环境的隔离，往往使得“象牙塔”里的大学生对社会的看法趋于简单化、片面化和理想化。高职学前教育专业的学生由于缺乏工作经历与生活经验，角色转换慢，适应过程长。幼儿园在挑选和录用学前教育专业的大学毕业生时，同等条件下，往往优先考虑那些曾经参加过社会实践，具有一定组织管理能力的毕业生。这就需要学前教育专业

① 张宁．学前教育专业“现代学徒制”试点班可行性探究——以济南职业学院为例［J］．济南职业学院学报，2018（05）．

的学生在就业前就注重培养自身适应社会、融入社会的能力。而学前教育专业的现代学徒制的人才培养有助于培养和提高学生的职业素养，在一定程度上促进学生的全面系统发展，为后期高质量就业奠定良好的基础。

参与学前现代学徒制的学生后期就业率高达100%，通过现代学徒制，毕业之后80%的学生成为了幼儿园的教学骨干，并且在毕业之后没有见习期，直接与幼儿园签订了工作协议。现代学徒制也在一定程度上为幼儿园储备了优秀人才，提高了职业教育的发展效率。

（2）学生的专业理念与认知有提升。

教育部颁布的《幼儿园教师专业标准（试行）》（以下简称《专业标准》）中“专业理念与师德”是幼儿教师专业素质的核心组成部分，它包含“职业的理解与认同、对幼儿的态度与行为、对幼儿教育和保育的认识与表现、职业修养与品质”四领域、二十项基本要求，实质是从幼儿教师的职业观、儿童观、保教观与个人修养观等方面作出详细的规定，这是对幼儿教师职业的特殊要求。大部分学前教育专业的学生初次选择学前教育专业时动机不明确，缺乏职业理想。学前教育专业的院校作为培养教师的摇篮，必须以《专业标准》为主要依据，从源头抓起，加强对学前教育专业学生的专业理念与师德的职前培养，使他们正确认识幼儿教师职业，逐步形成专业认同感，这将有助于教师的专业成长和幼儿园教育质量的提升。

通过对参与现代学徒制学生的实践调查，70%以上的学生通过实践学习加深了对幼教行业系统的认识，激发了投身幼教工作的热情。30%的学生在参与现代学徒制实践后感受到幼教工作的不易，会根据自身的情况选择符合自身需求的行业工作。

（3）树立正确的幼教工作信心。

学生通过了学前现代学徒制的培养强化教育实践环节，保证反思性教学实践的时间和质量，使学生在教育实践中体悟、生成专业理念和师德。幼儿园工作岗位不仅仅完成幼儿园的集体教学，而且还要关注幼儿的生活活动、游戏活动及户外活动；幼儿园的班级管理及家长的沟通与交流等。

幼儿园教育工作面对的是 3~6 岁的儿童，因为孩子年龄小所以幼儿教师的工作琐碎繁杂。在工作中需要保教结合，既要注重保育工作又要注重教育工作；这对于学前教育专业的学生来说既有一定难度，又有一定的挑战和压力。为了有效地面对这些工作，学生必须勤学苦练；在实践中向优秀的幼儿教师学习，观察他们优秀的教学模式和方法；不断提高自身的专业能力，从而更好地适应岗位需求。把压力变为动力才能坚持不懈进行学徒学习，才能不断树立幼教工作的信心。

2. 教师层面。

（1）推动校园教师专业发展。

在学前教育专业学徒制的实践中，高校与幼儿园教师共同开展教学研究活动，共同研究人才培养方案、课程开发、考核方案及教科研活动。学校领导与教师积极开展调研活动，深入了解学前教育发展的动态和趋势，与政、行、企多维互动；拓展了教师对幼教的认知，及时高效调整优化人才培养方案。

（2）打造校园实践共同体。

学校专业教师和幼儿园指导教师组成“实践共同体”。“实践共同体”中的教师通过双导师的活动为学生提供反思和自省的内容示范，提供一些具体方法帮助学生进行反思。

学生时期所遇到的重要人物和关键事件都会在入职前对教师专业认同的形成产生重要影响。幼师院校教师和幼儿园教师的言传身教，有助于学生在模仿、体察习得中生成专业理念与师德。一方面，要发挥幼师院校教师的榜样示范作用。作为培养幼儿教师的教师，除了需要具备一般大学教师必备的素质外，还需拥有学前教育专业教师的特色，如热爱幼教事业、拥有爱心与耐心、开朗乐观、富有表现力等，这会对学生立志从教产生潜移默化的影响。学生从教师的言行中能看到教师职业内在的尊严和价值，也能看到自己努力的方向。另一方面，发挥幼儿教师的榜样示范作用。学生身边接触到的幼儿园教师，她们真实可感。事实证明，幼教名师通过行动引领学生，可以激发他们对幼教职业和事业的热爱，使他们自觉自愿地提高职业道德素质及专业能力。

3. 校园合作的层面。

（1）加强了校园的深度合作。

通过学前教育专业现代学徒制的开展，在一定程度上将幼儿教育行业、幼儿园、学前教育职教集团、武汉城市职业学院学前教育学院进行有效整合，相关的优秀人才和教师投身于学前教育专业人才培养工作中；对教学模式、教学目标任务、教学内容进行深入研究、创新改革；提高学前教育专业与幼教行业的无缝对接①。

（2）提高了幼儿园的知名度。

在学前教育专业现代学徒制实践过程中，幼儿园也积极改变传统的教学模式和教学理念，学习行业中的先进管理模式及管理制度，以推动学前教育专业的可持续发展。学校可邀请优秀在职幼儿教师为学生授课、做讲座；也可利用网站、微信、媒体宣传学前教育专业现代学徒制的实践过程，提高合作幼儿园的知名度。

三、探索了卓越幼儿教师培养的路径

（一）卓越幼儿教师驻园培养模式的新尝试

高质量的教育需要高质量的教师，我国政府正在大力发展有质量的学前教育，这就需要高质量的教师做保障。为此，国务院、国务院印发《关于加强教师队伍建设的意见》（国发〔2012〕41）号）文件中明确提出："到2020年，形成一支师德高尚、业务精湛、结构合理、充满活

---

① 陈华，张秋菊，邹敏，隆玲，李婷．学前教育专业现代学徒制试点教学实践研究［J］．智库理论，2019（37）．

力的高素质专业化教师队伍。”

著名教育家叶澜说过：“一个教师写一辈子教案不一定成为名师，如果一个教师写三年教学反思可能成为名师。”可见写教学反思对教师成长的重要性。当前教师教育倡导培养反思实践性教师；培养高质量的幼儿教师就需要培养具有专业的主体精神、持续反思能力、理性实践品性的专业工作者①。

秦金亮认为：幼儿园教师驻园培养模式的基本理念是：(1)“高水平教师不是象牙塔中培养出来的。”大学与幼儿园合作培养高水平幼儿教师是国际趋势。(2)“幼儿园不仅要促进儿童的发展，更要促进教师专业发展。”在教师专业发展的浪潮中，幼儿园新的组织功能促进教师专业发展，这其中示范性幼儿园更要为所在区域教师专业发展作出贡献。(3)“高水平教师应具有教师培养、培训的功能。”国际教师教育普遍借鉴医学院临床医院的教学功能定位，驻园模式的教师教育基地不仅具有幼儿教育的功能，而且会产生裂变效应，成为先进教育思想的实验场、区域优秀幼儿教师培养、培训的实践场②。

1. 幼儿教师实践环节培养偏弱

美国学者波斯纳曾经提出一个教师成长的简要公式：经验+反思=成长，并指出没有经过反思的经验是狭隘的经验，至多只能形成肤浅的知识。如果教师仅仅满足于获得经验而不对经验进行深入的思考，那么他的专业成长将会受到极大的限制。可见，反思是促进教师专业成长的有效途径。

秦金亮指出高师学生最大特点是“书本知识的巨人，幼儿园行动的矮子”“讲起来头头是道、口若悬河，操作起来笨手笨脚、捉襟见

① 记者专访．探索驻园培养模式 创新教师培养机制［J］．幼儿教育，2013(12).

② 记者专访．探索驻园培养模式 创新教师培养机制［J］．幼儿教育，2013(12).

肘”，相当多的高师学生会感到自卑且成功率低①。

杨华认为学前教育专业学生在见实习中缺乏有效的教育实践指导，不能很好地将所学理论与实际教学结合起来，学校对学生实践能力的培养不够重视，学生也未能很好地实现“学生身份”向“教师身份的转化”，缺乏“实践=反思”的提升②。

可以看出，学前教育专业的学生虽然接受了系统的教育理论的学习，但很难运用到实际的幼儿园工作中去，造成上述原因是因为缺乏有效的实践经验，并能在实践中生成实践性的知识智慧，可见，幼儿教师的实践教育仍然薄弱。刘小强、蒋喜锋指出，培养一名专业教师，使其掌握丰富的学科知识、接受专业理论训练是远远不够的，应将知识与实践结合，通过临床实践强化教师专业知识的生长③。

2. 幼儿教师驻园培养的意义

幼儿教师驻园培养形成了良好的高校与幼儿园合作的互助关系，通过搭建“学、研、做”校园共同体平台，发挥专业优势，带领学前教育专业的学生、通过校园两方教师开展行动研究。对高校教师如何摆正教书与育人的关系、解决科研与教学的矛盾等专业发展的困境给予了富有见地的回应，对幼儿园教师也是一次难得的学习和提升的机会，对学生来说在幼儿园岗位上有了分模块进行学习和实践的机会。

地方高校教育学者不仅是既定理论知识的传播者，也是教育问题的研究者、教育实践智慧的挖掘者和提炼者、教育实践理论的创生者。用教师专业发展学校（PDS）的理念进行 U-K 互助合作研究，用高校教师驻园的方式培养师范生和在职教师，不仅能拓宽学前教师教育的路

① 秦金亮．“全实践”理念下高师学前教育专业实践整合课程探索［J］．学前教育研究，2006（01）．

② 杨华．驻园研习——学前教育专业实训教学的路径探索［J］．教育评论，2016（03）．

③ 刘小强，蒋喜锋．教师教育改革走向何方［J］．教师教育研究，2015（01）．

径，获得满意的育人成果，更能提升合作者双方的个人境界，生成终身学习的专业自觉。

3. 学前教育专业现代学徒制驻园培养的实践

当前我国建立了初步的幼儿园教育教师教育体系，教育质量逐年提升，但同世界其他国家一样，不管是培养学前教育专业的本科生还是专科生，都是立足在学校培养。当前国家教师教育改革正在不断深入，卡内基教育在经济论坛上曾发表了《准备就绪的国家：21 世界的教育》的报告，霍姆斯基小组也曾发表了《明日的教师》《明日的学校：教师专业发展学校的设计原则》《明日的教育学院》等报告。所有这些报告都提出了教育学院要与中小学、幼儿园建立密切联系，合作建立教师专业发展学校，以帮助未来教师做好专业准备，以帮助未来教师做好专业准备，提高在职教师的教育能力。最近几年美国波士顿教育区、加利福尼亚州等推行了教师驻校（驻园）培养模式，日本文部省也在三所建立了与中学、小学、幼儿园合作的教育社区。这些都是对传统师范教育重外在强化和模拟训练局限性的超越，走出了基于教师生活实践场域的教师教育第三条路径①。

我国颁布的《幼儿园教师专业标准（试行）》（以下简称《专业标准》）则提出了“幼儿为本、师德为先、能力为重、终身学习”的基本理念，《教师教育课程标准（试行）》提出：“儿童为本、实践取向、终身学习”的基本理念，强调要培养教师基于儿童发展，基于实践场的教育教学能力。《专业标准》引领下的专业养成教育区别于无目标指向的博雅教育（即素质教育），“能力为重”的特点也区别于传统的“音美舞技能训练”。幼儿教师教育必须突破传统的“知识拥有者”“技能熟练者”的培养方向，在专业理想、专业精神的指

① 本刊记者探索驻园培养模式．创新教师培养机制——专访浙江师范大学幼儿师范学院院长秦金亮教授［J］．幼儿教育，2013（12）．

引下，以反思实践性实践来弥合知识与技能间的裂痕①。基于以上的思路，我校学前教育专业近年来探索了学前教育现代学徒制驻园培养的新模式。主要是在中高衔接对口招生模式中技能高考（3+3）学生中进行培养，通过实践，我们认为这种人才培养模式是培养反思性实践者的理想模式。

（二）卓越幼儿教师现代学徒制培养模式的新探索

学前教育是基础教育的组成部分，是终身教育的奠基阶段。中高职衔接是构建现代职业教育体系的重点工程；学前教育中高职衔接人才培养符合国际社会教师培养渠道；即由单封闭向多元开放、“定向型”向“混合型”与“非定向型”转变。中高职衔接包括对口招生模式、分段贯通模式、五年一贯制三种模式②。

对口招生模式是中职毕业生通过参加高考入读高职院校的一种途径，即技能高考 3+2 模式。分段贯通模式中高职衔接三二分段模式，是指中职学段学习 3 年，高职学段学习 2 年后，取得专科毕业证和高级职业资格证书的一种中高职衔接模式。五年一贯制又称初中起点的大专教育，招收参加中考的初中毕业生，直接进入高等职业院校学习，进行一贯制的培养。

为了尝试“现代学徒制”在学前教育专业的实践研究，促进学前教育专业人才培养模式的新探索；根据中高衔接学前教育专业中五年一贯制、对口招生（技能高考 3+3）、分段贯通（中高衔接 3+2）三种学制前 3 年都有接受学前教育专业学习的背景，且有后 2 年或 3 年通过考核升入高职学前教育专业继续学习的基本条件，笔者在武汉城市职业学院学前教育专业学生中，通过问卷调查与访谈了解对口招生、分段贯

① 本刊记者探索驻园培养模式．创新教师培养机制——专访浙江师范大学幼儿师范学院院长秦金亮教授［J］．幼儿教育，2013（12）．

② 周佳明．中外中高职教育衔接模式比较研究［J］．教育教学论坛，2013（08）．

通、五年一贯制三种不同类型学生对现代学徒制的知晓情况，进而提出相应的对策及建议。

1. 调研的基本情况

（1）调查的目的。

通过对对口招生模式、分段贯通及五年一贯制三种不同类型学前教育专业学生对现代学徒制的了解及参与意愿情况的调研，分析和探究现代学徒制在学前教育专业影响实施的因素，预设学生在学前现代学徒制实施过程中可能出现的问题，为发挥现代学徒制在学前人才培养方面的优势作用提供现实参考，进一步推动高职学前教育专业人才培养模式的改革，为卓越幼儿教师培养探索育人路径。

（2）调查的对象。

本研究的调查对象主要集中于武汉城市职业学院学前教育学院三种学制的学生，分别是：五年一贯制学生 297 人，对口招生（技能高考 3+3）学生 378 人，分段贯通（中高衔接 3+2）学生 87 人。三种不同类型学制系统的学生特点如表 8-1：

表 8-1　**研究对象分析**

类型	解　释	特　点
对口招生 3+3	高校招收中职学校毕业生，以技能操作考试为主、文化考试为辅，为中职学校的学生进入高等院校提供了一种新途径	专业技能较强，可以很好地完成现代学徒制人才培养中的学生与企业员工角色上的快速转换
分段贯通 3+2	以专科生身份进入试点高职高专院校学习，前 3 年在合作中职幼师培养，第 3 年经考核测试后，择优选拔部分学生进入衔接高校学习 2 年	具备开展实际职业活动的能力，具有现代学徒制人才培养技能完备的特点

续表

类型	解释	特点
五年一贯制	“初中起点大专教育”，招收参加中考的初中毕业生，达到录取成绩后，在高职院校学前教育专业学习；第3年经过考核，合格后进入高等职业学校学习，进行一贯制的培养	充足的教学时间，让学生拥有更多的时间去学习完善专业知识和技能，使得学生拥有更好的专业技能、专业水平，可以把专业学得更好、更精进，去幼儿园工作更有竞争力。学习场所在高职院校。在第4年安排学前现代学徒制实践更有基础；有利于现代学徒制人才培养模式的推进

（3）调研的方法。

本研究主要采用了问卷调查法、文献分析法和访谈法。

①问卷调查法。

高职学生作为“现代学徒制”在实践过程中的重要主体之一，她们对于“现代学徒制”的看法及需求在维护其主体地位、满足其学习和就业需要、促进教育教学改革等方面发挥着不可或缺的作用。本研究基于高职学生视角，进一步加强“现代学徒制”在学前教育专业的实践研究，以期更好地探索和建立更适合学生发展的学前教育“现代学徒制”的体制。

通过明确调查方向和目的，本次调查研究为网络问卷调查，针对不同类型学制的学生发放调查表。根据研究需要，采用整群抽样原则，从武汉城市学院学前教育学院分别选取五年一贯制、对口招生（技能高考3+3）、分段贯通（3+2）学制学生为样本，其中五年一贯制学生297份，对口招生（技能高考3+3）学生378份，分段贯通（3+2）学生87份，回收有效问卷762份，回收率100%。问卷采取不记名方式，由学生本人填写。

②文献分析法。

文献分析法的主要目的是了解现有研究进展和研究结果，一方面可以为本研究提供更加清晰的研究方向，另一方面已有的研究成果可以为本研究提供理论支撑和重要的参考。通过对相关书籍、网络资料、学术论文及相关期刊网络资源的收集，搜集梳理与本主题内容相关的期刊文章、硕博论文、来自于政府和教育主管部门的文件等方面资料，了解与之相关的最新动态，借鉴已有成果，丰富本研究的理论基础。

③访谈法。

访谈法最主要的目的是进一步了解学生对于现代学徒制的作用及在实践学习过程中的所思所感。在深入了解现代学徒制的具体实施情况和实际作用并提供理论依据的同时，也可以为进一步完善和发展提供有效参考。

2. 调查结果与分析

（1）现代学徒制能够进一步强化学生的专业知识、提升专业能力。

通过对五年一贯制学生 297 人，对口招生（技能高考 3+3）学生 378 人，分段贯通 3+2 学生 87 人，三种不同类型学制系统的学生调查发现，89%的学生认为学校与幼儿园双导师的培养模式有利于丰富专业知识、提升专业能力。现代学徒制改变了传统的集中式的知识传授模式，将知识学习与实践锻炼即知识与专业技能的应用相结合；在时间节点的安排上更为紧凑，让学生可以在较短的时间内实现知识学习与实践应用相互配合。有助于及时巩固知识，还提升了学生理论联系实际的能力。《幼儿园教师专业标准（试行）》指出：幼儿园教师的专业能力包括七方面的能力，即：环境的创设与利用；一日生活的组织与保育；游戏活动的支持与引导；教育活动的计划与实施；激励与评价；沟通与合作；反思与发展①这七个方面的专业能力是高职院校学前教育专业的学生们从事幼儿园工作必备的技能，而这些技能又

① 中华人民共和国教育部．幼儿园教师专业标准（试行）（征求意见稿）[EB/OL]．（2012-12-12）[2019-10-03]．http：//old. moe. gov. cn/publicfiles/business/htmlfiles/moe/s6127/201112/127838. html.

需要与幼儿园岗位对接，现代学徒制的培养模式更有利于学生这部分能力的提高。访谈中学生说："以前老师在课堂上给我们讲的很多知识，在幼儿园实习的时候我都能逐渐回想起来，并且会跟幼儿园的老师们交流，她们提出来的看法让我对幼儿经常出现的很多问题有了更深入的认识；对我来说，幼儿园的实习让我加深了理论与实践的结合，个人进步很大。"

总之，学生在幼儿园实践学习对自己的专业成长与发展有很大的帮助，中高职衔接三种不同类型学制的学生有 3 年中职学前教育学习的背景和经历；毕业后基本能适应幼儿园教师的岗位要求，在实习过程中也能顺利完成幼儿园岗位工作，学生在实训过程中能运用所学知识解决幼儿园的实际问题。

（2）学生对"现代学徒制"的了解程度与"参与意愿"有关。

现代学徒制作为一种新型的人才培养模式，学生对其的了解有限。调查中发现，31%的学生完全不了解什么是现代学徒制，43%的学生对现代学徒制有初步了解，只有 25%的学生完全了解现代学徒制。这一数据说明，学生对于现代学徒制普遍缺乏深入了解。这一现象对其参与意愿有直接影响。如表 8-2 所示，只有 31. 2%的学生对这种新的人才培养模式充满信心，愿意尝试，他们认为："幼儿园实践和上课，两种学习方法更有意思。不用每天都在教室，而且我们就是缺乏幼儿园全实践的机会。"

表 8-2　**学生参与意愿**

		频数	百分比	累计百分比
有效	非常想尝试	238	31. 2	31. 2
	有点儿想尝试	309	40. 4	71. 8
	兴趣一般	189	24. 7	96. 6
	完全没有信心	28	3. 7	100. 0
总计		764	100. 0	

如表 8-3 所示，通过相关性检验发现，学生对“现代学徒制”的了解程度与学生参与意愿的皮尔逊相关系数 $r = 0.192$，且双侧检验 $p < 0.01$。这表明，学生对“现代学徒制”的了解程度与其是否愿意参加此种培养模式之间相关性显著。越了解现代学徒制优点的学生其参与度越高，反之，则持有怀疑观望的态度。

表 8-3 对“现代学徒制”了解程度与参与意愿的相关性结果分析

了解程度	pearson 相关	0. 192**
	显著性（双侧）	0. 000
	N	764

注：**. 在 0. 01（双侧）显著相关。

对这部分学生进行访谈发现，他们普遍认为：“学姐们以前都是在学校中学习，觉得也可以。去幼儿园还要适应新的环境，我觉得对自己来说还是很有挑战的。”

（3）时间上，学生倾向于以月为单位，校企交替培养（见图 8-1）。

相比较其他校企培养时间来说，大部分学生更倾向于以月为时间间隔，进行校园交替。所以在现代学徒制模式下的校企合作中，应适当考虑学生的这一意见，采取一个月的学校学习与一个月的幼儿园实践相结合的模式，更好地实现工学结合，实现一体化育人。

（4）不同学制系统下学生需要不同。

校企合作的核心是学生，实现价值最大化的重要影响因素是学生的需求。工学结合首先要了解学生的需求，企业（幼儿园）和企业（幼儿园）导师才能有计划、有目的地进行人才培养，以满足学生的现实需求。调查中发现，中高衔接三种学制系统的学生对于期待从企业（幼儿园）所获取的知识技能的类型不一样。如图 8-3 所示，五年一贯制学生更倾向于依次获得幼教新理念、教育活动的组织技能、沟通与合作的技能，弹唱跳画的能力、游戏活动的组织技能、激励与评价技能、

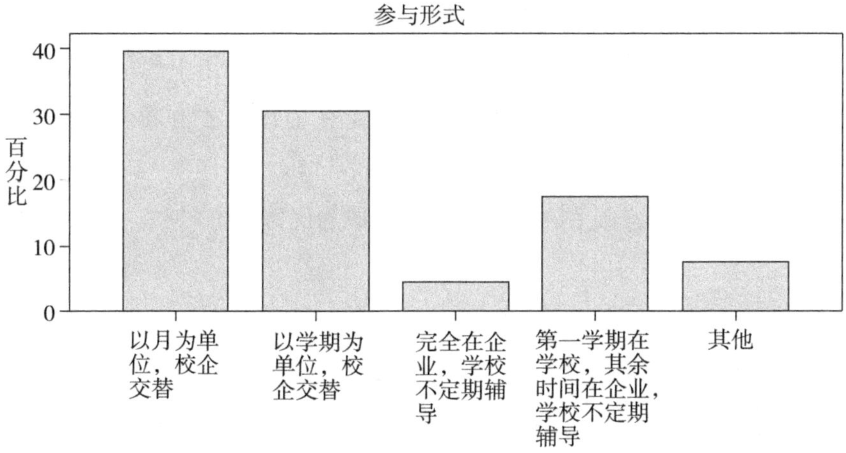

图 8-1　学生参与学徒制对学习时间及形式的需求

反思与发展技能、环境创设的技能、家园共育的技能。

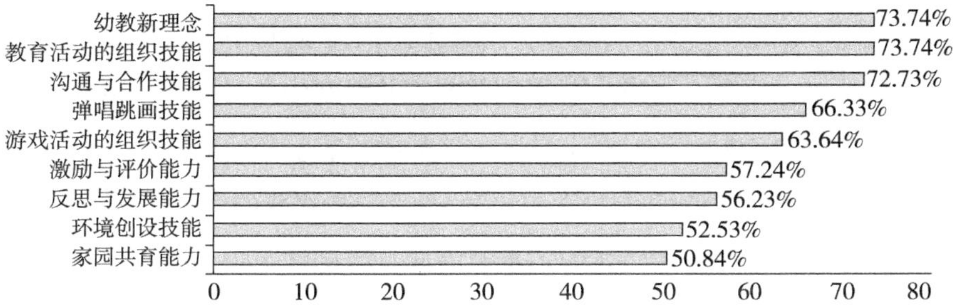

图 8-2　五年一贯制学生需求

技能高考类的学生与五年一贯制学生不同，他们更倾向于希望从幼儿园获取的能力依次是幼教新理念、教育活动的组织技能、家园共育的技能、沟通与合作的技能、游戏活动的组织技能、反思与发展技能、弹唱跳画的能力、环境创设的技能、激励与评价技能。

分段贯通（3+2）学生则更倾向于获得沟通与合作技能、幼教新理念、家园共育能力、教育活动的组织技能、游戏活动的组织技能、弹唱跳画技能、反思与发展能力、环境创设技能以及激励与评价能力。

可见，不同学制系统下，学生在校企（园）合作中想从企业（幼儿园）获取的知识内容不同。因此，企业在培育人才方面应充分考虑学生的现实需要，有针对性地进行教育。

（5）参与现代学徒制的期望集中于"成为优秀专业人才"（见图 8-3）。

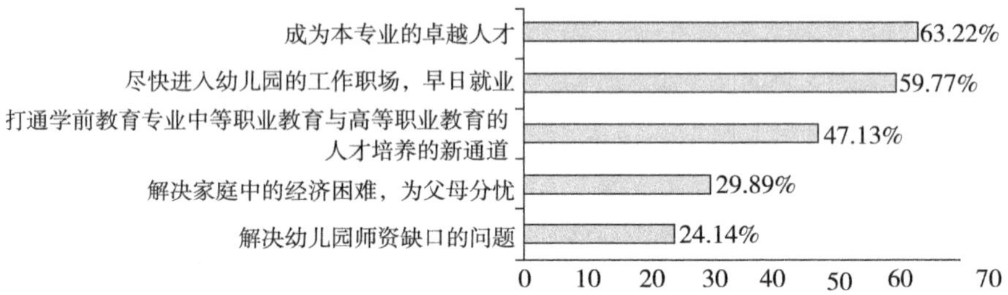

图 8-3　学生参与现代学徒制的原因分析

研究中发现，学生对于现代学徒制的期望普遍集中于希望成为优秀的幼教人才，在专业知识和专业能力上能够得到较高的提升。愿意参与现代学徒制的学生，普遍对于自己未来的成长有较高的期待。这一现象也说明，有较高职业期待的学生更愿意参与这种新的学前人才培养模式，以弥补传统的育人模式的不足。因此，帮助学生树立职业理想，能够从根源上提高学生参与现代学徒制的意愿，也能够更好地促进学生成长和进步。

（6）学生缺少"现代学徒制"人才培养方式的理性认识。

调查显示在不同类型学生中了解现代学徒制的学生比例占 26.72%，说明了不同学制学生对"学徒制这样一种培养体系的"不了解。

对这种新的人才培养模式——现代学徒制，不同学制的学生大多愿意尝试，五年一贯制近乎一半的学生在现代学徒制的培养模式下希望学习的模式是以月为单位，在学校和企业交替学习，并且学生们认为现代学徒制的学习方式对于个人技能的提升以及未来专业的发展是有帮助的。

愿意参与中高衔接学前教育专业现代学徒制试点五年一贯制的学生占 55.22%，分段贯通（3+2）学生愿意参与的占 71.8%，技能高考愿意参与的占 84.66%，学前教育专业学生认为通过现代学徒制学习，个人的专业水平会有所提升，毕业后学生们愿意考虑到现代学徒制试点幼儿园继续工作。

通过这种现代学徒制模式的学习学生们期待获得幼教新理念、沟通与合作的技能、教育活动组织技能等，重点在专业理论知识、专业技能、团队合作及沟通能力等方面。

3. 关于现代学徒制背景下卓越幼儿教师培养的思考

随着时代的发展，“卓越”已成为我国教师教育改革发展的追求，卓越教师的培养也成为我国教师教育的努力方向。2014 年 8 月，国家教育部颁布了《关于实施卓越教师培养计划的意见》提出：“深化教师培养模式改革，建立高校与地方政府、中小学（幼儿园）协同培养的新机制。”另外，针对目前幼儿教师培养中实践教育相对薄弱的问题，教育部提出“加强幼儿园教师培养”改革试点项目①。

“卓越”二字在辞海中的释义为：杰出、超出一般，现代汉语词典对卓越的解释为：非常优秀、超出一般②。毕景刚认为“卓越”即是超出寻常、非常优秀，“卓越教师”就是指教师的能力结构和个人素养等方面都要超出普通教师的教师③。施雨丹和卢晓中关于“卓越教师”内容的观点是师德高尚、专业基本功扎实、教育教学能力和自我发展能

---

① 中华人民共和国教育部．教育部关于实施卓越教师培养计划 2.0 的意见（教师〔2018〕13 号）[EB/OL]．(2018-09-30) [2019-10-03]．http：//www.moe.gov.cn/srcsite/A10/s7011/201810/t20181010_350998.html.

② 李安贵等．卓越教师内涵、品质及培养途径 [J]．当代教师教育，2016(06).

③ 毕景刚．“卓越教师”计划之背景、内涵及策略 [J]．教育理论与实践，2014 (11).

力较之于普通教师更加突出的教师①。笔者认为卓越教师就是指杰出、优秀，超出一般的幼儿教师，他们是师德高尚、综合素质全面、保教能力突出、具有独特人格魅力的幼儿教师。

根据调查研究的结果，传统的学前教育专业人才培养缺少与幼儿园一线教学的对接。将现代学徒制的人才培养模式运用到学前教育专业学生的培养，通过学校与企业（幼儿园）的深度合作、老师与师傅的联合培养，对学生进行理论知识与实际操作的双向培养；从学生的培养过渡到专业教师的培养。“学徒”和“准幼儿教师”并存；充分发挥学校和幼儿园双主体培养的作用，多层次、多维度建立人才培养新系统。根据中高衔接学前教育专业的学生在现代学徒制的实践中设计卓越幼儿教师培养的路径，为卓越幼儿教师培养助力。

（1）选好苗、选好园是开展现代学徒制培养卓越教师的关键。

开展学前现代学徒制实践研究应在调研访谈的基础上挑选好当学徒的学生和实践的幼儿园。学徒可从中高职衔接对口招生、分段贯通及五年一贯制三种学制中选择品学兼优、有积极参与学前现代学徒制实践的意愿及在实践前幼儿教师资格证笔试通过的学生通过面试进行挑选。进行现代学徒制的幼儿园应该是有强烈意愿的市级示范性公办幼儿园及社会声誉高、教育理念先进、管理规范的民办幼儿园。两种类型的幼儿园都应基于学徒经费支持及购买保险。“招生即招工”“招工即招生”，这是开展学前现代学徒制的基本保障，为卓越幼儿教师的培养打下坚实的基础。

（2）双导师协同联动关注卓越教师的全方位多角度的培养。

通过学前教育专业的现代学徒制实践研究将学校、学校教师、学生、幼儿园，以及幼儿园教师等相关因素进行紧密的联结，协同互赢、合作联动。推行工学结合，实施双导师制，学校确定有丰富指导经验的

---

① 施雨丹，卢晓中．论卓越教师的素质构成——基于广州市中小学教师访谈分析［J］．中国教育学刊，2015（09）．

专业教师作导师，指导学生理论学习；学徒制的合作园选派优秀的、有实习指导经验的教师作师傅，负责学生岗位技能指导。根据职业教育“五个对接”的要求，以人才培养对接用人需求、专业对接产业、课程对接岗位、教材对接技能为切入点，重设人才培养方案、重构课程体系，整合课程内容，确定课程标准。

学前教育是综合性、专业性、师范性、实践性很强的职业，它应以“人本主义”“终身教育”为指导思想，由学校和幼儿园共同推进的一项育人模式即：就读即就业、学做一体、研训交替。引领学前教育专业现代学徒制人才培养模式的探索，遵循国家职业教育的教育理念，强调学生共性与个性培养模式设计，兼顾职业能力与人文素养，实现了高职学前教育专业人才培养模式再创新。

（3）“双标准”学徒评价推进卓越教师综合能力的提升。

高职学前教育专业现代学徒制人才培养模式是一个多层次、多维度的研究领域，涉及社会需求、教育目标、理论指导等多项引领系统，

现代学徒制是以校企双元育人为前提、以工学交替为核心的人才培养模式，采取校-园“双主体”育人机制，教学不再是学校本位，学校和幼儿园都是教学的主体。课程开发设置围绕企业的核心工作岗位进行，学生以工学交替的方式进行学习，学生同时拥有“学生”和“学徒”双重身分。在这样的前提下，学生完成学业既要达到“学业标准”的要求，又要达到“学徒标准”的要求。建立“学业标准”和“学徒标准”相结合的“双标准”考核评价体系，要求改革之前的“考试+证书”或“考试+技能+证书”的单一评价模式，从评价主体、评价方法、评价内容和标准等方面实现多元化①。评价体系构建的核心要将人才培养作为根本目标，树立“以学生为本”的理念。引导学生正确认识自我，以激发出无限潜能，确立多元化的评价主体。

① 张春华．基于现代学徒制的学生评价体系的建立——以乳品工艺专业为例［J］．课程教育研究，2017（16）．

校园双方要将职业认证考核标准与岗位晋升等级考核标准作为课程考核的重要指标，探索课程考核与岗位资格考核贯通，工作业绩考核、师傅评价与学习成绩的互认和衔接，逐步建立以行业、幼儿园为主导，应用为目的的学校、幼儿园、行业三方评价机制，促进职业教育专业教学评价标准与评价主体的有效衔接。其研究分析方式又有助于合理建构人才培养模式质量评价体系建设。好的教育评价应能促进和激励学生更多、更好地投入学习，帮助教师不断地反思和改进其教学，促进教师在专业上不断地得到成长与进步。现代学徒制下学生与教师、学生与师傅在“教与学”的过程中，是一种交互式记忆关系①，学生的“学”是在工作任务完成的过程中得以实现的，教师在此过程中完成引导、监督和评价的作用。这就决定了现代学徒制下的学业评价方式应以形成性评价为主，可以辅以终结性测验。在形成性评价过程中，学生对工作任务的完成，往往很难以单独的一个分数来评价，所以需要将量性与质性评价相结合，也就是将分数与描述性评价有机地结合起来。教师在学生完成工作任务的过程中，通过现场观察、访谈、搜集第三方证据等方式，对学生进行量性与质性的评价，实现量性评价和质性评价的有机结合。

随着校园合作的不断深入，使得评价体系能够更加符合中高衔接学前教育专业卓越教师人才培养的要求，通过现代学徒制在中高衔接学前教育专业的实践，为卓越幼儿教师的培养助力。

①学前教育专业现代学徒制遇到的瓶颈及对策。

实施现代学徒制成为当今高等职业教育改革发展的重要趋势，为贯彻落实全国、全省职业教育工作会议精神，根据教育部相关文件精神要求，2015 年，教育部遴选确定了 165 家首批现代学徒制试点单位，其中试点地区 17 个，试点企业 8 家，试点院校 127 所（其中，高职 100

① 朱建军．现代学徒制下学生学业评价理念浅探［J］．文教资料，2016（17）．

所，中职27所），试点行业协会13个，共计参与企业1878家，院校37所，试点专业535个，涉及学生36228人；各试点共承诺资金5.9亿元①。2016年4月，湖北省教育厅下发《省教育厅关于印发湖北省职业院校现代学徒制试点工作方案的通知》（鄂教职成〔2016〕2号），公布湖北省首批现代学徒制试点单位名单，其中区域试点单位4个，试点学校36所，行业协会1个。我省、市现代学徒制试点工作全面启动。经研究，现代学徒制试点无论在国家层面还是省市层面都与技能操作性较强的专业如机电技术应用、建筑室内设计技术、汽车运用与维修技术、工艺美术、酒店管理、计算机应用技术、国际贸易实务、石油化工生产技术、工程造价、铁道工程、中医职业教育等结合紧密，鲜见师范教育类，尤其是与学前教育专业结合的尝试，处于空白状态。这种现状既是因专业性质不同而产生的客观事实，又为学前教育专业现代学徒制试点创造了良好的机遇和挑战。

②高职院校学前教育专业实施现代学徒制的瓶颈。

1）企业（幼儿园）在教育理念方面存在误差。

首先，高职院校与企业（幼儿园）对现代学徒制的理解存在偏差，在课程设置、实践环节比例、工学交替形式等方面缺乏深入系统的研究。其次，由于幼儿园总体缺教师，开展学徒工作的热情非常高，但因幼儿园工作琐碎，导师工作繁忙其对学徒的指导力度有限。再次，担心人才流失，部分幼儿园在参与现代学徒上态度不够积极，没有认识到现代学徒制度对企业人才培养的重要意义。另外，高职院校在培养人才过程中较为封闭、创新不足，在实践过程中投入大量时间以及人力成本不足，致使现代学徒制度改革进程艰难。最后，现代学徒制度会造成课程设置、教学内容、授课方式上的种种改变，使得教师与企业（幼儿园）管理人员在实际推动学徒制工作时内在动力不

① 王杨南．把握质量核心 突出双元主体 扎实推进现代学徒制试点工作［J］．中国职业技术教育，2017（08）．

足，容易产生困惑与迷茫。

2）政策法律与制度规范上存在缺位。

从2011年第一个国家现代学徒制试点平台建立至今，已有7年时间，但从国家政策法律上看，现代学徒制度模式还不够完善，相关政策多产生于校企合作的实践层面且较为宏观，缺乏具有可操作性的实施细则，严重影响了我国师范类教育专业现代学徒制的发展进程。目前国内的学徒制人才培养模式各具特色，但也存在着或流于形式无法深入，或在合作具体过程中产生诸多问题和隐患，权责利不清晰。政策和制度上的缺位不仅影响学徒制的有效运行，还会引发人身安全、财产资金和管理上的多种法律风险，对现代学徒制的深入贯彻和落实有较大的制约。

3）教学方式和评价机制尚待完善。

目前，现代学徒制的推广仍处在试点阶段，其教学方式和评价机制尚不完善。大部分高职院校的人才培养方式仍局限于传统的教学方式和内容，教学过程过于注重知识技能传授。传统的教学模式存在三方面突出性不足，即教学内容更新缓慢，跟不上实际，学生对企业工作（幼儿园）的岗位还缺乏较深入的认识。校内教师在工作经验上与相关企业技术专家有较大差距，传授的知识缺乏实操性。培养出的人才虽然有一定知识理念，但距离企业（幼儿园）实际需要，毕业就上岗的目标仍存在较大差距。

（二）实施现代学徒制问题的对策

1. 加强学习，树立理念，提高认识

当前我国现代学徒制过于局限于地方教育部门、职业院校以及行业企业，在理念的认识上也缺乏统一性。因此，应从国家和社会层面全面深化对现代学徒制的宣传和引导，使全社会各行各业都能广泛认识到知识学习与企业实践相协同的重要意义。在此过程中，可有效借助互联网以及新媒体的传播力，加大对成功案例的宣传推广，建立创新鼓励制度，加大现代学徒制的公信力、影响力。同时，有关部门可在校企评估

过程中引入现代学徒制所获成果，建立各地区不同的现代学徒制评价体系，奖励取得重大成果的企业、院校，调动参与积极性，加快推进现代学徒制在我国的全面实施。

2. 完善现代学徒制度法律政策和管理制度

现代学徒制需要法律和政策的支持作为有效保障，更有赖于各方面力量的密切合作。政府要明确自身责任，出台具有可操作性的实施细则，从制度上确保现代学徒制的顺利实施。如《职业教育发展实施细则》以及《现代学徒制培养条例》，校企应充分认识自身职责以及现代学徒制度的法律法规，从而为现代学徒制度的发展、落实提供有效保障。其次，国家、政府应创立相关政策，鼓舞、引导企业让学生入企（园）实习，尽力配合院校工作，企业（幼儿园）应在学生实践过程中给予一定激励，将学生实训工作标准与企业（幼儿园）员工评定标准相结合，制定办法给予培养学生的工作人员、单位一定鼓励。最后，注重企业（幼儿园）组织和管理能力建设，优化、加强制定校企合作过程中实践目标，由职业教育指导委员会创建相关实践学习的具体标准，推动现代学徒制全面发展。引导、鼓励学生参加到企业岗位工作中、积极参加企业考核、职业能力鉴定，使学生获得符合岗位能力要求的职业能力证书。校企双方要明确在校企合作过程中各自的权责利，充分明确校企双方在合作过程中能够共享和利用的资源，以及双方通过合作能够获得的收益。

3. 构建科学的“理论+技能”双导师考评体系

经验丰富的师傅（幼儿园技能导师）引导学生工作并对其进行培养是现代学徒制的特点之一，现代学徒制度的师资力量包含：企业（幼儿园）中资历较深的员工（教师）、企业（幼儿园）相关专家、学校内专业教师、校内专业实训教师。现代学徒制教育过程中，应尽快建立一套科学合理的双导师考评体系。建立开放的师资准入制度，完善教学团队建设机制，规范教学团队的管理与培训，不断增强企业导师的教学基本功和学校导师的动手实践能力，建立起一支能实现现代学徒制培养目标的高质量教学团队。

结束语

要建立起现代化的职业教育体系仅依靠传统的课堂学习远远不够，更不能一蹴而就。现代学徒制在政府及教育部门的推动下取得了一定成效，但也应看到其在实施过程中存在的诸多问题。虽提出了部分对策和解决路径但受多方面限制，仍有未尽之处。今后，将不断深入研究思考，在理论和实践层面多做尝试，争取真正挖掘出解决试点问题的有效建议，为推进我国现代学徒制长远稳定的发展而努力。

☞ **附件：学徒岗位成长点滴**

附件一（一）佳琦岗位成长

梅花香自苦寒来　幼教阶梯攀高峰

——全国高职院校学前教育专业技能大赛二等奖获得者佳琦的成长之路

夏宇虹　陶秋兰

冬天到了，春天还会远吗？不经冬天的洗礼，怎见春天的美丽？不经苦学的磨砺，怎见成功的光芒？

——题记

一、选手风采

1. 勤学苦练铸本领

佳琦，武汉城市职业学院学前教育专业 2015 级学生，湖北黄石人；2018 年考入湖北省黄石市机关幼儿园成为一名正式编制的幼儿教师。

4 年前她参加了湖北省首届中职学生学前教育专业技能高考，以优异的成绩录取到了武汉城市职业学院这所同批次专科院校中分数线最高的学校，这所学校也是湖北省中职学校学前教育专业技能高考的主考院校。教书育人，做一个孩子王是她从小的梦想，她坚信，勤学苦练，定能实现人生的梦想！

入学以来，佳琦对自己的要求十分严格，她始终以提高自身综合素质为目标，以全面发展为努力方向，大一刚入学她就向院学生党组织递交了入党申请书，积极参加党课的学习；树立了正确的世界观、人生观和价值观。学习上，她勤奋刻苦，孜孜以求，课余时间她积极参加各项活动。大学一年级曾担任过大型晚会主持人，参加了校级辩论赛，还在湖北省国培素质提高工程培训项目中担任志愿者。大学二年级，佳琦主动成为教师助理、学生辅导员，还参加了学校内的许多专业比赛，获得了良好的成绩。

2. 精益求精显功夫

2016 年 11 月，佳琦积极参加第七届湖北省普通高校师范专业大学生教学技能比赛的院内选拔，与众多学姐及学哥一同切磋，一同 PK；她凭着顽强的意志、执著的精神及良好的专业素质坚持了下来。她坚信通过不懈的努力一定能够成功。老师们也给了她许多鼓励及专业的指导。参加校内选拔后，佳琦代表学校与全省大专及本科院校学生同台竞技。赛前训练时，老师们从专业知识到教学技能对她进行全方位的训练及指导，还安排她到幼儿园进行跟岗实践，定期分批安排各班同学轮流来配合她的教学活动。比赛当天，指导老师还在宾馆里帮她进行课程梳理。佳琦与来自湖北省高校的参赛代表同台竞技，经过激烈角逐，获得了全场最高分，荣获湖北省第七届普通高校师范专业大学生教学技能竞赛一等奖。

3. 出色表现获嘉奖

2016 年寒假过后，国赛来临；在经历数轮选拔后，佳琦又进入了国赛的备赛训练环节。训练中，许多老师牺牲了个人时间为她进行辅导，更有老师们陪她“挑灯夜读”直到教学楼都锁上了门。

两天一次的高强度赛前模拟，压力确实很大，佳琦也黯然伤心过、也曾怀疑过自己。卓萍和夏宇虹两位院长及老师们送来的温暖的慰问及春风化雨般的鼓励，让她重新燃起了斗志。最终，佳琦以优异的成绩获得全国第一届职业院校技能大赛二等奖。在拿到奖状的那刻，她说：

图 8-4　左一：佳琦

图 8-5　右一：佳琦

“我最感谢的，是帮助我的所有的老师和同学们，感谢你们的辛勤付出！”

获得奖项之后的佳琦并没有骄傲自满，在不断地提高自己的科学文化素质及学前教育专业素养的同时，她努力提高自己的思想道德素

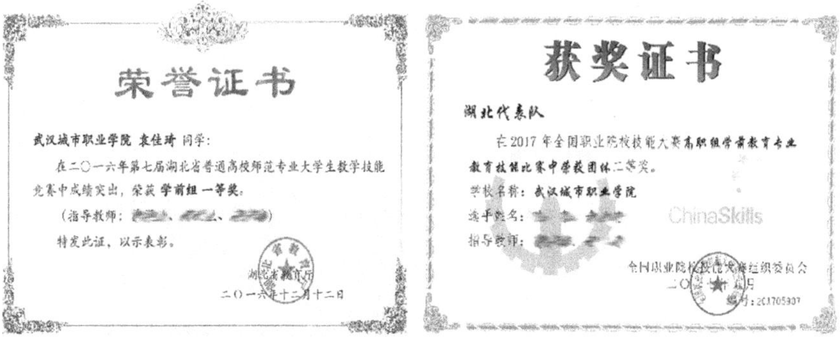

图 8-6　获奖证书

质，使自己成为德、智、体、美、劳诸方面全面发展以适应 21 世纪时代要求的复合型人才；把积极掌握牢固的专业知识作为将来工作和服务他人、奉献社会的根本。她参加了武汉市级的多项志愿者活动；配合武汉市“十九大”——“中国同心圆”拍摄宣传片的工作；参与校内大型活动、比赛近 30 项；多次担任院级活动主持人及表演者等，受到了老师和同学们的一致认可，获得了学校的校长奖学金奖励。

二、成长档案

1. 校园共培养

2017 年 9 月，在学前教育学院夏宇虹教授的推荐下，佳琦参与到高等职业教育创新行动计划（2015—2018）——学前教育专业现代学徒制试点建设项目之中。经过双向选择招录，她来到了学前教育专业学徒制的合作实践单位、省级示范性幼儿园——湖北省第三机关幼儿园的小九班。在 2015 级学生当中只有她一个人参与了这一研究项目。学校通过与幼儿园的紧密对接，通过校园结合为她一人单独定制了校—园共商的人才培养方案，从此佳琦的幼教之旅开始了新篇章。

在进入现代学徒制计划后，佳琦全身心在省三幼进行实践培养。整个计划中，她阶段性完成了不同岗位的工作，由张翠霞老师带领她在实

图 8-7 左四：佳琦

践中逐一完成指导教师团队和幼儿园事先列出的学习任务清单。学校的指导教师团队——夏宇虹院长、李俊老师、向华老师、程智老师、郭轩老师每周也定点下园，针对她的实际情况和问题对她进行现场授课和指导点评。

图 8-8 佳琦在现代学徒制试点幼儿园的教学活动

2. 岗位促成长

在园期间，佳琦尝试了三种不同的岗位工作：第一学期她主要进行保育员岗位能力培养，负责幼儿全面生活管理事宜、室内外清洁卫生等工作，同时辅助上、下午班进行工作，共同组织课内外各种活动。期间她遇到过困难，动作不够快，考虑事情不够周到，但经过张老师的耐心指导，安老师的热心帮助，学校指导老师的悉心教育，以及自己的努力之后，已经能熟练掌握生活班各项工作。在第一个学期中，她参与了不少活动：省重点课题娃娃莲香中挪国际研讨交流活动；武汉市三优幼儿园评比；武昌区“十个小本领”论文评比等。第二学期，佳琦以月为单位，轮换进行上、下午班的工作。二月，张老师让她尝试组织下学期的家长会，于是，她根据本班情况写了一篇家长会计划，张老师过目后说出她的建议，使佳琦备受启发。同时，在家长会上张老师耐心做出示范，并让她在会议上以生活老师的角度进行发言。担任下午班工作时，佳琦有目的、有计划、有准备地组织开展了游戏活动及户外活动等。期间，她尝试辅助张老师同家长进行交流工作，使自己了解到“班长”的岗位职责。第二个月，她专心于上午班工作，制定小九班每周活动安排，有计划地组织幼儿进行区域游戏、教学活动、户外活动等半日活动，积极参加教研、科研活动，如：节气课程——夏至节气的教案编写工作。这一学期活动也不少：有不同的节日课程、六一演出、省级示范园检查等。

三、精彩人生

佳琦通过省赛和国赛的历练及参与学前教育专业的现代学徒制实践研究，将学校、学校教师、学生、幼儿园以及幼儿园教师等相关因素进行紧密的联结，协同互赢、合作联动。推行工学结合，实施双导师制，学校确定有丰富指导经验的专业教师作导师，指导佳琦的理论学习；学徒制的合作园——湖北省第三机关幼儿园选派优秀有实习指导经验的教师作师傅，负责岗位技能指导。根据职业教育“五个对接”的要求，以人才培养对接用人需求、专业对接产业、课程对接岗位、教材对接技能为切入点，重设人才培养方案、重构课程体系，整合课程内容，确定

图 8-9 现代学徒制总结大会佳琦做总结

课程标准，让佳琦在幼儿园的实践场不断成长。

1. 幼教阶梯攀高峰

2018 年 4 月，回到家乡的佳琦义无反顾地报名参加了湖北省黄石市事业单位招聘考试，最终以总分第一名的优异成绩考入黄石市委机关幼儿园。2018 年 8 月，佳琦正式开始了她的幼儿园执教生涯。

初入职场，有很多方面不够了解。佳琦凭借着自身的勤奋和努力，快速适应了幼儿园环境。她积极参加各种活动：接受幼儿园教师业务培训、多次参与外出学习活动、围绕艺术领域进行教学设计等。在领导的指导以及全体青年教师的共同交流中，她也获得了不少经验，业务水平得到了显著提高。功夫不负有心人，好成绩是汗水浇灌出来的。工作的第一个学期，她参加了市直机关诵读比赛，获得黄石港片区一等奖，并代表机关参加市总决赛。年底，她还参加了全国幼儿园优秀游戏活动案例比赛，获得黄石市幼儿园优秀游戏案例一等奖、湖北省幼儿园优秀游戏案例三等奖。

2. 大赛成果展风采

图 8-10　佳琦在黄石市委机关幼儿园获奖及组织幼儿活动

功夫不负有心人，好成绩是汗水浇灌出来的。佳琦在她的《2018 年下半年上学期青年教师研训总结》上写道："在每一次的集中研训活动中学习、反思、进步，在每一次的检查中获得新知，每一次知识的交流和碰撞，让我们在教育事业的道路上走得更扎实、更稳健。就本学年的研训活动，我意识到要以更高的标准要求自己。日后我将不断充实、丰富和完善自己，用科学的教育理念指导自己的工作实践，不断吸收多元化的教育手段，更好地丰富幼儿园的教育活动。"

2019 年伊始，佳琦担任中班组下午班教研组长，共青团宣传委员，参与幼儿园宣传工作，并与其他两位教师一起研究课题。工作量变大了，肩负的责任更多了，佳琦却从来没有抱怨。她把梦想付诸在实践上，始终用行动证明自己。这一年，她相继获得了 2019 年黄石市黄石港区幼儿园玩教具比赛二等奖，黄石市 2019 年幼儿教师好课堂评比一等奖；所做活动"大班语言课——《漏》"也被《东楚晚报》宣传报道。

不忘初心，砥砺前行，心怀梦想，方得始终。佳琦从一名高职院校的学生成长为一名优秀的幼儿教师，靠的是她不懈的努力和对孩子的爱、对幼教事业的爱。

3. 驻园培养显成效

我国颁布的《幼儿园教师专业标准（试行）》（以下简称《专业标准》）提出了“幼儿为本、师德为先、能力为重、终身学习”的基本理念，《教师教育课程标准（试行）》提出：“儿童为本、实践取向、终身学习”的基本理念，强调要培养教师基于儿童发展，基于实践场的教育教学能力。幼儿教师教育必须突破传统的“知识拥有者”“技能熟练者”的培养方向，在专业理想、专业精神的指引下，以反思实践性实践来弥合知识与技能间的裂痕。基于这种思路，我校学前教育专业近几年来探索学前教育现代学徒制驻园培养的新模式，佳琦就是一个非常好的案例。实践证明，这种人才培养模式是培养反思性实践者的理想模式。

技能大赛的历练使佳琦得到了成长，使她获得了一种无形的财富，这是她终身受益的财富；大赛也激发了她强烈的学习动机，把参赛的目标和压力变成主动学习、主动思考及主动地进行实践，而通过大赛又促进了佳琦解决实际问题综合迁移能力的提高。这种综合的实际解决问题的能力将在现代学徒制实践中发挥着个体的积极性，使佳琦在工作的场景中不断探索，在实践中主动学习知识和技能并且不断地反思和成长。

高尔基曾说：“谁爱孩子，孩子就爱他。只有爱孩子的人，他才可以教育孩子。”通过技能大赛和学前教育专业的现代学徒实践研究为卓越幼儿教师的培养而助力。

附件一（二）

说课稿：小班语言活动《我们居住的地方》

佳琦

尊敬的各位领导、老师们，大家早上好！

我是佳琦，今天给大家带来的说课内容是：小班语言活动《我们居住的地方》。我将从以下四个方面进行我的说课：说教材、说教法与学法、说活动过程、说活动特色。

一、说教材

1. 教材内容分析

“家”是幼儿最熟悉的地方，小班主题活动“我爱我家”正是基于幼儿对家人、家庭环境、同伴关系、周边环境的理解从而产生对周围环境的积极情绪体验。本次活动，旨在让幼儿学习用语言表达自己居住的小区与楼层，大胆清楚地表述居住小区周边的环境。

2. 幼儿现状分析

幼儿园是小班孩子迈向社会的第一步，通过与本班幼儿的交流互动，了解自己家的周边环境。因此本内容符合幼儿年龄特点和现阶段语言发展水平。

3. 目标定位

本次活动是从幼儿现有语言发展水平和语言表达能力的角度着手，确立了情感、知识、能力三个方面的目标：（1）愿意与同伴交流并说出自己居住的地方。（2）学习用语言表达自己居住的小区与楼层。（3）能够大胆清楚表述居住小区周边的环境。

4. 活动的重点和难点

活动重点：学习用语言表达自己居住的小区与楼层。

活动难点：能够大胆清楚地表述居住小区周边的环境。

突破重难点目标采取的策略：

（1）情景交融，有效诱导。

针对小班幼儿口语表达不完整、不规范的现象，创设情景游戏“小动物来做客”，结合小班孩子喜爱小动物的通灵性特点，诱发幼儿在和小动物的对话中能运用简单语句表达对自己家庭周边环境的认识。

（2）直观呈现，经验迁移。

通过 PPT、周边场景标志牌的物象再现，让孩子迅速拓展认识及经验迁移，并通过游戏让幼儿了解家庭周边环境，说出自己家所在小区和楼层，让孩子有话可说。

5. 活动准备

（1）知识经验准备。

幼儿：在生活中积累了对自己家小区、楼层及周边环境的感性经验。

教师：了解幼儿家庭住址的具体情况。

（2）物质材料准备。

教具：自制 PPT 课件、水果湖有代表性的公共设施标志牌。

学具：动物玩具人手一个。

（3）环境创设准备。

教室：幼儿围坐成马蹄形、布置 4 个水果湖车站站点场景。

二、说教法与学法

活动教法主要采用演示法、谈话法、情境游戏法等。

幼儿学法主要采用多种感官参与法、互动交流法。

三、说活动过程

基于以上对教材的理解，以及小班幼儿年龄特点和认知水平的分析，我将本次教学活动设计为如下 3 大步骤，依次是创设情境，回顾经验；分享交流，熟悉环境；情景游戏，表达认知。（下面我将教法、学法与活动过程融为一体具体说明）

（一）创设情境，回顾经验——说出我的家在哪里

首先，伴随着一段亲切、温馨的歌曲《让爱住我家》，配合图片“我的家”与幼儿一起进入最熟悉“家”的感知中。熟悉的环境更能带给孩子们最放松的状态，幼儿用多种感官参与并交流，通过视觉对家产生直观感受，使孩子们蠢蠢欲动，老师营造准备说、开始说的精神环境初现成效！

接着，结合小班孩子喜爱小动物的年龄特点，运用情境教学法，创设了情景游戏“小动物来做客”，借助小动物这个生动的凭借物让幼儿能运用简单语句表达对自己家庭的周边环境的认识。

让孩子愿意去说、主动去说、大胆去说，实现难点突破。

（二）分享交流，熟悉环境——了解水果湖街周围环境

将幼儿从家的经验中自然延伸到对家庭周边环境的了解与关注。我用到了演示法与谈话法，依据幼儿的经验回顾，用 PPT 再现幼儿熟悉喜欢的场所物象，引发了孩子们的思想共鸣，进一步了解和表述家庭周边的环境，说出自己家居住的小区与楼层。

活动中我与孩子们的互动谈话贯穿始终，在轻松的师生互动、生生互动中，将生硬的图片注入了生动的情感。幼儿通过多种感官参与，如眼看、耳听、脑想，学一学、说一说、做一做等多种方式来获得认知经验。

（三）场景体验，表达情感——说说我居住的地方

游戏是幼儿最喜爱的活动。我运用了情景游戏法，幼儿搭载“幸福小火车”，在“亲亲世界”的音乐中进入游戏场景，幼儿手拉手，抱抱说说，然后针对自己居住小区的名称，进一步巩固对水果湖周边环境的认识。在这生活化的场景中，孩子们轻松自然的结伴交流，表达对这个地方的喜欢。

四、说活动特色

“三简合一”——流程简化，教具简单，语言简洁

（活动流程）化繁为简——让教学准备更轻松

（活动内容）化难为易——让教学创意更多样

（活动教具）直观形象——让教学互动更便捷

（活动方式）以景激情——激发幼儿美好情感

五、“可亲可爱大姐姐”的教师形象风格在活动中的凸显

针对本次语言活动，我将用我“姐姐本色”营造着与孩子的互“亲”互“动”！用“大孩小孩一起玩”的情绪牵动着孩子与环境的相“亲”相“爱”。我将用我的个人风格明确我的教学风格，让我的“姐姐本色”感染激发孩子，孩子们将在我——琦琦姐姐的陪伴中，得到更多的快乐与成长！

附件一（三）

现代学徒制个人总结

佳琦

尊敬的各位领导、老师，大家早上好！

我是佳琦，现在是湖北省省直机关第三幼儿园小九班的老师，同时也是武汉城市职业学院学前教育学院15级的一名学生。2017年9月我因学前教育学院夏宇虹院长的引荐，参与到现代学徒制的课题之中，经过双向选择招录，我来到了美丽的省三幼，可爱的小九班。在进入现代学徒制计划后，我全身心在省三幼进行实践培养，校方和园方针对我的实际情况一同制订了我的人才培养计划。

整个计划中，我阶段性完成了不同岗位的工作，由张翠霞老师带领我在实践中逐一完成指导教师团队和幼儿园事先列出的学习任务清单。学校的指导教师团队——夏宇虹院长、李俊老师、向华老师、程智老师、郭轩老师每周也定点下园，针对我的实际情况和问题对我进行现场授课和指导点评。

在园期间我尝试了三种不同的岗位工作：第一学期我主要进行保育员岗位能力培养，负责幼儿全面生活管理事宜、室内外清洁卫生等工作，同时辅助上、下午班进行工作，共同组织课内外各种活动。期间我遇到过困难，动作不够快，考虑事情不够周到，但经过张老师的耐心指导，安老师的热心帮助，和学校指导老师的悉心教育，以及我对自己的坚信等这些过程后，我已经能熟练掌握生活班各项工作。在这一学期我参与了不少活动：省重点课题娃娃莲香中挪国际研讨交流活动；武汉市三优幼儿园评比；武昌区“十个小本领”论文评比等。

第二学期我以月为单位，轮换进行上、下午班的工作。二月时，张老师让我尝试组织下学期的家长会，于是我根据本班情况写了一篇家长会计划，张老师过目后说出她的建议，使我备受启发。同时在家长会上她给我做出了示范，并让我在会议上以生活老师的角度进行发言。这个月，我担任下午班工作，有目的、有计划、有准备地组织开展了游戏活动及户外活动等。与此同时我尝试辅助张老师同家长进行交流工作，使我了解到“班长”的岗位职责。第二个月，我专心于上午班工作，制定小九班每周活动安排，有计划地组织幼儿进行区域游戏、教学活动、户外活动等半日活动，积极参加教研、科研活动，如：节气课程——夏至节气的教案编写工作。这一学期活动也不少：有不同的节日课程、六一演出、省级示范园检查等。

9个月走来，我在三幼学到了太多，从开始的懵懂青涩，到现在对三个岗位的熟悉，每一步都是珍贵的回忆和经验。我虽然曾在国家级、省级学前教育技能竞赛上获得过较好的名次，但来到三幼后我才真正了解幼儿教师的职责，真正体会幼儿教师的辛苦，真正成为一名幼儿教师。在这里我十分感谢学校给我提供“现代学徒制”这个学习的平台，让我来到省三幼学习这些宝贵的技能，结识各位经验丰富的老师，遇到这群可爱的孩子。也感谢省三幼的园长、主任和老师们给我提供这么多学习的机会，让我受益匪浅，我会继续努力提升自己的专业技能，成长为一名优秀的幼儿教师！

附件二（一）思宇岗位成长

观察记录（一）

观察时间：2017年4月20日

观察教师：思宇

观察地点：小一班活动室

观察对象：小一班全体幼儿

观察目的：了解幼儿在美工区游戏的情况

观察实录：

正在涂色的陈奕涵发现彩色笔的笔帽上有个印章，很好奇上面的图案是什么，就往画纸上印了下去，发现是一个草莓，大喊道：“快过来，我发现了一个很好玩的东西，你们看，这个笔上面有印章，我印了一个草莓上去！”边说他还往纸上又印了一个草莓。美工区的小朋友看到了这个好玩的印章，都去拿了一支带有印章的彩笔，在自己的画纸上印了起来，他们还互相换着笔印，印出了好多不一样的小图案。

分析与措施：

◎ **分析**：孩子在游戏时发现彩色笔的另一头有着可爱的小印章，可以用这些小印章来装饰自己的画，让自己的画更漂亮。《3—6岁指南》中指出幼儿应具有初步的艺术表现与创造能力，孩子通过自己的发现创造了另外一种画画的方法，不用彩色笔涂色画画，而是用小印章来装饰图画，开启了一个新的游戏方式。孩子还知道发现了好玩的东西要第一时间告诉身边的小伙伴，和他们一起分享，一起来玩，一起去享受这种快乐，还知道画笔要一起用，互换着用，不能去争抢画笔。

◎ **措施**：

1. 对于孩子的新发现要及时鼓励，并支持他们进行印章画的游戏。

2. 对于孩子的分享行为要进行表扬和肯定，让他们能继续保持。

3. 向其他小朋友展示他们的印章画，激发更多小朋友去美工区玩的兴趣。

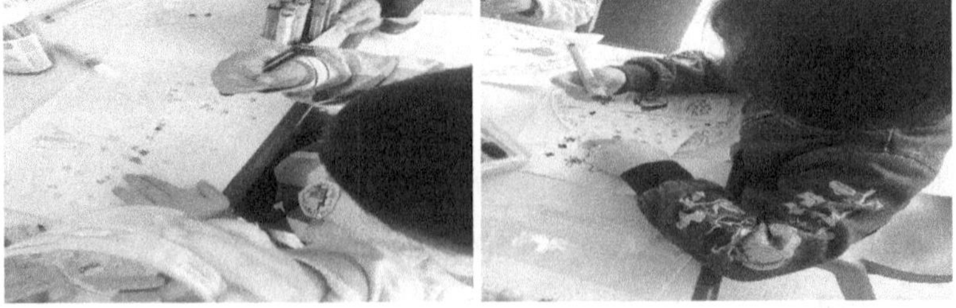

图 8-11　小朋友画印章画

观察记录（二）

观察时间： 2017 年 5 月 12 日

观察教师： 思宇

观察地点： 小一班活动室

观察对象： 小一班全体幼儿

观察目的： 了解幼儿画画涂色的能力。

观察实录：

区角活动开始了，孩子们画画的热情很高，都来找我要画纸。我给了马雨彤一张三只小猪的画纸，她拿着画纸兴高采烈地去了美工区。她先涂了最小的一只小猪，拿着黄色的蜡笔在头上画了几笔，又拿起绿色的蜡笔涂了几笔，接着就去涂大的小猪了。她拿起了蓝色的蜡笔将大的小猪的头胡乱地涂了起来，有几笔还涂到了外面，又拿着褐色的蜡笔涂起了猪肚子，接着换了一支红色的蜡笔将最大的小猪的头涂了起来，胡乱涂了一会又将三只小猪的脚都涂上了红色，将三只小猪的手涂上了绿色。

图 8-12　小班幼儿给三只小猪涂色

分析与措施：

◎ **分析：**小班的幼儿手部小肌肉群发展不是很好，绘画又缺乏目的性，绘画时只满足于在作画过程中得到兴奋与快乐，而不关心涂染的结果。所以幼儿涂色较为杂乱而无程序，而且不管是什么物体、什么形状，也不管是物体的什么部分、什么走向，一概是上上下下地或自左而右地来回乱涂。画面上的颜色有的过于浓密，有的地方又过于稀浅，甚至还留有许多空白，还有许多地方涂出了轮廓。小班幼儿涂色比较随意，选色方面也十分随意，他们不在乎颜色搭配好不好看，只在乎这个颜色自己喜不喜欢。

◎ **措施：**

1. 在平时的涂色活动中，老师可以加以指导，多教儿遍涂色的技巧。
2. 对于孩子好的涂色作品，要进行展示、欣赏，并给予赞美表扬。
3. 与家长及时沟通，让家长配合老师，给孩子多提供一些涂色练习，帮助孩子积累一定的涂色经验。

附件二（二）教育笔记

植物角的发现

思宇

时间：2019 年 3 月

《3—6 岁儿童学习与发展指南》的科学领域中提到：“结合幼儿的生活经验，帮助幼儿了解自然；亲近大自然，探索大自然。”所以植物角的创设，就是用来激发幼儿探索自然界奥秘的兴趣，植物角内丰富多彩的植物的生长变化，使幼儿感到新奇，兴趣盎然。幼儿会对观察中所发现的变化表现出极大的好奇，会产生对探索自然界奥秘的兴趣，这种兴趣与好奇促使幼儿去作进一步的参与、观察与探索。

这学期我们班里的植物角迎来了一些新朋友——小草娃娃，4 个不同颜色的花盆里都种上了可爱的小草娃娃。孩子们对这些小草也十分感兴趣，几乎天天都要去瞧一瞧，他们还为这些小草娃娃准备了小喷壶，每天都不忘记去喷点水呢！给孩子们购置小草娃娃就是为了让孩子观察小草的生长过程，比一比哪盆小草长得最高，并且亲自照顾小草，感受对小草要有耐心和爱心。

花盆刚摆出去的时候，孩子们十分好奇，不知道花盆里种的是什么，问我："老师，这些花盆里种的是什么植物啊？为什么里面只有土呢？"我让孩子们自己猜一猜，有的孩子说是花，有的孩子说是大蒜，有的孩子说是土豆，还有的孩子说里面肯定什么都没有种，我便让孩子每天自己去给花盆喷些水，每天去看一看，告诉他们过几天你们就知道里面种的是什么了。5 天过去了，孩子们每天都去给花盆喷水，可是到了星期五，花盆里面依旧只有土，小草并没有长出来，孩子们找到了我："老师老师，花盆里面还是什么都没有，里面的种子是睡着了吗？""老师，你是不是忘记撒种子了啊？""老师，我们还要喷多久的水啊？"孩子们很心急，都想知道花盆里面到底是什么，我又告诉孩子们要耐心等待，过完周末下个星期再来的时候，植物就长出来了！

当孩子们过完周末再来上幼儿园时，小草已经冒出了头，孩子们一大早很欣喜地把自己的发现告诉了我。未来的一周里，孩子们每天早上一来首先就看小草长高了没有，然后负责喷喷水，到了下午放学以后孩子们会拉着自己的家长一起去看小草，还十分自豪地和家长说："看，这是我养的小草，我天天给它浇水呢！"小草长得很快，喷点水就见长高，看到小草长高了一点就会十分兴奋地说："老师老师，你看我们养的小草又长高了！"这个时候我也会和孩子们一样开心。其实，天天看着自己的小草不断长高，也是一件非常有成就感的事情呢。

自然角离不开种植、浇水、除虫等管理工作。这些管理工作不但能培养幼儿各方面的能力，而且能促进幼儿良好性格的形成。作为幼儿教师的我们，不仅是儿童健康成长的引导者，更是儿童生活、学习的好伙伴，让我们共同为幼儿打造一个宽松、自由、自主的活动空间，给予他们鼓励，保护和支持他们的好奇心和探究欲吧！

图 8-13　小朋友给种了小草的花盆浇水

附件二（三）家访记录

武昌丁字桥幼儿园家访记录（一）

思宇

家访时间：2019 年 3 月

家访班级：小三班

家访地点：靳凌菲小朋友家

家访对象：靳凌菲

家访目的：了解菲菲的家庭教育情况，请家长配合幼儿园做好幼儿的教育工作。

家访实录：

下班后，老师按约定来到菲菲小朋友家。菲菲小朋友和爷爷、奶奶、妈妈一起接待了我们。我们首先介绍了菲菲最近一段时间的情况，表扬孩子的进步很大。比如：菲菲不挑食，吃饭情况很好；能积极参加户外活动，很开心；现在开始学着午睡了等。但菲菲还是存在一些问题，如：很胆小，遇到一点点小事情就哭。在一日生活中，老师利用谈话、游戏、故事、拥抱等各种各样的方法，帮助菲菲学会勇敢、自信、坚强。也请家长信任老师，每天早上送了菲菲就走，不逗留，不影响孩子做操。老师也会根据家长想要多了解孩子情况的需求，在菲菲游戏时拍多些照片，帮助家长了解孩子在幼儿园的情况，家园合作，共同助力孩子健康成长。同时，家长也向我们介绍了菲菲在家的生活情况，他们也会多带菲菲接触社会、多和小区的孩子们一起玩，使孩子在不断的交往中成长。

家访心得：

家庭教育是对幼儿园教育的重要补充，只有采取一致性的原则，教育孩子才能起到事半功倍的好效果。让我们“牵着蜗牛去散步”，看看沿途的风景吧！我们期待着宝贝的明天更美好！

家长签字：

武昌丁字桥幼儿园家访记录（二）

思宇

家访时间：2019 年 3 月

家访班级：小三班

家访地点：李泽承小朋友家

家访对象：李泽承

家访目的：了解孩子在家进餐和生活情况，促进孩子身体健康成长。

家访实录：

李泽承是个内向安静的小男孩，他各方面表现都很棒，唯有进餐状况不佳。特别是最近一段时间，不仅仅是挑食了，就连最基本的食物，都不能保证吃好、吃完。为此，我们在家访中与孩子妈妈进行了沟通。家长也表示会减少孩子的零食，配合我们改进孩子挑食和进餐慢的习惯。

家访心得：

现在许多孩子的家庭条件都不错，而有的家长却因为自己工作很忙，没时间陪孩子，就用食物和玩具等物质对孩子进行补偿，以为这就是爱孩子。其实不然，久而久之，孩子形成了爱吃零食的习惯。当家长意识到问题的严重性想要纠正孩子的习惯时，却不是那么容易的事了。

家长签字：

武昌丁字桥幼儿园家访记录（三）

思宇

家访时间：2019 年 3 月

家访班级：小三班

家访地点：徐煦小朋友家

家访对象：徐煦

家访目的：了解孩子在家的各方面情况。

家访实录：

徐煦是个很乖的小女孩，每天都安安静静地看书，做游戏的时候也很安静。有时候其他小朋友欺负她，她的眼睛里马上就会含着泪水。但是从她妈妈口中得知，孩子从小就是在爷爷奶奶跟外公外婆的溺爱中长大的，所以在家里就是个说一不二的小霸王。在老人面前，连妈妈说的话也不管用。但是只要一离开家，她就像变了一个人，说话也特别小声。

家访心得：

在跟徐煦妈妈交流的时候发现，在家长眼里，孩子的形象跟在幼儿园里完全是两回事。妈妈表示会将孩子接到自己身边照顾，也希望老师能多鼓励她。

家长签字：

附件二（四）教学活动

陀螺转转转

活动时间：2019 年 6 月 19 日

执教班级：大一班

执教教师：思宇

活动名称：科学——陀螺转转转

活动意图：

在我们班的科学区有许多的陀螺玩具，而且幼儿对旋转现象特别感兴趣，陀螺也是幼儿喜爱的玩具，他们时常三五成群聚在一起斗陀螺。观察中我发现玩具陀螺可变性少，探究价值不高。于是根据大班幼儿的年龄特点，我选取了纸片和牙签这两种生活中幼儿十分熟悉的材料引导幼儿自制陀螺。基于此原因我设计了“陀螺转转转”的活动，其目的是让幼儿在操作探索中寻找陀螺转动变化的因素，发现陀螺转得时间长短的秘密，并将“影响陀螺旋转时间长短的因素”作为探究的核心问题，引导幼儿在实际操作、观察、比较中进行自主性探究，教师在此基础上启发鼓励、顺势引导，以求达到“随风潜入夜，润物细无声”的教育效果。

活动目标：

1. 愿意主动参与探索陀螺旋转奥秘的科学活动。
2. 发现能影响陀螺转动的时间长短的因素。
3. 能在陀螺旋转的过程中进行操作、观察、比较。

活动准备：

1. 知识经验：幼儿都玩过陀螺、自己制作过陀螺。
2. 物质材料：若干牙签棍、若干不同形状大小的卡纸片、若干不同形状大小的白板纸片、若干不同形状大小的硬卡纸片、若干双面胶、记录表、笔。

活动过程：

一、谈话导入

师：小朋友你们都玩过陀螺吗？你们是怎么玩的啊？

小结：原来不同的陀螺有不同的玩法，可以通过拧、按等方法给陀螺一种力，让它转动起来。

二、自制不同形状的陀螺并自由玩陀螺

1. 认识制作陀螺的材料

师：你们觉得陀螺好玩吗？想不想自己做一个陀螺玩一玩？看看小筐子里有些什么材料？牙签棍和各种纸片，让我们试一试做陀螺，并且将它们都转动起来吧！

2. 幼儿根据小筐子中的材料制作陀螺，做完以后幼儿自由玩陀螺

三、陀螺大比拼

1. 介绍记录表

师：你们的陀螺都转动起来了吗？老师这里有一张记录表，表上面标记了制作陀螺的材料，请你们先记录下你们是用什么材料制作的陀螺。

2. 游戏：陀螺大比拼

师：现在请你们两人一组进行比赛，胜利的小朋友在记录表上打一个勾，输了的小朋友打一个叉。

四、请幼儿出示记录表，分享自己的比赛结果，猜想影响陀螺转动的时间长短有哪些因素

师：请你们来说一说你比赛后的结果吧

师：这个小朋友的陀螺旋转的时间真长，你们有没有想上来挑战一下的呢？

1. 圆盘大小对陀螺旋转的影响

2. 圆盘厚度对陀螺旋转的影响

3. 圆盘形状对陀螺旋转的影响

4. 旋转力度对陀螺旋转的影响

5. 重心高低对陀螺旋转的影响

6. 陀螺重量对陀螺旋转的影响

五、幼儿改造陀螺，再次比赛，验证猜想

1. 幼儿再次自选材料改造陀螺

2. 再次比赛。幼儿集体进行比赛，找出旋转时间最长的陀螺王

3. 请陀螺王分享自己制作陀螺的材料，说一说为什么要这样做

六、幼儿、教师共同总结

影响陀螺旋转的因素这么多，小朋友们也通过自己的发现和实验，制作出来了属于自己的陀螺王。

活动延伸：

师：其实陀螺的小秘密还有很多，你们想不想继续去寻找陀螺的小秘密呢？那让我们到科学区去探索，相信一定会有新的发现。

附件二（五）

现代学徒制工作总结

思宇

我所在的丁字桥幼儿园创建于1992年6月，归属于武昌区教育局，是一所市级示范性幼儿园。本园以“自然习得，追求本真”为办园理念，以“融于生活的科学”为办园特色，以“会观察，会探究，会交流，会合作，会创造”为培养目标，开展了各种有趣的教学活动。本园设置9个班，包括3个大班、3个中班、3个小班，我所在的班级是小三班，并担任了班主任。

2017年4月，那是我第一次踏进丁字桥幼儿园，也是我第一次接触小班，距离孩子们这么近。在那里我认识了一群可爱、活泼的孩子，每天看到他们脸上洋溢着的笑容就是我上班最快乐的事情了，虽然时间不长，但是让我收获满满。

时隔一年，我再次接手了小班，我发现这次的感受又与之前不同，可能是所处的位置不同，也可能是我这次面临的是刚入园的小班。当知

道新学期园长让我去带小班，而且是担任班主任时，我的第一想法是拒绝的。因为我从来没有接触过新入园的孩子，而且我知道新入园的孩子会出现各种哭闹、尿裤子、不午睡等各种情况。好在园长让幼儿园里一位经验十分丰富的老教师来和我配班，这位教师也是我刚入园第一次带我的张老师。张老师是小班的常驻老师，对于小班幼儿的教学十分有经验，尤其是保育方面做得十分细致，对待幼儿充满着细心、爱心和关心。她和之前带我的赵老师完全是两种性格，赵老师是一位严厉中带着温柔的教师，从她的身上我学会了对孩子不光要有爱，还要有严；而张老师是一位非常热情的老师，她让我学会了如何对孩子有更多的耐心。

这学期在张老师的帮助下，我慢慢地学会了如何面对小班幼儿的哭闹，如何解决他们与父母的分离焦虑症，如何开好一场家长会，与家长进行有效的沟通，缓解家长对幼儿出现的不良情况而感到的不安。我和张老师共同打造了一个适合小班幼儿的舒适环境。

这学期让我觉得最有成就感的事情，就是看着孩子们从每天哭着入园到每天开开心心地入园；从不会自己吃饭到对老师说："我要自己来吃"；从每天要老师来脱衣服、鞋子到能自己把衣服、鞋子脱掉并整齐地摆好；从每天一放学就扑到爸爸妈妈的怀里到放学的时候还记得和老师说一声："再见！"孩子们的点滴进步就是我觉得最有成就感的事情。

其实小小的他们有着大大的想法，记得他们最爱的事情就是问"为什么?"，刚开始面对十万个为什么的他们我有些手足无措，不知道该怎么样回答他们，后来我发现孩子们特别喜欢听我讲故事，我就常常在孩子们饭前讲述好听、有意思的科学小故事，来解答他们的这些"为什么"。在区角游戏的时候，我也常常被图书区的孩子们缠着给他们讲各种各样的小故事。有一次我讲了一个"狼来了"的故事，孩子们听完以后对我说："那个小男孩说谎了，所以别人都不相信他""我们不能说谎""说谎的孩子不是好孩子"。听到孩子们能通过故事懂得不说谎这个道理让我觉得很欣慰，因为他们听故事听得很认真，而且还学会去思考故事中发生的事情，知道故事告诉了我们一个什么样的道理，也让我感觉到了工作的意义。

还记得有一次我和班上的一个孩子妈妈沟通的时候，她十分高兴地说：“刘老师，我家孩子可喜欢你了，回到家都说特别喜欢和刘老师一起玩，而且在家里面的进步也特别大，以前不爱收拾玩具，现在自己的玩具都不让我们帮忙收呢！”听到孩子对自己的喜欢，我真的从心底里洋溢着兴奋和幸福，看到被自己带出来的孩子在成长的过程中有着十分大的进步，让我工作中的成就感也满满的。在这个温暖的小三班里面，我学会了如何爱孩子、如何待孩子，并把自己的细心和耐心也全部都给予了孩子，我爱我的这份职业，更爱小三班里这样暖心的一群孩子。

在小班工作的这一学期，我结合幼儿年龄特点，与班级中的其他教师合作，认真构思主题墙环境，创设轻松愉快、促进幼儿发展的班级氛围；并在和其他教师的各种交流中，更新教育观念，转变思想，认真组织好每一次活动，运用生动有趣的语言、各种操作性强的教具进行直观教学，注重个别幼儿的指导。特别是在幼儿的“红色成长节之世界那么大我想去看看”的活动开展中，我都会认真设计方案、组织活动、总结经验，使幼儿真正地感受到了节庆活动的深远意义；在教学中，我重点从备课、上课、反思三个环节来搞好教学工作，并认真研究教学内容、教学方式，上好每一堂课，特别是课堂评价环节，我会照顾到班级中不同层次的幼儿，让每个幼儿都能有所收获和成长。

在搞好教学活动的同时，主动做好家园联系工作，每月定期更换《家长园地》内容，向家长宣传新的教育理念，利用“家园联系手册”、班级 QQ 群、电话等形式和家长真心交流。通过家长会，家长半日活动和家长面对面地沟通、互通信息。特别是在家长助教活动中，选择符合班级幼儿特点的活动，设计灵活多样的教学形式，与家长积极互动，从而使家长更加了解孩子，理解幼儿教育的作用，家园共育，使孩子在各方面都有很大的进步。

在过去的一年里可以说让我又学到了很多，作为一名年轻的学徒教师，我要不断提高自身的专业水平和综合素质，不断充实自己，并多吸取先进经验，运用到实践中，不断积累经验，以使自己在下一个工作历程中更加完善自我，将工作做得更好！

对于学徒制的双主体、双导师方面，我也有着许多的困惑：现代学徒制是职业院校与企业双主体育人，是教师和师傅双导师教学，是员工和学生双重身份；目的是有利于促进行业、企业参与职业教育人才培养全过程，实现专业设置与产业需求对接，课程内容与职业标准对接，教学过程与生产过程对接，提高人才培养质量和针对性。但是我感觉从大二开始我就有些脱离学校，感觉自己完完全全就是一个已经步入社会的职业人，感觉除了每学期还要给学校交学费以外就没有和学校有过多的接触。

程智老师虽然会时不时地来看看我的情况，但是因为在幼儿园里，我已经单独带班，大部分的时间我不能离开我的班级，所以我也只能和程智老师有一些简短的交流，每次都感觉时间很紧张。尤其是这学期我担任了班主任的工作以后，幼儿园里面的事情就特别的多，我经常忙着幼儿园的事情，无法顾及学校班级群里面的各种调查问卷或者什么需要我来参与的东西。这个时候我总是不能够及时收到消息，以至于耽误了学校的事情，而且我也很少有精力顾及学校的这些事情。

我也感觉幼儿园现在已经不再把我当成一个学生对待，而是完完全全当成一名幼儿教师的方式对待，所以各方面对我的要求也会比较严格。慢慢地我发现我和其他年轻教师之间有了那么一些距离，就是在实践方面，我带班的能力会比同龄教师要强一些，但是一旦涉及那些文本知识的时候，我就能够明显感觉到自己的欠缺。因为幼儿园的事情比较繁杂，我很少能有时间像在学校那样一节课一节课地充实这些文本知识。虽然我也经常在看书在了解，但是感觉还是没有在学校学到的那么扎实。再加上我也有着想要考编的想法，但是笔试这一关需要的文本知识这一块我是比较欠缺的，所以这个方面对我来说可能相对于比较难，很没有把握。如果学校的老师能从这个方面对我们进行辅导的话，我相信对我们也会有更多的帮助。

到了幼儿园以后，跟学校老师的见面时间很少，交流沟通的时间也很少。因为我已经在幼儿园里单独担任了一个职务，而且在幼儿园里是一个萝卜一个坑，不能够随便请假、离岗。所以我几乎没有什么机会能够去到学校里见到老师，就算我想要去找老师进行学习，也很少能找到机会。所以如果有可能，还是建议学校和幼儿园进行商量，让我们能有固定的时间可以回到学校和老师进行交流，学习更多的理论知识。因为学前教育这个专业不光考验的是学生的实践带班能力，还有专业理论知识的铺垫。

附件二（六）

感　谢　信

尊敬的丁字桥幼儿园的领导、老师们：

你们好！

作为一位武汉城市职业学院的学徒制学生，我已经在丁字桥幼儿园学习、工作、生活两年半了，自 2017 年 4 月来到丁字桥幼儿园起，我就开始投入到紧张充实的幼儿园实习生活中，融入丁字桥幼儿园生活的点点滴滴。

回忆至此，我要特别感谢丁字桥幼儿园为我所做的精心安排：在学习上，为我安排了经验十分丰富的指导教师，她们严谨认真的做事风格，让专业成为共振的信念，已经镌刻在了我们每个人的心中；在工作上，我能全程参与幼儿园的各项活动，得到了尽可能多的锻炼机会；在生活上，幼儿园老师也无微不至地关心着我。在各位园长、老师的关心、支持、帮助下，我的各项实习工作才能够有序地开展，最终得以圆满完成。

为期两年半的学徒生涯即将结束，在此离别之际，首先要感谢贵园给我提供这次实习的机会，其次更感谢这两年来幼儿园领导、老师对我学习、工作以及生活上的帮助和照顾。这次实习让我在贵园得到了充分的锻炼，学到了很多在学校里学不到的东西。在这里我知道了“优秀幼儿教师”的含义，更明白了如何成为一名优秀的幼儿教师。贵园的老师们对待每个幼儿都像是自己的孩子一样，如果说孩子是天使，那这一群美丽善良的老师们就是守护天使的精灵。在这里我除了完成一系列实习工作外也额外地学到了一样很珍贵的东西，那就是爱。这里的每个老师都有满腔的爱，对待小朋友是这样，老师与老师之间也是这样。孩子是祖国的希望，而这里的老师们正用她们淳朴真实的爱滋润并浇灌着这些孩子，让他们迎着初升的太阳茁壮成长！

在实习结束之际，我再一次衷心地感谢丁字桥幼儿园全体人员给予我充分的信任和足够的锻炼机会，感谢园长给我搭建的平台，感谢指导老师父母般的关怀，手把手的指导与讲解，在方方面面给予我耐心的帮助，不论是教学活动还是日常生活，都倾力相助，毫不吝啬。让我在这两年里，教学技能水平得到了很大的提高。感谢与我朝夕相处的孩子们，他们的顽皮与可爱为我们的实习生活留下了开心而甜蜜的回忆。在这里我真诚地向园长、指导老师说一声：“谢谢你们!”能在贵园实习，是我的荣幸。在幼儿园这段时间的实习经历，必将成为我职业生涯中一笔珍贵的财富，让接下来即将投身于幼儿教育事业的我，无论身处何地，都能坚守自己的信念，让专业成为我们终生学习的追求。

两年的时间很快过去了，而我也即将离开，心中却是不舍。对于这里的一切我从陌生到熟悉，我清晰地记得每一个孩子那天真的笑脸，可爱的模样，幼儿园轻松温馨而又积极向上的氛围，让我们感受到了幼儿园的活力与魅力，也让我们对幼教事业充满了信心。

最后，祝园长、全体教职工幸福安康！也祝愿丁字桥幼儿园的孩子们健康快乐每一天！

此致

敬礼！

武汉城市职业学院教育学院

思宇

2019 年 6 月 19 日

附件三（一）传美岗位成长

每日感悟反思篇

2018 年 3 月 22 日

在科探区和光影区发生了一件很有意思的事情，科探区的孩子们正在进行他们的工作，这时一只不“识趣”的小蜘蛛进入了他们工作的区域。孩子们被这个突然拜访的朋友吓到了，有的孩子叫起来，有的孩子嘴里喊着打死它。这时我为了平息这场混乱便说：“呀，你们看这个小蜘蛛这么小，来到小朋友们的工作区做客，它会不会被你们的喊叫声吓到呢？”而有的孩子说蜘蛛会咬人，它是坏的。显然我的这个问题没有激起孩子的兴趣，于是我就说：“我不觉得它是坏的，为了保护它，我要把它带走了。”孩子们也没有反对我这个决定，于是我去找了一张白纸，做了个小盒子，把小蜘蛛接走了。路过光影区的时候被光影区的小朋友看见了，他们提议把小蜘蛛放在光影区的盒子里。光影区的小朋友很喜欢这个新朋友，他们把它放在桌子上，猜想小蜘蛛会吃黄豆，并在盒子里放一颗黄豆一起观察。可兴趣正浓的时候，有科探区的小朋友跑过来说，这个小蜘蛛是在科探区发现的，它是科探区的。但光影区的小朋友说它住在光影区的盒子里，是光影区的。于是一场关于小蜘蛛到底是哪儿的话题拉开了帷幕……

一个看似平常的瞬间，却隐藏着很多值得去探讨研究的问题，如：蜘蛛到底属于哪里？但至于如何把这些有价值的点抛给孩子，让这个活动更好地延伸下去又是一件值得深思的事情。

2018 年 3 月 23 日

娃娃家今天上演了一场从争做宝宝妈妈到演一段白雪公主这样的桥段来解决纠纷，继续游戏的“大戏”真是太有趣了。在孩子们争抢激烈快要动手的时候：

师：你们这样一人拉脚，一人拉手抢宝宝会发生什么事情呢？宝宝心里会怎么想呢？

萌萌：我要做宝宝的妈妈。

璇宝：我才是宝宝的妈妈。

师：嗯，你们都想做宝宝的妈妈，可我在想，我们都只有一个妈妈，宝宝为什么要有两个妈妈呢？

点点：童话中的宝宝就有两个妈妈，就像白雪公主。

璇宝：对，白雪公主就有两个妈妈。

恭喜：是的，要不我们来演白雪公主吧！

于是在恭喜小朋友的带领下，抢宝宝之战停止了，点点、璇宝、恭喜三个小朋友开始表演白雪公主的故事。

这时萌萌就抱着宝宝走到了一边，三个表演白雪公主的小朋友很热闹，但萌萌的兴趣点始终在小宝宝身上。

每个孩子都有她独特的个性，在同伴交往中，孩子们到底会选择一种什么样的方式去维护和同伴之间的感情呢？面对孩子们自己不能解决的纠纷，老师应该用什么态度看待，如何去支持孩子化解同伴间的矛盾？在我看来，这都是值得去探讨研究的价值点。

2018 年 3 月 26 日

每天教室里都会发生很多有趣、有意思的事情，今天在建构区，正正和卡卡两个小朋友合作搭建了一个火箭，当火箭完工后，他们因为谁开火箭发生了分歧。

正正：我觉得应该谁拼的谁开，所以我先开。

卡卡：我也有拼啊！

正正：那我们一起开吧！

中途他们遇到灿灿正开着搭建的游轮。

正正：我要攻击游轮，火箭变身。

灿灿：不行，不可以，我不是坏的，不可以攻击我。

正正：可是我必须要攻击你，炮弹准备，发射。

灿灿：我的游轮没有炮弹，不可以攻击我。

正正：那好吧，我要开走了。

正正和卡卡就开走了。

虽然我在晨会的时候会提到孩子前一天在建构区发生的有价值的点，希望能让那个点得以延伸，但孩子们每天在建构区会进行不一样的搭建，每一次都会有新的话题。不知道是我没有观察到每一个话题之间的连续性还是它本身就是没有联系？这也是我需要花时间去反思，用实践去证实的一点。

2018 年 3 月 27 日

黏土区今天只有周子裕一个小朋友，她是一个很特别的孩子，她的世界有一个不能缺失的玩具——鸭子，所有的话题都是围绕鸭子展开。但是也挺有意思的，特别是她用黏土捏的鸭子，在她眼里，这只鸭子有扁扁的嘴巴，有耳朵，还有长长的手和尾巴，是用来拿好吃的奥利奥饼干。当我问她：你怎么知道小鸭子喜欢吃奥利奥饼干？难道你能听懂它说的话吗？

周子裕：它能听懂我说的话。

我：那是不是你喜欢吃奥利奥饼干，所以小鸭子也喜欢吃呢？

周子裕：是的，甜甜的可好吃了。

在这个孩子的眼里，她的玩具鸭子就是她的好朋友，鸭子和她是平等的。因为可以享受她能享受的所有待遇，但是又不存在真正的平等，所以孩子也未曾真正去了解鸭子的想法，她只是把自己的想法、爱好强加在了鸭子的身上而已。看来关于孩子是如何理解动物和人类之间的关系还真是一件非常有意思的事情呢。

2018 年 3 月 28 日

今天在建构区的孩子们本来都在进行着自己的工作，但是果果小朋友突然大喊到："救命啊，我这里着火啦。"

正正回应：哪里着火啦，我来灭火。（开着他搭建的火车就出发，还边念叨着需要灭火器，快快快）

点点：我也来帮忙。

其他小朋友也都纷纷加入了灭火的工作中。尽管有的孩子并不知道为什么起火了，以及如何来灭掉这个火，但是他们就是被果果的举动吸引过来了。也许吸引孩子们注意力最好的一个办法就是有一个大家都感兴趣的点，而且这不仅是老师需要的，在孩子与孩子之间的互动中也是不可缺少的吧。

2018 年 3 月 29 日

光影区喵喵小朋友告诉我，她在用磁力片做一个实验室。

师：实验室用来做什么，你可不可以跟我讲讲实验是什么？

喵喵：我这个实验室是用来研究这个的（种子的标本）。

乐乐：实验就是，比如说没有这种水，实验后就有了这种水。

小叮当：实验就是科学，科学就是实验。

乐乐：对，我们这边是研究飞船的。

喵喵：我这个可以研究启动飞船。

乐乐：喵喵就是领导，但是我们是看不到领导的，我们只能通过视频才能看到。

师：这么神奇，可是要怎么看到呢？而且你现在不是就能看到喵喵吗？

乐乐：我们是通过一个信号连接的，就像这样的信号。

师：哦哦，是这样啊。咦，领导是干嘛的，喵喵你认为什么是领导？

喵喵：领导就是开公司的，他想让公司开着就开着，想让公司倒闭就倒闭。

有时候对于孩子的操作光去看总觉得看不懂，但是通过互动就可以了解到孩子的一些想法。然而我对如何去很好地回应孩子的这些想法总觉得有些忐忑，实践让我有了更多的思考。从孩子的想法中可以提炼出很多有价值的点，比如：（1）孩子是如何理解实验的？（2）孩子是怎样定义“领导”这个角色的？

2018 年 3 月 30 日

很多时候孩子们对他们感兴趣的那件事情坚持度是很高的，而且就算老师没有给予更多材料的支持，他们也能变着花样去将他们的想法展现得淋漓尽致。在科探区，孩子们对给小鸡设计滑滑梯一直兴趣未减，继上次的闯关滑滑梯后今天又设计了一场小鸡的比赛。他们让小鸡从两个滑道往下滑，进入下面的圆形滑道，他们说进入了就是发财了，一次记两分。

在这个过程中我发现孩子们虽然开始的目的是给小鸡设计比赛，但是没有人说要分出胜负，孩子们也在观察，思考如何“发财”，享受的是小鸡进入圆筒中的那个瞬间。后来回顾这个过程时我也在反思自己：当我看到孩子们的小鸡在到下面的底板时，有的能进去有的不能进去这样的现象时，我问他们：怎么样才能让这些小鸡都进去呢？孩子们没有回应我的这个问题，但是后来他们开始调动圆筒上面的挡板，也有在观察。我才发现在观察孩子的过程中，想要给孩子制造一些“麻烦”还真是不容易呢。

2018 年 4 月 3 日

多放手让孩子去解决同伴间的不同意见，才能发现孩子们处理矛盾的方法真是五花八门。

建构区的孩子们都在进行自己的操作，有的说在搭建立交桥，有的说在“排兵布阵”，有的说在搭建用来保护士兵的城楼，而小果果扮演了一个坏角色，他说要毁灭这一切。刚开始他们在争论，吵着说不可以搞破坏。这时我决定再看一会儿他们会怎样。过了一会儿，嘟嘟说，我这个是垃圾场，不需要破坏，你走吧。小果果就放弃了他的立交桥，和后面“排兵布阵”的睿睿开始了他们的“打日本人的战斗”。后来我问嘟嘟为什么要说自己搭建的桥是垃圾场，他告诉我说是为了让果果走开。

在这个过程中我发现，只有相信孩子有能力自己去解决很多事情，并多给他们处理问题的机会，孩子才更懂得如何与同伴交往。

2018 年 4 月 10 日

孩子们这两天在建构区进行一个按摩路的搭建，今天他们自发搭建一个有挑战的路，要增加通过的难度。他们把纱巾铺在积木上面，走在上面很滑，但是他们想到拄着两个大纸筒来保护自己。后来荃荃说她要搭一个更有挑战的路。她把圆柱体积木放下面，上面放长方形的积木，但是还没站上去，这个路就往前面滑。她又拿来一些空心的积木抵住前面的积木，虽然走上去还是很不稳，但是也可以走过去，可是小叮当就不敢去走，荃荃说，我这个路够难吧。

同一条路对于不同的孩子来说难度确实不一样，孩子们很享受他们给自己制造的这些“困难”。在整个过程中，他们对这个是感兴趣的，我在一边观察时，在想他们这样的操作方式是否恰当，并且考虑有些空心积木的承受力（因为有些积木之前破损过）会不会被踩塌，我要不要介入他们，如果我介入，又该如何介入。

2018 年 4 月 17 日

有句古话说“无规矩不成方圆”，在常青藤协商式课程里面，虽然营造的是协商的氛围，但是一旦不能遵守协商的规则，就应该承担相应的后果。

今天在开晨会的时候，有3个男孩子在好几次提醒下一直安静不下来，最后他们要承担的后果就是比别的孩子晚进区。在开区后，老师们更多的视线放在进区孩子身上了，当我回过头来看这3个孩子的时候，看到一个孩子坐在另外两个孩子的前面，扮演起小老师的角色。第一次"小老师"说："谁坐好啦？"两个孩子都说："我坐好啦。"到第二次问谁坐好的时候，他们回答的是：我不坐好。这时我想这个小老师会怎么做，会不会再模仿我们说：给你两个选择，一个选择坐在这里参加晨会，另一个选择搬椅子去别的地方安静一下。但是这个小老师跑去图书角拿来一本书，还有模有样地给他们讲呢。

本以为他们用这样的方式会进行换位思考，去想一想老师为什么会这样做。但后来通过交流我发现，他们仅仅只觉得这样很好玩儿，没有意识到自己有做的不好的地方。一直以来我都有一个困惑，无论是在晨会还是反思讨论会上，总有几个孩子会破坏掉正在如火如荼进行的讨论氛围，对于这样的情况我们如何去更好地解决？是因为话题找的不是大部分孩子感兴趣的，还是老师抛出的问题不够吸引孩子去思考，还是就有几个孩子是不愿意思考的？但在常青藤的课程中，如何让孩子有很好的规则意识、更愿意去思考、老师如何掌握好分寸，这些似乎也是目前需要好好思考的大问题。

2018年4月26日

今天和"小鸡滑滑梯"小组的成员们开了一个小会，这是自上次他们设计的小鸡探测器和陷阱打败了他们说的黄鼠狼以后的第一次碰面。

这次会议的由来是因为孩子们说的一句话："我们要训练小鸡。"孩子们说只有从小训练才可以，长大就来不及了，训练项目是让它们下楼梯快一点，然后滑滑梯，还让它们上楼梯，走大坡，楼梯是滑滑道楼梯。这是两个不同滑道的楼梯，在讨论中孩子们会互相相信与质疑，并不断修复自己的理论，完善自己的想法。孩子们一边说自己的想法一边画出来给其他人看，从最开始只训练小鸡体能，到后来设计了一些陷阱、迷宫，并说要训练小鸡学会避开这些陷阱和走迷宫的能力。孩子们的想法真是太多了，而且都非常有意思。后来我想我应该提供哪些支持帮助他们去更深入地研究？于是我问他们："训练小鸡，你们需要哪些材料呢？"

图 8-14　小朋友设计"小鸡滑滑梯"和开晨会

喵喵说：我们要先训练小鸡上楼梯走大坡，需要更多的纸筒。于是我们去建构区借了纸筒，他们就开始了第一个训练项目。这是一个他们感兴趣并且自发的一个话题，在整个过程中兴趣非常浓厚。他们在观察小鸡（木球）为什么不从纸筒这端出来，我想，孩子会用什么样的方式让这个小鸡从纸筒出来？我接下来需要做些什么？应不应该给他们提供一些新材料（比如透明的管道）？很多时候我不确定自己的介入是不是真的能推动孩子更好地思考，所以会选择退在后面，去观察孩子的行为。

2018 年 4 月 13 日

在今天的反思讨论会中，我抛给孩子们的问题是：今天滑道小组的成员们说他们在想让小鸡闯关，左边是岩浆，右边是火坑，我就觉得很奇怪，小鸡为什么会参加这样的闯关呢？小朋友们，你们是怎么想的？后来孩子们说出了闯关滑滑梯的三个模式：

第一个模式是简单模式，这个模式是小鸡宝宝玩儿的，有一个传送门。

第二个模式是困难模式，文泽说这是给中级小鸡宝宝玩儿的。

第三个模式是超级困难模式，这是给大鸡宝宝玩儿的。

在开反思讨论会的时候，追随孩子的兴趣点，识别有价值、值得深入的点，对于我目前的状况来说感觉还是很难。当时思考的速度跟不上孩子的思维，不能提出更多好问题，激发孩子的思考。后来我也在想，孩子们是如何理解小鸡的年龄的？什么时候是小宝宝，什么时候是中级宝宝，什么时候是大宝宝？或许这也是一个值得去探究的问题。

2018 年 4 月 24 日

建构区有昨天进区孩子保留的作品，今天又有几个孩子来到了建构区，他们看到了一个用圆柱体堆放的高高的柱子，正正就说这个是量身高的。他给果果量，说她有一米一。

师：你怎么知道知道这个高度就是一米一呢？

正正：上面写的有啊。

师：哦，是吗，可是怎么让别人知道呢？

这时乐乐小朋友也想量一次，打断了我们的对话，但是她轻轻一碰，柱子就倒了。正正又重新堆起来，准备再给她量一次，可是乐乐一去，这个柱子又倒了，结果身高没量成，笑成了一团。接着他们用圆柱体积木去搭建火车轨道了，我很诧异孩子们的兴趣点转移得如此之快，此时我很想就量身高的话题跟他们继续探讨一下，但又觉得这好像是我感兴趣的点，所以我放弃了。在他们搭建的这个火车轨道上，我倒是发现他们的轨道还真是不一般，有坡道，而且火车上去的时候会脱节。

当问到孩子：你的火车轨道好厉害，还有上坡呢，可是火车为什么会脱节呢？

果果：因为我的轨道一次只能上两节火车。

这时我很想看到孩子们接下来会做什么，会不会对轨道进行调整，但是收区角的音乐响起来了。这个话题也就这样结束了。

于是我想，孩子在进行“工作”时，如何有效介入？如果只是在旁边观察、记录，又怎么能知道孩子的想法？但介入方式不对又会打断孩子的思考和操作，这好像对我来说还是个要不断去琢磨的大问题。

2018 年 6 月 11 日

在网上看到这样一篇文章：

我有一个朋友，对我讲了这样一件事。

她有个上小学三年级的儿子，有一次期中考试她儿子发高烧，所以没有去参加考试。过后，她找到学校的各科任老师，向他们说明了原委，并要回了期中测试卷，准备让他儿子在家里考。回到家里，她就考虑着如何让儿子在家里考这些期中考卷。她想：儿子学习成绩一直都是中等，肯定会有一些内容不会做，这次在家里考试，他会不会有偷偷翻书的念头呢？我是让他自己掐时间还是亲自监督他考试呢？后来她又想：常听人说，严管中长大的孩子，无法独立；施压中长大的孩子，常常忧虑；信赖中长大的孩子，信人信己。于是，她决定选择相信孩子。那个周日，她把考卷放到儿子面前说：“现在是八点，考试时间是一个半小时，时钟在那儿，你自己看着，如果到点了，你就收吧。”说完，她就关上房门去做她的家务事了。果然，九点半，儿子出来交给了她卷子，并一脸高兴地去玩了。她来到儿子房间，看见儿子的书包是静静躺在一个角落的，一点都没有动过的样子。看来，儿子一点都没有“作弊”。

她很高兴儿子懂得考试应该是什么样子，他完全按照学校考试的样子来管理自己，时间一到就不再做题了，而且根本不知道有“作弊”这回事。

她选择相信孩子，孩子也表现得很努力，她不由地感叹：原来孩子是这样纯洁！她庆幸自己在那一瞬间的选择，庆幸自己没有用潜台词告诉孩子这些糟糕的概念：考试是可以偷偷看书的，你是不值得信任的。

看完这篇文章，我也有些感触，很多时候选择相信孩子，孩子确实会带给你很多惊喜：最近几周，我们跟孩子们说周一需要自己铺床，家长把被子放在教室外的走廊，孩子们自己拿到二楼睡房铺好。刚开始我们难免跟家长一样有点担忧，觉得孩子可能做不好，但是选择相信他们后，孩子们用行动告诉我们他们是可以铺好自己的床铺的，这也让我想到教育的全部魅力在于相信孩子。你相信孩子有多好，孩子就会表现得有多努力。你相信他会成为什么样的人，他就会朝着那个方向不断奋斗！

2018 年 5 月 31 日

看到两个孩子在种植的花生苗那里翻来翻去，看到时花生苗已经东倒西歪了。

师：你们在找什么呢？

果果：这个花生叶子上有一个小蜗牛，但是它掉进去了。

过了一会儿她们找到了，并且很认真地观察这只蜗牛。

果果：它背着它的壳所以爬得很慢，如果没有壳就可以爬得很快，还会变成鼻涕虫。

甜甜：啊，鼻涕虫？壳就是它的家啊？

果果：它生活在大自然。

之后果果把蜗牛装在一个盒子里面，拿给各个区的小朋友看，但是只有建构区的小朋友看了这只蜗牛。我很想知道她为什么要把蜗牛装在盒子里，并拿给每个区的小朋友看，于是我一直跟着她们，但是最后我也没看明白。于是我直接问："果果，你为什么要把这只蜗牛装在盒子里，并且拿给其他区的小朋友看呢？"

果果：因为我觉得这样很好玩儿啊。

师：但你之前说蜗牛生活在大自然。可是你为什么要把它放在盒子并拿给其他小朋友看，它会喜欢这样吗？

果果：它好像不喜欢，看，它在爬。

这时璇宝看见了，也加入进来。

璇宝：应该把蜗牛放出来。

果果：好吧，那我们把它放到教室外面去。

最后，这只小蜗牛被放在了教室外面，果果还给小蜗牛留下了一片叶子，她说这是给小蜗牛吃的。

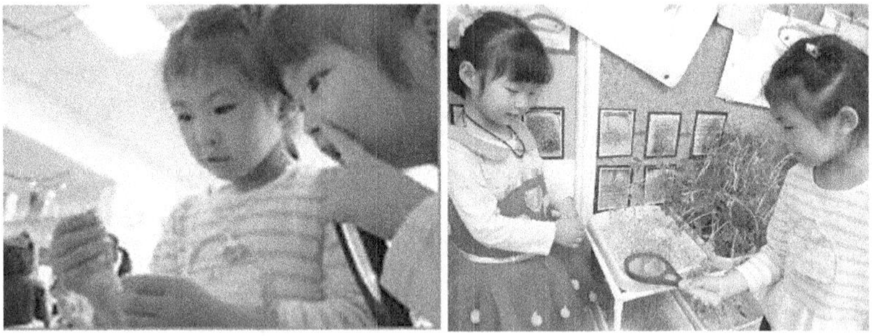

图 8-15　孩子们观察蜗牛

回顾一下这个过程，我觉得存在这样几个可以去探讨的点：①为了寻找这只小蜗牛，把原本生长得很好的花生苗弄得东倒西歪，为了达到自己的目的可以不顾及花生苗的生长吗？②蜗牛的壳就是它的家，孩子又是如何理解家的概念的呢？③把蜗牛装在盒子里拿给很多人看，蜗牛会喜欢这样的一个方式吗（换位思考）④把蜗牛放出来，还给它一片叶子（吃的），蜗牛会吃哪些食物呢？虽然我觉得有这么多可以去聊的话题，但还不知道孩子对哪一个点感兴趣，或许明天可以多抛几个"饵"。

2018 年 5 月 30 日

儿童的一百种语言——认真看待幼儿的作品。

仔细观察瑞吉欧教师对于幼儿使用绘画、彩图等图像文字的关注，我们应该向他们学习的另一课题是：成人看待幼儿作品的方式以及这种方式可能造成的影响。我认为，瑞吉欧的孩子们能通过绘画，有目的且努力地完成工作，是因为他们有很多使用绘画的经验，熟悉使用属于他们自己领域的绘画来讨论、辩论以及作为下一步工作的基础，例如制作小组壁画、雕刻和彩绘。视觉表现的媒介就是图像文字，瑞吉欧的教师们“阅读”孩子们的图画，老师誊写幼儿所记录下来的感想以及在项目进行当中的各项讨论。有了这些记录，教学行政人员便可以一而再、再而三地阅读幼儿的绘画，作为项目教学下一个步骤的计划基础；而小心谨慎地储藏以及展示幼儿的作品，也让幼儿知道成人对他们作品的重视程度，进一步鼓励幼儿更投入、更关注他们的工作。

在美国的学校中，幼儿的图像表现可能只被当作每天放学后可以携带回家的装饰品，绝大多数不会再拿出来看或讨论。在瑞吉欧·艾蜜莉亚，图像表现被视为是未来的探索活动与对一主题深度认识的资源。

看了这部分的内容，我想到我们班的孩子们在美工区用水彩颜料完成的作品都被我们展示在美工区的墙面上或者放在孩子的作品夹里。我发现当我们重视孩子的作品时，他们更愿意分享自己的作品，觉得这是一件很好的事情，他们也更喜爱参与美工区的工作。但是这种对美工区工作的热情会伴随我们的关注而减少，看来我们每天都应该重视各个区角。

2018 年 5 月 21 日

今天在光影区，孩子们在观察海螺，恭喜小朋友把它放在耳朵上说：“这里面有风的声音。”

果果：恭喜，给我听一下。

果果：真的有声音耶。

恭喜小朋友又跑到厕所去听了一下，她说里面还有小鸟的声音。当我问她为什么去厕所就听到了小鸟的声音，她说是因为光影区太吵，只能听到风的声音，厕所安静就能听到小鸟的声音。果果就说这些声音都是被这个海螺收进去了，现在又放出来，所以能听得到。

当我听到这些时，我在他们的对话中想到的点是：（1）为什么海螺里面会听到一些声音，它是怎么发出这些声音的呢？（2）如果这些声音是之前被收进去现在放出来的，那又是怎么收进去的呢？第一个问题是恭喜回应的：把它放在耳朵边上就能听到了，就从这个洞洞传出来的。第二个问题他们没有做出回应，也放下了海螺。我就不知道要怎么接下去了，后来我想可能是我没有捕捉到孩子真正感兴趣的东西吧，也或许是我没有提出更好的问题。

2018 年 5 月 7 日

今天在建构区我看到有孩子搭建了一个格子，把几个小动物分开放在里面，于是我就问："这是小动物做什么的地方，为什么用这样的格子把他们分开呢？"

灿灿：因为这些小动物会打人，所以要把他们关起来。

师：如果这些小动物想出去玩儿，没有门怎么办？

灿灿：他们不能出去。

过了一会儿，灿灿改造了一下这个格子房加了两个可以开的门，说："它们觉得在里面太无聊了，并且保证出去不打人，它们就可以出去玩儿了。"

在这个对话中，孩子的想法是：为了保护人，要把动物关起来，如果保证不打人，就可以出去。在孩子的这个想法中，我认为有价值点有：（1）安全问题；（2）动物怎么打人？（3）动物与人之间的关系（朋友或者敌人）。这里我也在想：孩子是如何理解动物与人之间的关系的？应该如何抛出一个好问题去促进孩子思考，构建他自己的理论？这会是我需要不断去练习的地方。（这个问题可能是：动物为什么会打人呢？）

图 8-16 被灿灿隔离起来的“小动物”

附件三（二）

学徒制学习工作总结

——安吉拉幼儿园传美

时光悄无声息地走着，转眼间我到安吉拉幼儿园进行学徒制学习已快两年的时间，回顾这两年的学习与工作，感触颇多：兼顾学习与工作是忙碌、辛苦的，好在过程回忆起来还是很美好。更值得庆幸的是我仍旧初心不变，坚持自己的选择，努力去做好我应该做的事情，努力去成为最好的那个自己。就如安吉拉园所文化的一句标语“20 年后做最好的自己”，说的不仅仅是孩子，老师也是一样，在安吉拉团队中，我感受到了温暖，有前进的动力。

安吉拉园所文化重点强调“以儿童为中心”，引进很多高端的课程，用教学设备开阔了老师的眼界，提供很多学习平台：区域联动教研、园本教研，提升教师的专业水平、教育观念，所以我眼中的安吉拉是一个幸福的大家庭，在这里学习工作感到很愉悦。

记得我刚到安吉拉时，是在中班一个实践常青藤的班级，营造的是一种平等、尊重、协商的氛围，一日活动围绕晨会、进区活动、反思讨论会、户外活动等几个方面展开，核心在于幼儿是主体，所有的活动围绕幼儿的兴趣来展开，从而生成小组活动。在区域活动中观察孩子，老师需要做到倾听孩子的想法，并找出孩子想法背后的价值点给予恰当的支持，生成小组活动，推进孩子思维能力的发展。在这个过程中，是有一定难度的，老师对孩子所说的话需要快速反应，正是在这样的情况下，我发现自己爱思考了，这也是常青藤的魅力所在，会让你成为一个懂孩子、爱思考的老师。同时也更加深刻地体会到作为一名幼儿教师必须具备观察、了解、分析孩子的能力素养的重要性。

作为一名幼师，终身学习是我们职业素养的根基和保障。

大班时，因为多种原因，开始转变课程模式，我们班脱离了常青藤的一日活动流程，不过我还一直跟着常青藤小组学习。刚开始我跟孩子们一样，对于新的课程模式还不能很快适应。好在有各位老师的帮助，很快就调整过来。

经过这两年的学习，我在组织幼儿一日活动方面有了一些突破：从刚开始手忙脚乱，到现在能较顺利地开展幼儿园一日活动，熟悉一日活动流程，能根据大班幼儿年龄设计合适的一日活动方案，并按照方案组织活动，备教一致。但也存在许多不足之处，比如：缺乏灵活应变能力，对于集体活动中的突发情况不能很好地处理，在组织集体教学活动方面还需要不断地学习与实践。

热爱、理解、尊重幼儿是幼儿教师最基本的道德素养。

这两年我在与幼儿的相处、沟通方面有很大的收获，首先有了正确的儿童观，即和儿童建立了相互尊重的关系。皮亚杰的研究强调了儿童有很多想法但并非别人教给他们的，这些想法是他们持续探索建立的。而且大班的孩子思维活跃，求知欲强，所以在与他们相处时，面对孩子们各种各样的想法，总有回答不上来的，这时开展一些讨论会，给孩子提供一些聆听别人观点的机会，孩子与孩子之间的探讨反而激发出他们更深层次的思考。同时平等、自由、尊重的氛围是建立良好师生关系的重要纽带。也正是如此，我与本班幼儿建立了很好的感情。

在家长工作方面，需要具备良好的沟通能力。

幼儿园全面落实体验式家长会，选举家委成员，虽然这些事情都是主班老师在负责，但是从中我也学到了很多：做好家长工作，得到家长的理解与支持虽不是一件容易的事情，但用心做好孩子的保教，孩子一切都好，家长自然放心。所以每天观察几个孩子，利用离园时间跟家长简短沟通，逐渐掌握一些跟家长沟通的技巧。通过与家长的沟通，增强了自己的表达能力，发现有时候真的得逼自己一把，不然不知道自己其实是可以的。

终身学习是一件很重要的事情，面对孩子奇奇怪怪的问题，如果没有储备一些知识又该如何支持孩子去探索？面对家长，没有一些专业知识又如何与家长侃侃而谈，让家长信服？所以这两年中我阅读了一些书籍，例如《儿童的一百种语言》《我们都是探索者》《善解童贞》等，助我进步。

时间过得太快，让人不知所措，回顾走过的这一路，虽然也有一些收获，取得一些小成绩，但与预期的目标还相差甚远，学徒制学习已经接近尾声，我会好好珍惜，珍惜这么难得的学习方式，珍惜陪伴我成长的导师们。

“雄关漫道真如铁，而今迈步从头越”，我的幼教生涯才刚刚起步。作为 90 后，我应努力争做新时代深受孩子喜爱的、家长信任的新型幼师、优秀幼师。所以，未来我会更努力，成为最好的那个自己。

附件三（三）

亲爱的老师，谢谢您

尊敬的各位领导、老师们：

大家好！

两年多的学徒制学习就在今天画上了句号，在此毕业之际，感谢学校和安吉拉幼儿园为我提供了学习平台，感谢学校及幼儿园导师们在这两年的学习中对我的帮助与指导，特别是幼儿园的领导和老师们对我学习、工作以及生活上的照顾和帮助。在此我诚挚地对老师们说一声：亲爱的老师，谢谢您，您辛苦啦！

感谢各位老师的帮助，让我在两年的时间里成长了很多，从刚开始进入幼儿园什么都不懂，什么都不会，每天手忙脚乱，到慢慢地学会如何与幼儿沟通，如何组织生活活动、学习活动、游戏活动、区域活动，如何与家长沟通等这些工作都逐渐熟练起来，这其中所有的成长与收获都离不开各位导师们的悉心指导，同时也让我对幼师这个职业有了全新的认识，对自己的未来有了更明确的目标，我相信未来更美好。

最后，再次向各位老师们表达我诚挚的谢意！

也祝愿所有的老师们，身体健康，工作顺利，心想事成。

此致

敬礼！

学生：传美

2019 年 6 月 19 日

参考文献

1. 邓和平，邱仁根．高职院校学前教育专业教师队伍建设问题与策略——基于 6 位受访者的质性研究［J］. 职业技术教育，2019（08）.

2. 李洋洋，刘彦华．新中国成立七十年学前教育师资队伍的建设与展望［J］. 教育观察，2019（07）.

3. 薛莉．关于学前教育师资队伍现状及建设途径研究［J］. 才智，2017（04）.

4. 魏凤琴．认知现代学徒制对高职院校学生职业能力培养的应用价值分析［J］. 中外企业家，2019（12）.

5. 张红娟．河北省“全面二孩”政策对基础教育资源配置的影响研究［J］. 河北经贸大学，2018（03）.

6. 王永丽，张霞．“全面二孩”对学前教育资源配置的影响和建议［J］. 辽宁高职学报，2017（12）.

7. 史文秀．“全面二孩”政策背景下我国学前教育资源供需状况及其政策建议［J］. 教育科学，2017（08）.

8. 郑益乐．“全面二孩”政策对我国学前教育资源供给的影响和建议［J］. 教育科学，2016（06）.

9. 惠雪莉，阳德华．全面二孩政策背景下我国学前教育师资供给的现状、挑战及建议［J］. 教师教育学报，2018（02）.

10. 殷文静．学前教育师资队伍建设存在的问题及对策［J］. 文教资料，2019（01）.
11. 赵月．学前教育师资力量的解决和提升研究［J］. 教育现代化，2018（05）.
12. 景改莉．幼儿教师综合素质解析研究［J］. 才智，2019（06）.
13. 赵雨倩．武汉市幼儿教师职业责任感的研究［J］. 华中师范大学，2012（05）.
14. 谭美娥，黄非飞．创新人才培养下需提高教师服务意识［J］. 中国校外教育，2019（02）.
15. 刘飞，刘云艳．“信念”与“责任”：幼儿教师的专业伦理的双重构建［J］. 教师教育研究，2019（05）.
16. 张霞．论幼儿教师专业伦理的失范和重构［J］. 天津市教科院学报，2013（08）.
17. 孔令秀．《幼儿园教师专业标注》背景下幼师的师德教育［J］. 文化学刊，2018（11）.
18. 王淑宁．生命关怀视野下幼儿教师专业伦理的失范和重构［J］. 内蒙古师范大学学报，2018（05）.
19. 张洁汝．幼儿教师职业法律素养研究——以济南市为例［J］. 沈阳师范大学，2016（04）.
20. 庞维国，罗良，杨洁，尹后庆．教师职业行为规范的国际比较及其启示［J］. 北京师范大学学报，2019（01）.
21. 易云珍，胡铁群．幼师生教育实践能力培养有效策略探讨——以湖南幼儿师范高等专科学校为例［J］. 陕西学前师范学院学报，2018，34（08）.
22. 朱广兵．基于现代学徒制的幼师教育实习模式构建——以 M 幼儿师范学校幼教联盟为例［J］. 现代教育论丛，2015（08）.
23. 周灵娜．学习国外典范探索我国高等职业教育现代学徒制实施对策［J］. 教育教学论坛，2018（09）.
24. 刘晶晶．我国高职院校实施现代学徒制的现状及完善路径研究

[D]. 湖北工业大学，2019（05）.
25. 廖礼平．现代学徒制人才培养模式现状、问题及对策［J］. 职教论坛，2019（06）.
26. 罗琴．我国职业教育现代学徒制研究综述［J］. 当代教育实践与教学研究，2019（01）.
27. 胡思远．高职院校试行现代学徒制的困境及策略［J］. 宁波职业技术学院学报，2018（06）.
28. 曹洋．基于国际比较的我国职业院校现代学徒制实施现状、困境及对策研究［J］. 北京劳动保障职业学院学报，2018（12）.
29. 郇新，蒋庆磊．现代学徒制发展历程与关键［J］. 产业与科技论坛，2018（10）.
30. 张丽芳．学前教育现代学徒制自主试点运行现状及对策探究［J］. 通化师范学院学报，2019（08）.
31. 宋文华，潘志忠．构建现代学徒制课程体系的体会［J］. 现代职业教育，2016（12）.
32. 教育部关于开展现代学徒制试点工作的意见（教职成［2014］9号）［EB/OL］. 教育部网站，2014-08-25.
33. 赵志群．现代学徒制离政策目标有多远［N］，中国教育报，2016-09-27.
34. 郑洪利，张驷宇，孙会扬．"三方协同、四维一体"的学前教育专业人才培养模式的探索与实践［J］. 中国职业技术教育，2017（26）.
35. 张雅文．中高职教育贯通人才培养模式研究［D］. 上海师范大学，2017.
36. 刘海宏．高职院校现代双导师学徒制人才培养模式构建研究［J］. 中外企业家，2019（17）.
37. 徐国庆．我国职业教育现代学徒制构建中的关键问题［J］. 华东师范大学学报（教育科学版），2017，35（01）.

38. 王子南，冯水莲．现代学徒制与我国职业教育整合的探索研究［J］. 职业教育（下旬刊），2013（07）.
39. 关晶，石伟平．现代学徒制的特征及启示［J］. 职业技术教育，2011（03）.
40. ［日］细谷俊夫．技术教育概论［M］. 肇永和等，译．北京：清华大学出版社，1984.
41. 赵志群．职业教育的工学结合与现代学徒制［J］. 职教论坛，2009（12）.
42. 张启富．高职院校试行现代学徒制：困境与实践策略［J］. 教育发展研究，2015（03）.
43. 鲁鹏．实践与理论［M］. 山东人民出版社，2008.
44. V·奥斯特罗姆，等．制度分析与发展的反思［M］. 王诚，等，译. 北京：商务印书馆，1992.
45. 王振洪．高职院校教师文化的独特性与建构路径［N］. 中国教育报 2010-09-23.
46. 李俊，许紫薇．学前教育专业现代学徒制人才培养方案架构探析——以武汉城市职业学院为例［J］. 南通职业大学学报，2018（02）.
47. 赵南．对学前教育专业专科人才培养性质的理论思考［J］. 学前教育研究，2008（12）.
48. 刘志国，刘志峰．中高职衔接人才培养质量保障体系构建研究［J］. 中国高教研究，2014（07）.
49. 周丽娟．国外中高职衔接模式对我国职业教育衔接发展的启示［J］. 北京农业职业学院学报，2016（04）.
50. 刘育锋．论我国中高职衔接的模式［J］. 职业技术教育，2002（10）.
51. 沈美媛，唐斌．关于中高职教育衔接与沟通的几个问题［J］. 苏州大学学报，2000（04）.